转变中的世界秩序与中国的角色

The Changing World Order and China's Role

图书在版编目（CIP）数据

转变中的世界秩序与中国的角色 / 吕学军主编 .
— 北京 : 当代世界出版社 , 2018.12
ISBN 978-7-5090-1383-0

Ⅰ . ①转… Ⅱ . ①吕… Ⅲ . ①国际关系 - 文集
②中外关系 - 文集 Ⅳ . ① D8-53 ② D82-53

中国版本图书馆 CIP 数据核字 (2018) 第 285116 号

书　　名：转变中的世界秩序与中国的角色
出版发行：当代世界出版社
地　　址：北京市复兴路4号（100860）
网　　址：http://www.worldpress.org.cn
编务电话：(010) 83907528
发行电话：(010) 83908410（传真）
18511282488
13601274970
18611107149
13521909533
经　　销：新华书店
印　　刷：北京联兴盛业印刷股份有限公司
开　　本：787毫米×1092毫米　1/16
印　　张：30
字　　数：450千字
版　　次：2018年12月第1版
印　　次：2018年12月第1次
书　　号：ISBN 978-7-5090-1383-0
定　　价：88.00元

序　言

中共中央对外联络部副部长　李 军

党的十九大报告指出，世界正处于大发展大变革大调整时期。这一政治判断折射出当前世界秩序的激烈变革和迅速转型。二十多年前冷战结束之初，西方国家沉浸在“历史终结论”的迷思中，满怀期待地迎接自由主义的世界新秩序；二十多年后的今天，新兴大国的崛起打破了“历史终结论”的话语霸权，西方国家陷入迷茫、失落的困境，一个更加多元化的世界秩序正在产生。美国学者阿米塔·阿查亚在《美国世界秩序的终结》一书中指出，以美国为主导的“单极格局”及其所代表的“自由主义霸权”秩序正走向终结，未来的“世界秩序”将是一个由“地区秩序”构成的多元复合世界。这一观点反映出西方学者对冷战后世界秩序的反思和未来世界秩序的展望。近年来，贸易保护主义、单边主义不断抬头，民粹主义影响多国政治生态，大国关系深刻调整，国际政治呈现高度的不确定性、不稳定性。受以上因素影响，世界秩序的变革和转型呈现加速态势，并显示出诸多新的特点。

第一，国际力量对比更趋平衡，但国际制度的权力再分配滞后，没有充分反映新的力量对比的变化。以金砖国家为代表的新兴市场国家和发展中国家集体性崛起，正在改变国际格局的权力分配。当前，金砖国家人口总量占世界人口总量的 42.9%，经济总量占全球的 1/5，过去十年对世界经济增长贡献率超过 50%。新兴市场国家和发展中国家集体性崛起使得国际力量对比更趋平衡，国际格局多极化趋势更加明显。然而，以国际货币基金组织、世界银行、世界贸易组织等为代表的传统国际制度并没有根据国际力量对比的变化进行相应调整，广大发展中国家在传统国际制度中的代表性和话语权依然不足。传统国际制度改革滞后，使其无法有效应对全球和地区层面产生的各种跨国性问题。在传统国际制度改革严重滞后背景下，新兴市场国家和发展中国家加强协作，积极构建新的国际合作机制，如金砖新开发银行等。新的国际合作机制一定程度上弥补了旧机制的不足，正在成为当前国际制度体系的重要组成部分，但并未从根本上改变发达国家在国际制度体系中的主导地位。

第二，全球性问题日益增多，但全球治理机制赤字与大国竞争加剧，致使诸多问题迟迟得不到解决。近年来，跨国性的地区和全球问题不断涌现，成为影响地区和全球秩序构建的重大挑战，如恐怖主义、金融危机、难民危机、气候变化、粮食安全、地区冲突、传染性疾病等。这些地区和全球问题具有跨国性的特征，单凭一国或几国之力难以解决。然而，围绕这些跨国性问题，国际社会并未形成有效的全球治理机制和制度安排。全球治理机制赤字乃至缺位，是导致当前诸多问题无法有效解决的重要原因，而近年来大国间竞争甚至对抗的加剧则使问题进一步复杂化。例如，特朗普执政后，将俄罗斯和中国列为美国的主要战略竞争对手，致使俄美关系和中美关系持续下降。美国、俄罗斯和中国都是国际政治舞台上的主要大国，美国选择与俄罗斯、中国竞争和对抗，不但使其与俄中两国的双边合作空间遭到压缩，而且严重影响了彼此在解决地区和全球问题上的合作。美国现已退出多个多边合作平台，选择大国竞争和对抗，对世界秩序的和平与稳定产生深刻影响。

第三，民族主义力量不断上升，国家中心主义日益增强，致使全球化和国际合作进程受挫。英国通过全民公投脱离欧盟、欧洲多国民粹政党力量上升甚至上台执政、共和党反建制派候选人特朗普当选美国总统等诸多政治事件表明，很多西方大国的民族主义力量不断上升，甚至呈现明显的民粹化态势。在民族主义力量不断壮大的背景下，国家中心主义回归并呈现日益强化的趋势。单边主义、保护主义成为很多国家的政策选择，从而严重影响了地区和全球层面的国际合作进程。例如，英国“脱欧”导致欧洲一体化进程严重受挫，作为超越民族国家主权和推进区域合作模范的欧盟面临史无前例的挑战；特朗普执政后，美国相继退出气候变化《巴黎协定》、伊朗核协议、联合国教科文组织、联合国人权理事会等重要多边协议和国际组织，并在“美国优先”原则指导下对多国挑起贸易摩擦。世界最大经济体美国所采取的单边主义和保护主义做法，使国际合作进程遭到严重损害。国际合作是维护世界秩序稳定的重要途径，国际合作进程受阻使转型中的世界秩序面临诸多挑战。

在世界秩序转型进程中，最引人注目的国际政治事件便是中国的复兴。经过改革开放40年的发展，中国综合国力不断增强，并日益走近世界舞台的中央。作为世界上最大的新兴市场国家和发展中国家，中国对世界秩序的影响不断提高。中国与世界的关系也由此发生翻天覆地的变化。中国不仅受世界影响，而且也在影响世界。正如习近平主席在2018年11月举行的首届中国国际进口博览会开幕式发表的主旨演讲中所指出的，中国将始终是全球共同开放的重要推动者、世界经济增长的稳定动力源、各国拓展商机的活力大市场、全球治理改革的积极贡献者。党的十八大以来，中国对世界作出贡献的意愿和能力都得到了显著提高。而作为推动世界秩序变革和转型的重要力量之一，中国的对外行动也越来越引起国际社会的广泛关注。纵观近年来中国的对外政策、理念和实践可以发现，在一个越来越充满不确定性的世界，中国的和平发展为构建公正、合理、多元的世界秩序提供了稳定预期。

第一，在政策层面，中国始终坚持走和平发展道路，为转型中的世界秩序提供了“确定性”。近年来，从英国“脱欧”公投到特朗普当选美国总统，以及接二连三的“黑天鹅”事件令整个世界充满“不确定性”。特别是特朗普执政后，美国所采取的单边主义和保护主义行动，更是令国际社会始料未及。在此背景下，世界各国纷纷将目光投向中国。作为世界第二大经济体，中国的政策导向对世界向何处去也会产生关键性作用。党的十九大报告指出，中国坚定奉行独立自主的和平外交政策，尊重各国人民自主选择发展道路的权利，维护国际公平正义，反对把自己的意志强加于人，反对干涉别国内政，反对以强凌弱。……中国无论发展到什么程度，永远不称霸，永远不搞扩张。显然，与西方世界的“不确定性”相比，实力不断增强的中国始终坚持走和平发展道路，这一“确定性”的政策导向成为世界秩序实现和平转型的重要保障。

第二，在理念层面，中国提出推动构建人类命运共同体、新型国际关系、共商共建共享全球治理观等外交理念和原则，为转型中的世界秩序提供“中国智慧”和“中国方案”。党的十八大以来，积极向国际社会贡献全球和区域治理问题的解决思路和方案，成为新时代中国与世界互动的突出特点。无论是全球层面的人类命运共同体还是双边层面的新型大国关系，这些外交理念都具有平等、包容的显著特征，有助于化解矛盾、促进合作，得到国际社会的广泛认同。推动构建人类命运共同体被写入“防止外空军备竞赛的进一步切实措施”和“不首先在外空放置武器”等联合国决议，充分彰显了中国理念的吸引力和影响力。新型大国关系所蕴含的相互尊重、合作共赢理念，也成为新时期中国与大国发展关系的基本原则。坚持推动构建新型国际关系，推动构建人类命运共同体，有助于维护国际战略力量的平衡和稳定，进而确保世界秩序的和平转型。

第三，在实践层面，中国积极推动“一带一路”国际合作，并将其作为推动构建人类命运共同体的重要抓手。自2013年习近平主席提出“一带一路”倡议以来，经过多年实践，中国已同80多个国家和国际组织签署了共建“一带一路”倡议合作文件。在“一带一路”框架下，中国将自身发展与丝路沿线国家发展战略进行对接，在政策沟通、设施联通、贸易畅通、资金融通、民心相通五大领域都取得了非常显著的成就。此外，为推进“一带一路”走深走实以及更为广泛的国际合作，中国还积极推动成立“亚洲基础设施投资银行”“金砖新开发银行”等多边国际合作机制。这些国际层面的机制建设，是新时期中国向国际社会贡献的重要制度性公共产品，它们既可以为相关合作项目的落实提供资金保障，又可以推进国家间合作，并对国际制度体系进行完善和补充。中国在实践层面提供的公共产品，越来越成为世界实现可持续发展的重要保障。

为推动各界对世界秩序变迁与中国角色这一话题的探讨和研究，《当代世界》杂志社近两年来积极组织策划选题，围绕新时代中国特色大国外交、大国关系演变与国际格局调整、中国对全球治理进程的参与和贡献、“一带一路”倡议与国际合作等主题刊发优秀科研成果。编纂《转变中的世界秩序与中国的角色》一书，即是对这些研究成果的汇编。本书旨在从多元理论和不同视角出发，探讨近年来世界秩序演变的方向、特点和趋势以及世界秩序转型进程中中国所扮演的角色、发挥的作用。希望通过出版此书进一步促进相关理论研究和思想交流，并在此基础上为推动人类命运共同体建设提供智力支持。

2018 年 11 月 19 日

目 录

第一章 新时代中国特色大国外交

第二章 国际格局演变与中国的战略角色

第三章 大国竞合与中国的战略应对

第四章 中国外交与南南合作

第五章 全球治理转型与中国的贡献

第六章“一带一路”倡议与国际合作

CHINA DIPLOMACY

第一章
新时代中国特色大国外交

新时代中国特色大国外交的指导思想和总体布局

于洪君　中国人民争取和平与裁军协会副会长、
中共中央对外联络部原副部长

2017 年 10 月召开的中国共产党第十九次全国代表大会，向全党全国各族人民发出了决胜全面建成小康社会，夺取新时代中国特色社会主义伟大胜利的动员令，同时也向国际社会宣示了中国特色大国外交旨在推动构建新型国际关系，推动构建人类命运共同体的坚定决心。

中国特色大国外交的指导思想和基本主张

正确认识国际力量对比，准确把握世界发展大势，历来是中国制定对外战略和策略的重要依据和前提。近年来，世界上新旧格局转换和力量对比变化引发的地缘政治裂变持续发酵，各种各样的矛盾和冲突此起彼伏，恐怖主义威胁肆虐全球，国际经济走势阴晴不定，人类社会面临的传统安全与非传统安全问题相互交织。

面对世界大发展大变革大调整的复杂形势，以习近平同志为核心的党中央一方面坚持和平与发展是时代主题的科学判断，坚持和平发展大势不可逆转的基本估计，另一方面也清醒地认识到世界面临的不稳定性不确定性日益突出，人类面临许多共同挑战。正是基于这些判断和估计，习近平总书记呼吁："各国人民同心协力，共同构建人类命运共同体，共同建设持久和平、普遍安全、共同繁荣、开放包容、清洁美丽的世界。”[1]

为了实现这样的崇高理想和目标，习近平总书记在十九大报告中旗帜鲜明地主张，在国际事务中“要相互尊重，平等协商，坚决摈弃冷战思维和强权政治，走对话而不对抗、结伴而不结盟的国与国交往新路”，指出“要尊重世界文明多样性，以文明交流超越文明隔阂、文明互鉴超越文明冲突、文明共存超越文明优越”。[2]

新时代中国特色大国外交归根到底是以中华民族传统文化中“天下为公”的优良品格与人类文明中崇尚和平友善的普遍诉求相结合为指导思想，以兼顾中国自身利益与世界各国共同利益为基本原则，以参与全球化谋求共同发展并引导全球治理向更高水平迈进为终极目标。在十九大报告中，习近平总书记对国际社会郑重承诺：“中国发展不对任何国家构成威胁。中国无论发展到什么程度，永远不称霸，永远不搞扩张。”[3]

“一带一路”倡议是中国特色大国外交的重中之重

习近平总书记2013年提出的“一带一路”倡议，在新时代中国特色大国外交总体布局中占有十分重要的位置。“一带一路”倡议既是中国发起的旨在引导世界各国共同发展与进步的最大规模的全球行动，也是中国推动国际关系健康发展、国际秩序理性调整、全球治理升级换代的世纪之举。简言之，推动建设“丝绸之路经济带”和“21世纪海上丝绸之路”，就是要搭建新的国际合作平台，开辟人类社会走向命运共同体的现实路径。

推进“一带一路”倡议，重在政策沟通、设施联通、贸易畅通、资金融通、民心相通。中国正在利用双边与多边合作机制，努力打造辐射周边各国的经济走廊，如中国—中亚—西亚经济走廊、中国—蒙古—俄罗斯经济走廊、中国—巴基斯坦经济走廊、中国—中南半岛经济走廊、孟加拉国—中国—印度—缅甸经济走廊、新亚欧大陆桥经济走廊等。

四年多来，“一带一路”建设全速推进，大大提升了中国与沿线国家的务实合作水平。据统计，2014—2016年间，中国与沿线国家贸易总额达20

万亿人民币，增速高于全球平均水平。[4] 中国企业对沿线国家的直接投资，近 600 亿美元。与沿线国家签订的工程承包合同，总金额为 3049 亿美元。中国与 20 个沿线国家共建 56 个境外经贸合作区，中方累计投资超过 185 亿美元，为东道国创造了 11 亿美元税收和 18 万个就业岗位。[5] 2016 年中国企业海外并购成就不菲，金额多达 2460 亿美元。中国国家开发银行和进出口银行为“一带一路”沿线国家发放了 1100 亿美元贷款。中国与沿线 22 国签署了总额超过 9000 亿人民币的本币互换协议。

构建总体稳定均衡发展的大国关系框架

中国历来奉行独立自主的和平外交政策，建立和发展全方位多层次全球伙伴关系，一直是中国特色大国外交的努力方向。大国关系在国际关系体系中具有不容置疑的重要意义，因而中国特别重视大国关系。习近平总书记在十九大报告中明确表示，中国要“推进大国协调和合作，构建总体稳定、均衡发展的大国关系框架”。[6]

一、为变幻莫测的中美新型大国关系注入新动力

中美关系在中国特色大国外交中占有特殊地位。中美关系如何发展，事关两国自身利益，也牵动整个国际关系。为推动构建中美新型大国关系，习近平作为中国国家元首，做出了巨大的努力，倾注了大量心血。中美新型大国关系建设，取得了一系列阶段性成果。

2013 年 6 月，中美两国元首在美国加利福尼亚举行“庄园会晤”，为中美关系发展规划蓝图，谋求“跨越太平洋的合作”。2014 年 11 月，中美两国元首在北京举行“瀛台夜话”。2015 年 9 月，习近平主席访美，中美两国领导人再度会晤。2017 年 4 月，中美两国领导人成功举行“海湖庄园”会晤。中共十九大后，特朗普总统又成了习近平在北京接待的第一位外国元首。中国特色大国外交在应对中美关系新变化、打造中美关系新格局方面，旗开得胜，在世界上产生巨大反响。

中美之间建立新型大国关系，既是两国根本利益使然，同时也有现实基础和条件。目前，中美之间已形成 90 多个政府间对话机制，结成 40 对友好省州和 200 多对友好城市，人员往来每年超过 400 万人次，贸易额达 5000 多亿美元，最高时接近 6000 亿美元，双向投资存量超过 1000 亿美元。

二、推动中俄战略协作伙伴关系不断迈上新台阶

俄罗斯是当今世界很有影响力的大国。中俄战略协作伙伴关系历经 20 余年，经受住了各自国内形势变化和国际风云变幻的考验，显示了良好的发展前景。2013 年习近平作为国家元首首次出访选择俄罗斯，双方确认中俄关系发展的中心任务是加大相互政治支持，全面扩大务实合作，加强在国际和地区事务中的协调与配合。

2014 年乌克兰危机爆发，俄罗斯与西方国家的关系全面紧张。习近平主席专程赴索契参加冬奥会开幕式，在政治上道义上给俄罗斯以强力支持。2015 年，中俄双方发表《关于丝绸之路经济带建设与欧亚经济联盟建设对接合作的联合声明》和《关于深化全面战略协作伙伴关系、倡导合作共赢的联合声明》两份文件。

近年来，受国际贸易总体萎缩、俄罗斯经济下滑等多种因素影响，中俄经贸额未能达到预定目标，但两国经济互补性强、合作动力充溢的基本面没有改变。双方在维护地区和平稳定、推动区域安全合作、共同参与全球治理等方面，仍有很大合作潜能。不断巩固和发展中俄全面战略协作伙伴关系，符合两国关系的大局和时代潮流，也是维护国际安全的重要因素。

三、坚持共同打造中欧“四大伙伴关系”

欧盟是当今世界最大的区域性国家联合组织，在地区和国际事务中具有独特作用和影响。作为当今世界的“两大力量、两大市场和两大文明”，中欧关系既是世界上最重要的双边关系之一，也是中国特色大国外交的重点方向之一。中欧建交 40 多年来，建立起 60 多个对话磋商机制，涵盖了中欧合作的各个领域。

2013年，中欧双方发表了《中欧合作2020战略规划》。2014年3月，习近平主席访问欧洲国家时，第一次访问了欧盟总部。2015年中欧建交40周年之际，习近平主席在会见欧洲议会议长时表示：中国坚定支持欧洲一体化建设，始终将欧洲发展视为多极化进程的重要组成部分。中欧利益深度交融，和平、增长、改革、文明四大伙伴关系，在凝聚双方共识的基础上向前发展。[7]

目前，欧盟的自身发展遭遇重大挫折，内部矛盾和问题积重难返。欧洲一体化进程受到干扰和冲击。尽管如此，中国与欧盟发展战略伙伴关系初心不改，目前正在积极考虑建立中欧共同投资基金，助力欧洲战略投资基金，并且要进一步拓展与欧洲在高新技术、基础设施、金融等诸多领域的合作。

深化周边关系营造睦邻友好环境

中国是世界上周边环境最为复杂的大国。近年来，周边外交在中国特色大国外交总体布局中的地位更加突出。在中共十九大报告中，习近平总书记表示，中国将“按照亲诚惠容理念和与邻为善、以邻为伴周边外交方针深化同周边国家关系” 。

中亚地区连接亚欧非三大洲，地缘战略位置非常独特，是中国倡导并推动建设丝绸之路经济带的重点地区。历史上，这里是多种文明文化相互交融碰撞的对冲区，也是古丝绸之路重要货物集散地和人员交流中转地。此外，中亚地区自然资源异常丰富，特别是石油天然气资源储量相当可观。除经济合作外，中国与中亚国家的政治关系与反恐合作也十分紧密，与中亚各国的利益纽带日趋坚实，中国—中亚命运共同体意识正在加速形成。

东南亚地区十个国家共同组成的东盟，是中国周边地区最有活力的区域合作组织。习近平主席高度重视中国与东盟的关系，多次访问东南亚国家。冷战结束后20多年来，中国与东盟的关系一直发展很好。针对未来十年的发展，中方提出了“2+7合作框架”：即以深化战略互信和聚集经济发展两点共识为基础，推进政治、安全、经贸、金融、互联互通、海上、人文七个领域合作。

近几年，习近平主席对韩国、蒙古、印度、巴基斯坦等邻国进行过影响深远的重要访问。2014 年夏季，习近平主席访问韩国，提出了中韩两国坚持睦邻友好、坚持互利合作、坚持和平稳定、坚持人文交流四项主张，直接促成中韩两国自贸区的建立。访问蒙古时，习近平主席主张中蒙永做相互信任的好邻居、好伙伴、好朋友，与蒙方领导人共同确定了矿产资源开发、基础设施建设、金融合作“三位一体、统筹推进”的互利合作格局。访问印度时，习近平主席与莫迪总理深入交流，共谋两国关系未来，推动复杂而微妙的中印关系向前迈进一大步。2015 年访问巴基斯坦时，习近平主席着力于巩固中巴传统友谊，深化双方互利合作，实质性推进“一带一路”标杆工程，强化了两国联手打击恐怖主义、共同维护地区安全的决心。

永远做发展中国家的可靠朋友和真诚伙伴

中国是世界上最大的发展中国家，发展中国家是中国在国际舞台上的天然伙伴和政治依托。团结依靠广大发展中国家，过去是中国外交的优良传统，如今是中国特色大国外交的独特优势。习近平总书记在十九大报告中提出，中国要“秉持正确义利观和真实亲诚理念加强同发展中国家团结合作”。[8]

习近平主席高度重视中国与发展中国家的传统友谊。2013 年 3 月习近平就任国家主席后，立即访问非洲，确立了中国对非工作“真实亲诚”四字方针，即对待非洲朋友要“真”、开展对非合作要“实”、加强中非友好要“亲”、解决合作中的问题要“诚”。习近平主席提出了一系列对非援助的新举措：一是建立跨国跨区域基础设施建设合作伙伴关系，帮助开展互联互通前期工作；二是提供 200 亿美元贷款额度，优先用于基础设施；三是通过投融资、援助、合作等方式，鼓励中国企业和机构参与非洲基础设施的建设和运营。[9]这些举措在非洲和国际上产生了良好反响。

2013 年夏季，习近平主席首次访问拉丁美洲。这次访问充分体现了中国新领导人对中拉传统友谊的尊重和对拉美国家的重视。习近平主席宣布，中国要与拉美和加勒比各国紧密团结，相互支持，真诚合作，在通往发展繁荣的道路上携手共进。2014 年，习近平主席第二次访问拉美，中国与巴西等国签署各类合同与框架协议 150 余项，涉及金额 700 多亿美元，涵盖能源和资源开发、基础设施建设等诸多领域。中拉金融合作正式启动。

2015 年，中国—拉共体论坛首届部长级会议在北京召开时，习近平主席出席会议并发表重要讲话，对中拉合作提出四点建议：第一，坚持平等的合作原则；第二，坚持互利共赢的合作目标；第三，坚持灵活多样的合作方式；第四，坚持开放包容的合作精神。[10] 拉美国家对此高度赞赏。

2014 年 11 月，习近平主席访问了斐济。这是中国最高领导人第一次踏上南太平洋岛国，意味着中国周边外交已经拓展到遥远的南太地区。习近平主席与南太各国领导人共同宣布，双方要建立相互尊重、共同发展的战略伙伴关系。

中国在国际事务上坚持做发展中国家的代表，坚持为发展中国家伸张正义，深受发展中国家的支持和拥护。在中共十九大上，习近平总书记宣布，中国还将“加大对发展中国家特别是最不发达国家的援助力度，促进缩小南北发展差距”。中国将继续“支持扩大发展中国家在国际事务中的代表性和发言权”。[11] 相信在这一思想指导下，中国与广大发展中国家历史形成的友好关系和优良传统，还会进一步发扬光大。

高举多边主义旗帜引领建设新型国际关系

近年来，国际舞台上孤立主义和保护主义大行其道，单边主义和反全球化思潮泛滥成灾，霸权主义和强权政治仍有严重表现。中国一如既往，继续坚持多边主义，重视发挥以联合国为代表的多边组织和机制的作用。丰富多彩的多边外交，成为中国特色大国外交的重要组成部分，成为中国推动建立新型地区合作格局和新的全球治理模式，引领新一轮全球化并应对国际关系大变革的重要平台。

联合国是当今世界最大、最权威、最具代表性的政府间组织。加强与联合国及其相关机构的合作，是中国开展大国外交、多边外交的首要环节。2014 年，习近平主席和李克强总理相继访问了联合国教科文组织总部和联合国粮农组织总部，开启了中国与联合国及其相关机构扩大合作、深化合作的新局面。2015 年 9 月，习近平主席参加联合国成立 70 周年纪念活动，再一次展示了中国政府对联合国事业的坚定支持，在国内国际，都产生了积极影响。

二十国集团（G20）是冷战后发达国家和新兴市场国家共同组成的一个新型多边机制，负有管理全球经济、应对发展问题、完善全球治理三大职能。中国非常重视这一多边机制的作用和影响，参与 G20 活动的力度越来越大。譬如，在 G20 第八次峰会上，习近平主席代表中国，呼吁世界各国努力塑造发展创新、增长联动、利益融合的世界经济，坚定维护和发展开放型世界经济，建设更加紧密的经济伙伴关系。在 G20 第九次峰会上，习近平主席建议各方从创新发展模式、建设开放型世界经济、完善全球治理三大方面做出共同努力。

中国高度重视亚太经合组织（APEC）领导人非正式会议在推动区域贸易和投资自由化、加强经济技术合作方面的特殊作用。2013 年，习近平主席作为中国新任国家元首第一次出席 APEC 会议，尽显大国领袖风采，给国际社会留下深刻印象。2014 年，第二十二次 APEC 会议在北京召开，习近平主席作为东道主全面阐述了中国梦与亚太梦、世界梦融会贯通的思想，使国际社会对中国梦的合理性、现实性有了更加客观和理性的认识，对中国伟大复兴的历史必然性和不可逆转性，也有了更为深切的感受和体会。这次会议，成了 APEC 历史上规模最大、成果最为丰硕的一次会议。

上海合作组织是由中国发起成立、中国起主导作用，并且总部设在中国的新型区域合作组织。中国高度重视上合组织不可替代的作用和影响。2013 年，习近平主席第一次参加上合峰会时，即明确提出，要把上合组织打造成命运共同体和利益共同体，主张在上合组织范围内开辟交通物流大通道，商签贸易和投资便利化协定，加强金融领域合作，成立能源俱乐部，建立粮食安全合作机制。2014 年上合组织峰会时，习近平主席又提出四项新的建议，即坚持以维护地区安全稳定为己任，坚持以实现共同发展繁荣为目标，坚持以促进民心相通为宗旨，坚持以扩大对外交流合作为动力。

金砖五国是由中国、俄罗斯、印度、巴西和南非共同组成的新兴市场国家合作机制，是当今世界战略格局和力量对比发生重大变化的产物。推动金砖国家开展务实合作并在国际舞台上相互协调，不仅对五国自身发展意义重大，对整个国际关系走势，也有不可估量的深远影响。2017 年 9 月，习近平主席在厦门主持召开了金砖国家领导人第九次峰会，为金砖国家合作打造未来的“金色十年”，规划了宏伟蓝图和发展目标，金砖合作正在迈向新的高峰。

中国正在为人类进步做出更大贡献

中华民族要为人类进步做出更大贡献，这是中国共产党永远不变的崇高意愿和神圣情怀。在不久前举行的中国共产党与世界政党高层对话会上，习近平总书记强调，人类命运共同体的构想是基于世界各国相互联系更加紧密这一基本现实，同时也基于中华文明“大道之行，天下为公”这一美好理念。为共同建设一个远离恐惧而普遍安全、远离贫困而共同繁荣、远离封闭而开放包容、山清水秀和清洁美丽的世界，中国共产党将一如既往，继续为世界和平安宁、共同发展和文明交流互鉴而不懈努力。未来一段时期，中国特色大国外交将有更大发展和更大作为，将更加深刻地影响和牵动世界格局重组和国际秩序重建。中国在世界舞台中央发挥更大作用的新时代，已经来临！

（原文发表于《当代世界》2018 年第 2 期）

---

[1] 习近平，《决胜全面建成小康社会 夺取新时代中国特色社会主义伟大胜利》，北京：人民出版社，2017 年 10 月第 1 版。

[2][3] 同 [1]。

[4] 郭颖、苏布道，《“一带一路”背景下提升我国外语能力和服务水平的对策》，载《对外经贸》，2017 年第 6 期。

[5] 徐豪、谢玮，《中国引领全球化“一带一路”打造“命运共同体”》，载《中国经济周刊》，2017 年 4 月 3 日。

[6] 同 [1]。

[7]《国家主席习近平 16 日下午在人民大会堂会见欧洲议会议长舒尔茨》，新华社北京 3 月 16 日电。

[8] 同 [1]。

[9] 习近平,《永远做可靠朋友和真诚伙伴——在坦桑尼亚尼雷尔国际会议上的讲话》,载《人民日报》2013 年 3 月 26 日第 2 版。

[10]《习近平出席中国—拉共体论坛首届部长级会议开幕式并发表重要讲话》，http://www.chinanews.com/gn/2015/01-08/6949796.shtml。

[11]《习近平在联合国成立70周年系列峰会上的讲话》,北京: 人民出版社,2015年版。

新形势下党的对外工作“政治引领”的特色与优势

柴尚金 中共中央对外联络部研究室正局级参赞

党的十八大以来，习近平总书记对新形势下的对外工作提出了新要求，他强调指出：“我们要在总结实践经验的基础上，丰富和发展对外工作理念，使对外工作有鲜明的中国特色、中国风格、中国气派。”作为中国共产党工作的一条重要战线，党的对外交往工作按照国家总体外交布局，在新形势下更加突出对外“政治引领”的特色和优势，成效显著，已成为中国特色大国外交的一道亮丽风景。

发挥政党交往优势，做好“政治引领”工作

在中国共产党九十多年风雨历程中，政党交往都重视做人的工作，“政治引领”始终是政党交往的重要内容。

在新民主主义革命时期，以毛泽东为代表的中国共产党第一代领导人积极阐述中国反帝反封建革命的进步意义，以正义和革命旗帜，引领外国进步组织和人士投身中国人民解放事业，在极其困难的条件下争取到了国际上的宝贵同情和支持。新中国建立后，中国共产党国际威望大大提高，影响随之扩大，亚非拉许多共产党和民族主义政党渴望加强与中国共产党的联系。根据当时国际形势和世界革命现实，党际交往的“政治引领”工作侧重于革命

目标和斗争策略的制定与引导。“文化大革命”期间，在极“左”的指导思想下，党的对外交往走过一段弯路，干扰了国家关系的正常发展，其教训是非常深刻的。

20 世纪 90 年代以前，中国共产党与外国政党的交往多限于政治领域，之后，党的对外交往“政治引领”面不断拓宽，治国理政经验交流进入政党交往视野。国际金融危机后，国际社会对中国和中国共产党的认识发生了历史性变化。变化了的形势要求中国加强软实力建设，对外“讲好中国故事”，向世界展现一个真实、立体、全面的中国。作为开展政党对外交往的重要职能部门，中共中央对外联络部用活用足政党外交优势，将“讲好中国故事”寓于政党交往活动中，注重用国际通用的话语和外国受众能够接受、易于接受、乐于接受的方式向国际社会讲述中国故事。

政党外交说到底就是做政治工作。围绕“讲好中国故事”和“提供中国方案”来展开“政治引领”，成为新形势下中国共产党对外交往的重要内容。中共中央对外联络部部长宋涛在回答人民日报记者提问时对此作了深刻阐述，指出“为世界提供政治引领，就是通过交往、交流、交心，向世界提供中国智慧和中国方案，引导各国政党、政要和政治组织等理解、尊重、认同我们党的价值理念和方针政策，并深入探寻中国内外政策背后的优秀传统文化内涵，同我们一道推进世界和平发展与人类文明进步事业”。这段话是在总结过去政党交往特别是十八大以来党的对外工作实践经验的基础上，对政党交往“政治引领”作用的高度概括。党的十八大以来，在以习近平同志为核心的党中央的正确领导下，政党交往从高层的“神秘”交流扩大到面向媒体、智库和广大民众的“接地气”传播，从主要宣传中国对外工作方针政策扩展到全面介绍中国共产党执政理念和政策主张，从为改革开放争取同情、理解和支持转向全面展示中国道路自信、理论自信和制度自信，“政治引领”特色越来越突出，作用越来越明显。

突出中国制度“正能量”，引领人类进步潮流

中国共产党对外交往，主张不以意识形态划线，发展同各国、各政党的友好关系，但树欲静而风不止，意识形态差异分歧以及认知偏差仍是制约中共开展党际交往的重要因素，一些西方政党自恃其价值观念“政治正确”，将共产主义视为“异端邪恶”，欲置之于死地。为此，它们把“自由”“民主”“人权”作为重要抓手，对现存社会主义国家实施意识形态和价值观输出，推行“和平演变”。然而，西方资本主义国家并不是人类理想天堂，如今陷入制度困境不能自拔，社会主义历史并没有如其所愿而终结，相反，中国特色社会主义取得巨大成功，举世瞩目。近年来，西方传统政党力量下行，政治民粹化、极端化倾向明显，宗教种族矛盾和社会裂痕加深，草根和精英鸿沟扩大，反建制、反精英、反移民、反全球化为主要特征的民粹主义思潮在一些国家蔓延，民众不满现状的抗议浪潮此起彼伏。特别是英国公投脱欧和特朗普当选美国总统这样的“黑天鹅”事件，加速西方社会分裂和政治极化，西方政治制度暴露重重弊端，西方价值观念广受质疑，西方发展模式屡遭危机。根据国际形势新变化、新特点，中国在对外交往中，突出中国道路和制度优势，揭露西方制度弊端，驳斥西方对中国制度的攻击和丑化，打破西方长期“政治正确”话语垄断，弱化西方话语优势，从而改变中国在政治话语权上的被动地位。

在西方话语体系中，民主和专制、自由和极权是判断社会制度优劣的标准。要想让西方了解中国，既不能用西方概念来套用中国，也不能脱离国际通用话语表达方式，自说自话；既要主动介绍中国政治、经济、社会全面进步的真实情况，又要注重方式方法，有效表达“中国说法”，以经过实践检验的成功经验启发对方思考当今世界价值理念、制度模式、民主道路等问题。在同西方政党交往中，中方并没有刻意回避人权、民主话题，而是注重在维护以联合国宪章宗旨和原则为核心的国际关系基本准则和国际法基本原则基础上，从历史与现实、理念与实践等等不同角度，展示中国特色社会主义核心价值观，弘扬和平、发展、公平、正义、民主、自由等全人类的共同价值。只有把中国特色社会主义的理论逻辑与中国社会发展的历史逻辑统一起来，

将中国特色社会主义理论和成功经验优势转换为国际社会易于理解和接受的"国际说法"，才能把中国各方面取得的成就转化为中国的影响力和话语权，化被动为主动。

在政党交往工作中，中国共产党不是简单的政策宣讲，而是让双方思想产生交流，引发共鸣，彼此知其然也知其所以然。以思想引领，才能说服人、打动人，从而促使外国政要和精英从被动认同中国传统文化和经济崛起的优势，到内心接受中国政治社会制度的现实，再到对中国共产党执政能力和领导方式的认可，不断提升中国制度影响力和中国共产党形象亲和力。同西方三权分立制度相比，中国政治制度有独特优势，如将贤能政治与协商民主相结合，有效整合各种社会力量，促进社会和谐；党政决策民主集中制，既不搞"大民主"，也不搞"大集权"，决策科学高效；党政干部选拔任用制度不同于西方选举制，也不同于中国古代的王权委任制和科考制，而是一种将直接选举和间接选举、票选和选贤任能结合起来的选拔制度；综合运用政治力量、社会力量和资本力量，而不像美国那样盲目崇拜资本力量和欧洲片面依靠社会力量，等等。有比较才有鉴别，以事实说话，才会言之有理，才能增强中国发展道路的感召力，吸引更多国家共同推进世界和平发展与人类文明进步事业。

高举人类命运共同体大旗，引领新型全球化方向

如何推动国际秩序和国际体系变革，如何推动全球化在逆流中前行，各国如何同舟共济、携手合作，共同走向美好的明天？在 2017 年年初达沃斯论坛上，习近平主席发表了"共担时代责任 共促全球发展"的雄文演说，旗帜鲜明地回答了当今"世界向何处去"这一各国关切的重大方向问题，提出了推动经济全球化、打造人类命运共同体的中国方案，宣示了中国推进经济全球化、参与全球治理的坚强意志和建设性主张，展示了自信开放、包容合作的中国风格和中国气派，引起世界强烈反响。习近平总书记指出，加强全球治理、推进全球治理变革是大势所趋，不仅事关应对各种全球性挑战，

而且事关给国际秩序和国际体系定规则、定方向；不仅事关对发展制高点的争夺，而且事关各国在国际秩序和国际体系长远制度性安排中的地位和作用。打造人类命运共同体，是习近平总书记对人类社会发展进步潮流的前瞻性思考。

二战后，美西方国家推出了一系列与其价值观相适应的规则制度类公共产品，如主导建立联合国、世界银行、国际货币基金组织、世界贸易组织等国际机构，以及在全球范围内提供人道主义援助，吸引众多国家追随，构建起牢固的同盟关系和伙伴网络，长期居世界龙头老大领导地位。但美国拥抱全球化，这始终是以本国居民的安全和社会秩序不受袭扰为前提的，美国单一价值体系和规则秩序高于全球化，一旦本国就业或安全不保，就会突出本国政治特权或民族优先权，“美国第一”自然取代“美国领导”。过去数十年，国际经济力量对比深刻演变，而全球治理体系未能反映新格局，代表性和包容性欠缺。事实上，西方国家对发展中国家的教育卫生等“扶贫”项目往往附有政治干预条件，全球公共产品成为西方专利。如今，西方出现逆全球化现象，经济全球化和地区一体化面临严峻挑战。极端政党与民粹主义融合聚变，加速西方政治碎片化，给全球化和国际格局演变带来了新的变数。中国的快速崛起有力冲击了国际秩序中固有的套路和模式，美西方国家对此普遍不适不爽，势必借本国民粹思潮，转移矛盾，强化保护主义，阻滞中国“一带一路”战略构想和总体对外战略实施。

西方在全球化和世界秩序主导地位上的动摇，给中国参与全球治理、推动和引导全球化进程提供了机会。党的十八大以来，以习近平同志为核心的党中央根据当前国际秩序和格局以及全球治理体系正在发生深刻复杂演变的新形势，抢抓机遇，大力推动“一带一路”建设，为解决当前世界和区域经济面临的问题寻找方案。几年来，“一带一路”的“朋友圈”不断扩大，已经有一百多个国家和国际组织积极响应支持，四十多个国家和国际组织同中国签署合作协议，中国企业对沿线国家投资达到500多亿美元，一系列重大项目落地开花。2017年5月，中国将在北京主办“一带一路”国际合作高峰论坛，共商合作大计，共建合作平台，“一带一路”建设成效将惠及更多国家。

世界不会是平的，全球化进程不可能一马平川，开放和封闭、全球化和“逆全球化”将会产生激烈冲突。但经济全球化符合生产力发展要求，符合各方利益，是大势所趋，中国不能因为一时困难停下脚步。面对复杂多变的国际形势和乱象纷呈的世界，在以习近平总书记提出的构建新型国际关系、打造人类命运共同体等重大对外战略思想指导下，党的对外交往充分发挥自身优势，通过交往、交流、交心，引导各国政党、政要和政治组织等理解、尊重、认同中国坚持走和平发展道路和推动构建人类命运共同体的深刻内涵，以国际秩序和国际体系变革的中国方案，引领新型全球化方向。

立足“中国价值观”，引领国外舆情民意

国际金融危机以来，中国逐渐走进国际舞台中央，大国责任感和话语优势相应提高，但国际上恐华、反华舆论不时兴风作浪，特别是当前西方民粹主义、保护主义、民族主义思潮泛滥，一定程度上恶化了对华舆情民意环境。面对新形势，中国共产党对外交往中除了在国家利益层面上释放善意、消除西方对中国快速崛起的恐惧感外，还“积极发掘中华文化中积极的处世之道和治理理念同当今时代的共鸣点”，通过积极宣介中国传统文化对自然界和人类社会、人与自然、人与人关系的独特看法及中国价值观，创造性地发挥中国价值观对国外舆情民意的塑造与引领作用，为国家关系发展打下坚实民意基础。当然，“中国价值观”引领不是输出自己的意识形态，更不会介入和干涉别国、别党内部事务。

中华民族讲信修睦、善待他人的传统塑造了中华民族敦厚平和的禀性，海纳百川、兼容并蓄的传统哲学孕育了中华民族推己及人的文化，王道、仁治、德政，天人合一、世界大同的共同理想熔铸了中华民族强不执弱、富不侮贫的精神。所以，中国永远不称霸不只是一句外交辞令，而是中国传统文化孕育出来的价值观，也是传承数千年来中国仁治德政和修身齐家治国的“君子情怀”，是值得信守的。当今，中国共产党对外交往是在中国特色大国外交整体布局下的“立体外交”，是政党外交、民间外交、公共外交的有机结合。

通过政党、民间、媒体等不同层面的交往交流，阐释中国内外政策背后的优秀传统文化内涵，不仅加深外国人对中国“人类命运共同体”主张及“和平、发展、合作、共赢”外交理念的理解认同，而且为发展同各国人民的友谊与合作打下坚实的情感基础。对外交往立足“中国价值观”，寻求人类利益共同点，释放善意，从而更好地做好人的工作，增进政治互信，为促进国际热点问题和双边关系中的难点问题的解决提供便捷渠道，也为中华民族伟大复兴争取有利的舆情民意，营造良好的外部环境。

（原文发表于《当代世界》2017 年第 4 期）

中国特色大国外交：缘起、成就与发展

王 帆 外交学院副院长，教授

中国特色大国外交是党的十八大以来以习近平同志为总书记的党中央制定的具有长期持续性的外交集合。其核心是服务于和平与发展的总目标。和平与发展贯穿了中华民族伟大复兴的全过程。

中国特色大国外交的缘起

1991年苏联解体，冷战结束。美国成为世界上独一无二的超级大国，二十多年后，中国实力虽然仍大大落后于美国，但中国经济对世界经济增长的贡献已经达到三分之一。2016年中国经济增长对世界经济增长的贡献率达到33.2%，国际力量格局的转型已经出现了前所未有的变化。

20世纪90年代中国经济开始腾飞但还不足以产生世界影响。2001年美国经历恐怖袭击，后发动伊拉克战争付出巨大代价，2008年又遭遇金融危机，经济再遭重创。中国较好地规避了经济危机，总体实力得到提升。如果说苏联解体后国际社会进入新的转型期，那么新世纪以来转型期则有了明显变化，中国实力不断上升，美国实力相对下降。2010年有了标志性变化，中国经济实力跃居世界第二。

2010年，中国的GDP总量超过日本而成为世界第二大经济体，中国已成为具有世界影响的经济大国。中国的发展是一个规模大国的发展，也是一个发展中大国的发展。如何更好地将大国综合实力转化为大国外交能力，成为关乎国运也关乎人类命运的重大问题。

新世纪以来，中国外交呈现不断提升之势，中国与其他国家相互依存程度的加深、互利共赢格局的强化把中国与世界更加紧密地联系在一起。中国已经从世界舞台的边缘走入中心，成为世界舞台上具有举足轻重影响的大国，形势的发展变化要求中国对自身外交进行新的思考和探索。

2014 年 11 月 28—29 日，习近平总书记在中央外事工作会议上发表重要讲话，指出中国必须有自己特色的大国外交。中外学者对此反应踊跃，从理念、方式、特点和意义等方面对中国特色大国外交展开了研究，已经形成中国研究的新亮点。

中国特色大国外交正经历由“发展中大国”向“发展中强国”、由“边缘”向“中心”、由弱向强、由地区性强国向有全球性影响的大国的转变，正经历由量到质的转变。大国特色蔚然成形。中国特色大国外交的形成与中华民族伟大复兴密切相关，而中国复兴的成败在相当程度上也取决于中国特色大国外交能否有效推进。

为什么要提出中国特色大国外交

中国特色大国外交不是凭空而来，是基于自身实力变化和国际形势处于转型期这两大关键性因素而产生的。

一、国际社会期待中国的大国外交发挥积极建设性作用

在“一超多强”的二十年间，美国并没有把世界引向更加繁荣，反而因自身因权力的滥用陷入困境。美国的错误在于：其一，滥用武力，导致反恐扩大化，从而自陷困境；其二，美式霸权始终没有解决与他国对立的问题。美国试图继续谋求国家利益最大化，而导致美国与多国处在对立状态；其三，美国正在丧失活力。在制度性霸权陷入困境、全球影响力相对下降的情况下，美国变得更加利己自私、保守和封闭，在国际制度变革与完善的过程中畏手

畏脚，排他性、小团体、富人俱乐部的思想浓厚。美国在全球的联盟体系基本上由发达国家组成，七国集团峰会（G7）只限于发达国家，美国在东亚战略的实质还是拉帮结派以阻止他国发展的方式来促进自身发展。总之，美式霸权陷入治理困境，国际社会期待包括中国在内的新兴发展中国家发挥积极的建设性作用。

在一些国家不断出现贸易保护主义、国家至上论的时候，2017 年 1 月 18 日，中国国家主席习近平在瑞士达沃斯经济论坛的讲话，对于如何进一步推进经济全球化，促进国际贸易关系以及中国如何发挥更大的引领作用指明了方向，提振了世人的信心。无论是传统欧洲发达国家还是新兴发展中国家都一致看好中国发挥的建设性作用，期待中国发挥更大的带动作用，帮助世界经济尽快走出 2008 年以来的经济危机的困境。

二、新的形势和任务要求中国进行相应的调整

当前，国际格局仍处于深刻的转型之中，处在新的历史发展阶段的中国要认清形势、把握机遇、迎头而上，完成神圣的历史使命，推进历史进程，完善现有的国际体系。如何提升中国国际地位，创造性运用国际影响力，成为国际体系变革的关键，也成为中国特色大国外交的重要突破口。

新形势下的中国外交涉及一系列前所未有的复杂问题。涉及全球经济复苏问题、能源问题、金融问题、全球治理困境等，还涉及全球气候变化、生态安全等艰巨责任，另外，像互联网安全、大数据等新技术领域，也面临新的机遇与挑战。

当今世界，全球化不断深入并朝更高水平发展，而全球化带来的各种问题也日益凸显。世界从未像今天这样成为一个紧密联系的整体。同时，中国在全球经济体系中实现了经济腾飞，与世界各地建立了广泛的联系，并一跃成为世界第二大经济体，但在快速发展中也伴随着一些问题的出现。中国和其他新兴经济体的集体崛起深刻地影响了世界政治格局，国际秩序进入了加速重组时期。国际、国内的一系列新形势、新问题、新挑战要求中国外交做出相应的调整，以更好地服务于中国改革发展的大局。中国外交正逐渐从反

应式、被动式转变为更加积极，更加主动。中国特色大国外交与西方国家的霸权主义或强权外交截然不同，是在明辨国内外形势之后，结合自身和相关国家利益，深刻认识问题的复杂性和联动性，在新的原则和理念上建立起来的大国外交战略。

中国的复兴必然不同于传统大国。作为一个大国，中国必须具有其自身特色。大国的历史、现实和人文禀赋决定了每一个大国都是与众不同的，每一个大国都有其自身特点，每一个大国都要走符合自身特点的发展道路。历史传承与历史遭遇、民族使命、文化禀赋、国内与国际环境客观上要求中国特色大国外交必须具有鲜明的中国特色。

三、中国特色大国外交正在通过不断创新的新理念、新布局、新构想，推动国际秩序向着更加公正合理的方向发展

破解传统大国发展瓶颈和大国兴衰周期律的关键之一，就是牢牢把握"共同性"这个核心，解决好自我与他者的关系问题。人类命运共同体概念的提出和推进，就是中国共产党人承载人类历史使命为人类未来发展提出的宏大命题和伟大目标。人类命运共同体关注的是各国如何在解决自身发展问题的同时，解决人类面临的共同挑战。致力于实现人类利益与国家利益的有机协调和有效相互促进。而人类利益与国家利益如何更好地协调在一起，是历史上大国没有解决好的问题。中国不同于历史上的崛起大国，历史上那些崛起大国以损害别国利益来谋取大国自身利益的做法，已被证明是行不通的。推进国际关系发展的法宝是互利共赢而不是相互损害。

在推进人类命运共同体这一中国特色大国外交的宏大目标指引下，中国提出了一系列保护海外利益和推动世界繁荣的新理念、新方式。十八大以来中国围绕着和平与发展这一时代主题，提出了新型发展观、合作观、安全观、义利观、秩序观、治理观、文化观等，丰富和发展了中国外交思想的内涵，也为国际社会贡献了具有东方文化智慧的大国思想。而在实践层面，中国外交更是不断创新与努力探索。亚太自贸区的构想、"一带一路"的倡议，丝

路基金和亚洲开放银行都是中国特色大国外交新方式的充分体现，也是中国放眼人类、着力于世界整体发展的大手笔、大战略。G20机制与金砖机制平台、APEC机制也是中国正在努力推动的世界范围内的合作平台。

中国的崛起方式一开始即强调互利共赢。中国完善和变革国际体制的意愿强烈，观念具有引导性，主动进取精神获得了国际社会的支持和理解。最为重要的是，中国在所有涉及国际体系的主张中都强调开放性，这就与美国的排他性构想形成了鲜明的对比。中国不仅主张开放、非排他，在国际责任方面也在践行大国责任。中国国家安全战略中没有明确的国别威胁指向，强调协力共同应对非传统安全威胁。这在民族国家诞生以来的国际关系史中具有开创性。中国的崛起不是单纯的国内生产总值（GDP）的崛起，也不是仅仅指实力的壮大，而是更加指向推动和倡导新理念、新思想，促进国际体系、国际秩序更为公正合理的发展进程。

什么是中国特色大国外交

首先，中国特色大国外交是面向全球的外交，以国际化促进自己新一轮改革开放，同时推动和帮助别国的开放和国际化。中国外交已经别无选择，必须要面向世界。过去二百多年以来的中国，多集中思考如何以弱抗强。改革开放以来的新中国需要考虑如何建立自己的强国战略，这不仅需要战略眼光，同时也需要能力建设上的充分准备。要有强强合作的意愿，也要有强强对话的信心。21世纪的全方位外交要求中国从全球视野看待问题，强化战略性构想。大格局、大视野 、大布局是中国特色大国外交的一大特点。历史使命感和纵深感驱动的中国外交正在形成新的全球世界观，体现了中国对国际政治、全球事务新角色的重新认识和新的世界意识的出现。全球视野、全球布局充分体现出习近平主席外交思想的风格和气魄。

其次，中国特色大国外交是基于中国作为大国而展开的外交，而不是针对大国的外交。中国特色大国外交是以大国的责任和担当对人类社会做出更大贡献，而不是与世界上其他大国争夺主导权和霸权。中国特色大国外交的目标不是谋霸和称霸，而是谋求联合自强与合作，即不仅是谋求自身的壮大与发展，同时也要推动人类社会的繁荣与发展。

第三，中国的大国外交正在改变原有的以双边为主的外交模式，而更加注重多边，更加重视区域和全球范围的事务，同时也更加重视综合和整体的考量。包括经济与政治的结合，政治与安全的结合。即使是安全本身，也更强调综合安全的理念。

第四，中国的国际地位的提升和国际身份的转变，要求中国具有责任意识和责任能力。“从时空角度来说，中国特色大国外交的特点，在纵向上基于中国在国际体系中地位的变化，在外交上表现为从只集中于国内的‘发展外交’转变为承担更多国际责任；在横向上基于中国在‘发展中国家’‘社会主义国家’和‘东方文明国家’的三重身份下，走出一条不同于西方的大国外交之路。”[1]

中国特色大国外交“特”在何处

研究和分析中国特色大国外交，首先是强调其特色。它根植于中国传统文化土壤，在中国共产党的核心价值理念的指导下，基于自身外交实践和探索，不断创新，具有独特性和现实操作性，同时赢得国际社会的日益理解、接受和响应。

其次是大国特色突出。中国是一个发展中大国，中国承担着大国责任，这个大国特色强调大国视野、整体布局、创新驱动，具有全球影响的战略规划与布局，其核心是开创一个新型大国的创新发展道路。

第三是突出理念创新。突出和平性，强调发展性，由此探索中国特色和平理论的构建问题。注重弘扬中国传统文化中的公平正义、和合、多元文化共存的传统理念。谋划整体性、认清复杂性，解决好当今世界中观念差异和制度差异、文明多样性条件下的合作问题，力求创建以共赢为核心的中国特色合作理论。

中国特色大国外交实践的新发展

中国坚决反对传统大国凌驾于其他国家之上的殖民主义和势力范围争夺，强调不结盟，发展模式与西方传统国家不同，如何实现这种转变，如何被他国接受？中国实力转变后的目标是什么？解决什么问题？

中国要解决自身可持续发展的问题，带动国际社会更加公正合理的发展。实现观念差异下的多元互补，打造人类命运共同体，包容各种不同的差异。解决好差异与合作的协调关系，解决内外不平衡，改变单一型对外依赖。立足于自身，使内部与向外拓展相结合，向内与向外共同发展。

中国正在实施的是强有力的综合战略，安全上构建伙伴关系网，军事上建设国防现代化，经济上推动亚投行和人民币国际化，“一带一路”倡议起于经济但又将三者相结合。

中国发挥影响力有两个关键要点：一是大国关系。联合弱小国家是为了影响大国，当然是影响大国而不是抗衡大国。二是国际平台。利用已有平台，搭建新的平台。

中国特色大国外交实践的主线就是为了实现中华民族的伟大复兴，核心理念就是合作共赢。为了实现中华民族伟大复兴的目标，外交战略尤其需要全球布局和谋划，形成中国的大棋局。对外仍是增强核心竞争力，扩大国际影响力，开拓国际市场，提升国际地位，在全球治理中发挥更大的中国作用与做出更多贡献。这就需要加快将资源转化为解决问题能力的进程，需要加快培育能够在国际机制中工作的人才，需要发挥中国作为一个大国的引领性和创造力，需要扩大发展合作空间，需要有一定的保障能力。

从对外战略来看，由起步阶段以学习借鉴引进为主的改革开放走向壮大自己提升国际地位的新阶段。这个阶段的关键是由学习向交流，由借鉴向创新发展，由独立自主向联合自强转变。

在全球治理中，既要解决自身可持续发展的问题，又要带动国际社会更加公正合理的发展，实现观念差异下的多元互补。

中国特色大国外交在国际社会中有三大任务：首先要带动发展中国家共

同发展。发展中国家与中国在面向市场和所处发展阶段上有相似性，更适于中国与之合作发展。中国经历了第一阶段向发达国家开放，现在应更加向发展中国家开放，这一轮开放不像第一轮是请进来，更多是走出去。第三轮需要实现走出去与请进来的平衡发展，实现发展中国家与发达国家相互促进，由不对称的请进来到对称性内引外联。

其次政治安全上需要扩大影响力。这个影响力必须是正面的、和平的、合作共赢的，以推动国际社会发展更加均衡、公正与合理。国际上对于公平发展的期望也驱动着中国发挥带头作用。中华民族的伟大复兴在国际上的体现之一就是公平发展。国际秩序向着更加合理均衡的方向发展需要有一大批发展中国家的发展才能推动。

第三要协调发展中国家与发达国家的关系。协调好、稳定好大国关系的同时，又要发展好与发展中国家的关系，缺一不可，注重综合平衡。中国实力进一步壮大尤其需要处理好与传统大国的关系。

如何应对未来挑战

中国外交正在经历转型，正从单纯为经济服务转向为发展与安全服务。发展本身的概念在转变，不仅指经济发展，而同时指综合国力的发展。发展的概念更为综合，既包括国际影响力的扩大、国际地位的提升，同时也指发展安全，发展所具有的内外部安全环境的保障与改善。主权安全与发展安全的高度统一。

要实现中国特色大国战略目标，实现影响力最大化，就要把经济上的优势转变为安全上的优势。实力转变首先要提升解决问题的能力，将后发优势转变为领先优势。要加快战略转化的时间周期，优化资源利用的布局和组合，提升资源转化的效率。

一、如何妥善解决中国和平发展过程中的安全难题与发展难题

中国的和平发展面临着一系列的两难困境。一是安全难题，中国需要和

平发展，但国家安全却面临着国家主权和领土纠纷的挑战；二是发展难题，中国国内经济需要升级换代，经济驱动力不足，但中国又面临需要为不断拓展的海外利益而保驾护航的任务；中国国内经济实力增长放缓，经济发展模式处于转型期和困难期，但中国急需依靠经济实力为扩大国际影响力提供物质支撑。以上构成了中国的安全和发展两难问题，导致全球不断深化的相互依存与中国加强战略自主性之间的矛盾，中国“大国责任论”与中国发展中国家地位和实力之间的矛盾。两个问题构成的两大难题需要化解。

二、妥善解决外交能力的有限性与需要不断提升的国际影响力之间的矛盾

中国综合实力有了极大提升，但转化为国际影响力的进程相对滞后。中国仍是一个发展中国家，国内经济面临转型，存在陷入“中等收入陷阱”的风险。同时，中国需要在“四个全面”的指导下，进一步深化改革开放，金融体系需要进一步现代化，工业体系需要进一步国际化和科技化，但现有外交资源和外交能力都面临不足。因此，需要从机制和人员布局方面强化制度改革，不断缩小能力有限性和影响力需要加大之间的矛盾，协调和平衡好各类需求之间的关系，确立战略优先和集中领域，调动和激活各种资源，促进中国实力向国际影响力的有效转化。

三、探索如何协调中国多重“身份”与国际体系的互动关系

中国不是现有国际体系的反对者，而是积极参与者，是愿与其他国家一道为完善国际体系而不断努力的建设者。目前，中国的实力与其在国际体系中的地位是不相称的。国际社会强调中国责任，而中国则希望国际社会实现权责平衡。中国面临角色与身份的转变，由被动适应者向积极应变者转变。中国的发展已经成为国际体系变迁的动力，中国需要明确作为国际体系的积极参与者和渐进改革者的角色定位，与其他国家一道促成既有利益格局与观念分布的良性调整，推动国际体系的完善。

简而言之，要把握大势。推动经济全球化背景下各国更加密切的相互依

存。注重联通，强调互联互通而不是分割阻断。突出发展创新，以超越传统权力政治的新思路、新方式，以更具有创造性主动性，追求良性互动，相互塑造，达成更大的战略覆盖。

中国特色大国外交的基本原则是分享而不是独霸权力，共赢而不是独占，结伴而不是结盟，一体化而不是分割化，国际政治民主化而不是国际政治权力化。

中国特色大国外交的战略目标最重要的是要推进人类命运共同体的建设。命运共同体的前期准备需要三个过程：国家间深度相互依存，形成国家间制度兼容的联合体，最后是实现命运共同体。因此，当前的任务首先是要加深相互依存，推动伙伴关系联合体的形成，从而为命运共同体的实现打下坚实的基础。“一带一路”、金砖机制都是实现命运共同体的重大尝试。命运共同体需要解决的问题之一是人类命运与国家利益的协调，坚持反对特权论和例外论，强调共建与共享。

总体而言，中国特色大国外交就是在中国梦、中华民族伟大复兴的总目标下，落实“两个一百年”奋斗目标的实现，努力构建和平、合作、互利、共赢的大国外交，推动地区和国际机制的建设，推动公正均衡的国际秩序的发展与完善。构建新型大国伙伴关系和协作伙伴关系，发展软实力，在包容互鉴的精神指导下，大力弘扬多样化文明共同生长，推动人类思想的灿烂繁荣。勇于承担大国责任，为世界的繁荣与稳定做出重大贡献。

（原文发表于《当代世界》2017 年第 7 期）

---

[1] 刘雪莲、李晓霞“中国特色大国外交及其在东亚地区的推进特点”，载《东北亚论坛》，2015 年第 6 期。

新时代中国特色大国外交的使命

高 飞 外交学院院长助理，教授

党的十九大明确提出中国特色社会主义进入了新时代。过去五年，中国积极倡导构建人类命运共同体，深入推进全方位外交布局，实施共建“一带一路”倡议，促进全球治理体系变革，坚定维护国家利益，在实践中形成了完整系统的中国特色大国外交理论体系。这一理论体系是党中央新时期治国理政和执政方略在对外工作领域的体现，为新时代中国特色大国外交指明了方向和使命。

中国外交步入新时代

经过近四十年的改革开放，中国的经济实力、科技实力、国防实力、综合国力进入世界前列，国际地位前所未有地提升，成为新时代中国特色大国外交的有力支撑。

首先，国家实力影响达到新高度。2016 年，中国 GDP 超过 11 万亿美元，占世界经济总量的 14.84%，中国经济增长对世界经济增长的贡献率超过 30%，进出口总额达到 3.69 万亿美元，是世界近 130 个国家或地区最大的贸易伙伴和世界最快成长的进口市场。[1] 中国还是世界最大的外汇储备国、最大的对外投资国、体系最为完整的工业国。这些成就，根本改变了中国贫穷落后的面貌，中国与世界的关系正站在新的历史起点上。今天的中国已经深度融入世界体系，中国巨大的发展成就离不开改革和开放。实践证明，只有世界好，中国才能发展好；中国发展得好，世界才能变得更好。中国的改革开放取得巨大成就离不开世界的支持合作，而日益崛起的中国有责任也有能力同各国分享发展机遇，为国际社会做出更大贡献。

第二，国际秩序变革进入新阶段。当前国际形势正经历冷战结束以来甚至是百年未遇之大变局，各种乱象纷呈：世界经济深度调整，国际恐怖主义威胁犹存，热点冲突不断，大国博弈升级，逆全球化浪潮高涨，国际关系的复杂性、脆弱性、不稳定性、不确定性更加凸显。与此同时，各国相互依存日益加深，越来越成为你中有我、我中有你的命运共同体。今天的世界没有哪个国家能够独自应对人类面临的各种挑战，也没有哪个国家能够退回到自我封闭的孤岛。然而，相互依存并不意味着国家之间没有矛盾，而是要求国家改变提出和解决问题的方式。近代国际关系强调民族国家的主权和独立，国际秩序的走向以“分”为主；而相互依存的现实背景下面对共同挑战，则要求世界各国以“合”为主，以负责任的精神同舟共济，共同维护和促进世界和平与发展。

第三，国家发展规划明确新方向。坚持中国共产党领导，坚持中国特色社会主义，是对外工作的根本保证，对外工作的目标就是要坚持党的领导、巩固党的执政地位，构建新型国际关系和人类命运共同体。这为国家外交工作指明了方向。十九大报告明确提出坚持和发展中国特色社会主义，国家的总任务是实现社会主义现代化和中华民族伟大复兴，在全面建成小康社会的基础上，分两步走在本世纪中叶建成富强民主文明和谐美丽的社会主义现代化强国。为此，在落实国家发展的总目标进程中，中国外交要高举和平、发展、合作、共赢的旗帜，统筹国内国际两个大局，统筹发展安全两件大事，牢牢把握“坚持和平发展、促进民族复兴”这条主线，维护国家主权、安全、发展利益，为和平发展营造更加有利的国际环境，维护和延长我国发展的重要战略机遇期，为实现“两个一百年”奋斗目标、实现中华民族伟大复兴的中国梦提供有力保障。

中国外交展露新风貌

近年来，国际形势发生深刻变化，在以习近平同志为核心的党中央坚强领导下，中国外交开拓进取、攻坚克难、设定议程、提出倡议，坚定维护自身和发展中国家的正当权益，积极引领国际体系变革，展现出自信开放、包容进取的中国风格和中国气派。

一是顶层设计。十九大报告指出："中国共产党是为中国人民谋幸福的政党，也是为人类进步事业而奋斗的政党。中国共产党始终把为人类作出新的更大的贡献作为自己的使命。"这宣示了新时代中国特色大国外交的目标使命，即中国外交不仅将为中国人民谋幸福为己任，也将为人类社会共同进步展现担当。中国提出了义利并举、以义为先、弘义融利的正确义利观，共同、综合、合作、可持续的总体安全观，政治、经济、社会、文化、生态全面发展观，共商、共建、共享的全球治理观，全面深化体制机制改革，提出了"一带一路"倡议，大大增强了外交工作的整体性和全局性。

二是底线思维。大国崛起难免会遇到各种挑战，需要预先准备、做好防范。中国坚定奉行独立自主的和平外交政策，奉行防御性的国防政策，不会以牺牲别国利益为代价来发展自己，也决不放弃自己的正当权益。十八大以来，中国在尊重历史事实和国际法的基础上开展了坚定有力的维权斗争，着眼于能力建设，全面推进了国防和军队现代化改革。中国不惹事、也不怕事，在涉及核心利益的问题上敢于划出底线、捍卫底线，赢得了国际社会的赞誉，提高了中国的国际声望。海外维权能力、领事保护能力的提升大大增强了国民对国家发展带来的获得感和自豪感。

三是主动谋划。习近平总书记指出："条件不是一成不变的，你积极争取了，它就有可能变好；你没有作为，它就一定会变差，这就叫事在人为。"[2]当今世界形势正在发生深刻复杂变化，中国发展仍处于重要战略机遇期。中国不仅需要把握好时代机遇，而且更需要主动创造自身发展和世界和平的机遇。中国高举和平、发展、合作、共赢的旗帜，维护世界和平、促进共同发展，推动建设相互尊重、公平正义、合作共赢的新型国际关系，展现出开拓进取、勇于担当的鲜明风格。中国提出的新理念、新思路，为解决当今世界发展中的双边和多边难题提供了中国方案，外交工作的主动性大大增强。

四是奋发有为。面对国际形势深刻变化、中华民族复兴进程深入推进、中国与世界关系深度调整，中国特色大国外交积极进取、奋发有为，彻底扭转了外交的被动局面。近年来，在外交领域，中国做成了很多原来想做而没有做成的大事，解决了很多想解决而没有解决的难题，构建了健康稳定的大国关系框架，开创了周边睦邻友好合作新局面，推动了同发展中国家合作提质升级。在全面推进中国特色大国外交进程中，形成了全方位、多层次、立体化的外交布局，为国家发展营造了良好外部条件，中国的国际影响力、感召力、塑造力进一步提高，作为世界和平的建设者、全球发展的贡献者、国际秩序的维护者身份得到了进一步巩固。

中国外交拓展新任务

中国特色社会主义进入了新时代，新时代要有新气象，更要有新作为。新时代中国特色大国外交就是要紧紧围绕党和国家工作大局，统筹国内国际两个大局，始终不渝走和平发展道路、奉行互利共赢的开放战略，坚定维护国家主权、安全、发展利益，为和平发展创造更加有利的国际环境。

一是坚持大国自信，坚决维护国家的主权安全和发展利益。一方面，中国坚定奉行独立自主的和平外交政策，尊重各国人民自主选择发展道路的权利，维护国际公平正义，反对把本国的意志强加于人，反对干涉别国内政，反对以强凌弱。中国坚持和平发展道路，但决不放弃自己的正当权益，任何人不应幻想让中国吞下损害国家利益的苦果。另一方面，中国决不会以牺牲别国利益为代价来发展自己，中国无论发展到什么程度，永远不称霸，永远不搞扩张，始终做世界和平的建设者、全球发展的贡献者、国际秩序的维护者。

二是完善外交布局，打造全球伙伴关系网络。2014 年，习总书记在中央外事工作会议上提出，在坚持不结盟原则的前提下广交朋友，形成遍布全球的伙伴关系网络。结伴而不结盟政策打破了非友即敌、结盟或对抗的冷战思维，为引领国家间关系提供了新思想、新模式。针对大国关系，中国将不断扩大同各国的利益交汇点，推进大国协调和合作，构建总体稳定、均衡发展的大国关系框架。针对周边邻国，中国提出了亲诚惠容理念和与邻为善、以邻为伴的周边外交方针，推动深化同周边国家关系。针对发展中国家，中国强调守望相助，共同进步，提出了真实亲诚的对非工作方针和中非全面战略合作伙伴关系的新定位、“五位一体”的中拉关系新格局，同阿拉伯国家、太平洋岛国发展战略伙伴关系，实现同发展中国家整体的合作机制全覆盖。目前，中国已同 100 个左右国家和国际组织建立了不同形式的伙伴关系。通过构建覆盖全球的伙伴关系网络，中国的“朋友圈”将越来越大，不仅为国内发展营造了有利外部环境和战略支撑，而且将“构建相互尊重、公平正义、合作共赢的新型国际关系”由理念转化成了实践。

三是推进“一带一路”建设，深化全方位对外开放格局。中国坚持对外开放的基本国策，坚持打开国门搞建设，积极促进“一带一路”国际合作，努力实现政策沟通、设施联通、贸易畅通、资金融通、民心相通。目前，中国已经同 80 个国家和组织签署“一带一路”合作协议，同 30 多个国家开展了机制化产能合作，在沿线 24 个国家推进建设 75 个境外经贸合作区，“一带一路”日益呈现出强大的生机和活力。在逆全球化浪潮高涨的世界，中国旗帜鲜明反对保护主义，主张发展全球自由贸易和投资，在开放中推动贸易和投资自由化便利化，欢迎各国人民搭乘中国发展的“快车”“便车”。“一带一路”倡议由中国发起，但“一带一路”本身属于全世界。作为一项以“对接”和“联通”为主要手段的“没有机制的机制”，“一带一路”正在成为国际合作新平台，推动全球化进程的新引擎。

四是参与全球治理，积极引导国际秩序变革方向。众行致远，中国人民的梦想同各国人民的梦想息息相通，实现中国梦离不开和平的国际环境和稳定的国际秩序，中国必须更加关注全球治理体制和国际秩序变革。力量越大，责任也越大。近年来，中国支持联合国发挥积极作用，组建常备成建制维和警队及 8000 人规模的维和待命部队，支持扩大发展中国家在国际事务中的代表性和发言权，为推动达成气候变化《巴黎协定》、制定 2030 年可持续发展议程发挥了重要作用。中国越是接近世界舞台的中央，就越要秉持共商共建共享的全球治理观，倡导国际关系民主化，坚持国家不分大小、强弱、贫富一律平等，推动全球治理体系朝着更加公正合理方向发展，在引领、塑造国际体系的过程中实现自己的利益。

五是深化体制机制改革，加强外交人才队伍建设。新时代中国特色大国外交对外交工作本身提出了更高的要求，深化外交体制机制改革是提升国家治理能力的重要要求。新形势新变化要求外交工作必须具有战略性和前瞻性，既要妥善统筹国内国际两个大局，又要驾驭复杂多变的国际局势，有效应对对外工作中的新问题新挑战。今天的世界各国日益形成复杂的关系网络，只有不断增强大局观念和协调意识，充分发挥各部门、各地方、各领域的积极性和能动性，相互沟通、协同发力，才能提升外交工作的执行力。此外，中国亟需加强外交人才培养，打造一支政治过硬、业务精湛、勇于担当、忠诚干净的外交外事干部队伍，为国际组织和全球治理输送优秀人才，也为增强中国外交的规则制定能力、议程设置能力、舆论宣传能力、统筹协调能力储备智力资源。

中国特色社会主义进入新时代，作为国际体系中的负责任大国，中国前所未有地走近世界舞台中央，前所未有地接近实现中华民族伟大复兴的中国梦，前所未有地具有实现这个目标的能力和信心。站在新的历史起点上，以习近平新时代中国特色社会主义思想为指引，中国特色大国外交必将呈现新气象、展现新作为、体现新担当，为国家的改革和发展做出新的更大贡献！

（原文发表于《当代世界》2018 年第 1 期）

---

[1] 世界银行网站：http://www.shihang.org/；世界贸易组织网站：https://www.wto.org/english/res_e/statis_e/wts_e.htm。

[2] 转引自杨洁篪：《在习近平外交思想指引下不断开创对外工作新局面》，http://news.xinhuanet.com/politics/2017-01/14/c_1120310101.htm。

习近平人类命运共同体思想的深刻内涵与时代价值

冯颜利　中国社会科学院马克思主义研究院国外部主任、教授
唐　庆　重庆师范大学

十九大报告共十三部分，其中第十二部分以“坚持和平发展道路，推动构建人类命运共同体”为标题，专门讲构建人类命运共同体，系统阐述了人类命运共同体思想的丰富而深刻的内涵及其时代价值。

习近平在这部分一开始就指出：“中国共产党是为中国人民谋幸福的政党，也是为人类进步事业而奋斗的政党。中国共产党始终把为人类做出新的更大的贡献作为自己的使命。”[1]可见，倡导构建人类命运共同体的目的就是希望为人类做出新的更大的贡献。人类命运共同体思想还专门写进了党的十九大修改通过的《中国共产党章程》，特别强调指出：“推动构建人类命运共同体，推动建设持久和平、共同繁荣的和谐世界。”[2]所以，完全可以说，习近平总书记提出的人类命运共同体思想为全球生态和谐、国际和平事业、变革全球治理体系、构建全球公平正义的新秩序都贡献了中国智慧和中国方案。因此，深入学习贯彻十九大精神，系统阐述习近平人类命运共同体思想的深刻内涵与时代价值具有重要的理论与现实意义。

习近平人类命运共同体思想的深刻内涵

马克思恩格斯有丰富的人类命运共同体思想。他们认为，“只有在共同体中，个人才能获得全面发展其才能的手段，也就是说，只有在共同体中才可能有个人自由”。马克思进而提出了“真正的共同体”思想，“真正的共同体”与“虚假的共同体”相对，“真正的共同体”即共产主义是自由人的联合体、是每个人自由而全面发展的社会。

中华民族历来追求和睦、爱好和平、倡导和谐，“亲仁善邻”、“协和万邦”，数千年文明史造就了独树一帜的“和”文化。“和”文化“蕴涵着天人合一的宇宙观、协和万邦的国际观、和而不同的社会观、人心和善的道德观”。[4]中国优秀传统文化富含“仁”、“爱”、“和”的优秀基因。孔子说，“泛爱众，能亲仁”、“有朋自远方来，不亦乐乎”；老子主张“见素抱朴”、“道法自然”；孟子主张“亲亲而仁民，仁民而爱物”；孙子反对战争，他说“百战百胜，非善之善也；不战而屈人之兵，善之善者也”。墨翟更为博爱，他提出要“兼相爱，交相利”。习近平多次赞誉的近代思想家王阳明主张“天下一家”，“圣人之心，以天地万物为一体，其视天下之人，无外内远近。……天下之人，皆相视如一家之亲”[5]。这些优秀传统文化，是中华文明得以传承和繁荣的精神支柱，也是构建人类命运共同体的思想渊源。人类命运共同体等思想观念，以及在此指导下的“一带一路”倡议等实践举措，就是对这些优秀传统文化的创造性转化和创新性运用。习近平主席在联合国阐述构建人类命运共同体的基本原则时，提出伙伴关系要“平等相待、互商互谅”，文明交流要“和而不同、兼收并蓄”，生态体系要“尊崇自然、绿色发展”，就是对和平、仁爱、天下一家等优秀传统文化创造性转化和创新性发展。

党的十八大以来，习近平总书记在一系列重要讲话中继承和发展了马克思的人类命运共同体思想，中国特色社会主义进入新时代的人类命运共同体思想由理念到理论，内涵不断丰富深刻；由愿景到倡议，成效明显；由双边到多边，认可范围不断扩展。习近平总书记人类命运共同体思想顺应经济全球化新变化，关切人类社会发展进步的前途命运，成为变革全球治理体系、构建新型国际关系和国际新秩序的共同价值规范。

为何要倡导构建人类命运共同体？何谓人类命运共同体？

为何要倡导构建人类命运共同体？习近平总书记在十九大报告中指出，当今世界处于大发展、大变革与大调整的时期，但和平与发展仍是时代的主题。虽然全球的治理体系与国际秩序的变革正加速推进，世界各国相互联系与依存也日益加深，但是，国际力量更趋平衡，并且和平与发展的大势仍不可逆转。与此同时，世界面临的不稳定性与不确定性非常突出，全球增长动力不足，贫富分化严重，恐怖主义问题、网络安全问题、传染性疾病问题等威胁蔓延，当今人类面临着许多共同的挑战。[6] 这是倡导人类命运共同体的全球现实依据，全球的问题需要人类共同面对、共同应对，没有哪个国家能够单独应对面临的各种挑战。

何谓人类命运共同体？ 习近平总书记在十九大报告中强调指出："构建人类命运共同体，建设持久和平、普遍安全、共同繁荣、开放包容、清洁美丽的世界。"[7] 习总书记接着用五个"要"系统阐述了怎样构建人类命运共同体，即要相互尊重、平等协商，坚决摒弃冷战思维和强权政治；要坚持以对话解决争端、以协商化解分歧；要同舟共济，促进贸易和投资自由化便利化；要尊重世界文明多样性；要保护好人类赖以生存的地球家园。

事实上，2013 年 3 月，习近平在当选国家主席后的首次出访时就提出："这个世界，各国相互联系、相互依存的程度空前加深，……越来越成为你中有我、我中有你的命运共同体。"[8]

2015 年在以"亚洲新未来：迈向命运共同体"为主题的博鳌亚洲论坛上，习近平在演讲中主张"共同营造对亚洲、对世界都更为有利的地区秩序，通过迈向亚洲命运共同体，推动建设人类命运共同体"。[9] 2015 年 9 月，在第七十届联合国大会一般性辩论时，习近平再次强调，"我们要继承和弘扬联合国宪章的宗旨和原则，构建以合作共赢为核心的新型国际关系，打造人类命运共同体"。为了实现这一目标，倡导要建立平等相待、互商互谅的伙伴关系；要营造公道正义、共建共享的安全格局；要谋求开放创新、包容互惠的发展前景；要促进和而不同、兼收并蓄的文明交流；要构筑尊崇自然、绿色发展的生态体系。[10] 这五个方面的具体要求，建构了人类命运共同体总体布局，描绘了世界新格局的美好前景。

2017 年 1 月，在联合国日内瓦总部演讲时，习近平强调："世界经济增长乏力，金融危机阴云不散，发展鸿沟日益突出，兵戎相见时有发生，冷战思维和强权政治阴魂不散，恐怖主义、难民危机、重大传染性疾病、气候变化等非传统安全威胁持续蔓延"[11]，面对全球问题，"世界命运应该由各国共同掌握，国际规则应该由各国共同书写，全球事务应该由各国共同治理，发展成果应该由各国共同分享"。[12] 他进一步指出，构建人类命运共同体，关键在行动。必须坚持对话协商，建设一个持久和平的世界；坚持共建共享，建设一个普遍安全的世界；坚持合作共赢，建设一个共同繁荣的世界；坚持交流互鉴，建设一个开放包容的世界；坚持绿色低碳，建设一个清洁美丽的世界。[13] 人类命运共同体思想，承载着中国对建设美好世界的崇高理想和不懈追求，反映了世界各国人民对和平公正新秩序的美好期待，因此受到国际社会特别是广大发展中国家的普遍欢迎和强烈支持。2017 年 2 月 10 日，联合国社会发展委员会通过"非洲发展新伙伴关系的社会层面"决议，"呼吁国际社会本着合作共赢和构建人类命运共同体的精神，加强对非洲经济社会发展的支持"。[14] "构建人类命运共同体"理念被正式写入联合国决议，表明这一理念已经得到国际社会广泛认可。

总之，习近平总书记人类命运共同体思想是对中国优秀传统文化的创造性转化和创新性发展，是对马克思列宁主义的继承和创新，是对新中国外交成功经验的科学总结和理论提升，它为变革全球治理体系、为构建全球公平正义的新秩序提供了中国方案和中国智慧。

习近平人类命运共同体思想的时代价值

习近平总书记在十九大报告中指出："中国将继续发挥负责任大国作用，

积极参与全球治理体系改革和建设，不断贡献中国智慧和力量。”[15]并且强调中国人民愿同各国人民一道，推动人类命运共同体建设，共同创造人类的美好未来！因为，中国人民不仅希望自己过得好，也希望各国人民过得好。[16]

第一，人类命运共同体思想为全球生态和谐贡献了中国方案和中国智慧。人类命运共同体，首先是生命共同体，生态共同体。日益严重的气候变暖和环境污染等问题警示我们，地球生态危机问题越来越严重，地球已达其能承受人类过度消费和浪费的极限，生态一旦崩溃任何国家都不能幸免。尽管中国承载着巨大的发展压力，但是仍主动承担责任，将“绿色”列为“五大发展理念”的基本内容，作为经济社会发展的根本指南；同时推动经济结构转型升级、创新绿色科技，积极落实《巴黎协定》等国际合作项目。

第二，人类命运共同体思想为国际和平事业贡献了中国方案和中国智慧。作为世界人口最多的发展中国家，中国保持长期团结稳定、繁荣发展、社会进步，同时，妥善处理好周边关系，广泛参与区域合作和全球事务。与奉行强权政治、霸权主义、单边主义的西方强国通过入侵战争、策划政变、经济制裁等手段到处插手他国事务不同的是，中国是在奉行和平发展、合作共赢原则的基础上，通过对内改革、对外开放，主动参与国际合作，经过数十年努力奋斗实现自身强大之后，顺应世界格局演变的趋势，应世界各国的强烈呼吁而积极参与国际事务，维护世界和平。当前，我们秉持和平、主权、普惠、共治原则，把深海、极地、外空、互联网等领域打造成各方合作的新疆域，而不是相互博弈的竞技场。人类命运共同体思想蕴含着中国维护生态和谐与世界和平的智慧，是变革全球治理体系应当遵守的基本价值规范。

第三，人类命运共同体思想为变革全球治理体系贡献了中国方案和中国智慧。“一花独放不是春，百花齐放春满园”，习近平在金砖峰会等多个国际场合，以此表达同世界各国共赢共享构建人类命运共同体的博大胸怀和历史担当。共赢、共享不仅是中国对世界秩序的美好希冀，也是世界人民的共同愿望。当今世界，“和平发展的大势日益强劲，变革创新的步伐持续向前。各国之间的联系从来没有像今天这样紧密，世界人民对美好生活的向往从来没有像今天这样强烈，人类战胜困难的手段从来没有像今天这样丰富”。[17]

因推行霸权主义而造成的难民问题，因推行新自由主义而造成的金融危机，均对作为始作俑者的西方强国造成严重的影响。因此，已经在经济全球化中获益而率先发展起来的发达国家，更应该担负起帮扶落后国家的责任。中国早就意识到，“中国发展离不开世界，世界繁荣也需要中国”。[18] 因此，中国积极推动“一带一路”倡议、派出维和部队、支持非洲建设，将共赢共享理念贯彻到实践中去。塔吉克斯坦驻华大使达夫拉特佐达曾称赞道，“中国在其他国家兴办企业、大力投资，这促进了当地的就业、增加了当地政府的税收。这些都表明，全世界都能够共享中国的发展成果”。[19] 建设新型国际关系，变革全球治理体系，大国是关键。“国家之间要构建对话不对抗、结伴不结盟的伙伴关系。大国要尊重彼此核心利益和重大关切，管控矛盾分歧，努力构建不冲突不对抗、相互尊重、合作共赢的新型关系。”[20]

第四，人类命运共同体思想为构建全球公平正义的新秩序贡献了中国方案和中国智慧。国家只有大小之别，没有高下之分；文明只有特色之别，没有优劣之分。构建全球公平正义的新秩序，必须秉持共商共建的发展新理念。习近平在多个国际场合的讲话中，已经系统地阐述了推动构建全球公平正义新秩序的方案。在经济方面，要引导经济全球化健康发展，反对逆全球化的保守主义倾向，避免不公正的贸易战争，“需要加强协调、完善治理，推动建设一个开放、包容、普惠、平衡、共赢的经济全球化，既要做大蛋糕，更要分好蛋糕，着力解决公平公正问题”。[21] 在政治方面，着力解决恐怖主义、难民问题、武装冲突等急切而棘手的重大问题，“当事各方要通过协商谈判，其他各方应该积极劝和促谈，尊重联合国发挥斡旋主渠道作用”。[22] 在文化方面，海纳百川，有容乃大，不同文明要平等交流、共同进步，“让文明交流互鉴成为推动人类社会进步的动力、维护世界和平的纽带”。[23]

总之，构建人类命运共同体思想理念，就是创新、协调、绿色、开放、共享“五大发展理念”的国际版，是国内发展理念在国际战略中的反映，这表明人类命运共同体思想为构建全球公平正义的新秩序提供了中国方案和中国智慧。

（原文发表于《当代世界》2017 年第 11 期）

---

[1] 习近平：《决胜全面建成小康社会 夺取新时代中国特色社会主义伟大胜利——在中国共产党第十九次全国代表大会上的报告》，载《人民日报》2017 年 10 月 28 日。

[2]《中国共产党章程》（中国共产党第十九次全国代表大会部分修改，2017 年 10 月 24 日通过），载《人民日报》2017 年 10 月 29 日。

[3]《马克思恩格斯选集》第一卷，北京：人民出版社 2012 年版，第 199 页。

[4] 习近平：《在中国国际友好大会暨中国人民对外友好协会成立 60 周年纪念活动上的讲话》，载《人民日报》，2014 年 5 月 15 日。

[5] 陈荣捷:《王阳明传习录详注集评》,台北: 台湾学生书局,1992 年版,第 194-195 页。

[6][7] 同 [1]。

[8] 习近平：《顺应时代前进潮流 促进世界和平发展——在莫斯科国际关系学院的演讲》，载《人民日报》，2013 年 3 月 24 日。

[9] 习近平：《迈向命运共同体 开创亚洲新未来——在博鳌亚洲论坛 2015 年年会上的主旨演讲》,载《人民日报》，2015 年 3 月 29 日。

[10] 习近平：《携手构建合作共赢新伙伴 同心打造人类命运共同体——在第七十届联合国大会一般性辩论时的讲话》,载《人民日报》，2015 年 9 月 29 日。

[11] 习近平：《共同构建人类命运共同体——在联合国日内瓦总部的演讲》，载《人民日报》，2017 年 1 月 20 日。

[12][13] 同 [1]。

[14]《“构建人类命运共同体”首次写入联合国决议》，载《人民日报》，2017 年 2 月 12 日。

[15] 同 [1]。

[16]《国家主席习近平发表二一七年新年贺词》，载《人民日报》，2017 年 1 月 1 日。

[17] 习近平：《携手推进“一带一路”建设——在“一带一路”国际合作高峰论坛开幕式上的演讲》，载人民日报，2017 年 5 月 15 日。

[18]《习近平同瑞士联邦主席洛伊特哈德共同会见瑞士经济界代表时强调 中国发展离不开世界 世界繁荣也需要中国》，载《中国青年报》，2017 年 1 月 17 日。

[19]《专访塔吉克斯坦大使：中国是解决全球关键问题不可或缺的力量》，2017 年 03 月 01 日，http://news.xinhuanet.com/world/2017-03/01/c_129498626.htm。

[20][21][22][23] 同 [1]。

人类命运共同体的中共逻辑

王义桅　中国人民大学习近平新时代中国特色社会主义思想研究院副院长

现代政党政治起源于西方。西方文明是分的哲学。分带来竞争、创新，推动了社会进步。但个体进步却导致整体利益受损，个体理性却导致集体非理性。利益、思维越分越细，导致政治碎片化、社会极化，助长了民粹主义、极端主义的兴起……英国脱欧，德国组阁困难，政党诚信严重下滑，政治文明衰败。人类向何处去？人类政治文明前景如何？推动我们反思政党政治的本质。

推动建立人类命运共同体，是中国共产党的天下担当。面对人类向何处去的时代之问，世界纷纷向东看。中国共产党汲取五千年中华文化大同思想精华，继承马克思主义自由人联合体理想，借鉴西方政治文明共同体经验，提出建立人类命运共同体，并组织召开中国共产党与世界政党高层对话会，就是为探讨政党政治的未来，探索创新人类政治文明。中国和合文化超越西方政党政治，推动再造政党，再造政党政治，从而也为自己正名：中国共产党不是一般意义上的政党，而是立党为公、执政为民，以天下为己任的新型政党。

为人类做出更大贡献，正在再造中国共产党。正如十九大报告指出的，这就是中国共产党的世界初心，就是为人民服务与为人类服务的有机统一。推动构建人类命运共同体和共建“一带一路”，推进新型全球化和新型全球治理，在再造政党政治、创新人类政治文明过程中，再造中国共产党，着眼于建设人类命运共同体，就是中共的逻辑。

传中共经验 造共赢之势

习近平总书记在中国共产党与世界政党高层对话会上的主旨讲话中指出，“政党在国家政治生活中发挥着重要作用，也是推动人类文明进步的重要力量。面向未来，中国共产党愿同世界各国政党加强往来，分享治党治国经验，开展文明交流对话，增进彼此战略信任，同世界各国人民一道，推动构建人类命运共同体，携手建设更加美好的世界！”[1]

中共经验首先基于自身的治党治国实践，尤其是改革开放40年经验：以开放促改革，以改革促开放；走符合国情的发展道路，鼓励各国走符合自身国情的发展道路。基于这些经验，习近平总书记在中国共产党与世界政党高层对话会上的主旨讲话中，自信地展示中国共产党的担当。

第一，一如既往为世界和平安宁作贡献。中国将高举和平、发展、合作、共赢的旗帜，始终不渝走和平发展道路，积极推进全球伙伴关系建设，主动参与国际热点难点问题的政治解决进程。倡议世界各国政党同中国一道，做世界和平的建设者、全球发展的贡献者、国际秩序的维护者。

第二，一如既往为世界共同发展作贡献。中国共产党从人民中走来、依靠人民发展壮大，历来有着深厚的人民情怀，不仅对中国人民有着深厚情怀，而且对世界各国人民有着深厚情怀，不仅愿意为中国人民造福，也愿意为世界各国人民造福。成千上万的中国科学家、工程师、企业家、技术人员、医务人员、教师、普通职工、志愿者等正奋斗在众多发展中国家广阔的土地上，同当地民众手拉手、肩并肩，帮助他们改变命运。中国梦造福中国人民，也将造福世界各国人民，成就世界梦。我们倡议世界各国政党同我们一道，为世界创造更多合作机会，努力推动世界各国共同发展繁荣。

第三，一如既往为世界文明交流互鉴作贡献。他山之石，可以攻玉。中国共产党历来强调树立世界眼光，积极学习借鉴世界各国人民创造的文明成果，并结合中国实际加以运用。中国共产党将以开放的眼光、开阔的胸怀对待世界各国人民的文明创造，愿意同世界各国人民和各国政党开展对话和交流合作，支持各国人民加强人文往来和民间友好。

习近平总书记指出，我们要把自己的事情做好，这本身就是对构建人类命运共同体的贡献。我们也要通过推动中国发展给世界创造更多机遇，通过深化自身实践探索人类社会发展规律并同世界各国分享。我们不“输入”外国模式，也不“输出”中国模式，不会要求别国“复制”中国的做法。[2]

政党执政经验无法复制，但能给其他国家政党带来启示和借鉴。不顾本国实际，单纯地复制别国模式注定会以失败告终，但孤立地“闭门造车”也不会取得成功。在全球化时代，中国与世界的关系是你中有我、我中有你的命运共同体。世界好，中国才能好；中国好，世界会更好。中国共产党与世界政党高层对话会作为多边政党交流机制，其目的之一就是为世界各国政党交流治党治国经验提供平台，为世界各国政党在交流互鉴中实现共赢提供机会。

举中共方案 践大道之行

“让和平的薪火代代相传，让发展的动力源源不断，让文明的光芒熠熠生辉，是各国人民的期待，也是我们这一代政治家应有的担当。中国方案是：构建人类命运共同体，实现共赢共享。”[3] 习近平总书记2017年初在联合国日内瓦总部的讲话表明，人类命运共同体理念是和平、发展、合作人类主题的高度浓缩和升华。

习近平总书记同时提出建设美好世界的“四点倡议”，即我们要努力建设一个远离恐惧、普遍安全的世界，建设一个远离贫困、共同繁荣的世界，建设一个远离封闭、开放包容的世界，建设一个山清水秀、清洁美丽的世界。建设人类命运共同体，赋予了政党新时代的责任。习近平总书记提出：“不同国家的政党应该增进互信、加强沟通、密切协作，探索在新型国际关系的基础上建立求同存异、相互尊重、互学互鉴的新型政党关系，搭建多种形式、多种层次的国际政党交流合作网络，汇聚构建人类命运共同体的强大力量。”[4] 人类命运共同体思想继承和弘扬了《联合国宪章》的宗旨和原则，是全球治理的共商、共建、共享原则的核心理念，构建人类命运共同体要超越国家的狭隘利益差异，建立以合作共赢为核心的新型国际关系。人类命运共同体着眼于人类文明的永续发展，推动建立文明秩序，超越狭隘的民族国家视角，树立人类整体观。

人类命运共同体的核心要旨就是，世界命运应该由各国共同掌握，国际规则应该由各国共同书写，全球事务应该由各国共同治理，发展成果应该由各国共同分享。人类命运共同体中“命”和“运”要结合在一起，“命”是解决身份认同的问题，解决安全感和获得感的问题。“运”是解决发展的问题，解决态势和未来的问题。人类命运共同体是在信息化开放的时代弘扬天下大同的思想。

人类命运共同体思想的深远意义是告别意识形态和价值观的对立，追求人类共同价值观。各国具有差异性，世界具有多样性，但共同的历史记忆、共同的处境、共同的追求，将各国紧密相连，形成共同身份与认同，塑造共同未来。西方有“人人为我，我为人人”铭言，东方有“各美其美，美人之美，美美与共，天下大同”思想。“命运共同体”之道具有穿越时空的普遍意义。正如习近平主席2015年9月在第七十届联合国大会一般性辩论时指出的，“大道之行也，天下为公。和平、发展、公平、正义、民主、自由，是全人类的共同价值，也是联合国的崇高目标”。[5]

在国内坚持以人民为中心的发展理念，在国际上倡导以人类为中心的全球观，两者的结合就是建设人类命运共同体。中国共产党通过世界政党高层对话会号召，今后的发展应当以人类为中心而不是以强者为中心，打造“命”与“运”一体的格局。为天地立心——心便是人类的共同价值；为生民立命——命是人类的整体性；为往圣继绝学——实现中华文明的永续发展；为万世开太平——实现超越普世价值的大包容，实现普遍安全和共同繁荣。

展中共担当 呈公共产品

孔子曰：“己欲立而立人，己欲达而达人。”“一带一路”及其背后的人类命运共同体理念是全球化即美国/西方化失势后，作为世界经济增长火车头的中国，作为全球治理希望的中国共产党，将自身的治国理政优势、经验与模式优势转化为国际合作优势，将中国机遇变成世界机遇，融通中国梦与世界梦。

中国共产党历来强调树立世界眼光，积极学习借鉴世界各国人民创造的文明成果，并结合中国实际加以运用。习近平总书记提出“一带一路”倡议，就是要实践人类命运共同体理念。

一、全球化：包容性、联动性、本土性

“一带一路”着眼于欧亚地区的互联互通，着眼于陆海联通，是对传统新自由主义主导的全球化的扬弃。美战略家康纳在《超级版图》一书中提出，未来四十年的基础设施投入将超过人类过去四千年！传统全球化——关税减让，最多能推动世界经济增长 5%，而新型全球化——互联互通，将推动世界经济增长 10%—15%。[6] 因此，“一带一路”给全球化提供更强劲动力，并推动改革传统全球化，朝开放、包容、均衡、普惠方向发展。“一带一路”的特点是实体经济全球化，路径是发展导向的全球化，方向是包容性全球化，目标是共享型全球化。

二、国家治理：标本兼治，统筹协调

“穷则变，变则通，通则久。”[7] 这句话表明，通是可持续发展及可持续安全的关键。阿富汗就是典型例子。阿政府认为，“一带一路”给阿富汗实现和平与发展带来福音，阿绝不能错过这最后的机会，希望将地缘战略优势转化为实际经济利益，提出以光缆、交通、能源“三通”促“五通”，体现阿在欧亚大陆互联互通中的地区中心（hub）地位。阿不仅要从“陆锁国”（land-locked）变为“陆联国”（land-connected），更要扮演连接中国与中亚、南亚、中东、非洲，中亚与南亚及印度洋的“五方通衢”角色。为此，中巴经济走廊已经向阿延伸。以政党治理推动国家治理，以国家治理推动全球治理，这是中共的治理逻辑。

三、全球治理：共商、共建、共享

“一带一路”是改善全球治理的新抓手，是实现世界经济再平衡的良方。它体现了中国理念：共商、共建、共享。首先，中国倡导“共商”，即在整个“一带一路”建设当中充分尊重沿线国家对各自参与合作事项的发言权，妥善处理各国利益关系，打造利益共同体。沿线各国无论大小、强弱、贫富，都是“一带一路”的平等参与者，都可以积极建言献策，都可以就本国需要对多边合作议程产生影响，但是都不能对别国所选择的发展路径指手画脚。通过双边或多边沟通和磋商，各国可找到经济优势的互补，实现发展战略的对接。其次，中国倡导“共建”，共担责任和风险，塑造责任共同体。“共商”毕竟只是各方实质性参与“一带一路”建设的第一步，接下来要进一步做好“走出去”“引进来”的服务工作，同时鼓励沿线国家在引入资金、技术后培养相关人才，增强自主发展能力。只有做到了前面两点，才能保证“一带一路”建设的成果能够被参与各国所共享，建设命运共同体。通过倡导基础设施的互联互通，“一带一路”正在治疗新自由主义全球化顽疾，引导热钱流向实体经济，正在消除全球金融危机之源，实现全球金融治理。通过以发展促安全，以安全保发展，强调共同、综合、合作、可持续安全观，推进全球安全治理。

“一带一路”倡议及人类命运共同体思想正式写入联合国安理会涉阿决议，这足以表明，“一带一路”倡议展示统筹协调、标本兼治的东方智慧，是解决阿富汗治理困境的希望，旨在以“五通”、地缘经济乃至地缘文明消除近代以来阿富汗作为“帝国坟墓”“地缘政治角斗场”的魔咒、打破贫困与暴力恶性循环，并将为全球与区域治理树立典范，为此突出了“一带一路”倡议的文明性、和平性、包容性。

中国共产党领导中国人民迈入中国特色社会主义新时代，为构建人类命运共同体，必须推动构建新型政党关系、新型全球化、新型全球治理、新型南南合作。“一带一路”国际合作倡议就是主要抓手。“一带一路”写入中国共产党章程，彰显共产党人建设人类命运共同体的自信与自觉。

习近平总书记在中国共产党与世界政党高层对话会主旨讲话中提出，“我们倡议将中国共产党与世界政党高层对话会机制化，使之成为具有广泛代表性和国际影响力的高端政治对话平台。”[8] 中国给世界提供的公共产品不仅仅局限于器物层面的物质性公共产品——“一带一路”促生产，精神层面的观念性公共产品——人类命运共同体，也体现在制度层面的制度性公共产品——“一带一路”国际合作高峰论坛及中国共产党与世界政党高层对话会，彰显中国共产党不忘世界初心，以天下为己任，为世界人民服务的胸怀与担当。

（原文发表于《当代世界》2018 年第 3 期）

---

[1] 习近平：《携手建设更加美好的世界——在中国共产党与世界政党高层对话会上的主旨讲话》，2017 年 12 月 1 日，北京。

[2] 同 [1] 。

[3]《习近平谈治国理政》，第二卷，第 539 页。

[4] 同 [1]。

[5]《习近平谈治国理政》，第二卷，第 522 页。

[6]【美】康纳：《超级版图》，北京：中信出版社，2016 年版，第 10 页。

[7]《周易 - 系辞》下。

[8] 同 [1]。

人类命运共同体的构建路径

赵可金 清华大学社会科学学院副院长，教授
赵 远 清华大学国际关系学系

人类命运共同体理念是习近平总书记对当今世界性质和人类未来走向的判断。尤其是在党的十九大报告中，习近平总书记将推动构建人类命运共同体作为新时代中国特色社会主义思想的十四条基本方略之一，并将其写入党章，成为指导新时代中国外交的重要行动指南。如何在实践中探索和研究推动构建人类命运共同体的路径，是一个重大理论课题和战略任务。

人类命运共同体的提出背景

人类命运共同体理念提出的一个重要背景是全球化遭遇了挫折。近年来，在全球生产力实现革命性发展的同时，也越来越暴露出一些固有的弊端。比如发达国家与发展中国家的贫富差距拉大，发展鸿沟、数字鸿沟、福利鸿沟等制约着发展中国家的发展。面对这些挑战，以“华盛顿共识”为主要内容的“美国方案”、以推动区域一体化为主要思路的“欧洲方案”和以政府驱动发展为主要动能的“日本方案”等都纷纷失去了光泽，有的甚至还引发了更严重的问题和危机，成为制造冲突和战争的根源，也是造成世界经济不平衡和全球贫富分化等的深层原因。

欧美发达国家的方案之所以问题重重，是因为这些方案更多考虑全球资

本的利益，忽视全球劳动的正当利益，片面考虑发达国家自身的收益，排斥广大发展中国家对正当权益的诉求，甚至不愿意承担对全球气候变化、全球减贫、救济难民等的国际责任。在这种情况下，全球生产力发展所驱动的经济全球化，迫切需要新的理念来加以指引。

然而，对于全球化发展过程中出现的各种问题，形形色色代表“全球化输家”呼声的“逆全球化”思潮大行其道，这些人将全球化过程中出现的问题看作是全球化走错了路，转而鼓噪各种本土主义、排外主义和民族主义情绪，试图将人类历史拉回到闭关自守和封闭僵化的老路上去。面对全球化出现的各类问题和形形色色的逆全球化思潮，习近平主席代表中国鲜明地提出了“中国方案”，即人类命运共同体理念。

人类命运共同体思想成熟的重要标志是习近平主席在联合国大会上的讲话。2015 年 9 月 28 日，习近平主席在纽约联合国总部出席第七十届联合国大会一般性辩论时发表的题为《携手构建合作共赢新伙伴 同心打造人类命运共同体》的重要讲话中，分别从政治、发展、安全、文明和生态五个层面阐述了人类命运共同体的思想内涵和政策方案，即建立平等相待、互商互谅的伙伴关系；营造公道正义、共建共享的安全格局；谋求开放创新、包容互惠的发展前景；促进和而不同、兼收并蓄的文明交流；构筑尊崇自然、绿色发展的生态体系。[1] 显然，人类命运共同体就是中国提出的新型全球化方案，这一方案并非否定全球化，而是发展和完善全球化，推动全球化向着公正合理的方向发展。

构建人类命运共同体的路径选择

毫无疑问，构建人类命运共同体绝非易事，面临着众多现实挑战和艰难险阻，因此，路径选择的重要性愈发凸显。选择正确的路径是关乎这一伟大实践成败的关键。近年来，国内外学者已经对这一问题进行了初步探索，归结起来，主要有以下三种意见。

一、外交路径论

这一观点认为构建人类命运共同体是一个外交议题，构建人类命运共同体主要依靠外交途径进行。因此，持这一观点的学者普遍关注中国参与全球气候和经济治理、国际发展援助和“一带一路”倡议等外交实践，例如中国创建金砖国家开发银行、亚洲基础设施投资银行、丝路基金等。在他们看来，人类命运共同体的实践是中国国内发展模式在国际发展领域的转化和投射，有利于全球治理的进程，甚至会创造出新的地区和全球秩序。的确，构建人类命运共同体是中国外交的一个目标，但仅靠外交路径是不行的，需要统筹国内国际两个大局，将联合国可持续发展目标与中国国家发展目标有机结合起来，协同推进。

二、发展路径论

这种观点认为人类命运共同体是中国的一项国家发展战略，是试图寻求解决全球治理危机的“中国方案”[2]。一些研究认为人类命运共同体是“中国梦”的对外政策组成部分，目的是在保障国内稳定和发展，保障中国的能源资源需求的同时“走出去”：推动人民币国际化、维护中国的海洋利益、应对美国同盟体系的压力。还有研究认为人类命运共同体是中国针对欧美国家现代性危机提出的“中国方案”，志在创建新的世界秩序。人类命运共同体是“中国方案”，但不能扭曲为“中国中心主义的方案”，需要与其他国家、国际组织、跨国公司、非政府组织等共同努力，建设一个更加美好的世界。

三、综合路径论

这类观点关注宏观规划和总体布局，认为人类命运共同体建设是一个涉及众多领域的系统方案[3]。关于人类命运共同体的实施路径，中共中央对外联络部原副部长于洪君同志提出“四路径”说，要注重意识内化于心，外化于行；注重政策措施的综合性；推动建立开放、包容、透明的国际制度体系；各国政府要做到权责均衡，内外兼顾[4]。在具体实践层面，学界尝试从文化层面、价值传播、战略布局和全球治理等具体层面思考构建人类命运共同体的实现问题。但是，强调综合路径不是不分主次地推进，人类命运共同体构建有赖于制度创新和治理之道创新，着眼于提升全球集体行动能力。

在人类命运共同体思想指导下，中国已经进行了卓有成效的实践探索。比如中国提出并推动了“一带一路”倡议，主导成立亚洲基础设施投资银行和金砖国家新开发银行等，同时在二十国集团（G20）和亚太经合组织（APEC）等全球和地区治理框架中不断提出新理念，提供新方案，受到世界各国的普遍欢迎。2017 年 2 月 10 日，联合国社会发展委员会通过“非洲发展新伙伴关系的社会层面”决议，“呼吁国际社会本着合作共赢和构建人类命运共同体的精神，加强对非洲经济社会发展的支持”[5]，构建人类命运共同体理念首次被写入联合国决议中，彰显了人类命运共同体理念的强大国际影响力。因此，研究构建人类命运共同体的路径，必须根植于已有的构建人类命运共同体的伟大实践，深入研究其内在逻辑和经验。

人类命运共同体的治理之道

中国不仅是人类命运共同体理念的积极倡导者，更是构建人类命运共同体的积极实践者，“一带一路”正是通往人类命运共同体之路。“一带一路”是中国道路在特定历史发展阶段的一种实现形式，是中国道路在欧亚非和南太平洋地区范围内打造利益共同体、命运共同体和责任共同体的伟大实践，它看重的是通过推动更大范围、更高水平、更深层次的大开放、大交流、大融合，走出一条互尊互信之路，一条合作共赢之路，一条文明互鉴之路。因此，“一带一路”就是构建人类命运共同体的实践路径。人类命运共同体与“中国梦”“一带一路”的内在逻辑是一致的。

然而，在理论上这究竟是一种什么样的逻辑呢？2018 年 4 月 8 日，中国国家主席习近平在北京人民大会堂会见联合国秘书长古特雷斯时指出，“国际上的问题林林总总，归结起来就是要解决好治理体系和治理能力的问题。我们需要不断推进和完善全球治理，应对好这一挑战。”同时，习近平主席还特别强调，“中国正在统筹推进经济、政治、文化、社会、生态文明建设‘五位一体’总体布局，这五方面也是构建人类命运共同体的主要内容。”[6]因此，如何把为人民谋幸福，为民族谋复兴，为世界谋大同有机结合起来，形成一条融社会治理、国家治理和全球治理于一体的治理之道，即构建人类命运共同体的必由之路和核心线索。

人类命运共同体在本质上是一个互联互通的全球生活单元，核心是在多样化的社会生活基础上逐渐形成人类命运休戚与共的身份认同，此种人类命运认同与多样化的国家认同、社区认同、族群认同和宗教认同等并不矛盾。因此，作为一种治理之道，构建人类命运共同体最核心的任务是发展和完善全球和地区的治理结构，打造一个涵盖了国家、跨国家、非国家等诸多行为体互动形成的治理体系。马克思在《关于费尔巴哈的提纲》中指出，“人的本质并不是单个人所固有的抽象物，在其现实性上，它是一切社会关系的总和。”[7]人的社会性原理表明，人有作为人类命运共同体维度的类的属性，表现为全球公民，人类命运共同体就是要把全球公民丢失了的邻里关系、社区关系、国家关系在全球范围内重新恢复起来，让备受全球市场和国家关系挤压的空间活动起来，探寻全球公共事务的治理之道，这就是人类命运共同体的魅力。人类命运共同体就是在面对大自然的挑战面前，不是在统治逻辑和商业逻辑中展开的社会公共生活，而是在共商、共建、共享的原则基础上展开的以关爱、互助、包容、共赢为基础的交往和治理秩序。因此，人类命运共同体是国际社会、全球市场和全球公民社会互动的网络、资源、平台和机会空间的总和，它的基本逻辑是自治和治理，是国家的权威原则、市场的效率原则和公民社会的公正原则互动过程的产物。

构建人类命运共同体的中国智慧

作为一种全球公共事务治理的“中国方案”，构建人类命运共同体的历程不可能平坦，最重要的困难在于根深蒂固的现实主义权力政治观念以及近代以来欧美主导世界的“西方中心主义”思维。近代以来欧美主导世界的格局决定了“欧美方案”在当今世界还颇有市场。

近代以来，经济全球化在欧美发达国家主导下，走了一条片面的现代化道路。尽管在工业革命和新科技革命推动下，西方主导的全球化给世界带来巨大的发展动力，但驱动经济全球化浪潮背后的西方理念存在着巨大的问题，其弊端也随着全球化的发展而日益明显。无论是近代以来英国主导的奉行丛林法则、殖民主义、胜者为王等原则的全球殖民贸易时代，还是二战后以来美国主导的奉行零和游戏、利己主义、赢者通吃等原则的全球自由贸易时代，都共享着一套西方文明所固有的思维方式和价值观念，比如强调“文明与野蛮”“二元对立”的形而上学思维方式，追求优胜劣汰、胜者全拿的“社会达尔文主义”哲学，以及把自己看作是“上帝的使者”和“文明的光亮”而把其他文明看作是“黑暗的远方”的傲慢与偏见。所有这些理念主导下建立起来的世界秩序，无不奉行弱肉强食、赢者通吃的丛林法则，是制造冲突和战争的根源，更是造成世界经济不平衡和全球贫富分化、医疗健康鸿沟、数字差距鸿沟等问题的深层原因。

由于西方主导的全球化道路存在种种问题，因此，迫切需要对驱动全球化的理念进行创新。对此，以习近平同志为核心的中国共产党人，积极推动马克思主义中国化，将马克思主义的指导思想和五千年中华文明智慧相结合，创造性地提出了构建人类命运共同体的倡议。从中国在各种场合表述的主张来看，这一倡议着力打破二元思维，确立包容思维；打破优胜劣汰、胜者全拿的霸道哲学，确立合作共赢、开放普惠的王道哲学；打破利己主义的傲慢与偏见，确立利他主义的共商、共建、共享。所有这一切都表明，构建人类命运共同体是谋求实现持久和平和共同繁荣的“中国方案”，更是推动全球治理秩序向着公正合理方向发展的新全球化理念，必将开辟一个全球资源配置的新时代。人类命运共同体不是一个简单的跨国层面的发展计划，它是全球共同发展、共同安全和共同富裕的全球发展和治理改革的“试验田”，其基本逻辑是同舟共济、风险共担，其核心问题是如何找到促进全球和区域共同发展的最为合理的制度表达形式。

与“欧美方案”不同的是，中国倡导构建人类命运共同体的建设途径是以目标协调、政策沟通为主，不刻意追求一致性，可高度灵活，富有弹性，是多元开放的合作进程。“中国方案”之所以具有很大的灵活性和包容性，与中华文化的“政道”和“治道”思维传统有着直接的联系。中国古人讲，“得民心者得天下”，无论是家国，还是天下，都最终取决于人民的民心。欧美国家在谈及政治秩序的时候，更关注国家与社会之间的权力分配，更看重不同阶级、不同族群和不同宗教信仰之间的“政体”形式，从古希腊的亚里士多德开始，西方的思想家们对政治形式的设计苛刻到了极点，拘泥于身份问题、权力安排和分权制衡，充满了对权力与权利平衡的紧张和焦虑。

但是，在中国人的理念体系中，整个世界是一个家国、天下与天命紧密连接的整体，家国情怀、天下观念和天命信仰是有机结合在一起的，家庭、国家、世界三位一体，是中国人的世界观传统和优势所在。从这个角度来说，人类命运共同体不是中国人的心血来潮，而是推己及人、兼济天下情怀的合理延伸，人类命运共同体搞得好不好，全球治理搞得好不好，直接影响甚至决定着能否实现中华民族伟大复兴的“中国梦”。显然，中华文明关注的焦点不是不同身份之间的“权力分配”形式，而是对各种形式的安排保持了一种开放的视野和胸怀，努力吸取各种文明的优秀成果，更关注政治秩序的结果，不大在乎政治秩序的形式。在国与国之间的关系上，西方人关注霸权，中国人重视王道。“人民对美好生活的向往，就是我们的奋斗目标。”中国倡导构建人类命运共同体不是谋求势力范围，而是谋求天下长治久安、共同繁荣的美好前景。在具体方式方法上，人类命运共同体建设是开放的、包容的，欢迎世界各国和国际、地区组织积极参与，强调平等协商，兼顾各方利益，反映各方诉求，携手推动更大范围、更高水平、更深层次的大开放、大交流、大融合。

总之，作为一项国际公共产品，构建人类命运共同体在其建设路径上必须首先要突破“欧美方案”的叆叇云霭，将中华文明将与时代潮流相结合，推动不同文明在兼容并蓄、交流互鉴中释放新的发展活力，以和平、发展、合作、共赢的理念来超越不同国家、不同民族和不同宗教之间的隔阂、纷争和冲突，建设一个更具包容、更加美好的世界。

（原文发表于《当代世界》2018 年第 6 期）

[1] 习近平:《携手构建合作共赢新伙伴 同心打造人类命运共同体》,载《人民日报》,2015 年 9 月 29 日第 2 版。

[2] Warner M. On globalization ‘with Chinese characteristics’, Asia Pacific Business Review, 2017, 23(3), pp.309-316.

[3] 郭海龙,汪希:《习近平人类命运共同体思想的生成、价值和实现》,载《邓小平研究》2016 第 3 期,第 40-46 页。

[4] 徐栩:《中联部副部长于洪君率当代世界研究中心代表团访问波兰并出席第 22 届克雷尼察经济论坛》,载《当代世界》2012 年第 10 期,第 58 页。

[5]《“构建人类命运共同体”首次写入联合国决议》, http://www.xinhuanet.com/world/2017-02/12/c_129476297.htm。

[6]《习近平会见联合国秘书长古特雷斯》,http://www.xinhuanet.com/politics/2018-04/08/c_1122651110.htm?from=singlemessage&isappinstalled=0。

[7]《马克思恩格斯选集》(第一卷),北京:人民出版社,1995 年版,第 60 页。

人类命运共同体理念赋予包容性发展新内涵

郑长忠 复旦大学政党建设与国家发展研究中心主任

包容性发展是人们为了克服现代文明发展中的根本性困境和不足而提出来的一种新发展理念。但包容性发展的概念要从理念到现实，还需要在更宏大的逻辑基础上，通过相应的战略、机制与组织予以推动。由中国提出的人类命运共同体理念，一方面从构建新型现代文明形态的高度落实包容性发展，使包容性发展概念成为新型现代文明形态的重要内涵，从而提升了包容性发展的境界与意义。另一方面，中国不仅在国内提出了以“创新、协调、绿色、开放、共享”新发展理念为指导的中长期发展战略，还在全球范围内提出“一带一路”倡议，以落实人类命运共同体理念，从而为在全世界范围内贯彻落实包容性发展理念提供了制度性和组织性基础，做出了独特的国际贡献。

包容性发展与人类社会发展新理念

马克思主义认为，人类社会进入到现代之后，在资本逻辑的作用下，科学技术得到快速发展，社会结构发生巨大变化，由此带来生产力空前提高。同时，人的交往方式和生存形态也呈现出全新的内容。生存形态开始从共同体化向原子化转变，生存空间不再局限于传统狭窄地域内，开始逐渐扩张到全球范围。[1] 总之，现代文明的出现使科学技术和生产力得到充分发展，带来了物质财富的高度繁荣，同时也促进了全球范围内不同民族、不同国家的交往空前密切，人的发展也因此向前迈进了一大步。

然而，现代文明的发展是在资本逻辑主导下取得的，因此也存在着许多先天不足。由于资本是逐利的，因此，现代发展常常为了利润而片面追求经济增长，忽略了人的发展命题；或者只是关注某一部分人的发展，而对大部分人的发展漠不关心；甚至以相当一部分人的不发展作为前提条件，以保证资本的增值。由此导致一个国家内部不同群体之间的紧张关系，以及国与国之间关系的紧张。同时，由于片面追求经济增长和物质财富的累积，罔顾生态环境的承受力，由此带来人与自然之间的关系紧张。

随着现代文明的进一步发展，如果不能有效解决这种基于资本逻辑所带来的问题，人类社会的可持续发展就会受到严重影响。伴随着整个现代文明的发展过程，这些问题不断引起人们的反思。在此基础上，以人为中心，人与人、人与社会、人与自然的和谐发展，包括 GDP 增长指数、人类发展指数、社会发展指数、社会福利指数、幸福指数在内的全面发展，不断被人们所强调与重视。[2] 因此，进入 21 世纪后，以上述理念为主要内容的包容性发展概念就开始被一些国际组织所提出，并被许多国家所接受，中国就是其中最为积极的倡导者。

包容性发展理念的提出，实际上是对现代性发展不足和困境的一次反思与纠正，标志着以人为中心的理念受到重视，开始推动以资本为中心的发展向以人为中心的发展的转变。包容性发展标志着人类社会一种新发展理念的出现。

作为人类社会发展的一种新理念，包容性发展虽然受到许多国际组织和相当一部分国家的支持和认同，但要在全球层面得到落实，还应该建构更大的逻辑框架，并需要相应的战略、机制和力量予以推动。而由中国提出的构建人类命运共同体理念以及相应的推动措施，为包容性发展的落实创造了上述条件。

人类命运共同体理念与新型文明形态构建

在现代文明各种力量的共同作用下，人类社会的全球化进程取得了巨大成就，不同国家之间、不同文明之间的交流和互动都达到了空前的程度。特别是现代经济和现代市场，将这种联系推向了十分紧密的状态。20 世纪 90 年代以来，互联网的出现更是将人类社会的彼此间关系提升到“地球村”的状态，不同国家和不同社会之间，你中有我，我中有你，从而使地球上的人们有着共同面对的危险、共同需要解决的问题以及共同发展的命题。正是在这样的背景下，习近平总书记提出了构建人类命运共同体的理念。

关于构建人类命运共同体，习近平总书记不只是停留在对当前以及未来人类社会发展的一种状态的描述和哲学层面的思考，而且还在实践层面，提出了“一带一路”倡议等措施，从而成为中国推动人类社会发展的一种具体行动。习近平总书记指出，“一带一路”倡议不是要建造中国的“后花园”，而是要打造沿线国家的“百花园”，要让世界人民共享中国发展的红利。[3]同时，在与沿线国家以及其他国家合作互动过程中，我们坚持义利兼顾，以义为先，在服务好合作国家的人民和国家发展过程中获得双赢。我们不接受别人向我们输出的模式，我们也不向别人输出中国的模式。[4] 在合作过程中，尊重所在国家的人民和国家的意志，在与世界各国和人民合作过程中，推动人类社会共同发展。这就意味着，人类命运共同体的建构充分体现了以人民为中心的价值追求。

马克思主义认为，在资本主义社会出现之后，在工业化条件下，以资本为中心，为实现资本最大化，不断推动了生产力发展和全球化进程。这一方面取得了现代文明的诸多成就，但另一方面也给人类文明带来了包括殖民主义等在内的悲惨遭遇。以人民为中心的人类命运共同体理念的提出，是中国共产党人将马克思主义和中国传统文化有机结合的成果，是在解决中国自身发展过程中所形成的价值理念的基础上，为适应深度市场化、全球化和网络化所带来的“地球村”现象而倡导的以人民为中心的全球治理和全球发展理念。这就意味着，以人民为中心的人类命运共同体的理念，是在技术革命背景下，为正在生成的新型现代文明形态而注入的相适应的价值理念，从而标志着面向未来的人类现代文明新的形态进入到全面建构阶段。

人类命运共同体理念为包容性发展赋予了文明性意义

包容性发展是现代文明发展到一定阶段，为了扬弃发展过程中存在的不足和困境而提出的一种新的发展理念。从发展的角度来看，包容性发展所强调的内容，体现了以人为中心；而由中国所倡导的构建人类命运共同体的理念，也同样体现了包括造福全世界人民在内的以人为中心的理念。因此，包容性发展的理念与构建人类命运共同体的理念有其内在的一致性。

不过，我们还应该看到，包容性发展更多着眼于具体发展的理念，而构建人类命运共同体不仅涉及具体发展，而且还着眼于新型文明形态的构建。这就意味着，包容性发展可以很好地借助和融入构建人类命运共同体这一理念，使自身拥有更高的价值定位和更大的逻辑框架。而将包容性发展理念纳入构建人类命运共同体理念的框架之内，实际上就是将包容性发展理念转化为新型文明重要内涵之一，从而使包容性发展获得了文明性的意义。

一方面，人类命运共同体理念的提出和落实，使包容性发展从等待资本的自觉转向依靠人民的努力。由于现代文明是由资本的逻辑推动而生成与发展的，虽然人类已经开始对现代文明的发展困境进行反思，并提出包容性发展的理念，然而如果没有寻找到新的推动力量，依然依靠以资本为中心的力量，将只能被动等待资本的自觉才能落实包容性发展。中国特色社会主义既以人民为中心，又重视发挥资本的作用，在扬弃资本先天缺陷的过程中，推动资本为中国特色社会主义事业服务。这就意味着，人类命运共同体的提出是在充分发展现代文明的基础上，在坚持以人民为中心基础上，通过发挥资本的作用，并扬弃资本的不足，来切实推动包容性发展的落实。

另一方面，人类命运共同体理念的提出和落实，使包容性发展从惠及某些国家的人民开始扩大到惠及世界各国人民。包容性发展理念在一些国家内部也受到重视并惠及本国人民，但在国际范围内依然存在发展不平衡、不包容的现象。人类命运共同体理念的提出和落实，使得包容性发展的理念不仅可以在某些发展程度较高的国家得以落实，而且还将人类文明发展的最大成果惠及各个国家的人民。

构建人类命运共同体为包容性发展创造了制度性基础

人类命运共同体理念的提出和落实，不仅使包容性发展具有文明性的意义，而且还推动包容性发展从观念性倡导走向行动性落实。一方面，人类命运共同体理念使包容性发展不是简单依靠资本的自觉——其往往是非包容性的，而是依靠以人民为中心的各方面力量，从而为包容性发展由理念走向实践提供了逻辑上的依据。另一方面，人类命运共同体理念的提出和落实，没有停留在理念层面，而是具有了由中国倡议和推动的明确方案，从而使包容性发展有了现实的推动力量。人类命运共同体理念的提出和落实，使包容性发展在全球范围内的实现有了制度性和组织性基础。

在制度性和机制性基础方面，包容性发展理念已经被联合国等许多国际组织写进相关文件，而人类命运共同体理念也被联合国等国际组织所采纳。这就意味着，以人类命运共同体理念来推进包容性发展的落实，已经成为国际层面上的一种共识。在构建人类命运共同体框架内落实包容性发展，具有了全球治理体系范围内的制度基础。

如果说上述的制度性基础是由相关国际组织所提供的话，那么由中国所倡议的“一带一路”建设，就是由许多主权国家基于本国发展需要而采取的全球层面的制度安排和实现机制。由国际组织提出的倡议虽能够体现相关国家的共同意志，但要付诸于实践，依然需要靠各国作为行动主体予以落实；而“一带一路”倡议是由各主权国家基于自身发展而形成的合作，具有更为切实的利益和民意基础。因此，人类命运共同体理念的提出及其相应举措的落实，已经客观上为包容性发展奠定了共识性和行动性的制度基础和实现机制。

构建人类命运共同体为包容性发展提供了组织性力量

任何理念和制度的作用要得以发挥，都必须依靠组织性力量予以落实。因此，践行包容性发展的理念并使得相关制度性基础获得成效，都需要相应的组织力量予以推动。人类命运共同体理念的提出和落实，为包容性发展理念落地与发挥相关制度的作用提供了组织性力量。具体体现在以下四方面。

一是人类命运共同体理念是由中国首先提出，也是由中国积极倡议和推动的。这就使得中国成为推动构建人类命运共同体框架下，践行包容性发展理念的最重要的国家组织力量。随着中国综合国力的不断跃升，在全球范围内推动践行包容性发展理念的组织性动力就会大大增强。二是围绕构建人类命运共同体理念和“一带一路”倡议的落地，形成了亚洲基础设施投资银行等一系列国际性组织。这些国际性组织成为推动包容性发展理念在构建人类命运共同体框架内得以落地的重要国际性组织力量。三是由中国共产党提倡并主办的“中国共产党与世界政党高层对话会”，开启了通过构建新型政党关系促进新型国际关系格局形成的新篇章，进而为构建人类命运共同体提供新的国际关系机制。这就使原来仅仅局限于国内空间的政党，开始走向全球空间。由于新型政党关系是围绕构建人类命运共同体而形成的，这就使政党也成为推动包容性发展理念落地的组织力量之一。四是构建人类命运共同体是以人民为中心的，而人民的组织化形式就是社会。因此，在构建人类命运共同体的过程中，必然有更多的社会性组织力量参与其中。而包容性发展理念的落地，还将获得来自各类民间社会组织力量的全方位、多领域、深层次的配合和支持。

结　语

包容性发展理念是人类进入 21 世纪后，为了克服现代文明的困境而由一些国际组织提出来的一种新的发展理念。而中国提出的构建人类命运共同体的理念，使得包容性发展理念有了更高的价值定位和更大的逻辑框架，并转化为新型现代文明的重要内涵之一，也为其得到有效落实提供了制度性和组织性基础。上述这一现象的启示是，作为推动新型现代文明形态生成的参与者与引领者，中国的实践和理念，可以对现有的各类国际层面的观念和认识注入新的意义和新的内涵，从而成为新时代推动构建人类命运共同体以及新型现代文明的一个重要参与和引领方式。

（原文发表于《当代世界》2018 年第 7 期）

---

[1] 马克思、恩格斯:《德意志意识形态（节选本）》，第 33 页，人民出版社，2003 年版。

[2] 陈世清：《什么是包容性发展》，http://finance.takungpao.com/mjzl/mjhz/2016-09/3369769.html。

[3] 习近平：《中国发展新起点 全球增长新蓝图——在二十国集团工商峰会开幕式上的主旨演讲》，2016 年 9 月 3 日。

[4]《习近平在中国共产党与世界政党高层对话会上的主旨讲话》，http://news.youth.cn/sz/201712/t20171202_11094522.htm。

以“人类命运共同体”思想引领新疆域的国际治理

杨　剑　上海国际问题研究院副院长，研究员

极地、深海、网络、外空经常被人们合称为全球新疆域。这个新疆域的“新”是相对于人类长期以来的生活空间和治理空间而言的。随着技术的发展，深海、极地、太空都逐渐成为人类可以到达并可以利用的新空间和新资源。网络空间是人类通过信息技术创建的虚拟空间，它既与人类生活的现实空间相联系，在一定程度上超越现实空间。从极地、深海、外空和网络空间的开发历史看，从一开始这些空间就充满了大国的政治、军事和经济的竞争和博弈。但作为人类共有、共建和共治的新空间，新疆域也一直承载着人类共同命运，体现了人类的共同利益和共同关注。

参与新疆域治理的中国责任

经过数十年参与新疆域开发和治理实践活动，特别是改革开放30多年来，中国迅速地从新疆域的“边缘国家”发展成为新疆域的核心国家。中国在探索新疆域的历程中，已经建立了先进的大洋、深海和极地科考体系，形成了完整的航天工业和信息技术产业。新时期中国“嫦娥奔月”“雪龙探极”“蛟龙探海”“北斗导航”等重大工程的实施，不仅为人类在新疆域的实践提供了技术基础和科学贡献，而且展示了中国为人类共同安全和福利提

供公共产品的能力。

人类生活在同一个地球村里，各国人民相互依存，你中有我，我中有你，越来越成为一个同呼吸共命运的共同体。而在这个地球村里，上述四个新疆域在体现人类共同利益上具有典型意义。2017 年 1 月 18 日在联合国日内瓦总部召开的“共商共筑人类命运共同体”高级别会议上，中国国家主席习近平发表了题为《共同构建人类命运共同体》的主旨演讲。他特别提到：“要秉持和平、主权、普惠、共治原则，把深海、极地、外空、互联网等领域打造成各方合作的新疆域，而不是相互博弈的竞技场。”[1] 针对新疆域之一的网络空间的快速发展，习近平主席也曾明确提出，应共同努力构建网络空间命运共同体。[2]

中国作为一个负责任的全球大国，不仅有能力为开拓和利用新疆域提供坚实的技术支撑，而且也有能力在新疆域治理中做出表率。中国政府在其提出的“关于第十三个五年规划的纲要”中指出：中国要“积极参与网络、深海、极地、空天等新领域国际规则制定”。[3] 这一新任务的提出呼应了新疆域全球治理对中国的期待，也体现了中国作为全球大国的担当。中国在经济、外交、科技等各领域能力的积累，使得中国参与新疆域全球治理，承担全球责任成为必然。作为全球第二大经济体，中国对“人类命运共同体”思想的倡导与推介，既有道义和文明的牵引，亦有经济和科技实力的支撑，对于开创新疆域治理的新局面意义重大。

新疆域国际治理中的突出问题

数百年来，西方列强通过战争、殖民、权力博弈等方式拓展自己的势力空间并争夺利益。这种霸权的方式在新疆域中一直存在。近代西方对海洋空间的拓展就是假以“新大陆发现”之名的殖民主义副产品；极地早期探险也成了许多欧洲国家在南极宣称主权的依据，至今还是南极治理悬而未决的事项；外空的拓展从一开始就是美国、苏联两个超级大国太空军备竞赛的专场表演，如今太空中用于军事目的的卫星和其他运载设备的数量在所有航天器中还占据着相当大的比重。美国在 20 世纪 80 年代推动的“星球大战”计划把美苏之间的全球争霸引向太空。

网络空间的发展也包含着霸权思想攻城略地的逻辑。20 世纪 90 年代网络信息技术发展初期，美国以网络技术先发国家的身份，主张打破全球各国的电信市场壁垒，以美国公司的路由器、终端和软件建构帮助美国积累新财富的“全球信息高速公路”。从网络空间促进全球经济发展和各国人民相互理解的功能看，网络空间应当通过大国的共同表率作用，建立起“网络非战场”和“信息技术非武器”等国家间的共同行为准则。然而美国并没有在互联网中建立起“和平利用，共治共享”的治理伦理，而是率先成立网络作战部队，扩展网络武器库，编撰网络战手册。

当今世界秩序中的霸权思想是西方殖民主义思想的残余。作为第二次世界大战中崛起的世界第一强国，美国未能有效提供新疆域治理的伦理基础和相应公共产品，反而延续霸权思想，利用其军事技术优势，无限制扩张，把新疆域视作拓展美国利益的新边疆。在新疆域的国际竞争中美国更是不遗余力，以军事技术为先导，推行单边主义的安全思维，使得新疆域陷入大国间军备竞赛的困境之中。美国的霸权思维和片面的安全理念，直接妨碍了新疆域共同安全的构建，不仅导致新疆域国际治理理念的混乱，也使得整个治理过程缺乏大国在伦理和道德层面的引导。

新疆域的治理问题除了国际竞争激烈和治理制度滞后等失序的倾向，还存在一个重要的问题，那就是新疆域核心国家的利益与世界其他国家利益的平衡问题——即是否实现“普惠”的问题。在新疆域中谈普惠原则，具体说来，就是在网络空间中要消弭数字鸿沟、促进网络公平发展，在外空和深海领域要让技术大国的技术进步造福全人类，在极地领域要解决极地国家利益与域外国家利益之间的矛盾。

新疆域中面临着全球性挑战

全球化的一个具体体现就是，许多问题不再局限于一国内部，很多挑战也不是一国之力所能应对，全球性挑战需要各国通力合作来应对。新疆域中人类所面临的全球性挑战集中而且紧迫，与人类共同命运直接相关。这些紧迫的问题要求国际社会推进新疆域的治理，以制度协调和分工合作的方式，共同应对全球性的挑战。

外空无限，但人类对太空的知识还相当有限。人类生活的地球除了面对地球自然环境的变化和人类行为的负面影响外，还要面对外空天体撞击的风险，人类规避小行星的撞击和寻找外空庇护所的努力没有停止过。人类的登月计划、登陆火星计划和在外空寻找生命的计划都与人类未来命运紧密相关。

气候变化给人类带来的挑战是当今世界最大的一场危机。自工业革命以来，人类向大气中排放的温室气体逐年增加，大气的温室效应也随之增强。南北极是全球气候变化的指示器。北极气温上升的速度是全球平均升温速度的两倍。在全球气候快速变化的背景下，极地和海洋的变化对人类的生存环境构成挑战。冰川融化、海平面上升、生态危机、海水酸化、大气洋流互动使全球处于一个灾害频发的时期。人类约 70% 的人口和经济产出都来自各国沿海地区，海平面上升等自然灾害将严重危及人类数千年的文明积淀以及当前全球经济发展。

如今网络空间已成为全球经济运行的技术平台和各地人民情感和信息交流的场所。网络空间的脆弱性与网络空间承载的社会功能同步上升。因此，维护网络空间的安全与稳定也成为世界共同的责任。网络空间中的有组织犯罪和黑客行为挑战了网络秩序。网络空间的秩序需要通过维护网络安全、防治网络犯罪、网络管理的国家责任和网络开放度来加以落实。

以“人类命运共同体”思想引领新疆域治理

新疆域治理还有两个重要特点：其一是太空、深海、极地、网络等新疆域中都存在着很大一部分“人类共同财产”，需要处理好新疆域中“公有之地”与“私有之物”的关系。其二是在新疆域中的拓展与开发都是以技术进步为前提的。一个国家如果没有航天技术，不足以登天。没有极地技术，不足以探极。没有深潜技术，不足以畅游海底世界。没有核心信息技术，不足以驰骋网络空间。新疆域的治理需要促进科学为和平服务，技术发展为增加人类共同福利服务。

值得我们特别关注的是，新疆域成为人类活动空间的时间较晚，人类在这些新疆域并没有形成大量群居的局面，社会利益结构也相对简单。人类是否应当尝试在这些新疆域中摆脱既有的、以权力政治为核心的秩序观，在汲取人类治理文化精髓的基础上，以一种新的价值体系建构治理秩序，为人类的和谐相处打造一个示范区？

习近平主席在日内瓦的演讲中指出："人类正处在大发展大变革大调整时期，也正处在一个挑战层出不穷、风险日益增多的时代。回首过去 100 多年的历史，全人类的共同愿望，就是和平与发展。宇宙只有一个地球，人类共有一个家园。让和平的薪火代代相传，让发展的动力源源不断，让文明的光芒熠熠生辉，是各国人民的期待，也是我们这一代政治家应有的担当。"[4]他还特别强调，到目前为止，地球是人类唯一赖以生存的家园，珍爱和呵护地球是人类的唯一选择。

21 世纪的中国，在实现现代化和技术文明的基础上，再次有机会将中国智慧贡献世界文明，贡献于全球治理。"人类命运共同体"思想是对中国几千年文明的传承和发扬。中国道家强调"道法自然"，重视依循客观规律处理人与自然的关系，其核心思想与现代可持续发展观念非常契合。对于自然万物的利用，强调取之有度，反对竭泽而渔。中国古代的天下观，主张将世界视为一个相互联系的整体系统，而非相互对立的个体组合。"人类命运共同体"治理思想体现了中华文明中"天人合一"、"和谐共生"的理念，是解决当代全球问题的中国智慧。其核心在于兼顾整体利益与个体利益，兼顾眼前利益和长远利益，重视社会发展的可持续性以及人与自然的相互支撑。这正是解决当今全球问题、特别是新疆域治理最需要的核心价值。

以"人类命运共同体"思想为伦理基础构建新疆域治理制度，通过国际合作在新疆域中践行"人类命运共同体"治理思想，将是中国未来与世界其他国家和国际组织一起努力的方向。

通过国际合作共建新疆域的命运共同体

国际合作是在新疆域中实践“人类命运共同体”思想的有效路径。只有深化各领域的国际合作，各国人民才可能携手构建新疆域的命运共同体。践行“人类命运共同体”思想的国际合作包括了制度建设、科技探索、和平利用以及共同体建设等方面的国际合作。

以“人类命运共同体”思想作为新疆域治理的伦理基础，应当在新疆域治理的机制设计中加以体现。制度应体现利益分配的公平性、治理结果的有效性以及文明发展的先进性。中国政府在2016年发布的《国家网络安全战略》中，特别强调了国际合作在治理制度建设中的作用。主张“通过积极有效的国际合作，建立多边、民主、透明的国际互联网治理体系，共同构建和平、安全、开放、合作、有序的网络空间”。[5] 中国支持联合国发挥主导作用，推动制定各方普遍接受的网络空间国际规则、网络空间国际反恐公约，健全打击网络犯罪司法协助机制。要想克服新疆域中不公平、非正义的现象，国际社会需要从制度上扩大国际参与度和利用度，特别是针对一些落后国家在新疆域的参与机会与合法权益没有得到应有保护的问题。

和平是人类共同命运的价值所在，和平又是开展各种合作和实践活动的基础。中国政府在其发布的《国家网络安全战略》中将“和平”列为第一目标，将信息技术滥用、网络空间军备竞赛、网络空间冲突列为重点防范和遏制的任务。[6]《2016中国的航天》白皮书中也突出体现了“人类命运共同体”思想中维护和平的内涵。白皮书指出：和平探索和利用外层空间是人类不懈的追求。各国开展外空活动，应有助于各国经济发展和社会进步，应有助于人类的和平与安全、生存与发展。[7] 以“和平”为基本价值开展国际间的利用和保护活动，可以使人类在新疆域取得的成果在更广范围、更高水平上增进人类福祉。新疆域的和平价值观也有助于人类共同反思长久以来占主导地位的国际关系准则。

知识是探索、利用和治理新疆域的基础。[8] 目前人类对于新疆域的知识积累远远不能满足人类进一步发展的需求。对新疆域开展科学探索是人类共同的使命，需要各国科学技术界的通力合作。人类登陆月球和火星计划等科学考察项目，体现着人类拓展生存空间的共同努力。外空、深海、极地等新疆域或高不可攀，或浩瀚无边，或深不可及。自然条件严酷，人类不易长期居住，科学探索的成本和风险极高，因此任何单一国家都难以独立完成对新疆域的探索和开发。联合国《关于各国探索和利用包括月球和其他天体在内外层空间活动的原则条约》也要求："希望在和平探索和利用外层空间的科学和法律方面，促进广泛的国际合作。"[9]被誉为南极治理"宪章"的《南极条约》也明确写道："在南极科学调查自由的基础上继续和发展国际合作，符合科学和全人类进步的利益。"[10]在新疆域的科学探索过程中，科学家跨越国界思考人类共同面对的挑战，并以国际间科学合作实践为引领，更好地推进新疆域治理的分工合进。

新疆域的命运共同体建设包含着两层含义，一个是指打造"人类命运共同体"长期建设过程；另一个是指，中国需要在国际社会团结理念和利益的志同道合者，支持中国提出的以"人类命运共同体"为伦理基础的治理方案。争取坚强有力的国际支持是共同体建设的紧迫任务。从理念上，我们应当同科学家组织、环境保护组织、重要国际组织保持协调，形成以人类命运共同体为伦理基础的"认知共同体"，共同推进新疆域的国际治理。从立场和利益上讲，中国一直是广大第三世界国家在新疆域利益的维护者，要在普惠、共治的旗帜下，将广大发展中国家凝聚成"命运共同体"的坚定支持者。在中国的积极推动下，联合国曾于1996年发布《关于开展探索和利用外层空间的国际合作，促进所有国家的福利和利益，并特别关注发展中国家需要的宣言》。在航天、极地和网络领域，中国政府的国际合作项目特别重视与发展中国家的合作，重视服务"一带一路"建设的双边和多边合作，重视在金砖国家合作机制、上海合作组织框架下开展合作。[11]着力提高国际通信互联互通水平，畅通"信息丝绸之路"。[12]加强对发展中国家和落后地区互联网技术普及和基础设施建设的支持援助，努力弥合数字鸿沟。

结束语

新疆域是各种国际力量竞争与合作的新领域。我国参与新疆域治理是要从全人类的长远福祉出发，以各国的共同利益为考量，为实现新疆域的有效治理提供中国方案。与各国一起，通过制度建设、和平利用、科学探索和共同体建设方面的国际合作，共同创建公正、合理的新秩序，打造新疆域里的“人类命运共同体”。中国智慧在新疆域治理的成功运用，将有助于“人类命运共同体”治理思想在全球范围内的发扬光大。

（原文发表于《当代世界》2017 年第 6 期）

---

[1] 习近平：《共同构建人类命运共同体》，载《人民日报》，2017 年 1 月 20 日，第 2 版。

[2] 习近平：《在第二届世界互联网大会开幕式上的讲话》，载《人民日报》（海外版），2015 年 12 月 17 日，第 3 版。

[3]《中华人民共和国国民经济和社会发展第十三个五年规划纲要》http://www.sh.xinhuanet.com/2016-03/18/c_135200400_2.htm。

[4] 习近平：《共同构建人类命运共同体》，载《人民日报》，2017 年 1 月 20 日，第 2 版。

[5] 2016 年 12 月 27 日中国国家互联网信息办公室发布的《国家网络空间安全战略》全文，http://news.xinhuanet.com/2016-12/27/c_1120196479.htm。

[6] 同 [5]。

[7] 中国国务院新闻办公室 2016 年 12 月 27 日发表的《2016 中国的航天》白皮书全文，http://www.fmprc.gov.cn/ce/cgvienna/chn/zgbd/t1427271.htm。

[8] The European Commission and the High Representative of the European Union for Foreign Affairs and Security Policy, A joint communication to of the European Parliament and the Council “Developing a European Union Policy towards the Arctic Region: progress since 2008 and next steps”, Brussels, June 20, 2012. p.6. http://eeas.europa.eu/archives/docs/arctic_region/docs/join_2012_19.pdf.

[9]《关于各国探索和利用包括月球和其他天体的外层空间活动的原则条约》于 1967 年生效，亦简称为《外层空间条约》。

[10] 1959 年签订的《南极条约》全文。

[11] 同 [7]。

[12] 2016 年 12 月 27 日中国国家互联网信息办公室发布的《国家网络空间安全战略》全文，新华网：http://news.xinhuanet.com/2016-12/27/c_1120196479.htm。

CHINA ROLE

第二章

国际格局演变与中国的战略角色

逆全球化浪潮下的中国国际战略选择

郑永年 新加坡国立大学东亚研究所所长，教授
张　弛 国防大学战略研究所副教授

当前，逆全球化浪潮席卷世界，西方极右民粹主义政治势力迅速抬头，全球地缘政治竞争愈演愈烈，这些都对全球化进程造成了重大负面影响。中国正面临逆全球化浪潮带来的严峻挑战，地缘政治压力也持续增大。为应对挑战，中国需要在追求开放式崛起的过程中，努力管控地缘政治竞争，并肩负起推动经济全球化的大国责任。

中国面临逆全球化和西方极右民粹主义挑战

这一波逆全球化浪潮产生的主要原因，是 20 世纪 80 年代以来的经济全球化导致了严重的收入差异和社会分化，从而引发了意识形态和政治思潮上的变化。长期以来，自由贸易一直是西方经济可持续发展的重要因素，也一直被视为西方社会软力量的核心要素之一，政治人物言必称“自由贸易”。但在全球化导致各国收入差异急剧扩大和社会分化的情况下，西方社会开始对自由贸易产生怀疑。今天，西方很多政客都将“自由贸易”视为负面的概念和词汇而避免使用，很多老百姓也不喜欢这个词汇。

过去，尽管逆全球化现象始终存在，但从未形成像今天这样席卷西方各国的主流思潮。这种政治思潮的兴起已经深刻影响了西方国家的政治生态和

经贸政策，从而给世界经济带来了巨大的不确定性。以往西方习惯于批评中国“不开放”，但现在西方自己也越来越不开放了。一些西方国家总是以“国家安全”“环保”等理由，拒绝来自中国等国家的投资，美国总统特朗普甚至打算在美墨边境筑墙来堵住移民。在此背景下，中国和西方在经贸领域发生冲突的可能性显著上升。

同时，西方的极右民粹主义迅速抬头。尽管全球化创造了前所未有的财富，但财富在各社会群体中的分配高度不公。绝大多数财富流向了极少数人，大部分群体只得到很少的份额，有的群体甚至成为受害者。在此过程中，无论西方的左翼还是右翼政党，几乎都沦为既得利益者，忙于分享全球化所创造的财富，而遗忘了社会底层、劳工阶层、小城镇和农村。这便是今天西方极右民粹主义崛起的社会根源。

极右民粹主义盛行，预示着国际社会将再次进入政治动荡时期。极右政治在历史上曾多次出现，最典型的就是德国纳粹主义和意大利法西斯主义，美国也经历过麦卡锡主义。极右政治的特征是对内压制反对力量和批评者，对外奉行贸易保护主义，实行侵略扩张，甚至走帝国主义道路。亚洲的日本也有同样的历史。

今天，尽管时代变了，但人们没有任何理由忽视极右政治和民粹主义所能带来的冲击。以美国为例，从特朗普开始竞选总统到就任后释放的信息来看，诸多方面都具有深刻的不确定性。过去，美国人习惯于指责中国等国家的政治缺少确定性，而把美国政治视为确定性和稳定性的典范。但现在不少美国人产生了从未有过的不确定感甚至恐惧感。近一段时间，特朗普和现存政治体制之间的对立已经公开化。比如，特朗普多次公开羞辱和谩骂美国主流媒体；在联邦调查局着手就特朗普团队“通俄”事件进行调查后，特朗普解除了局长科米的职务；特朗普宣布废除奥巴马政府的医改法后，自己提交的医改方案却遭国会阻挠，等等。可以说，在实行两党制的美国，过去是民主党和共和党之间相互否决，而今天则是特朗普和整个旧体制之间相互否决。这种情况何时能结束尚不明朗。

中国在地缘战略上面临来自美国的更大压力

与此同时，中国面临的地缘战略压力进一步增大，尤其是来自美国的压力。首先，美国加紧打造军事安全同盟围堵中国。从地缘政治角度看，美国正加紧主导建立一个包括日本、韩国等国家和地区在内的亚太军事和安全同盟或准同盟，即亚洲“小北约”，而这个“小北约”能够对中国国家安全构成最严重的威胁。

“小北约”建成的可能性较大，主要有四方面原因。一是建立同盟的法理基础已具备。美国与日本、韩国分别有军事同盟关系，与台湾地区有《与台湾关系法》。二是美、日、韩准同盟的整合已完成。虽然韩日之间存在慰安妇等历史问题，但因韩日都面临来自朝鲜的威胁（无论是实际的还是想象的），所以有了更多共同利益。三是台湾民进党当局奉行亲美日政策。长期以来，民进党主要政治人物和台独基本教义派对日本有着天然的亲近感，并一直和日本方面保持密切联系。民进党上台后，因拒不承认“九二共识”，两岸间的正式沟通渠道已基本中断，所以民进党当局很可能奉行更加亲美日的政策。四是美国拥有强大的信息情报系统，有能力对日本、韩国等国家和地区的主要政治人物施加巨大压力，并对其执政当局产生重要影响，迫使他们采取亲美政策。

其次，美国着力构建“基于规则的安全体系”[1]牵制中国。但问题在于，一方面，美国企图迫使中国接受美国主导的、旨在体现和维护美国地缘政治利益的规则；另一方面，中国不可能接受那些忽视中国安全需求和地缘政治利益的“规则”；而缺少了中国的参与，亚太地区就不可能建立任何具有实质意义的安全规则，地区局势的复杂性和不确定性就难以得到缓解。

2017 年是《南海各方行为宣言》（以下简称《宣言》）签署 15 周年。15 年来，中国和东盟国家通过落实《宣言》机制，携手维护了南海地区的和平稳定和经济繁荣。但就目前而言，亚太地区由本区域国家共同参与制定的军事和安全规则发挥作用和影响还是有限。目前《中国—东盟海上行为宣言》的协商和制定工作，由于种种原因而进展比较缓慢；即使能够在 2017 年达成，也面临如何有效落实的问题。而 21 世纪初达成的《宣言》，几乎没有得到有关国家的严格遵守。近年来，中国开始在南海进行大规模岛礁扩建之前，越南和菲律宾等国早已开始在其占领的南海岛礁上进行扩建，并将这些岛礁军事化。在岛礁扩建方面，中国实际上是后来者。

美国相信，未来数十年，它仍将是亚太地区最强大的国家，即使自身力量有限，也可以和有关国家一起迫使中国接受美国所制定的规则。但客观地看，美国是否有能力把自己制定的规则强加给中国？从地缘政治演变的历史趋势来看，答案是否定的。近代以来，中国受帝国主义侵略和压迫，失去了历史上大部分地缘政治影响力。现在，随着自身不断崛起，中国将自然而然地再次形成地缘政治影响力，并坚定维护国家利益。在这种“大势所趋”的情况下，美国仍要求中国放弃自己的地缘政治利益，恐怕只能是一厢情愿。

中国应注重内部发展，追求开放式崛起

中国如何应对上述挑战？在战略选择上，中国尤其要在内部保持既不“左”、也不“右”，沿着中共十八大以来确定的改革路线前进，追求开放式的崛起。对中国来说，内部建设和经济发展仍是重中之重，中国的问题仍须通过发展来解决。只要在发展，所有问题就都是发展中的问题；发展一停顿，问题便会永久化；一旦经济出现问题，其他方面的问题也会爆发。改革开放以来，推动中国经济社会发展的主要力量有四方面——地方政府、国有企业、民营企业和外资，今天中国仍需动员它们的积极性，以实现经济快速发展。

与此同时，中国要特别注意避免陷入“中等收入陷阱”。2016 年，中国人均 GDP 超过 8500 美元，属于中等收入水平。据世界银行的研究，二战后，在众多达到中等收入发展水平的国家和地区中，只有十几个成功跨越“中等收入陷阱”，其中大部分是能源资源丰富的国家，除此以外就是日本和亚洲“四小龙”了。从历史经验看，无论欧美还是日本、亚洲“四小龙”，奉行开放政策是一国或地区避免陷入“中等收入陷阱”的有效途径。因此，今天中国的崛起应该是开放式的崛起，是唐朝那样的崛起，而非明朝那样的崛起；

同时，要避免走苏联的老路。苏联在二战后陷入同西方阵营的“冷战”，受西方排斥，因此实行了一段时间的封闭政策，最后失败了。

中国要实现开放式的崛起，就必须做好内政外交两方面工作。内政上，中国既不能照搬西方模式，也不能关起门来搞建设，而要结合东西方的最佳实践，大力推进经济发展和制度建设，在学习西方有益经验的同时，做得比西方更好。外交上，中国要继续与国际接轨，不断在现行国际体系里提升自己的地位。但中国不能盲目相信西方会自然地欢迎中国崛起，而要主动筹划、预先准备，善于建立自己主导的开放性区域甚至国际秩序。建立“亚洲基础设施投资银行”（亚投行）就是一次有益尝试，它不同于美国主导的《跨太平洋伙伴关系协定》（TPP）等排他性组织，而是对所有国家都开放，并且与世界银行、亚洲开发银行的既有业务不存在冲突。中国并非要颠覆西方主导的国际体系，也并非要另起炉灶，像当年苏联那样建立另一个体系来替代现存国际体系，而是要针对现存体系所缺乏的一些功能和覆盖不到的一些领域，作建设性的补充和完善，在发展和强化现存国际体系的同时，增强自身实力。

中国要管控地缘政治竞争，推动全球化进程

在注重内部发展的同时，中国在外部也要管控地缘政治竞争，并肩负起推动全球化的历史责任。

首先，因循中国自身的文化基因、国家能力和对外政策，将有助于管控地缘政治竞争。从文化根源上看，中国的世俗文化具有强大的包容性。西方进行地缘政治扩张的基础，是其具有宗教使命感的文化，而中国的世俗文化并没有扩张性的使命感，中华文化的包容性使得中国不会像美国那样排挤他国。中国从来没有类似美国的“门罗主义”，试图把美国赶出亚洲。中国所希望的只是美国适当照顾其他国家的安全利益，在亚洲扮演一个建设性而非破坏性的角色。一旦美国的角色转变，中美就可以在亚洲安然共存。

从国家能力上看，中国具备化解美国地缘政治攻势的能力。这主要表现

在这些年中国在东海、南海等问题上和美国及其盟友的互动上。尽管有时双方剑拔弩张，但实际上中国既避免了公开冲突，维持了地区和平，也在未作重大让步的情况下，遏止了美国及其盟友的地缘政治攻势。

从政策实践上看，中国理性克制，坚持经贸为主的外交方式。一个典型例子是，尽管多年来国内有人呼吁放弃“不结盟”政策，但中国政府始终保持清醒头脑，奉行“结伴不结盟”政策。更重要的是，中国侧重发展经贸关系的外交，能够降低地缘政治风险，造就“双赢”“多赢”局面。

其次，中国需要并已具备主客观条件来推动全球化进程。中国改革开放以来，积极融入经济全球化进程，实现了经济社会快速发展，同时也产生了一些问题，但全球化所带来的好处，远远超过了其所造成的负面影响。一方面，今后中国仍然需要全球化。尽管中国正从外向型经济向内需型转型，但仍需要国际资本和消费市场。而且，现在中国面临资本和产能过剩，又拥有较先进的技术，需要到国际上有所需求的地方寻求双赢。另一方面，全球化也需要中国来推动。当前，西方继续主导和推动经济全球化的能力和意愿显著下降，中国作为最大的发展中国家和新兴经济体的代表，必然肩负起推动全球化的大国责任。

全球化必须由大国来推动。尽管各国都可从全球化中或多或少地获利，但并非任何国家都有动力和能力来推动全球化，中小国家往往选择“搭便车”。从世界经济史来看，大英帝国和美国先后扮演了全球化的“领头羊”角色。现在美国和西方不再能够扮演这一角色了，世界自然而然地把目光投向了中国。尽管还有崛起中的其他新兴经济体，但它们不仅经济体量仍然较小，对世界经济难有足够的影响力，而且很多新兴经济体内部发展动力不足，制度的脆弱性也比较明显。因此，中国需要也必然在全球化中扮演更重要的角色。这既是客观使然，更是中国的机遇。

从客观条件看，中国是世界第二大经济体、最大的制造业基地和最大的贸易国，虽然经济增长进入“新常态”，但与其他国家相比，增速仍然较高。即使保持中速增长，中国也会在不远的将来成为全球最大经济体。而经济持续增长将扩大国内中产阶层规模，这使中国有条件成为全球最大的消费国。

不过，世界最关切的还是中国的内部发展。民粹主义之所以在西方崛起，正是由于西方内部发展出了大问题。外交是内政的延续，中国的内政能否支撑起推动全球化的角色？来自中国的信息是正面的。中国领导层可能是当今世界少数几个最强有力的领导层之一。西方内部治理的关键问题在于形成不了有效政府，精英之间缺乏共识，党派之间相互否决。尽管中国的政治体系仍在发展之中，但中国具有稳定有效的核心领导层，这有利于政治、经济、社会的稳定和发展。在很多人看来，中国国家主席习近平提出的“撸起袖子加油干”，就是要把中国经济社会发展提升到新的高度。所有这些都表明中国具有推动全球化的能力。

从主观意愿看，中国已在国际话语上展现出进步姿态。从 2016 年 9 月中国主办 G20 杭州峰会，到 11 月习近平主席在亚太经合组织利马会议发表演讲，[2] 到 2017 年 1 月习近平主席在瑞士达沃斯世界经济论坛的演讲，[3] 再到 2017 年 5 月中国举办“一带一路”国际合作高峰论坛，中国的国际话语越来越接近西方进步力量所秉持的传统自由贸易话语。中国似乎向世界传达了一个积极信号：当自由贸易这面大旗美国西方扛不下去的时候，中国会接着扛。

因此，今天世界对中国抱有高度期待。美国总统特朗普宣布退出 TPP 后，澳大利亚立刻表示希望中国加入 TPP 谈判。其实，缺少中国的 TPP 本来就没多大意义，现在美国又退出了，TPP 就没有任何意义了。在此背景下，2017 年 3 月中国国务院总理李克强对澳大利亚、新西兰等国的访问备受关注，自由贸易、经济全球化和区域一体化成为此访涉及的核心话题。无独有偶，欧盟面临英国脱离和美国保护主义抬头的压力，也希望进一步发展对华经贸关系，在不确定的国际环境中寻找稳定经济的因素。2017 年 5 月，在北京举办的“一带一路”国际合作高峰论坛上，习近平主席清晰地向国际社会发出了各方合力推动“一带一路”国际合作，携手构建人类命运共同体的信号，[4] 对世界、对中国都具有十分重要的意义。可以说，“一带一路”倡议来自中国，成果正在惠及世界。

更为重要的是，对于中国而言，推动全球化不仅是大国责任，更是历史机遇。道理很简单：当西方出现治理危机而失去围堵中国的能力时，当全球化出现问题而需要中国来提供公共产品时，中国就有机会在走向世界的过程中，顺势加快和平崛起。

（原文发表于《当代世界》2017 年第 8 期）

---

[1] Ash Carter, "The rebalance and Asia-Pacific security: building a principled security network", *Foreign Affairs*, November/December 2016, pp. 65-75.

[2] 在亚太经合组织利马会议上，习近平主席直面"逆全球化"，强调反对保护主义，呼吁早日建成亚太自贸区。王毅：《中国特色大国外交攻坚开拓之年》，载《国际问题研究》，2017 年第 1 期，第 1-10 页。

[3]《习近平主席在世界经济论坛 2017 年年会开幕式上的主旨演讲（全文）》，2017 年 1 月 18 日，http://news.xinhuanet.com/2017-01/18/c_1120331545.htm。

[4]《习近平出席"一带一路"国际合作高峰论坛开幕式并发表主旨演讲》，载《人民日报》2017 年 5 月 15 日第 1 版。

国际格局演变与中国的全球战略和角色

陈玉刚 复旦大学国际关系与公共事务学院教授

冷战结束以来，国际关系发展进入深刻调整期，尤其是在进入冷战结束的第三个十年之后，调整和变化的速度加快，其影响越来越具有全局性和根本性。国际关系的变化与调整表明，现有国际体系难以反映国际力量对比的深刻变化，国际格局演变进入关键阶段，新的国际政治经济秩序加速构建。中国是新兴国际关系力量的重要组成部分，中国的持续发展以及中国提出的倡议和贡献的智慧与方案，积极深刻地影响着国际体系的转变和国际新秩序的构建。

西方主导的国际体系遭遇严重冲击

近代以来，西方长期主导国际体系发展。冷战结束一度被认为是西方的全面胜利，历史就此“终结”，美西方自由民主秩序“一统天下”。然而，事实上，“全面胜利”的时候往往也是危机开始的时候。20 世纪 90 年代的民族冲突，以及进入 21 世纪后的恐怖主义威胁和全球金融危机暴露了西方主导的国际体系存在严重缺陷。与此同时，国际关系新因素在冷战结束后不断孕育并发展，越来越汇集成重要的变革性力量。

经济是秩序的基础。进入 21 世纪以来，西方发达国家经济体逐步丧失作为世界经济增长动力引擎的地位，美国国内生产总值占全球的比重已从冷战结束后的30%多下降到目前的20%多。与之相比，新兴市场国家和发展中国家的比重不断提高，其国内生产总值占全球的比重已达到一半，对全球经济增长的贡献率则已超过80%。为西方世界经济中心地位提供理论支持的自由主义经济秩序，在推动冷战后的经济发展中失灵、失效，去管制、自由化等举措难以激发经济活力，无法对越来越脱离实体经济的资本市场形成有效管制。从过去二三十年的历史进程来看，西式的自由主义经济改革没有使发展中国家取得经济成功，反而导致东南亚、东欧、北非等地一些国家纷纷陷入经济危机。美利坚大学的阿米塔·阿查亚教授在其新作《美国世界秩序的终结》里指出，不仅美国霸权业已终结，美国领导的自由主义霸权秩序也走向了终结。[1]

经济实力地位的下降导致美国承担国际责任的意愿和能力明显下降。除地缘政治竞争外，美国对遏制气候变暖、国际减贫等推动全球性问题解决的参与和承诺明显动力不足，对国际多边机制的热情明显下降。2017年6月2日，美国总统特朗普认为，应对气候变化的《巴黎协定》有损美国就业，对美国不公平，遂宣布美国退出《巴黎协定》。特朗普宣布美国退出《巴黎协定》的决定，完全不讲作为世界最大经济体的国际责任，毫不掩饰美国利益至上。美国不仅对全球性的多边协议缺乏兴趣，而且对本来就是美国主导构建的小范围多边安排也已失去兴趣。当前，美国贸易保护主义抬头，国际主义明显淡化，对全球性议题和机制的热情明显消退。

西方国家的国内秩序并没有因重心回归而理得更顺。相反，自2016年以来，西方政治中的“黑天鹅”事件频发，英国公投脱欧，毫无从政经历的特朗普赢得美国大选，法国大选极右势力迅速崛起，这些都属于西方政治运行正常条件下不应出现的情况。阿米塔·阿查亚指出，“特朗普的胜利让民主名誉扫地。”[2]国内政治和地区秩序都出了问题。西方政治出现的“黑天鹅”事件对其社会制度敲响了警钟。西方政治暴露的内在缺陷反映出，其对复杂现代社会的管理越来越不适应，随之流行起来的民粹主义、“后真相时代”等思潮反映了西方政治制度和政治驾驭能力的不足。

地缘政治危机频发是国际关系变化加速的体现。近年来，中东北非等地区的一些国家都不同程度地爆发了动荡和危机。之所以如此，很多是由西方自由主义经济秩序所推动的政治经济转型造成的。一方面，西方自由主义秩序难以在当地生根；另一方面，原有的传统秩序在转变过程中已遭到破坏，社会失序，政治陷入混乱。外部势力进一步在这种秩序转变中插手干预，为了促成转变不惜制造事端，扩大事端，这当中暴露出的破坏性远远大于建构性。英国脱离欧盟也不亚于一场地缘政治震荡。它作为一个缩影暴露了欧洲在应对债务危机、难民危机和恐怖主义威胁等问题上存在深刻的内部分歧。

从经济到政治，从国内到国际，失序成了西方新近讨论的一个主题词。[3]这在一定程度上反映出，西方主导的秩序的失范已是很多人共同的看法。国际社会需要考虑如何管理国际体系的变革，以及建立怎样的既符合国际社会利益、又顺应历史发展趋势的国际体系。

从一方主导的国际体系到共商共建的全球体系

历史表明，无论是罗马治下的体系，还是英国治下的体系，以及美国治下的体系，都没能真正创造和平，都是一种强权和霸权支持下的中心剥削外围的结构。经济全球化发展到今天，构建世界各国共有共享的全球体系已具备条件，国际格局正从以美国为中心的西方主导的国际体系向各国共商共建的全球体系转变。

习近平主席在达沃斯世界经济论坛开幕式主旨演讲中指出，“经济全球化是社会生产力发展的客观要求和科技进步的必然结果，不是哪些人、哪些国家人为造出来的。经济全球化为世界经济增长提供了强劲动力，促进了商品和资本流动、科技和文明进步、各国人民交往。”[4]经济全球化是历史发展的必然趋势。尽管近些年来世界遭遇了经济危机、地区冲突、难民危机、恐怖主义等一系列问题的困扰，民粹主义和逆全球化思潮涌动，但这些最多只能造成一些对全球化的疑虑，不足以阻挡经济全球化的历史车轮。事实上，问题出在了不加管制和约束的全球化，以及与全球化背道而驰的地缘政治竞争。这说明把逆全球化作为解决问题的选项不会成功，着力推动各国真正可以共享发展机遇和成果的全球化才是解决之道。

全球性的国际体系已经处在发展当中。作为讨论世界经济问题的主要平台，二十国集团峰会在全球金融危机中产生，对把脉世界经济问题，交流经济政策和措施发挥了积极作用。反映全球经济力量变化的国际货币基金组织投票权重改革于 2015 年底正式生效，新兴市场国家的份额获得一定增加。国际社会围绕贸易、发展援助、公共卫生、气候变化等不同功能领域治理所建立的全球性机制，虽然离人们的希望和实际的需求还有较大差距，但每一种机制所发挥的作用仍无可替代。这些机制和平台，包括以联合国为中心的国际组织体系，已经构成了全球体系的基本框架。增强这些组织机制的代表性、包容性和权威性已成为国际社会的共识。

由于承担全球性责任的能力有所下降，所以西方过去几年不断谋求构建一些经济、政治甚至安全领域的国际小圈子。但正如 TPP 严重受挫所表明的，这种努力真正成功的例子并不多见。之前的全球化就是西方在 20 世纪 70 年代意识到局限于小圈子内部的做法已不能适应经济发展的需要，所以才逐步向全球扩展推动的。世界再回到互相封闭的过去已无可能。

欧洲债务危机暴露了欧洲一体化模式的根本问题。英国脱欧更直接表达了其对欧洲一体化最新做法的不满，区域合作面临二战结束以来的最大危机。不过，从构建全球体系的角度来看，对区域合作危机是否也是全球化的一种逆动还难下定论。在做出脱欧决定后的英国，经常可以听到的一句话，“英国离欧洲可能远了，但离世界更近了”。事实上，冷战结束后欧洲一体化所表现出来的地缘竞争意识和战略，已为其招来了诸多内外困扰。

大国战略博弈和区域地缘政治竞争是观察国际格局变化，并据此对其走势进行预判的一个窗口。势力范围、战略平衡、强权逻辑等国际关系传统思维仍在很大程度上影响着大国外交和区域形势，地缘竞争与经济全球化成了国际关系一对主要的张力。在新的地缘竞争中，传统大国貌似强势回归，但它们对形势和问题的驾驭能力已不如前，区域性强国也在本地区地缘政治博弈中强势崛起。传统大国和新兴大国呈现多向复杂互动，增加了国际格局演变趋势分析判断的难度。不过，从理论上讲，区域和全球层面多元力量的存在更证明了构建全球性体系的必要性。

顺应经济全球化发展趋势，中国的“一带一路”倡议产生了越来越广泛的全球影响。以基础设施互联互通和产业合作为主要内容，以重大项目和园区建设为重要抓手的“一带一路”建设，为国际社会提供了一个全新的全球化推进方案和路径。“一带一路”倡议提出四年来，全球 100 多个国家和国际组织积极支持和参与“一带一路”建设，40 多个国家和国际组织同中国签署合作协议，联合国大会、联合国安理会等重要决议纳入“一带一路”建设内容。美国、日本等对“一带一路”有疑虑的国家，也派代表参加了 2017 年 5 月在北京召开的“一带一路”国际合作高峰论坛。“一带一路”“朋友圈”的不断扩大，说明能够促进各国共同发展的全球化是受欢迎的。

中国是全球体系构建的推动者和塑造者

改革开放以来，中国创造了第二次世界大战结束后一个国家经济高速增长持续时间最长的奇迹。中国经济总量在世界上的排名，从改革开放之初的第十一位，跃升到了当前的第二位。2010 年，中国的制造业规模超过美国，居世界第一。从 2013 年到 2015 年，中国货物贸易进出口总量连续三年保持世界第一。中国对世界经济增长的贡献率，从 2011 年起连续超过美国。按照 2010 年美元不变价格计算，从 2011—2015 年，中国经济增长的贡献率分别为 28.6%、31.7%、32.5%、29.7%、30.0%，而美国同期则为 11.8%、20.4%、15.2%、19.6%、21.9%。按国家统计局 2017 年 1 月 13 日发布的信息，中国 2016 年的经济增速是 6.7%，对世界经济增长的贡献率达到 33.2%，居世界首位。

中国的快速崛起引发人们对国际格局转换的讨论。当前存在两种截然相反的论调：一是位居第二的中国和世界第一的美国可以联合，构建 G2“两国集团”；二是跃升为世界第二的中国是国际体系的挑战者，中美会走向大国政治的悲剧，陷入“修昔底德陷阱”。[5] 而事实上，经济总量跃居世界第二的中国，正在努力开创一条国际关系的新路。

与传统国际关系思维不同，中国提出了新型大国关系，进而发展出一般意义上的新型国际关系理念。2013 年 6 月，习近平主席在与美国总统奥巴马在安纳伯格庄园会晤时，提出了中美新型大国关系三个方面的内涵：不冲突不对抗，相互尊重，合作共赢。不冲突不对抗是底线，相互尊重是要求，合作共赢是核心。从大国扩展到一般意义的国际关系，上海合作组织建设所体现的“上海精神”是对新型国际关系最好的注解和践行。合作共赢、平等互利、开放透明、不针对第三方、尊重文明多样性、推动文明互相交流与借鉴，各成员国所秉持的这些共识产生了超越时代和地域的价值。在更大范围上，中国发展全球伙伴关系，不谋求势力范围，不搞排他性、碎片化的小圈子。据不完全统计，中国已与 97 个国家和国际组织建立了不同形式的伙伴关系，伙伴关系网已遍布全球。

构建人类命运共同体是缔造新型国际关系的崇高目标和价值关怀。人类是基于文明多样性的存在，发展至今又共同面临一些生存性挑战。这说明人类社会已经是一个休戚与共、安危同担的命运共同体。在 2017 年的新年贺词中，习近平主席说：“中国人历来主张‘世界大同，天下一家’。中国人民不仅希望自己过得好，也希望各国人民过得好。当前，战乱和贫困依然困扰着部分国家和地区，疾病和灾害也时时侵袭着众多的人们。我真诚希望，国际社会携起手来，秉持人类命运共同体的理念，把我们这个星球建设得更加和平、更加繁荣。”人类命运共同体的概念已在国际社会产生广泛影响。在 2017 年 3 月 1 日联合国人权理事会第三十四次会议上，中国代表 140 个国家发表《促进和保护人权，共建人类命运共同体》的联合声明。新型大国关系和新型国际关系是构建人类命运共同体必须遵循的原则，是通向人类命运共同体的必由之路。

在具体操作上，中国提出了推动普惠均衡全球化的“一带一路”倡议，赢得国际社会的广泛响应和支持。“一带一路”的吸引力同样在于它超越了国际关系的传统思维，实行大家共商共建共享的共同发展模式。与以往全球化只关心部分发展较为快速的国家和地区不同，“一带一路”带动了未能分享前一轮全球化发展机遇的国家和地区的发展。与以往国际发展路径不同，

“一带一路”涵盖了中国经济发展的道路、经验和模式。“一带一路”是中国首倡，但属于世界，其覆盖的范围不局限于古丝绸之路走过的地方，可以成为全球合作和共同发展的方案。

中国日益成为全球智慧、全球方案的提供者。在历次全球气候变化谈判上，中国代表团力促会议达成协议，积极配合东道国，协调各方立场。中国自己也转向环保优先的绿色发展道路，压产能，促转型，减排放。在历次二十国集团领导人峰会上，中国积极把脉世界经济问题，分享自身经验。在2015年的联合国发展峰会上，习近平主席提出公平、开放、全面、创新的发展理论，以及增强各国发展能力、改善国际发展环境、优化发展伙伴关系、健全发展协调机制的具体措施。作为G20杭州峰会的主办国，中国在二十国集团领导人峰会历史上做出了“六个首次”的方案贡献：“首次全面阐释我国的全球经济治理观，首次把创新作为核心成果，首次把发展议题置于全球宏观政策协调的突出位置，首次形成全球多边投资规则框架，首次发布气候变化问题主席声明，首次把绿色金融列入二十国集团议程”。[6]

中国不只提供方案，也积极承担力所能及的国际责任。作为最大发展中国家，中国力推南南合作。在联合国发展峰会上，中国宣布秉持义利相兼、以义为先的原则，设立“南南合作援助基金”，首期提供20亿美元，支持发展中国家落实2015年后发展议程，并免除对有关最不发达国家、内陆发展中国家、小岛屿发展中国家截至2015年底到期未还的政府间无息贷款债务；继续增加对最不发达国家投资，力争2030年达到120亿美元。作为联合国安理会常任理事国，中国积极承担维护国际安全责任。自1990年开始参加联合国维和行动以来，中国先后参加了24项联合国维和行动，累计派出维和官兵3.5万余人次。在索马里海域，中国海军已成为反海盗、保护海上通行安全的重要力量。在朝鲜半岛、中东等地区热点问题上，中国积极斡旋，努力维护地区和平与稳定。

中国日益成为国际关系正能量的提供者，在地区和全球发展遭遇寒流时，中国的道义和行动支持起到了稳定和鼓舞人心的作用。在世界面临逆全球化威胁的背景下，习近平主席在2017年达沃斯世界经济论坛上表达了中国对开放、自由的国际贸易秩序的信心，中国要推进亚太自由贸易区建设和《区域全面经济伙伴关系协定》谈判，构建面向全球的自由贸易区网络。这种正能量，日益发挥了全球体系构建不可或缺的黏合剂的作用。

在推动全球体系构建的同时，近年来中国成功应对了周边的地缘政治挑战，包括日本霸占钓鱼岛的图谋、南海权益争端等，不仅捍卫了国家利益，维护了区域和国际和平，更让一些事端挑动者的意图昭然天下。在整个过程中，中国不仅没有被孤立，中国的立场、主张和方案反而赢得了更多的国际支持。

（原文发表于《当代世界》2017 年第 9 期）

---

[1] 阿米塔·阿查亚著，袁正清、肖莹莹译，《美国世界秩序的终结》，上海：上海人民出版社，2017 年版。

[2] 阿米塔·阿查亚：《“美国世界秩序的终结”与“复合世界”的来临》，载《世界经济与政治》，2017 年第 6 期，第 16 页。

[3] “Out of Order? The Future of the International System,” *Foreign Affairs*, Vol.96, No.1, 2017.

[4]《共担时代责任，共促全球发展》，习近平主席在世界经济论坛 2017 年年会开幕式上的主旨演讲。

[5] Graham Allison, “The Thucydides Trap: Are the U.S. and China Headed for War?” The Atlantic, September 24, 2015。对修昔底德陷阱批驳，可参见阿米塔·阿查亚：《“美国世界秩序的终结”与“复合世界”的来临》，载《世界经济与政治》，2017 年第 6 期，第 23-24 页 .

[6]《加强合作推动全球治理体系变革，共同促进人类和平与发展崇高事业》，习近平总书记在中共中央政治局第三十五次集体学习上的讲话，2016 年 9 月 27 日，http://study.ccln.gov.cn/zhongxinzuxx/zyzzjjtxx/348556.shtml。

国际形势的新变化与中国外交的战略选择

周方银 广东国际战略研究院周边战略中心主任，
《战略决策研究》执行主编，教授

近几年来，国际社会正在发生深刻变化，这影响了中国外交发挥作用的国际环境。新形势下，中国外交需顺应国际环境的发展变化，并在这个过程中寻求维护和拓展自身利益的有效空间和政策手段。

国际形势的新变化与新特点

当前，国际社会处在大发展大变革大调整之中，[1] 国际形势正在发生深刻复杂的变化。这个变化有积极的方面，突出体现在科技发展迅速，创新不断涌现，世界经济在积聚新的增长动能，各国之间的相互联系、相互依存进一步加深，各国利益深度融合。与此同时，国际社会中的一些深层次矛盾在累积发展，国际形势也在经历一些颇为复杂的变化，使得未来一个时期内国际秩序演变的不确定性增大，国际合作所面临的困难和阻力有所上升。

首先，国际体系中的不确定性因素增多。与冷战后前二十年总体上相对稳定的国际环境相比，过去三到五年国际体系中令人意外的事件频繁发生，其中比较突出的包括：英国通过公投决定退出欧盟，使欧洲一体化进程出现严重逆转；美国总统特朗普执政后，迅速放弃奥巴马政府经过多年努力达成的《跨太平洋伙伴关系协定》（TPP），宣布退出关于气候问题的《巴黎协定》，试图重新调整与欧亚地区盟国的关系；中东地区“伊斯兰国”迅速崛起，搅动地区安全局势，牵动大国竞争与博弈，该地区还有土耳其的政治变化，卡塔尔与沙特等国政治外交关系的大幅度调整等千头万绪的变化；欧洲国家在债务危机尚未获得有效解决的情况下，又面临移民问题、难民问题以及恐怖主义活动大幅上升等方面的挑战，打破了二战后西欧长期以来的相对平静局面；乌克兰局势引发俄罗斯与美欧关系的连锁变化，美俄关系的对峙升级到新的水平；朝鲜半岛局势的紧张程度上升，并影响到东北亚地区的安全与稳定。在三年多的时间内，国际政治出现一个又一个新的挑战，这些挑战大部分未能获得有效解决，这在一定程度上导致国际环境日趋恶化。

其次，一些国家内部政治稳定性下降。面对经济增长乏力、贫富差距扩大、社会融合失效、民族宗教矛盾上升等方面的问题与挑战，不少西方国家过去被认为是成熟有效的民主制度在应对和解决这些政治、社会、经济问题时效能下降。一些地区出现选举多、公投多，政府执政能力下降的情况。一些国家内部的政治极化现象日益严重，相对对立的政治派别变得互相更不容忍，“为了反对而反对”的政治现象变得更为普遍。美西方国家长期为之感到自豪的民主制度得以有效运作所依赖的理念、观念基础出现较大动摇。民意的易变性与国内政治的不稳定，降低了一些国家在国际问题上立场的稳定性和连贯性，使其对外政策具有更为浓厚的短期行为色彩。这也降低了他们履行国际责任与义务的能力，使其无力在国际社会提出和持续推动雄心勃勃的倡议。国内因素的牵扯使一些传统西方国家在国际社会中难以有所作为，其政策和行为越来越缺乏连贯性。

第三，国家行为方式中的机会主义色彩增强。作为国际体系中的超级大国美国，其领导人高喊“美国第一”“美国优先”的政治口号。在这一口号的指引下，特朗普不愿履行自认对美国利益具有不利方面的承诺，轻视国际社会的反应，这在国际社会中无疑会产生重要的示范效应。美国以十分简单和干脆的方式退出《巴黎协定》，显示其不是十分在意作为世界大国的战略信誉，不是很在意其他国家的利益诉求和感受。对国际社会来说，重要的不仅是美国退出《巴黎协定》的事件本身，更在于这些政策背后体现的比较连贯的逻辑和思维理念，以及与之相关的行为模式。

2008 年全球金融危机以来，尤其是近三年以来，美国和不少其他西方国家提供国际公共产品的意愿显著降低。一些传统大国的国际信誉、国际形象在下降，机会主义在国际社会中变得更为普遍和盛行。一个国家的善意更难被他国相信，国家之间信任的建立变得更为困难。权力政治越来越大行其道，国际制度对国家行为的约束力下降。地区主义出现衰落和退潮，在国际社会开展卓有成效的国际合作变得比几年前更为困难。

最后，国际合作中强有力领导者的缺位。从全球层面来说，美国对国际事务与全球治理态度的变化，导致全球治理失去了最有力的领导者和推动者。从地区层面来说，不少国家忙于内部事务和应对眼前的困难和挑战，使得不少区域合作也缺乏有力的领导和推动。与此同时，民间社会对全球化的反对声音日益增多。国际合作强有力领导者的缺位是冷战结束后的一种新的国际现象，它在一定意义上也是上述多方面因素作用的结果。在不确定性增大、国家行为中机会主义色彩增强、不少国家履行国际责任的能力和意愿下降的情况下，一国（即使是世界大国）对国际合作、全球治理、国际秩序增大投入的结果，将是代价上升和收益下降，且收益的前景变得更加不可靠。这也是使很多国家失去为全球治理做贡献的动力的原因所在。

国际社会中发生的这些变化，并不是偶然和临时的现象，它们的发生有比较深厚的现实利益基础和思想观念根源，其中的某些变化还会在一定时期内自我强化。这意味着这些变化至少是一种在中短期内难以扭转的趋势。

新形势下中国外交的战略选择

一国的外交要在与其他国家互动的过程中展开。从这个意义上讲，一国外交需要顺应国际环境的发展变化，并在这个过程中寻求维护和拓展自身利益的有效空间和政策手段。在这样一个曲折变化的国际环境下，有效的对外战略需要有适度、合理和良性的战略目标，丰富、灵活、务实的政策手段，较为明确的主次之分和先后选择，以实现更可预期的政策效果。在新的国际形势下，中国的外交战略选择大体来说有以下几个方面值得注意。

一是在洞察国际社会基本性质，把握中国和平发展的阶段性特征的基础上，加强自身能力建设，实现政治、经济、安全、文化多方面能力的均衡发展，获取应对各种国际环境变化的战略主动权。当前，中国在国际社会中发挥着越来越重要的作用，中国外交的奋发有为在几年时间内取得了多方面重要成果，引起国际社会高度关注。这既是积极进取的政策努力的结果，更是建立在当前中国所具有的、并且还在继续上升的强大物质能力的基础之上。在变化的国际环境中，自身能力始终是最重要的因素。要在纷繁复杂的国际体系中发挥可靠的建设性作用，必须建立在强大能力的基础之上。一个国家能否成功崛起，主要取决于其国家实力建设和社会治理水平的提升。成功的外交战略可以对崛起起到推动作用，失败的外交战略会延缓崛起进程。然而，一般来说，外交战略成败并不能决定崛起与否。[2] 中华民族的伟大复兴，最根本的因素还是自身实力的发展和社会治理水平的提升。

二是顺应国际社会发展变化的大势，充分认识推动国际合作和改善全球治理任务的长期性、艰巨性和复杂性，探索在存在较大不确定性的国际环境下推动国际合作的务实方式，同时对战略目标进行适度的适应性调整。一国的对外战略总是在一定的国际战略环境下制定和开展的。战略环境本身不会也不应该完全决定一国的外交战略与政策选择，[3] 但它的确为国家提供了利用各种资源的机会，同时也对国家的行为构成现实的约束，有时是十分强有力的约束。当前，国际社会处在大发展大变革大调整之中，这种变革和调整还有一个继续展开的过程。在这样的国际环境下，试图通过投入大量资源，改变国际合作的基本格局，从根本上改变全球治理的面貌，是十分困难的事情。不仅如此，这样的努力还可能被某些国家加以机会主义的利用，从而导致资源投入的无效。为此，中国外交需要竭力避免将相当大规模的资源投入到无法产生有效、可靠结果的领域。

当前，中国面临的一个现实问题在于，自己付出的努力，是否能够改变其他国家的动机和行为方式。如果其他国家是在按照不同的逻辑参与国际事务和全球治理，如果全球治理取得的成果具有比较高的可逆性，那么对中国来说，投入很大的资源和精力，是否一定能取得良好结果，就是一个很现实的问题。为此，中国需要在总体上顺应国际社会的大势，而不是试图去扭转国际社会的大势。在不利的环境下，以可控的、对自身来说可承受、从长期来说可持续的成本和代价，推动国际社会积极发展。在这个方面，中国可以有积极的作为，但不必强求其国际效果。中国可以在发展性、防御性战略目标方面加强投入，在拓展性、进取性战略目标方面，保持战略耐心，优化手段与技巧，节约战略资源的使用，并在此基础上等待更有利国际环境的出现和时机的成熟。

三是针对国际社会中不同国家行为方式存在的差异，在国际合作中执行更加精细的政策，在奉行总体一致的原则的同时对不同国家需要有差异化的具体政策，以改善国际合作的效果。由于国家间行为具有策略互动的性质，所以在国际社会中不是一国采取合作的政策，就必然能够带来理想的合作成果。“合作共赢”外交政策要获得良好效果依赖于一个前提：对方也有真实的合作意愿，也愿意追求共赢的结果，而不是对方想“赢者通吃”，或者对方想赢 99%，只想给你 1%。如果其他国家试图机会主义地利用中国合作的意图来获取最大利益，其结果将是：最真心诚意的合作意愿可能换来国家利益的受损。合作政策无疑是一种积极的、具有建设性的政策。不过，合作政策的有效性，需以对其他国家机会主义行为的有效、有力防范为前提。总体上讲，一国在国际社会中要广泛、深入、有效地推行合作政策，比推行非合作政策所需要的外交智慧更高，而不是更低。

为了更好地在国际社会中实现合作共赢，更好地推进国家之间的合作，中国外交需要对不同类型的国家实行具有差异性的政策：与有真实合作意愿的国家开展深入、广泛、全面的合作，与机会主义国家进行有条件的、有违约责任的合作，对于没有合作意愿的国家，不必强求进行国际合作。从策略上讲，“善良而不懦弱”“温和而不可欺”是确保合作能够长期有效进行下去，而不助长对方机会主义心理的一个重要条件。[4] 在推进建设和平、发展、合作、共赢的新型国际关系过程中，中国要做一个善于合作的负责任大国，而不是一个自身的合作意愿容易被他国简单利用的大国。只有合作政策本身有助于维护和实现中国的国家利益，这种政策才具有更为稳固和坚实的现实基础。

四是在坚持和平发展的同时，建立和保持强大而有效的战略威慑力，避免和平发展的政策被人误解。由于中国的周边环境十分复杂，在周边地区还存在一些尚未获得根本解决的领土、领海主权权益争端。在此背景下，中国所具有的战略威慑力有助于避免他国无端的挑衅行为，避免不符合相关各方利益的危机升级。与陷入争端后不得不使用武力相比，通过提升战略威慑力来维护主权、安全利益的优点是成本相对较低、负面作用较小，并有助于提升某些领域政策互动过程的确定性。战略威慑力的提升并不容易，特别是中国需要以一种总体上易为周边国家所接受的方式来提升战略威慑力。在这个过程中，中国需要避免太广泛地施加压力，避免不必要地波及无辜，避免在更广泛的范围内传递出令其他国家普遍感到危险的信号，而要以明确可预期的方式，建立和保持较高水平的战略威慑力，避免这个过程对中国与周边国家的互利合作产生较大的消极影响。

五是丰富外交手段，明确经济、安全等不同手段的能力和限度，以不同的手段组合应对不同的挑战和问题。长期以来，中国外交实践中存在这样一种观点，即认为世界各国都重视经济发展问题，并引申为可以用经济手段来解决国与国关系中多方面的问题。这样的观点夸大了经济手段作用的重要性和有效范围。经济因素可以从长期角度对国与国之间的关系起到一定的基础性作用，但在面临具体的安全问题时，其发挥作用的方式较为缓慢和间接。当安全领域的问题和威胁较为紧迫时，它具有手段与目标的联系不够直接和紧密，从而具有“缓不济急”、短时间内使不上劲的弱点。在当前的国际环境下，不要说用经济手段来解决其他领域的威胁和挑战，甚至比较慷慨的经济援助都难以换来仅仅是持久一些的感激情绪，一些国家发生的政府换届很容易加快这个遗忘过程。在全球治理和经营周边关系的过程中，过度倚赖经济手段来谋求良好关系、应对政治安全领域的问题和挑战、推动国际地位的提升，其边际效用会出现比较快的递减，并有透支中国经济能力和战略资源的风险。[5] 为此，需进一步明确经济手段的作用范围和限度，巩固不同外交手段所需要的能力基础，使战略资源分配更加均衡，使不同手段的使用起到相互促进的效果。

六是坚持周边优先，根据周边地区不同方向的挑战性质和现实特点，采取不同的应对策略，保持对周边地区投入的连贯性，在比较长的时期内，持续投入较多资源经营周边地区，营造有利于中华民族伟大复兴的良好周边环境。由于战略资源的有限性，确定未来中长期对外战略的轻重缓急区域和领域，并在实践中一以贯之的贯彻落实十分重要。冷战后二十多年，美国对外战略的一个重要教训是，国际承诺太多、战线铺得太长、在次要的地区投入资源过多而得不到应有的回报，导致大量战略资源被无效率地消耗。作为世界霸主的美国尚且如此，作为世界第二大经济体的中国更不能重复这样的做法，而应把战略资源更为集中地投放到更具战略价值的区域。如果能够在周边地区持续进行数年的努力，在周边地区建立起比较高的声誉、形象和国际影响力，这将在很大程度上提升中国外交的战略主动性和国际回旋空间，为中华民族伟大复兴奠定坚实的基础。

（原文发表于《当代世界》2017 年第 9 期）

---

[1] 习近平：《开辟合作新起点　谋求发展新动力——在“一带一路”国际合作高峰论坛圆桌峰会上的开幕辞》，http://news.xinhuanet.com/politics/2017-05/15/c_1120976082.htm。

[2] 阎学通：《外交转型、利益排序与大国崛起》，载《战略决策研究》，2017 年第 3 期，第 4-11 页。

[3] 罗伯特·阿特著，郭树勇译：《美国大战略》，北京：北京大学出版社，2005 年版，第 12 页。

[4] Robert Axelrod, *The Evolution of Cooperation*, New York: Basic Books, 1984.

[5] 高程：《中国作为崛起大国的“战略透支”问题探析》，载《战略决策研究》，2017 年第 3 期，第 49-55 页；周方银：《美国的亚太同盟体系与中国的应对》，载《世界经济与政治》，2013 年第 11 期，第 4-24 页；时殷弘：《传统中国经验与当今中国实践：战略调整、战略透支和伟大复兴问题》，载《外交评论》，2015 年第 6 期，第 57-68 页。

美国亚太安全战略新变化及中国应对策略

张景全 吉林大学东北亚研究院教授

随着美国国内政治与亚太区域形势的演化，尤其是共和党候选人唐纳德·特朗普当选新一任美国总统，美国亚太安全战略在当前及未来将继续发生新的变化。这些变化主要体现在：亚太安全战略在地域空间概念上拓展为“印—亚—太”，在军事上更加凸显科技的力量，在安全结构上走向多边化，在侧重区域上更加关注东北亚。这些新变化成为中国安全最大的外部性因素，我国需要及时制定应对之策。

地域空间概念上继续由“亚太”向“印—亚—太”转变

尽管目前大多数人预期特朗普政府会在亚太进行战略收缩，但笔者认为美国亚太安全战略的地域概念还会继续向“印—亚—太”拓展，其亚太安全战略不会收缩。

首先，“印—亚—太”概念得到了美国军方的支持，尽管新政府在人员构成上发生了巨大变化，但军事人员并未随新政府人员的变化而发生大变化。从特朗普内阁的组成来看，其“军政府”色彩浓厚。值得注意的是，美军太平洋司令部是“印—亚—太”概念的重要支持者并频繁使用这一概念。特朗普当选美国总统后，美军太平洋司令部司令哈利·哈里斯(Navy Adm. Harry B. Harris Jr.）于2016年11月15日表示，“印—亚—太”地区是对美国未来最为重要的地区。[1] 另外，尽管特朗普会加强中东反恐，但是，美实施对中东等地区的反恐行动也会需要美军太平洋司令部所辖力量的策应与支持，“印—亚—太”概念会继续体现在美国对外政策和行动中。

其次，“印—亚—太”地域概念已经伴随美印关系的提升而有了具体内涵。这既体现在战略层面，也体现在战术层面。在战略层面，美国的亚太再平衡战略与印度的东向行动战略对接。2016 年 2 月 23 日，哈利·哈里斯在参议院军事委员会作证时，表示对迅速增长的美印关系尤其满意，“作为两个最大的民主国家，我们对整个地区更大的安全与繁荣具有独特的影响”，“当美国向西的‘印—亚—太’再平衡与印度实施东向行动政策（Act East policy）相遇时，两个具有前瞻性的政策相得益彰”。[2] 在战术上，2016 年美印达成了《国防技术与贸易倡议》，在该倡议中，“美国已经同意将与印度的国防贸易与技术分享提升至相当于美国盟友与伙伴的水平”。[3] 同年，美印达成《后勤交流协定备忘录》，该备忘录规定美印可以使用对方的海陆空等军事基地进行维修、补给和休整等后勤作业。目前在亚太地区，美国一般只能在同盟国设置或使用基地。

其三，特朗普在增加国防预算以及建造更多海军舰艇计划方面与军方意见是一致的。美海军要将战斗舰艇从目前 200 余艘的规模提升至 300 余艘的规模，这一计划得到了特朗普的支持。此外，特朗普还强调要兑现自己的扩军承诺，在其任期内将增加军费 2500—3000 亿美元。美国军方更具雄心的“印—亚—太”概念与特朗普的“让美国重新强大”的执政理念也是契合的。

军事上更加凸显科技的力量

大选期间特朗普与硅谷之间相互攻击，于是便出现这样一种观点，认为美国新政府的亚太安全战略在军事上不会再依赖硅谷，从而会减弱“第三次抵消战略”。笔者认为，美国在军事上会更加依赖科技的作用。

2014 年末，美国国防部提出执行“第三次抵消战略”，即以科技上的创新与突破来抵消对手积累起来的力量。“第三次抵消战略”的特点是，不仅仅依赖官方的科研力量，而且利用民间与盟友的科技力量。美国国防部已经与日本经济产业省以及文部科学省展开谈判。[4]2016 年 3 月 10 日，美国参谋长联席会议副主席保罗·塞尔瓦（Air Force Gen. Paul J. Selva）在一个年度国防项目会议上表示，美国通过“第三次抵消战略”来应对俄罗斯和中国的威胁。[5]

美国军方在军事上提升科技力量以维持美国优势的战略意图，与特朗普对美国在传统军事领域衰落的批评是互补的。另外，特朗普批评的主要是针对信息技术以及信息技术的国内安全，对于其他高科技领域以及信息技术的国际安全，丝毫没有涉及，而这无疑会确保以硅谷为代表的科技力量继续介入特朗普的对外安全战略。一个值得注意的现象是，2016 年 12 月 14 日，在竞选中获胜的特朗普主动召开了与美国高科技企业领袖的座谈会，这也从侧面反映了特朗普对科技力量的重视。

安全结构上走向多边化

长期以来，美国在亚太的安全结构一直高度依赖双边结构的同盟体系。然而，在美国新政府的运行之下，人们将看到一个走向多边的安全结构。

第一，美国政府一直努力在双边同盟的基础上构建三边同盟。目前，美日韩三边同盟、美日澳三边同盟已经显现化。美日韩、美日澳不仅建立了三边对话机制，而且在情报、军事等领域展开务实合作。2016 年 11 月 23 日，日韩签署《军事情报保护协定》，为补齐美日韩三边的日韩短板迈出了关键性的一步。近年，美日澳更是不断举行三边军事演习；随着菲律宾内政变化而导致美国在东南亚的重要抓手美菲同盟弱化，美国对美日澳的依赖会增加。美日韩、美日澳三边关系一般依托更广泛的地区多边机制展开，每一个三边都存在不同的议题与侧重，美日韩小三角针对东北亚，美日澳大三角针对东亚、南亚及中东。

第二，双重“特朗普冲击”将促使亚太盟友寻找新的合作伙伴和同盟组合。其中，一个“冲击”是，特朗普对“亚太再平衡”不以为然，再平衡作为概念在今后的使用频率会降低，美国的盟友对美国的同盟承诺会产生疑虑甚至动摇；另一个“冲击”是特朗普版的美国核政策。特朗普版的美国核政策涉及两个方面，一方面是对核的战略容忍，特朗普纵容日韩拥核的言论，既可能刺激美国盟友的核野心，同时也可能引发美国盟友对美国核保护的担心。而众所周知，美日、美韩同盟存在的一个重要条件就是美国对日韩提供持续与可信的核保护，特朗普所引发的“核猜想”可能会动摇同盟。另一方面，美国可能会进行核前沿部署。面对朝鲜核试验的持续升级和中俄力量的持续提升，美国可能会将核武器直接部署到朝鲜边境，从过去的传统力量前沿部署改为战略力量前沿部署。无疑，这都会严重冲击冷战结束以来依赖传统核态势所形成的安全结构。

区域上将更加侧重东北亚

鉴于特朗普的从政经验较少与从商历程丰富，美国新政府的亚太安全政策可能会关注主要矛盾。当选后的第一个电话打给韩国，接到的第一个外国政府首脑电话来自日本，会见的第一个外国首脑是日本的安倍晋三，不顾中美达成的长期共识与“一中原则”竟与台湾地区领导人蔡英文通电话，种种迹象表明，美国新政府的亚太战略可能会更侧重东北亚。其中，如下几个方面值得关注。

第一，改变对朝核的战略忍耐，实施对韩日谈核拥核的战略容忍。“战略忍耐”是奥马巴政府对朝政策的核心，是接触与施压并行的“双轨政策”。这项战略在手段的运用上存在“接触不利”和“施压失灵 ”的问题，在效能上体现出朝核危机升级和同盟强化的趋向，对地区安全和中美关系都带来消极影响，不利于朝核危机的缓解和解决。 鉴于目前“战略忍耐”已陷入困境，美国新政府可能会致力调整，从重“施压”轻“接触”，转化为“施压”“接触”并重的平衡政策。一旦“接触”再次无效，特朗普政府的“施压”存在“失控”的可能。美国新政府可能会利用朝核问题，对韩日的谈核拥核从过去的严格管控转向“战略容忍”。

第二，萨德部署继续成为战略抓手，持续搅动东北亚安全。“萨德”部署作为议题会继续发酵。目前，美韩军方都已经明确表示会继续推进萨德的部署。对特朗普而言，萨德部署无论是作为一个军火项目还是地缘政治筹码其收益都具有诱惑力。与韩国执政党顽固坚持部署相反，韩国最大在野党共同民主党于 2017 年 1 月初派代表团访华，反映了韩国社会对萨德部署冲击中韩关系、损害韩国经济与地缘政治利益的担心与焦虑，“反对部署”与“推迟到下届政府讨论”的声音不断高涨。

第三，台湾和日本在特朗普政府的亚太安全战略中的地位或将提升。尽管特朗普在上任之前仓促与蔡英文通电话，但美国新政府不会真的冒天下之大不韪改变“一中原则”。原因很简单，如果违反“一中原则”，特朗普就失去了与中国进行任何“交易”的可能，这是美国新政府也不愿意看到的。但是，如果我们审视奥巴马 2016 年 12 月签署《2017 财年国防授权法案》含有美台高层军事交流内容，就会发现美国共和与民主两党对以台湾议题牵制中国的图谋均有所提升。此外，特朗普政府希望日本进一步发挥作用以减轻美国负担，这届政府会推动台日关系进一步走近，美日同盟对东北亚及亚太安全的消极影响会更加凸显。

中国的应对策略

随着特朗普上台执政，美国的亚太战略对中国的挑战恐将进入更加多元与不可测的阶段，对此，中国需要高度重视并加以应对。

第一，厘清亚太的主要矛盾和次要矛盾。鉴于特朗普的个人特点，美国新政府的亚太政策可能会更加关注主要矛盾，更加侧重东北亚。因此，我们应该从亚太全局与东北亚区域着手，抓主要矛盾，处理好次要矛盾。从东北亚视野看待中国安全，很容易将次要矛盾——中日关系、中韩关系等看作主要矛盾。但从全球视野看待中美关系，就会发现中美关系是主要矛盾，在局部区域东北亚依然应服从这个大局。尽管中美关系最为复杂，但是中国依然要把有限的资源投入到主要矛盾的处理上，防止次要矛盾消耗有限的资源。

第二，理性认识美国亚太安全战略新变化的表象进攻性与实质防御性。美国亚太安全战略新变化，表象是一种进攻性战略，而其实质是一种防御性战略，即通过系统评估，明晰美国的主要威胁，然后运用美国的力量在爆发冲突之前消除这些威胁。美国在亚太以及“印—亚—太”的布局，是一种积极防御，而非积极进攻，是防御性现实主义而非进攻性现实主义。美国卡托研究所防务与外交专家特德·伽林·卡朋特（Ted Galen Carpenter）与埃里克·戈斯曼（Eric Gomez）认为，“将更多的军事资产投入该地区并增强美国对地区机制的参与增加了中国这样一种认知，即美国正在寻求遏制中国”。“美国政策制定者应该关注阻止与中国的武装冲突，鼓励美国的盟友转移负担并发挥更大的主动性，改革这些同盟以使它们与变化的安全环境同步。”[6] 因此，基于这个基本判断，尽管美国亚太安全战略在一些时段和一些方向上表现出强烈的进攻性，中美关系充满波折，但只要中国保持战略定力，坚定但又灵活地展开“顶住战略”与“抵消战略”，“中美关系破局论”或者“修昔底德陷阱论”都是可以跨越的。

第三，积极构建一种有利于中国的话语和认知。当今世界已经进入话语与认知混乱和失序的阶段，这是一个旧时代的结束阶段和一个新时代的开启阶段。因此，如何在这个交替的过渡阶段构建有利于中国的话语和认知，就显得尤为迫切和重要。鉴于美国亚太战略动向难明、美国亚太安全战略策出多门以及美国亚太战略新变化引发亚太各国的认知混乱与摇摆，中国提出利己达人的话语与认知，可谓恰逢其时。

无论中美关系，抑或中国与亚太各国关系，既需要顶层设计，也需要加强人文沟通，综合利用传统媒体与新媒体，通过各种途径，有意识、有系统地在世界建构一种话语和认知：美国亚太战略是否成功，关键是中美关系的平衡而非失衡或剧烈动荡；中国的战略与行为是坚定且可预测的，树立中国可信赖的国家形象；中国解决岛屿、海洋争端的目的只是为了领土完整和自身权益，而非谋求亚太或全球主导地位；和平权与发展权是人权的重要组成部分，对发展中国家与发达国家的民众同等重要。

第四，区别对待美国在亚太的盟友与伙伴，建立更广泛的朋友圈。目前，美国在亚太形成了安全的雁型模式：头雁是美国，次级梯队是同盟关系国，再次级梯队是伙伴关系国。大多数亚太国家不希望选边站队，而是希望两边下注，期盼两面获利。中国崛起的确引起了一部分东南亚国家的担心，但是实力差距和地缘邻近等因素决定了它们大都奉行一种接触、利用加对冲的多元混合政策，而不是简单地制衡中国。许多分析都认为，除非在局势失控的情况下，否则东盟国家不会轻易地在中美之间选边站，[7] 因而非美国盟友的国家在安全上倾向于依靠美国平衡中国，但也不会轻易地与美国结盟，不会拒绝中国在安全上的善意与合作倡议。[8] 东盟国家也一直利用大国的竞争为自己争取主动，参与竞争的各方都不仅是为了经济利益，而是有着更为深刻的国际政治与安全考虑。[9]

因此，大多数亚太国家更希望在中美各自的朋友圈中都有自己。这是缓冲中美矛盾、缓解东北亚安全困境、尽量避免新冷战的机会之窗。扩大朋友圈的方式可以多种多样。“一带一路”倡议是一个重要选项，在合作中缓解矛盾，在发展中解决争端。中国可以倡议建立北太平洋安全论坛，把北太平洋海洋环境污染、海空交通、气候变化以及传统安全议题纳入更大的范围内，将东北亚国家与北美国家囊括其中，以稀释既有矛盾、培育新的共识。鉴于目前东北亚会议林林总总，中国可倡议建立东北亚会议联盟。例如，一个或一组议题可以由一个国家主办，其他国家协办或召开分会议，共商共建，增进接触，培育互信。

（原文发表于《当代世界》2017 年第 2 期）

---

[1] Jim Garamone, DoD News, Defense Media Activity, Indo-Asia-Pacific Region Remains “Most Consequential” to America, Pacom Chief Says, Nov. 15, 2016.

[2] Jim Garamone, DoD News, Defense Media Activity, “Rebalance to Pacific Needs to Continue, Pacom Commander Says”, http://www.defense.gov/News-Article-View/Article/671581/rebalance-to-pacific-needs-to-continue-pacom-commander-says.

[3] U.S. Department of Defense, “U.S.-India Joint Statement on the visit of Minister of Defence Manohar Parrikar to the United States”, http://www.defense.gov/News/News-Releases/News-Release-View/Article/929270/us-india-joint-statement-on-the-visit-of-minister-of-defence-manohar-parrikar-t.

[4] James Schoff, "Robotics Diplomacy and the US-Japan Alliance: Both the US and Japan are seeking help from private industry to advance high-tech innovation on robotics", http://thediplomat.com/2016/03/robotics-diplomacy-and-the-us-japan-alliance/March 15, 2016.

[5] Amaani Lyle, DoD News, Defense Media Activity, Vice Chairman Discusses Defense Deterrence Strategy, March 13, 2016. http://www.defense.gov/News-Article-View/Article/692212/vice-chairman-discusses-defense-deterrence-strategy.

[6] Ted Galen Carpenter and Eric Gomez, "East Asia and a Strategy of Restraint", http://www.cato.org/publications/commentary/east-asia-strategy-restraint.

[7] Satu P. Limaye, "Southeast Asia in America's Rebalance to The Asia-Pacific," *Southeast Asian Affairs*, 2013.

[8] Evelyn Goh, "Hierarchy and the Role of the United States in the East Asian Security Order," International Relations of the Asia-Pacific, Vol. 8, No. 3, 2008. William A. Douglas, "Security Stability in East Asia," *Asian Perspective*, Vol. 40, No. 1, 2016.

[9] Gregory P. Corning, "Trade Regionalism in a Realist East Asia: Rival Visions and Competitive Bilateralism," *Asian Perspective*, Vol. 35, No. 2, 2011.

欧美关系“再平衡”及其对中国的挑战

赵 柯 中共中央党校国际战略研究院
张仕荣 中共中央党校国际战略研究院教学科研秘书，副教授

特朗普在竞选期间以及当选总统后一系列针对北约及欧盟的不友好言辞，引发了跨大西洋两岸的紧张关系。2017 年 5 月特朗普首次出访欧洲，出席北约峰会和七国首脑峰会，期间在防务、贸易、气候等议题上对欧洲频频发难，德国总理默克尔在随后的一次演讲中直言不讳地说：“那个完全可以信赖其他伙伴的时代已经部分地成为过去，我们欧洲人必须将命运掌握在自己手中。”由此，欧美同盟的稳固性受到国际舆论的普遍质疑，认为跨大西洋关系出现裂痕。分析欧美同盟稳固与否，不能仅从“挑衅性”的言辞出发，更要看“争吵”是否动摇了双方的战略共识和合作机制。本文认为，特朗普在言辞上对欧洲的“敲打”，实际上是在延续奥巴马政府时期就已启动的欧美关系“再平衡”。当前欧美“冲突”的实质是双方在防务、贸易、气候等诸多领域重新调整相互间的权利、责任和利益，而非“分裂”。“再平衡”后的欧美关系会变得更加稳固，“大西方”会在其共同推动下进一步形成，这对中国是一个真实的挑战。

北约框架下欧美军事同盟没有弱化

特朗普带给欧美关系的最大冲击莫过于其安全防务政策。特朗普竞选时

称北约已经“过时”，并且威胁欧洲国家，如果不增加军费开支，美国将放弃对欧洲的安全承诺。特朗普这一咄咄逼人的表态确实挑战了欧美关系的底线，但其真实目的是要让欧洲在世界安全事务中发挥更为重要的作用，增加军费和各种资源的投入，为北约的全球行动做出更大贡献，加速在北约框架内实现美欧力量的“再平衡”，减轻美国的责任和负担，[1]而非弱化、甚至放弃欧美军事同盟。这与奥巴马的北约政策是一致的，只不过特朗普不像奥巴马那么“温文尔雅”，而是用更加“蛮横”的威胁性语言和“步步紧逼”的高压态势来敦促欧洲履行防务义务。

在欧美关系史上，以放弃对欧洲国家的安全承诺为威胁，迫使欧洲国家让步的美国总统，特朗普不是第一个。在 20 世纪 60 年代后期，美国由于越南战争出现巨额财政赤字和贸易逆差，各国普遍对美元信心不足，法国更是带头用美元储备向美国兑换黄金，引发了市场对美元的抛售浪潮。当时德国是最大的美元外汇储备国。对美国而言，说服德国继续持有美元不抛售，对稳定美元尤其关键。美国要求德国书面承诺不将所持的美元兑换黄金，但德国只想口头约定，时任美国总统约翰逊以从德国撤军相威胁。在冷战背景下，对处于东西方对抗桥头堡位置的德国而言，苏联军队跨过边境长驱直入并非一种低概率事件，而是现实的危险，从国家安全考虑，德国只能遵从美国的要求。1967 年 3 月 30 日，时任德国联邦银行行长布莱辛写信给美联储主席马丁，承诺德国不会把所持美元储备兑换成黄金。

从历史经验看，美国过去对欧洲的这种“放弃安全承诺的威胁”，并没有实质性地损害欧美军事同盟关系，这主要源于双方安全利益的高度融合，“特朗普冲击”未必就能改变历史。更为重要的是，欧洲对于美国要求的防务“再平衡”，也是认同的。因为欧洲人也很清楚，美国对北约防务开支的贡献比例长期地维持在 70% 左右的水平不可持续，特别是乌克兰危机让欧洲人切实地感受到了地缘政治风险的存在，意识到了加强美欧军事同盟的必要性和紧迫性。在 2014 年举行的威尔士北约峰会上，欧洲国家第一次承诺将遵守军费开支不低于国内生产总值的 2%，保证军费中装备和研发开支不低于 20% 的义务。威尔士峰会标志着欧洲国家开始改变长期以来在安全领域“搭便车”的策略，形成了重整军备的战略共识。

欧盟在2016年6月发布的《全球战略》文件中，一改之前对自身“软实力”的自信和推崇，认为在当前充满对抗性的世界中要提升“硬实力”，就需要增加安全与防务领域的可信度，为自己的安全承担更多责任。在《全球战略》文件中，欧盟再次确认了威尔士北约峰会的共识，要求各成员国将足够的经费投入到防务中，并且认为更可信的欧洲防务是与美国建立健康的跨大西洋关系的基本前提。与美国更加平衡地分担防务负担，已经成为欧洲国家的共识。作为当前欧盟事实上的“盟主”，德国在2016年7月发布的《2016年安全政策与联邦国防军未来白皮书》中也表示，在北约框架内，欧洲承担共同防务中的比例越大，跨大西洋安全伙伴关系就会越紧密越有成效。可以看出，由于地缘安全形势的恶化，早在特朗普上台之前，欧洲已经决定要更多地分担美国的防务支出，并且要进一步加强跨大西洋的军事同盟。

特朗普对欧洲发出的夸张性“安全威胁”，更多的是对既有共识的“另类”强调，仅仅停留在外交辞令层面，没有成为实际的行动，北约框架下的欧美军事同盟没有弱化。欧洲不满的是特朗普要求欧美防务“再平衡”的“粗暴”方式，而非“再平衡”本身，欧洲对欧美军事同盟仍然是有信心的。2017年6月1日，法国新任国防部长古拉尔出访德国。她和德国国防部长冯德莱恩会面之后均表示，法德两国毫不怀疑美国在北约问题上采取的团结精神。古拉尔认为，特朗普到访布鲁塞尔本身就释放出他对北约的兴趣并没有减弱的信息，并且表示“毫不怀疑美国人民和领导人会忠实于协防条款”。德法两国的国防部长也再次确认了欧洲加大防务支持的必要性，认为欧洲为维护自身利益，防卫必须得到加强。冯德莱恩还特别强调：“这将需要很大的开销，但这些开销是有必要的。”

欧美贸易政策的共识大于分歧

特朗普是商人出身，显然更加明白国际贸易的重要性。他反对的不是自由贸易本身，而是美国没有得到“足够收益份额”的自由贸易。用特朗普的话说就是，“我们没有得到公平对待”。所以，特朗普贸易政策的核心是所谓“公平贸易”，其具体内涵大致是“公平贸易”就是要为美国企业打开海外市场。通过谈判或者施压的方式要求贸易伙伴更多地向美国开放市场，遵守对美国有利的国际经济规则，甚至要重新设定能够确保美国得到“足够收益份额”的国际规则。具体而言，就是要改变之前具有“照顾”性质的对贸易伙伴单向市场开放的做法，代之以要求贸易伙伴按照对等原则双向开放，确保美国企业能够自由进入任何国家的市场。为实现这一政策目标，特朗普不惜挥动关税、制裁等大棒，为了更有效地制定有利于美国商业利益的规则，不再拘泥于多边贸易谈判，而是改为使用双边的方式。

特朗普的“公平贸易”政策并不新鲜，欧洲人在这方面至少领先了十年，并且对“公平贸易”内涵的阐释更加明确、系统化，在政策工具的使用上也更加细腻、成熟。2006 年 10 月 4 日，欧盟委员会公布了题为《全球的欧洲：参与世界竞争对欧盟增长和就业战略的贡献》的新贸易政策文件，确立了为欧洲企业打开海外新市场和确保公平竞争的贸易战略。从 2007 年开始，欧盟官员在各种场合不断强调“我们必须时刻坚持公平贸易”，包括结束出口产业的不公平的国家干预、坚持世界贸易组织关于市场准入的承诺和尊重知识产权等诉求，认为“通过反对其他国家不公平的出口补贴来保护欧洲产品是市场开放的题中之意”。欧盟当时的做法与现在特朗普政府一样，没有仅仅局限在主流的多边贸易谈判中，而是“使用双边和多边的讨论和协议来达到此目的。当需要之时，求助于贸易保护措施”。

通过对比可以看出，特朗普版的“公平贸易”政策实际上就是欧盟“公平贸易”政策“更具进攻性”的新版，两者的政策理念和目标指向是一致的——打开广大发展中国家，特别是新兴经济体的市场，用国际规则来约束其竞争力，从而确保自身的竞争优势。因为欧洲和美国本身就互为重要的贸易伙伴以及投资来源地和目的国，彼此间的贸易壁垒和投资障碍要少很多，要扩大本国企业的海外市场份额，短期内潜力有限，扩大在发展中国家特别是新兴经济体的市场份额，才是其真正的目标。所以，在贸易政策上，美欧是真正的利益共同体。

这就是为什么特朗普在竞选时威胁对欧洲国家采取贸易保护措施，对《跨大西洋贸易与投资伙伴关系协定》(TTIP) 大加批判，导致谈判搁浅，而现在又主动提出要重启。2017 年 4 月 24 日，美国商务部部长威尔伯·罗斯会晤欧盟贸易专员马尔姆斯特伦，正式讨论如何推进 TTIP 谈判，美欧之间发生贸易战的几率大大降低。在贸易议题上，双方的利益远大于分歧。2017 年 5 月 27 日闭幕的 G7 峰会因为特朗普的贸易保护主义倾向，在会前被普遍认为很难达成贸易政策的共识，但实际上，欧美再次确认了一致支持“公平贸易”和“开放市场”的原则，会议联合声明强调：“我们一致认同，自由、公平和互惠的贸易是经济增长和创造就业的关键动力，因此我们强调保持市场开放和打击保护主义的义务。”欧洲实际上对此次峰会在贸易领域取得的成果还是满意的。德国总理默克尔认为：“七国集团在这次峰会上至少就‘建立在规则基础上的世界贸易体系’达成了共识，重申支持开放市场、反对保护主义和不公平贸易——这就是对于我们来说重要的成果，因此我认为这是一个进步。”

中国要做好应对“大西方”的准备

特朗普虽然表面上对欧洲保持“不屑”与“敲打”的姿态，但这只是对欧洲长期以来在同盟关系中“搭便车”的不满，是以施压的方式要求欧洲更多地履行作为盟友的责任，投入更多的资源来巩固欧美同盟，双方精英阶层对维护跨大西洋同盟关系具有高度的共识，分歧在于“以何种方式”和“多大程度”上。跨大西洋同盟近些年在贸易、金融、防务等领域的合作实际上是在不断加强，这一方面是基于历史，另一方面也基于现实的需要，即美欧自 2008 年全球金融危机以来为应对国际格局变化所采取的战略调整。根据 IMF 的数据，按照购买力平价计算，2013 年发展中国家 GDP 占到全球的 50.4%，超过发达国家，[2] 这是近百年来的第一次，其中的关键原因在于中国综合国力的大幅上升。欧美精英对这一变化敏感异常。

哈佛大学教授、美国前财长劳伦斯·萨默斯很好地描述了这种变化背后的重大意义，他认为：在过去三百年的世界历史中，社会主义与资本主义，以及美国与苏联之间的冷战终结是影响力居第三的大事件；伊斯兰世界与世界其他各国的斗争、争论和挑战是影响力居第二的大事件；而以中国为核心的亚洲崛起，其影响力位居第一。工业革命之所以被称为“革命”是因为在1800年之前的2300年里，人们的生活水平只提高了50%，而工业革命第一次让人们的生活水平在几十年的时间出现了重大变化。而中国经济的高速增长持续了30多年，中国人民的生活水平在不到十年的时间翻了一番，在几乎五年的时间里增长了10%，这种变化发生在占世界人口五分之一的土地上，涉及数以十几亿计的民众，它对全球经济体系的影响不亚于工业革命和文艺复兴，甚至可能超过后两者，所以萨默斯认为当今这个时代所面临的重大挑战是如何管理大国的崛起。[3] 所谓“管理大国的崛起”则是发达国家需要一个“再平衡”，以约束和管控中国的崛起对发达国家既得利益格局的冲击。

这个“再平衡”的关键就是积极推动发达国家间更紧密的合作，特别是要巩固和加强跨大西洋关系，通过权利、责任和利益的重新调整，以欧美为核心打造出一个制度化、机制化的发达国家间政治、经济和金融集团，同时联合一些价值观相似的发展中国家，重建对西方有利的国际经济政治新规则、新机制。美国前国家安全事务助理布热津斯基曾对此有一个深刻的分析，他认为西方的衰落并非就意味着中国可以主导世界，如果美国和欧洲加强团结，就可以塑造出一个更广大和更具活力的西方。他认为，这个“大西方”的地盘将从北美一直延伸到欧洲，然后再进入欧亚大陆拥抱俄罗斯和土耳其，接着跨越地理距离达到亚洲第一个成功实现民主制度的国家日本，然后是韩国。中国可以超越任何一个西方国家，但却无法超越整个“大西方”。

虽然目前以TPP为代表的区域多边贸易谈判陷入僵局，但美、日、欧、加等发达国家之间的双边自贸区协定谈判其实早已有条不紊地向前推进，并取得重要成果。比如欧盟与加拿大之间已经完成谈判，与日本的谈判也有可能在今年完成。发达国家间的这种双边贸易协定政治含义非常明显，卡内基伦理与国际事务委员会资深研究员斯图尔特 (Devin T. Stewart) 认为，通过经济活动来设定和推广自由主义价值观这一目标，能够平衡中国的影响力和发展模式。时任欧盟贸易委员德古赫特也非常明确地表示：TTIP 的重要目的之一就是应对以中国为代表的新兴经济体的崛起。

相较于试图重新规范实体经济运行的 TPP 和 TTIP 在各国政策界和学术界所引起的巨大反响和激烈讨论，全球虚拟经济层面规则的变化则显得异常低调和悄无声息，但其正在根本性地改变着国际货币体系的运行机制和治理平台。2013 年 10 月 31 日，美联储、欧洲央行、瑞士央行、英国央行、加拿大央行和日本央行等全球六大央行同时宣布，它们将把现有的临时性双边流动性互换协议转换成长期协议。而且，任何当事央行都可在自己司法辖区内以另外五种货币中的任何一种提供流动性。这意味着，在主要发达经济体之间，一个长期、多边、多币、无限的超级储备货币网络已编织成型。发达经济体央行之间在货币互换平台上的协同一致，很有可能替代以国际货币基金组织为代表的原有治理机制，但是这个全球超级储备货币网络依然将中国排除在外。[4] 欧元的诞生具有强烈的政治目的，本质上是欧洲“去美元化”的过程，是要分享美元在全球货币体系中的霸权地位所带来的收益，要与美元一争高下。但这个超级储备货币网络的形成，意味着美欧在货币问题上也达成了谅解，各自保持自己在国际货币体系中的现有地位，不再谋求向对方的货币空间进行拓展。

2009 年的欧债危机以及随后的乌克兰危机让欧洲的精英阶层意识到欧洲在变化的世界中是如此脆弱，如此地易于受到伤害，意识到以中国为代表的新兴市场国家具有如此强大的竞争力。欧洲不再像 21 世纪的第一个十年时那么的自信，他们意识到欧洲并不是一支独立的力量，他们重新把目光投向了大西洋，投向了大西方，试图通过加强跨大西洋联盟来保护自身免遭外部世界的风险，巩固其在全球政治经济格局中的既有地位。2015 年 2 月德国总理默克尔访问美国时表示：“跨大西洋伙伴关系是高于其他一切（伙伴关系）的伙伴关系，对德国而言是不可放弃的。我相信，我也可以代表欧洲这么说。”作为当前欧盟事实上的“盟主”，德国领导人的这番表态典型地体现了当前欧洲在对外战略方面的心态和考量。

面对国际格局的深刻变革，发达国家正在加速形成一个对内开放、对外封闭的“大西方”，制定和推广新的国际规则，以期最大限度地利用对自身更为有利的、非中性的国际规则来约束或限制竞争对手。这一情形被称之为“再全球化浪潮正在涌来”。[5] 正是在这一点上，特朗普政府与欧洲并无根本性的分歧，它们都是“大西方”的支持者和推动者，这是中国所面临的真正挑战。

（原文发表于《当代世界》2017 年第 7 期）

---

[1] 赵晨，赵纪周：《美欧防务再平衡评析》，载《国际政治研究》，2015 年第 2 期，第 86 页。

[2] IMF, World Economic Outlook: Recovery Strengthens, Remains Uneven, April 14, 2014, p.159.

[3] 劳伦斯 • 萨默斯：《中国崛起及中美两国的金融监管》，载《研究参考》，第 21 号（总 106 号），2011 年 7 月 8 日，中国发展研究基金会，第 1 页。

[4] 李扬：《积极应对六国央行货币互换升级》，载《中国外汇》，2014 年 第 1 期，第 16-17 页。

[5] 张宇燕:《再全球化浪潮正在涌来》，载《世界经济与政治》，2012 年第 1 期卷首语，第 1 页。

中国周边形势新特点与周边外交新思考

石源华 复旦大学中国与周边国家关系研究中心主任、
中国国家领土主权与海洋权益协同创新中心副主任
兼复旦大学分中心主任，教授
肖 阳 武汉大学中国边界与海洋研究院

2017年伊始，特朗普正式就任美国总统。为了维护美国的世界霸权地位和国家利益，特朗普政府打着“美国优先”的旗号，加大对中国的施压和牵制力度，甚至还采取“单干”“退群”等蛮横手段，威逼其盟友就范，给中国周边地区形势造成一定冲击和影响。2017年10月，党的十九大报告作出了“中国特色社会主义进入新时代”的重大判断，为中国从将强未强向世界现代化强国挺进制定了时间表和路线图，周边外交在中国国家总体外交布局中的首要地位和战略意义进一步突出。作为影响中国周边环境最重要的外部因素之一，美国自二战结束后在中国周边外交中一直占据着主导地位，中美博弈成为牵动地区格局演变的主线。面对当前中国周边形势发生的新变化和新特点，处理好中美关系不仅在很大程度上决定中国周边外交的成效，还直接关系新时代中国崛起和“两个一百年”伟大中国梦实现的进程。

中国周边形势的新特点

特朗普“不确定性”的一系列作为引起亚太国家的恐慌和担忧，中国周边形势逐渐出现了两股力量的抗衡：一股是以美国为代表的“分化”力量，不断挑唆、压制和撕裂中国与周边国家的关系，对多边治理和全球化进程构成直接挑战和严重干扰；另一股以中国为代表的“合作”力量，不断改善、协调和巩固各方关系，在维护周边区域稳定方面的合作力度进一步增强。两股力量相互碰撞，使得中国周边外交形势出现一系列新变化和新特点。

一、中美战略对抗态势持续上升

特朗普政府摒弃了奥巴马政府针对中国的“亚太再平衡”战略及其经济内核《跨太平洋伙伴关系协定》（TPP），但并未从根本上改变对中国崛起的警惕、防范、制衡和打压的战略轨迹，而是变换了新的手段和方式，其针对性和力度更为直接和强硬。安全上，2017 年底，特朗普抛出“印太战略”，并签署《美国国家安全战略报告》，将中国明确界定为“修正主义国家”和“战略竞争对手”[1]，多次派出军舰、军机非法闯入中国南海有关岛礁及邻近海域示威挑衅；经贸关系上，美国大举贸易保护主义旗帜，将中美经贸摩擦升级为贸易战，制裁范围和力度空前加大，对中美经贸关系稳定、国际经济秩序和世界贸易规则造成重大影响；台湾问题上，特朗普签署《台湾旅行法》，对台出售总值 14.2 亿美元的武器和技术，在《2019 财年国防授权法》中多次提出加强美台军事合作，屡屡试探和挑战“一个中国”底线。

二、半岛局势缓和但前景未明

特朗普上台后迅速对朝鲜启动“极限施压”，美国主战派呼声日益高涨，种种作战打击方案纷纷出炉。朝鲜以超强硬应对强硬，多次进行核试验和导弹试射，双方口水仗空前升级，半岛局势出现“临战”之势，东北亚安全环境遭遇严峻挑战。2018 年伊始，以平昌冬奥会为契机，朝韩双方相互释放友好信号，朝鲜金正恩委员长宣布停止核试验和洲际导弹试射。3 月 25—28 日，金正恩对中国进行非正式访问。4 月 27 日，朝韩首脑会议举行并签署《板门店宣言》。6 月 12 日，金正恩与特朗普举行“新加坡会晤”并签署《联合声明》，持续多年的半岛紧张局势出现重大转机。然而，必须清醒地认识到，美朝对话虽然调门很高，但在实质性操作层面，远不及中国主导的六方会谈所达成的“9•19 共同声明”。[2] 美国国务卿蓬佩奥第三次访朝后双方的言论不一表明，在彻底弃核问题上美朝难以达成共识，出现反复和倒退的可能性仍然存在，半岛无核化任重道远，前景依然令人担忧。[3]

三、周边国家对华态度发生较大转圜

奥巴马政府时期，美国大肆蛊惑、挑唆和拉拢周边国家与中国对抗，部分周边国家趁机向中国发难，中国周边一度面临“新冷战”危险。特朗普上台后，继续加强与日、澳、印、越、菲等国的双边军事合作，意欲打造“印太战略”军事同盟体系围攻中国，甚至还企图离间和挑拨中朝关系。党的十九大以来，中国以“合作共赢”为核心，加强同周边国家的密切联系，逐步破除和瓦解了美国的分化图谋，周边国家对华态度发生较大转圜。中菲关系全面改善，推动所谓的“南海仲裁案”软着陆；中印首脑东湖会晤，“洞朗对峙”困局被破解；中日邦交四十周年，两国关系进入稳定改善轨道；金正恩密集访华，半岛局势峰回路转；韩国承诺“三不一限”，“萨德”问题趋向缓和；中越高层互访，就南海问题达成重要共识；中新关系出现回暖，“一带一路”成为双边合作新起点。总体上看，中国周边热点问题大幅降温，周边大环境呈现向利好方向发展的趋势。

四、周边地区合作机制进一步加强

特朗普上台后将强烈的民粹主义和孤立主义引入美国外交事务，将是否符合“美国优先”作为对外政策的衡量标准，以“退群”为手段，让美国从更多的国际责任中抽身，给亚太多边机制发展造成巨大冲击。与之相反，中国积极倡导和参与周边地区合作，强化周边地区合作机制的建设，为稳定周边秩序发挥了中流砥柱的作用。近年来，中国发起的首个新型周边次区域合作机制——澜湄合作机制发展迅速，澜湄速度和效率成为地区合作的重要标杆；上合组织扩员后将成长为世界上幅员最广、人口最多的地区性国际组织之一，其合作潜力和国际影响力迅速提升；在第七次中日韩领导人会议上，

三国共同发出维护多边贸易体系、反对保护主义、推动贸易投资自由化便利化的有力信号；中国积极支持的《区域全面经济伙伴关系协定》（RCEP）谈判进程加快，成为促进区域经济发展、应对“逆全球化”的重要平台。

中国周边外交的新定位

党的十九大宣告中国特色社会主义进入了新时代，以2020年、2035年和2050年为三个重要时间节点，为中国成为富强民主文明和谐美丽的社会主义现代化强国擘画了清晰的宏伟蓝图。可以说，至少在2035年前，周边外交仍将占据中国外交全局的首要地位。新时代中国特色社会主义道路、理论、制度、文化不断发展，中国周边外交也要与时俱进作出新的定位。

一、中国仍将在世界既成体系规则下实现强国目标

改革开放40年来，中国在西方主导的国际体系和规则下实现了和平崛起。1979年1月1日，中美正式建交，结束了两国长期对峙局面，并迅速走近。20世纪80年代中期，邓小平做出“和平与发展”为时代主题的伟大论断，宣布裁军百万以及暂缓部分大规模军工计划，消解了美西方的对华戒备，中国的国际信誉和形象极大提升。20世纪90年代初，在中美关系陷入低谷和国际风云变幻之际，中国奉行“韬光养晦”对外策略[4]。冷战结束后，中国经过十多年的谈判加入世界贸易组织（WTO），主动融入世界。历史经验表明，既有的世界秩序尤其是经济秩序，给中国提供了巨大的发展机遇。中国正是紧紧抓住了几次“稍纵即逝”的战略机遇期而赢得主动和先机。特朗普上台后，美国强烈感受到中国崛起带来的压力，力图将中国纳入美国制定的体现其自身利益的规则行事。在未来相当长的时间内，中国宜继续维护、执行既成的国际体系和规则，反对美国违反国际体系和规则的“逆全球化”行为，谋求新的发展机遇，为将自身建设成为社会主义现代化强国创造有利的外部条件。

二、中美仍然在中国周边地区实现“兼容共存”的基本格局

中国作为新兴的“崛起大国”与美国为代表的“守成大国”之间的结构性矛盾是影响两国关系以及地区秩序变化的重要原因之一。当前中国周边政治和安全的主要特征和基本格局是中美“兼容共存”，即中美的内在结构矛盾是基本矛盾，具有一定的对抗性，但是双方又可以实现“兼容”，不采取对抗方式。[5] 特朗普上台后，将中国定为“威胁者”和“挑战者”，对华发起猛烈的攻势，中美深层次的结构性矛盾逐渐升级并被放大，造成中美“兼容”的一面在下降，两国关系趋于紧张。然而从总体上看，中美关系并未上升为“全面对抗”，中美存在的各种问题尚处于可控范围内，双方已形成了“你中有我，我中有你”的全方位利益交融格局，斗争与合作的反复出现是中美关系复杂性的常态。特朗普发动贸易战攻势，将中国列为主要竞争对手，但并非将矛头只对准了中国，欧盟、俄罗斯、日本、加拿大、墨西哥等国也深受其害。受中期选举、非法移民、中东泥潭、美俄博弈、半岛核问题等诸多因素的牵制，美国无论是在政治、经济还是军事战略上尚无法集中全力对付中国，中美将在中国周边地区始终处于合作、竞争、矛盾和分歧“共存”的基本格局。

三、“中间国家”是中国周边不可忽视的重要力量

在中国周边已经出现新的“三个世界”架构：中美各为一极，其间存在许多中间国家。[6] 在一个较长的时间段里，中国周边外交更多倾向于将中国同“中间国家”的关系建立在中美双边关系的基础上，由此导致许多“中间国家”与中国的矛盾日益增多。奥巴马政府时期，美国正是抓住“中间国家”对中国崛起带来的不适感以及历史遗留的一些分歧和矛盾，蛊惑和拉拢这些国家与中国进行对抗，给中国周边环境带来了严峻挑战。“中间国家”概念的提出，是从中国快速崛起与美国维护霸权之间的竞争关系中划分出来的，有利于中国分清周边外交面临的主要矛盾和次要矛盾，妥善处理好同美国及周边国家的“大三角”关系，避免中国出现腹背受敌的被动局面。此外，“中间国家”是亚太地区一股不可忽视的重要力量，是中国开展周边外交和中美竞相争取的主要对象，这些国家的对外政策选择将对未来亚太地区力量结构重组产生重大影响。处理好与这些“中间国家”的关系将直接决定中国崛起

是否可以顺利实现。

四、多边主义是未来中国周边地区秩序的主要方向[7]

冷战结束后，建立开放、包容的多边秩序已成为国际社会的重要共识，但囿于美国的超级大国地位，国际社会更多的是霸权主导的多边秩序。在中国周边地区，美国在冷战时期形成并主导的双边同盟体系与中国参与并推动的多边合作机制之间既相互竞争又相互兼容。[8] 特朗普上台以来，美国为挽救不断衰退的霸权地位而四面树敌，从多边主义退向单边主义，给周边地区安全形势的走向以及区域合作的前景带来了巨大的风险。与此相反，中国参与和推动的“东盟 10+3”、上海合作组织、澜湄合作机制、中日韩合作等多边制度性合作机制在维护区域秩序方面展现出巨大的发展潜力和旺盛的生命力。以多边主义为原则、以国际规则为机制的基本秩序形态将是世界秩序的主要方面。[9] 随着中美两国力量对比发生变化，未来中国崛起过程中需要将多边主义作为地区秩序建构的主要方向并使之朝更加公平、公正、合理的方向发展，逐步取代美国霸权主导下的多边秩序，这不仅有助于中国与周边国家共同参与亚太地区秩序的构建，更有助于为中国崛起提供普遍性认同和合法性支持。

中国周边外交的未来方略

党的十九大报告提出，“中国积极发展全球伙伴关系，扩大同各国的利益交汇点，推进大国协调和合作，构建总体稳定、均衡发展的大国关系框架，按照亲诚惠容理念和与邻为善、以邻为伴周边外交方针深化同周边国家关系”[10]，为中国开展周边外交指明了新的方向和使命。面对特朗普上台后中国周边外交出现的一些新变化和新特点，中国亟须在战略层面上布局和设计，继续维护中国崛起所需要的长期稳定的周边环境。

一、发挥大国关系的框架性作用

十九大报告确定将推动建设相互尊重、公平正义、合作共赢的新型国际关系，其关键在于如何推进大国协调与合作，这也是习近平新时代中国特色社会主义外交思想的重要内涵。当前，美国仍然是世界第一的超级大国，中美关系也仍然是中国特色大国外交中的重点。面对特朗普来势汹汹的对华攻势，中国应沉着冷静，继续维护和发展中美关系大局稳定，坚持不冲突不对抗等基本理念，增强对美大国外交的主动性、灵活性和进取性，发挥两国元首之间的战略引领作用，继续努力实现建立中美“新型大国关系”，避免落入崛起大国与守成大国的“修昔底德陷阱”，保持和巩固中美关系的基本盘面不发生颠覆性风险。同时，中国还要注重大国外交的均衡性，从战略层面进一步拓展与俄罗斯、日本、印度等周边区域大国尤其是新兴大国的协调和合作，发挥多重大国关系在周边秩序建构中的框架性作用，共同维护周边环境的和平与稳定。

二、积极争取“中间国家”

“中间国家”的基本立场是在中美竞争关系中寻求“平衡”，一般不会或不会永远在中美之间做出“非此即彼”的选择，尤其是特朗普上台后的“不确定性”更使这些国家深刻意识到阵营化带来的巨大危害。从战略层面上看，中国需要积极主动加强与这些“中间国家”的密切联系。首先，中国应以理解、包容和理性的态度加强与“中间国家”的对话交流，及时关切和应对“中间国家”提出的合理诉求，在发展和深化“伙伴关系”的基础上增信释疑；其次，针对中国与“中间国家”中的矛盾与分歧，要运用“双轨思路”进行解决，分清彼此关系中的主次要矛盾和矛盾的主次要方面，从长远眼光来审视和处理问题，加强分歧管控；再次，发挥中国与周边国家政党在国际和地区事务的政治引领作用，广泛凝聚和扩大彼此的政治共识，争取更多的“中间国家”与中国合作或保持中立平衡。

三、重点推进中国“一带一路”建设

“一带一路”倡议是在美国对华施压的背景下提出来的，其产生的直接刺激因素来自美国企图孤立中国的“亚太再平衡”战略。[11] 同时，“一带一路”也是中国顺应当今世界和平、发展、合作的时代潮流而提出的重大倡议，是中国在经济和安全方面主动经略周边、塑造周边的重要抓手。在未来一段时期，中国一是要进一步推动周边地区的“一带一路”建设，欢迎和吸引更多的周边国家参与“五个发展方向”和“六条经济走廊”建设，尽快推动建立东北亚经济走廊，实现周边各路回廊合围畅通；二是要秉持和践行“共商、共建、共享”原则，将其上升为构建人类命运共同体以及周边多边秩序的重要方式；三是要进一步深化对外开放水平，尤其是在特朗普推行贸易保护主义的“逆全球化”浪潮冲击下，发挥“一带一路”建设在新一轮经济全球化发展中的引领作用；四是推动实现“中国梦”和周边国家发展梦的对接。

四、推动人类命运共同体理念在周边生根发芽

人类命运共同体理念站在国际社会道义的制高点，为当前乱象丛生的国际形势和人类前途命运发展指明了正确方向，具有巨大的感召力和广泛认同。周边是人类命运共同体理念的首发区域，中国应继续推动这一理念在周边地区生根发芽。一是要打造开放、多元、包容的“周边伙伴关系”网络，倡导各国之间相互尊重、平等相待的原则，通过伙伴关系网络来强化共同体意识；二是要在周边地区倡导和推动构建以制度规范为核心的多边治理机制，以协商民主的方式妥善解决分歧，反对霸权主义和强权政治，维护国际公平正义，促进周边地区国际关系民主化；三是借鉴和汲取亚太地区在区域经济一体化上的成功经验，通过周边区域、次区域和双边等层次上的“命运共同体”的整合，最终促进更大层面的人类命运共同体的实现。

五、保持和增强中国自身战略定力

中国周边外交的实施是一个长期的、复杂的系统工程，在实现社会主义现代化强国之前，难免会遇到不断出现的困难和挑战。中国必须强化自身的战略定力，确保周边外交实施效果的稳定性和有效性，这也是大国成熟和自信的表现。一是要充分、理性地认识到中美之间存在的不对等差距将在一段

时间内存在，中国当前最重要的任务是全力实现自身的改革和发展，在时间有利于我的前提下积小胜为大胜；二是要在维护好中国核心利益的前提下，尽可能避免无谓的冲突和对抗，排除那些绑架中美关系发生冲突和对抗的障碍和隐患；三是要坚持一切从实际出发，对中国周边外交的相关宣传不宜夸大，避免导致国际社会不必要的争议和对中国崛起的担忧；四是要统筹国内国际两个大局，在应对周边重大外交问题上统一国家意志，集中全力进行精准投放，避免外交决策受到各种因素的干扰和误判。

（原文发表于《当代世界》2017 年第 7 期）

---

[1] “National Security Strategy of the United States of America”. https://www.whitehouse.gov/wp-content/uploads/2017/12/NSS-Final-12-18-2017-0905-2.pdf.

[2]《金正恩三度访华，专家：或通报“金特会”及商讨无核化路径》，https://www.thepaper.cn/newsDetail_forward_2203748。

[3]《美国务卿再访朝，双方说法分歧大》，载《解放军报》，2018 年 7 月 9 日，第 4 版。

[4] 钱其琛：《深入学习邓小平外交思想，进一步做好新时期外交工作——在外交部〈邓小平外交思想研讨会〉开幕式上的讲话》，载《外交学院学报》，1996 年第 1 期，第 3 页。

[5] 石源华：《中美兼容共存：东亚的核心政治架构》，载《人民论坛 • 学术前沿》，2015 年第 20 期，第 19 页。

[6] 石源华：《冷战化危险、“中间国家”与周边外交》，载《世界知识》，2016 年第 21 期，第 15 页。

[7]【美】约翰 • 鲁杰著，苏长和译，《多边主义》，杭州：浙江人民出版社，2003 年版，第 12 页。

[8] 祁怀高：《构筑东亚未来：中美制度均势与东亚体系转型》，北京：社会科学出版社，2011 年版，第 67 页。

[9] 秦亚青：《世界秩序刍议》，载《世界经济与政治》，2017 年第 6 期，第 8 页。

[10]《习近平：决胜全面建成小康社会 夺取新时代中国特色社会主义伟大胜利——在中国共产党第十九次全国代表大会上的报告》，http://www.xinhuanet.com/politics/19cpcnc/2017-10/27/c_1121867529.htm。

[11] 林民旺：《印度对“一带一路”的认知及中国的政策选择》，载《世界经济与政治》，2015 年第 5 期，第 48 页。

中国和世界的新时代

[西班牙]胡里奥·里奥斯 西班牙中国政治观察中心负责人[1]

中国共产党第十九次全国代表大会对当前中国形势进行深入分析并制定一系列重要发展目标，为中国快速实现现代化和推动构建新型国际关系奠定了坚实基础，也将为全球化注入新动力。展望未来，中国共产党（以下简称中共）面临多重挑战，前进道路不会一帆风顺，但只要中共不断从中国悠久的历史和多元文化传统中总结经验，坚持独立自主地制定各项政策规划，最终将带领中国人民实现民族复兴的伟大梦想，并通过推动建设人类命运共同体为世界开创新时代。在这个崭新的时代，欧盟和西班牙都应准确把握中国发展给世界带来的历史性机遇，进一步加强与中国各领域交流合作。

中共十九大与中国历史和文化传统密切相关

一、中共注重总结中国历史上的经验和教训

中国历史上曾经有过辉煌灿烂的文明，在经贸、科技、人文等领域长期处于世界领先水平，但近代也曾经历痛苦和屈辱，发展速度落后于西方。中共建党伊始，特别是1949年新中国成立后，就一直以史为鉴，致力于实现民族复兴。在毛泽东、邓小平等几代领导人的不懈努力下，中国逐步由贫弱走向富强。特别是历经40年的改革开放后，中国现代化进程进入关键时期，中共也更加注重总结历史上的经验和教训。从中共十九大可以看出，中共是

在历史的基础上做出针对当前和未来的战略规划，提出了“两个一百年”宏伟奋斗目标。要想成功实现这些目标，中共不能有丝毫懈怠，应以更加严格的要求和谨慎的态度面对各项工作。

二、中共积极评价中国传统文化的重要作用

19 世纪末，中国的早期改革者认为，中国文化是落后的罪魁祸首。但当前的中共将传统文化视为国家灵魂的载体，认为文化的复兴与国家整体复兴息息相关，因而主张重新解读中国文化，让传统文化不断适应新的时代特点，使其成为国家软实力的一部分，用她来维护国家稳定。从中共十九大报告也可以看出，中共主张进一步丰富传统文化，不断弘扬传统价值观，进而促使全体中国人形成新的、坚实的国家意识。可以说，经济发展是国家复兴的最初表现，文化的复兴才是国家复兴的深层次结果。当前，西方文化在世界上仍占据主导地位，外界对中国文化知之甚少，了解的过程将持续较长时间。因此，中共和中国政府需倾注更大精力推广自己的理念、思想和价值观，逐步平衡过于强势的西方文化。我们相信，文化多样性终将成为主流，各国有望在平等的基础上进行交流和沟通。

中共十九大做出一系列重要决策

一、改变对中国社会主要矛盾的表述

中共十九大深入分析了当前中国社会现实，明确指出中国社会的主要矛盾不再是“人民日益增长的物质文化需要同落后的社会生产之间的矛盾”，而是已经转化为“人民日益增长的美好生活需要和不平衡不充分的发展之间的矛盾”。这是 36 年来中共首次调整其对中国社会主要矛盾的表述，反映出中国社会经历的深刻变革，也体现出中共与时俱进的特点，是中国发展进入新时代的重要标志。

二、继续深化改革开放政策

近十年来中国政治最为核心的内容是“四个全面”战略布局，即全面建成小康社会、全面深化改革、全面依法治国、全面从严治党，其中全面深化改革是最重要、最复杂的任务。中共十九大系统总结了 1979 年以来中国经历的各种结构性变革，决定进一步深化改革和开放，从理论和实践两个方面加大创新，继续推动马克思主义中国化，以更大的勇气走自己的道路，大胆应对威胁国家稳定的各类挑战，为世界上其他国家运用和发展马克思主义树立了榜样。面对不断加速变化的社会，各类政党都要在忠于原则和改革创新之间寻找平衡，只有把握好这组平衡，政党才能代表社会先进力量，领导社会发展进步，中共在这方面的经验值得借鉴。

三、着力提升经济发展质量

中国经济的挑战有很多，以致于外界常常对中国经济未来产生疑虑。实际上，中共有很多手段治理经济、管控市场，为了达到宏观目标，中共常常制定规模大、周期长的经济政策，个体利益服务于整体利益。这样的能力使中共这些年来一直在经济生活中发挥着关键作用，中共也在不断做出调整，以便很好地适应这一角色。中共十九大决定在经济领域尝试更多新做法，如通过负面清单[2]的办法吸引外资，进一步推动国企改革，鼓励混合所有制企业发展，运用大数据优化宏观调控，等等。总的目标是推动经济从快速发展转型为创新驱动的、可持续的、高质量的发展。

四、加大民生领域投入力度

从中共最近几年的工作看，社会民生领域得到越来越多的重视，日益成为中国转变发展方式的关键领域。2013 年至 2016 年期间，世界许多国家正经历危机，发达国家社会福利状况总体下滑，大幅削减教育、医疗、养老等领域的公共投入。而在这三年内，中国成功让 5500 万人脱贫，超过了西班牙总人口，每年创造超过 1000 万个就业岗位，将城镇失业率保持在 4% 左右的低水平，逐步完善社保体系，将基本医疗保险覆盖率提升至 95% 以上，教育投入占 GDP 比重也均高于 4%，还大幅提升了最低工资水平。中国承诺在未来三年彻底消除贫困，这将是减贫领域的历史性成就。

五、从严治党取得显著成效

为更好地应对新时代各种挑战，中共提出全面加强从严治党工作。中共党员总数是西班牙人口的两倍，党员干部群体在国家各级机关中发挥着不可替代的作用，全面从严治党是一项非常艰巨的任务。中共提出了“四个意识”，即政治意识、大局意识、核心意识、看齐意识，认真开展主题为严以修身、严以用权、严以律己的学习教育，要求党内的领导干部谋事要实、创业要实、做人要实，提升了党员干部的凝聚力和向心力。面对党内腐败问题，中共斗争意志坚定、手段毫不留情，查办的案件上至政治局常委，下至村镇基层领导。全面从严治党提升党员干部对党的忠诚，增强了中共应对各类风险挑战的勇气和能力，也为其赢得了民众普遍信任和支持。

中国将引领全球化新的发展方向

一、旧的全球化模式陷入困境

工业革命让西欧和美国成为世界的中心，二者长期主导全球化进程。但近年来，美国总统特朗普制定了“美国优先”战略，且其政策主张充满不确定性，经常不按常理出牌，令人措手不及；而英国“脱欧”之后的欧盟正在重新定位，这两个昔日全球化的发动机都因内部事务而倾向保守、内顾。与此同时，欧美主导的新自由主义模式弊端也不断暴露，其引发的经济危机和贫富不均问题令许多国家陷入动乱和战争，造成全球化在许多国家的民意支持不断下滑，极端、民粹、地区分离主义力量乘机再次抬头。

二、中国模式为全球化提供新思路

中国在 2001 年加入世界贸易组织时，许多人并不看好中国经济，甚至认为中国主权将被大型跨国企业操控。但实际上，中国很好地应对了各种风险挑战，成功处理了对外开放与内部稳定的关系，保留公共部门在基础设施建设、投资和贸易中的重要作用，实现经济稳步增长。在 2009 年，中国就已成为世界最大出口国，如今是世界第二大经济体，利用加入世贸组织的契机，有一批中国大企业成长起来，他们的业务拓展到世界各地，在高铁、通讯、基础设施建设等领域能够和西方企业一比高下。这都表明，中国从全球化中获得了重要发展机遇，因此中国希望通过提出新的全球化思路来弥补旧模式的不足，而不是彻底摒弃全球化成果。

在这一背景下，中国提出了人类命运共同体理念，主张坚持维护世界和平、稳定，不断改善人民生活水平，打破贫困和战争互为因果的恶性循环。中国期待大国彻底摆脱冷战思维，通过冷静、温和的方式化解矛盾，缓解地区紧张局势，平息战乱和冲突。中国始终将自身视为最大发展中国家，主张循序渐进地推动世界均衡发展，在平等的基础上发展新型国际关系，本着求同存异、互利共赢的原则，积极推动与其他国家进行战略对接，注重照顾彼此关切。总体看，在中国的推动下，发展中国家比发达国家参与新型全球化的热情更高，因为发展中国家群体正面临难得的机遇，有望改变几十年以来的世界经济格局，摆脱自身落后、贫困的局面。

三、中国推动新型全球化有多个抓手

首先，中国通过提出“一带一路”倡议增进世界互联互通，得到越来越多的国际支持。“一带一路”被许多人视为新丝绸之路，既体现出中国深厚的历史和文化传统，又为许多沿线国家创造了现实机遇。这一倡议包括政策沟通、设施联通、贸易畅通、资金融通、民心相通等多方面内容，重点通过基础设施建设给相关国家带来实质性变革，还提出共商、共建、共享等重要原则，值得深入推广和宣传。其次，在气候变化（简称气变）领域，中国做出了一系列重要承诺，在国际上开始扮演领导角色。在仅仅十年时间里，中国和美国在这一领域的角色就发生了反转。过去是美国和欧盟向中国施压，要求其承担气变责任，现在则恰恰相反。实际上，不论美国总统特朗普采取怎样的立场，相信中国都不会改变其既定目标，因为中国从自身经验中看到，不可持续的生产模式对生态环境造成严重损害，让许多大城市饱受空气污染之苦。此外，伴随中国在全球经济与贸易领域的重要性不断上升，中国金融、文化等实力也不断增强，外交政策也日益积极进取，举办了G20杭州峰会、“一带一路”国际合作高峰论坛等重要多边国际会议。中共还举办了中国共产党与世界政党高层对话会，为不同类型的各国政党创造了一个很好的交流对话平台，推动与会政党本着求同存异、合作共赢的精神建立一个更加民主的国际社会，这一理念得到广泛响应。

欧洲与中国关系面临新的发展机遇

一、欧、美、中等大国关系有望调整变化

二战后，欧洲重建和经济复苏曾依赖美国，欧洲政治、外交也相应向大西洋关系倾斜，这一历史传统在今天仍对欧洲有重要影响，因此，尽管欧盟多次表示要通过和平和对话解决周边矛盾，但又多次跟随美国卷入地区冲突，令欧盟面临许多棘手的问题，也给一些国家和地区带来灾难。当前，由于美国日渐倾向于孤立主义，欧盟和美国分歧加大，欧美关系有所疏离。在此背景下，欧盟应该进一步增强独立性，以其传统价值体系为出发点，提振欧洲主义精神，加强多边外交，积极与中国等新兴大国互动。

中国与美国不同，无论是繁荣时期还是危机时期，中国长期支持欧洲一体化建设，为欧中关系实现跨越式发展奠定了良好基础。双方不仅在政治、经贸、投资、人文等传统领域可以加强合作，在社会民生等领域也可以有更多共同语言。中国正在努力消除国内不平等和不平衡的问题，提出“以人为本”等发展战略，大力发展民生事业。而欧盟许多政治家和学者都看到了新自由主义模式弊端，期待回归福利社会，恢复政府对市场的控制能力。双方可以就这一问题相互借鉴经验，共同研究民生关切，探讨政府与市场的最佳关系。

在不可逆转的世界多极化进程中，欧盟和中国都将成为重要角色，不论在双边、地区还是全球层面，中国和欧盟都可以更好地发挥建设性作用，共同面对美国等不确定因素。近期，美国多次在气变和朝核等关键问题上挑起事端，甚至扬言要对在朝鲜采取先发制人的行动，对世界和平稳定造成威胁。

在不同问题上，欧洲、中国、美国的立场不尽相同，欧盟和中国都需谨慎处理三者之间的关系，维护好世界和平与稳定。

二、西班牙与中国关系可进一步深化

西班牙与中国1973年建立外交关系。45年来，两国都经历了深刻变革，西班牙成功实现民主转型，中国改革开放政策更是取得了举世瞩目的成就。在此期间，西中双边关系发展顺利，两国政治互信不断加深，经贸往来频繁，人民友谊深厚。尽管双方相距遥远，西班牙已经成为中国在欧洲的主要朋友之一。

但也应看到，西班牙的"两个灵魂"——欧洲和拉美令西班牙对亚洲的关注度相对不足，西中关系仍有很大潜力有待发掘。2018年，西班牙将庆祝"迭戈·德潘多哈年"。早在1601年，德潘多哈就来到中国，是西方唯一一个觐见明朝万历皇帝的耶稣会教士，他从中国寄给托莱多大主教路易斯·德古斯曼的信是当时西方了解中国的重要文件。德潘多哈在西中文化交流中发挥了重要作用，用西班牙语在中国和世界之间传播大量知识和技术。但遗憾的是，德潘多哈长期不为人所知，而推动西中交流的其他国家传教士名气却大得多。仅从这个例子就可看出，为更好地发展西中关系，西班牙应进一步推动双方相互了解，挖掘西中经济的互补性，用好自身历史、文化、旅游等多方面的优势，采取更多具体行动构建两国交流合作框架。西中既可以大力推动双边关系，又可以共同加强在拉美、北非等地区的三方合作。只有这样，在对华关系方面，西班牙才不会落后于其他欧洲国家，才能成功把握新时代不断涌现的新机遇。

（原文发表于《当代世界》2018年第3期）

---

[1] 胡里奥·里奥斯（Xulio Ríos），男，1958年出生，西班牙人，法学学士，西班牙中国政治观察中心负责人。里奥斯长期致力于对中国政治、经济、文化等问题进行深入研究，曾多次到中国开展实地调查，是西班牙《国家报》《先锋报》《加泰罗尼亚报》、西班牙国家电台等媒体的特约撰稿人，还经常与BBC、法国国家电台、荷兰电台等其他

国家媒体开展合作，2013-2014 年受聘于新华社在华工作。自 1997 年至今已在西班牙出版 20 余部国际关系和国际政治领域专著，其中包括《中国——二十一世纪的超级大国？》《深入中国》《中国 88 问》等 10 余本关于中国的书籍，部分文章被西班牙阿尔卡拉 - 德埃纳雷斯大学选作本科生教材。自 2007 年起，每年都组织专家学者编写《中国政治报告》。

[2] “负面清单管理模式”是指政府规定哪些经济领域不开放，除了清单上的禁区，其他行业、领域和经济活动都许可。凡是与外资的国民待遇、最惠国待遇不符的管理措施，或业绩要求、高管要求等方面的管理措施均以清单方式列明。这是负面清单管理模式在外商投资领域的运用。

CHINA STRATEGY

第三章

大国竞合与中国的战略应对

缓和摩擦、管控竞争：争取中美关系的大体稳定

陶文钊　中国社会科学院荣誉学部委员，美国研究所研究员

2017 年 12 月和 2018 年 1 月，特朗普政府先后发表《国家安全战略报告》和《国家防务战略报告》，把中国定性为“修正主义国家”和美国的战略竞争对手。2018 年以来美方又挑起了贸易争端，同年 10 月 4 日，副总统彭斯又在美国一家智库就特朗普政府对华政策发表讲话，把最近一个时期以来美国对中国的指责和抱怨搞了个“大杂烩”。中国学术界大多认为，美国对华政策正在发生深刻转变，但对这种转变程度的判断却有不同。[1] 有的学者认为中美关系已经发生了质变，而有的学者则认为两国关系仍然处在量变到质变的过程之中。那么究竟如何看待当前和未来一个时期的中美关系呢？这是本文尝试回答的问题。

中美关系是否已经发生质变？

笔者认为，美国对华政策（中美关系）正在经历建交四十年来最深刻的调整，但要说中美关系已经发生质变则为时尚早。理由有四：

第一，中美关系是两个大国之间极其复杂的关系，涉及范围非常广泛，包括经济、安全、人文、环境等方方面面。中美关系既有双边问题，又有许多地区及全球问题；既有两国中央 / 联邦层面的关系，也有地方与地方之间的关系。这样一个全面而复杂的关系，不是说变就变的；也不是一个方面变

了，其他方面也都跟着变了。审视中美关系，既要看到变的方面，也要看到不变的方面。经过四十年的发展，中美关系已经不仅是两国政府之间的关系，而且已成为两国社会之间的关系，中美关系已经成为两国社会利益的结合体。因此，看待中美关系，要从两国关系的实质内容，而不是以美方的一两份文件和一些政客的讲话作为依据来作出判断。

每年往返于太平洋两岸的中美两国各类人员超过 500 万，中美之间有 200 多对友好城市、48 对友好省州，这些省州和城市之间的交往也还在继续进行。需要指出的是，美国是一个联邦制国家，各州有相当大的权限，地方政府有相当程度的自由。特朗普于 2017 年 6 月 1 日宣布退出气候变化《巴黎协定》（实际要到 2020 年才能退出），但许多州和地方政府反对他的决定，表示仍然坚守对这一协定的承诺。一些大州如加利福尼亚州、华盛顿州、纽约州的州长发起了“美国气候联盟”，表示坚持减排承诺。2018 年 9 月，加利福尼亚州进行清洁能源立法，承诺到 2045 年实现电力 100% 由清洁能源供给。加州州长布朗邀集数千名各国代表，齐聚旧金山举行全球气候峰会。中国派出了规模最大的代表团与会，在峰会上设立了“中国馆”，中国气候变化事务特别代表解振华是峰会的五位联合主席之一。中国政府将与加州在清洁能源技术、碳交易市场机制等应对气候变化的具体措施上加强和深化合作。

第二，从历史上看，涉及大的战略问题，美国的政策调整都要经历一个比较长的过程，通过应对一个个具体的挑战，经过尝试、纠错、反复，然后凝聚起共识才逐渐实现的。[2] 比如美国参加第二次世界大战，不是“珍珠港事变”这一个事件促成的，而是从“九一八事变”以来经过十年时间，与孤立主义进行了反反复复的斗争才实现的。当前美国对华政策调整和转变过程中，会有曲折、反复，发生各种看似自相矛盾的现象。目前固然美国对华稳健派“集体噤声”，但不同意见仍然存在。[3] 即便特朗普政府内部在对华政策上意见也并不一致，几个重要幕僚有着不同的政治、经济理念，代表了不同的利益集团，他们在对华经贸问题上的观点和立场也是有差别的，并不是铁板一块。最近，美国财政部没有把中国列为操纵货币国家就是一例。

第三，中美关系是有韧性的。在过去四十年的发展中，中美双边关系也有过大的颠簸和起伏，但经过双方积极力量的共同努力，两国关系都得以恢复，随后又出现了新的发展。此次美国对华政策调整和转变的情况有所不同，但中美两国关系的韧性仍然存在，也还是能发挥作用的。

第四，中美关系演变是双方互动的结果，不是单行道。长期以来，本着对美“建设性合作”的政策，中国在不同时期提出了有针对性的、切实可行的举措，对塑造中美关系发挥了积极作用。举例来说，奥巴马政府在 2011 年底提出了“亚太再平衡”战略，主要意图是要牵制和平衡中国的崛起。中方理性、冷静、沉着地加以应对，提出构建新型大国关系作为两国关系的发展方向，结果中美双方在防扩散、应对气候变化、拓展经贸关系、加强人文交流等诸多方面取得了新成果，从而避免了两国关系的恶化。

中美两国经济关系能脱钩吗？

长期以来，经贸关系是中美关系的压舱石、推进器，如今却变成了两国竞争的“主阵地”，这对两国关系而言是一个很大的冲击。中美两国都有人开始谈论使两国经济关系“脱钩”的问题。但在全球化深度发展的今天，这只是一种不切实际的想法。

在过去四十年中，中国做出了巨大努力，以对外开放促进、倒逼改革，积极参与全球化。中国既从全球化中获益良多，也为全球化做出了巨大贡献，如今中国经济已经深深融入世界经济，全球经济也已经深度一体化了。中美作为世界最大的两个经济体、两个最大的外贸大国，是全球产业链和供应链不可或缺的重要组成部分。两国之间在经济上的相互依存程度已经很深，不是想割断就能一刀两断的。今天全球的产业链是几十年来按照生产规律自然形成的，是通过优胜劣汰的比试、竞争、选择、组合形成的，其惯性之强大绝非一国政府的权力所能左右。现在任何一种复杂产品，如电子产品、汽车、飞机等，都不是一个国家或几个国家的几家公司的产品，而是众多国家、众多公司合作的成果，都需要依靠复杂而庞大的产业链支持。苹果公司的 iPhone 手机就是全球数百家供应商和第三方制造商参与的复杂供应链的产物，是一件全球性产品。让这些复杂的构造解体的想法将是极其不切实际的。高盛公司在2018年4月初的一份报告中指出，假设总体需求和生产不变，至少需要5年时间、花费300亿到350亿美元的资金，才能完全将手机制造业从中国转移到美国，届时手机生产总体成本将上涨37%。美国挑起的贸易摩擦将严重割裂全球价值链，冲击全球范围内正常的产品贸易和资源配置，降低全球经济的运行效益，对世界经济造成负面影响。

由于大批跨国公司来华发展外包业务，中国已经成为世界上最大的外国直接投资接受地之一。中国出口的产品近一半是由这些外资企业生产的，据中国海关总署统计，2018年上半年中国41.58%的出口额是外国跨国公司实现的。也就是说，中国对外贸易顺差也有近一半来自外国跨国公司。中国制造业的地位是在四十年全球化当中确立起来的，是市场力量的结果，不是某一个政府的指挥棒所能随意指挥的。特朗普要求美国企业离开中国回到美国去，要求苹果公司、美国汽车企业回美国生产，但这些企业纷纷对他说“不”。美国经济学家认为，特朗普及其团队不懂得全球供应链的复杂性。实际上，加征关税不但不能使美国企业回迁，而且会逼着一些企业外迁，以躲避外国对其出口产品征收的高关税。美国著名的摩托车品牌哈雷公司就是一个例子。当然，对于中国的许多公司来说，如中兴、华为、小米等，它们的产品同样需要美国的供货商提供各种零部件和技术，甚至是关键的零部件和技术。你中有我，我中有你；你离不开我，我离不开你。这就是相互依赖。

从市场角度来说，中国的中等收入人口已达3亿，中国有望成为全球最大的市场。这一点许多美国企业家看得一清二楚，他们一如既往看好中国市场。特斯拉是个例子，它已经与中方达成协议，准备在上海建厂。埃克森美孚公司正在与中方商谈100亿美元的独资石化项目落户广东事宜。密歇根州州长率团来华，与中国科技部签订了汽车技术合作备忘录。波音公司估计中国在未来20年中乘坐飞机出行的人次每年将增长6.2%，将需要7690架新飞机，中国的飞机市场规模将达1.2万亿美元，中国占世界商业航空市场的份额将由现在的15%提升到2037年的18%。中国既是苹果公司电子产品的主要组装地，也是其主要的市场。2018年第二季度，苹果公司产品在中国市场的销售额就达到了95.5亿美元，同比增长19%，占苹果总销售额的18%。当然，美国是世界超大市场，中国的许多产品同样需要美国的市场。

中美两国经济的高度相互依存是在全球化过程中实现的，只要全球化还在继续发展，这种依存就不会消退。当前，全球化遇到一些波折，但推动全球化的力量——科学技术的进步和发展、跨国公司的全球生产和销售活动——依然在发挥巨大作用，而且随着互联网的发展，为数众多的中小企业也卷入了跨国经济，跨境电子商务飞速发展。只要全球化在继续发展，中美两国的经济相互依存关系就无从中断。美方发起贸易摩擦是严重误判了国际贸易大势。[4]

正是由于上述原因，在美国贸易代表办公室举行的对中国商品加征关税的听证会上，各个行业的代表纷纷发言反对政府加征关税的做法。中方对美方发起的贸易摩擦给予反制，既是为了维护自身的正当权益，维护国际贸易规则和贸易秩序，也是为了以事实告诉美方，贸易保护主义的办法损人不利己，促使美方改正错误政策，使两国经贸关系尽早回到合作共赢的正确轨道上来。

中美关系会进入“新冷战”吗？

当前有些外国学者在谈论中美“新冷战”的可能性问题。美苏之间的冷战有两大特征：意识形态对立和集团对抗。当初，美国担心苏联共产主义的扩张，苏联担心美国扼杀社会主义，而当美苏都诉诸意识形态的力量时，双方都从最坏的角度去解释和臆测对方的动机，都从最险恶的角度去判断和预测事态的发展，相互作用的恶性循环螺旋式上升，事态变得难以控制。当前中美之间的问题从根本上讲不是意识形态问题。商人出身的特朗普没有那么多理论、战略，不大在乎意识形态，他最看重的是经济利益，是眼前的立竿见影的实际利益。他在竞选和当政以来讲得最多的是：全球化使美国吃亏了，别的国家，包括美国的欧洲盟国、亚洲盟国、北美贸易伙伴都占了美国的便宜。在特朗普看来，贸易赤字从来都是与经济损失画等号的，由于美国对华逆差最大，因此中国占的便宜最多，他对中国加征关税也远超别的国家。

从集团对抗的角度看，当前的情况与冷战时期根本不同。冷战时期的北约和华约营垒分明，现在则不然。当今世界是一个利益错综复杂的体系，不是冷战时期那样用意识形态的手术刀分割成的对立阵营。美国虽然有 60 多个盟国，但商人出身的特朗普似乎不太在乎与盟国的关系。特朗普称北约已经“过时”，一再质疑美国对盟友的安全承诺，要盟国提高防御费用，参加北约峰会把盟国一个个搞得十分尴尬，以致欧洲理事会主席图斯克说：我们有这样不可预测的盟友，我们还需要敌人吗？这是北约 69 年历史中从未有过的事情。日本苦苦哀求，但特朗普对当年美日贸易逆差耿耿于怀，并没有豁免日本钢、铝关税，对韩国同样也很不客气。中国则是结伴而不结盟，坚持不针对第三者是伙伴关系中的一项基本原则，中国并没有以伙伴关系去对抗别的国家。

美国在亚洲的盟国日本和韩国多年来都是中国的重要贸易伙伴。近一年多来，中国与日、韩的关系都有所改善。在韩国政府做出相应保证之后，对“萨德”这个一度成为中韩关系障碍的问题实行了冷处理；在双方共同努力下，中日关系经历了近年来的分歧和摩擦，正步入正常轨道，面临改善发展的重要机遇。2018 年 9 月 20 日，中日韩举行了第五次三边自贸区研讨会。同年 10 月 25 日，日本首相安倍晋三成功访华，中日关系呈现积极发展势头。欧盟长期是中国最大贸易伙伴，美国对华贸易摩擦为中国与欧盟合作创造了前所未有的机会。中国和欧盟同意深化伙伴关系，包括在应对气候变化等方面的合作。2018 年，中国与欧盟成立了世贸组织改革副部级联合工作组，体现了双方为维护多边贸易机制所开展的务实合作。9 月 19 日，欧盟委员会与欧盟对外行动署联合发表了《连接欧洲和亚洲——对欧盟战略的设想》的政策文件，其中将中国列为首要合作伙伴，强调中欧互联互通平台合作、欧盟与亚投行的合作，致力于欧中双方创造协同效应、消解彼此分歧。[5] 这一文件来得及时，是对美国贸易霸凌主义的最好回应。法国前总理德维尔潘还呼吁欧中联手抵制贸易保护主义。[6] 美国要拉欧洲和东亚盟国跟中国斗争，试图缔结对抗中国的贸易联盟，是根本不现实的。可以说，冷战时期的集团对抗现在并不存在。既然现在的中美关系没有这两个特征，就不要去跟冷战联系起来，是什么问题就是什么问题。用冷战形容当前的中美关系会曲解事情的性质。

经过四十年的改革开放，中国的大门打开了，中国在国际体系中发挥着越来越重要的作用，别的国家要想把中国同国际社会隔离开来已不可能。在最近举行的联合国大会一般性辩论中，从秘书长到主席，再到多国领导人，都在呼吁加强多边主义，反对单边主义。特朗普团队内一些人（不是所有人）想把中美两国变成两个孤立的、隔绝开的体系，进而把中国定位为“第二个苏联”，把中美关系推向“新冷战”“经济冷战”，这是逆当前的国际政治潮流而动，在美国国内也应者寥寥。“新冷战”不是中美关系的选项。

维护中美关系的大体稳定

经过四十年的改革开放，许多东西变了，但有些基本的、原则性的东西并没有变。中国的崛起是一场持久战，中国仍然处于社会主义初级阶段，中国的总体外交政策仍然是为现代化建设营造一个有利的国际环境，维护世界的和平与稳定，促进人类的繁荣。中国坚持和平发展道路，没有对抗性的外交政策，依然坚持“在和平共处五项原则的基础上从容发展同所有国家的友好关系”[7]。美国是中国崛起过程中所要处理的最大的外部变量，中国仍要极其谨慎地加以对待。

由于美国对华政策的转变，中美关系正在发生转变。在这一过程中，两国仍然是既有合作，又有分歧，但竞争和博弈已成为两国关系的新常态。这种竞争是全方位、多领域的，在不同时期可能有不同的表现，也可能一方面的竞争刚刚消停，另一方面的摩擦又尖锐起来，甚至可能同一时间有不止一个突出问题。这是中美关系的一个过渡时期，在竞争和博弈过程中，两国会有相互适应、相互调适、相互妥协。经过相当长的时间，中美互动会确立起新的模式。在这个过渡时期，中国要避免意气用事，抵制与美进行战略摊牌的诱惑，尽量减少和缓解摩擦，管控和弱化竞争，努力维护两国关系的大体稳定。

一是充分发挥两国关系中的积极面。当前，中美关系中的消极面活跃，作用显著，但不是说中美关系中的积极因素就完全消失了，前面已经提到了两国关系中的一些积极方面。甚至在历来被视为两国关系短板的两军交流方面，也有积极因素。2017年中美两国军方进行了一系列的交流，包括高层互访、机制性交流、学术交流、功能性交流、舰船互访、联合军演等，只是很多活动常常并不见诸媒体报端，公众了解不多。中美双方要努力把各种积极因素调动起来，把潜在的积极因素发掘出来，使两国合作面继续发挥作用。

二是对于当前美国对华政策转变和特朗普政府发起的贸易摩擦，中国既坚决维护国家利益，又要以斗争求团结。中国对美方实行反制措施，也是为了让对方明白，中美合则两利，斗则俱伤。现在，美方刚刚开打贸易战，负面效应还不明显。随着时间的推移，贸易战对美方的伤害将逐渐显现，美方最终将看到，贸易战不能使美国“再次伟大”，美国内反对贸易战的声浪就会高涨。观察和分析中美关系，要看到它的方方面面，以及各方面之间的联系。但在解决问题时，则要尽可能把各个方面拆解开来，把复杂的问题尽可能简单化，一个问题一个问题地具体解决，不跟别的问题联系挂钩。如果许多问题缠绕在一起，那就什么也解决不了。在中美关系中也要处理好维权与维稳的关系。对于美国，中国既要给予足够的尊重，又不能抱不切实际的幻想。对于美国伤害中国根本利益的举措要坚决回击，同时努力寻求对话，尽量通过对话、协商的办法来化解、缩小、搁置双方之间的分歧和争端。

三是在当前逆全球化、民粹主义席卷西方的背景下，中国应继续努力推动全球化，完善全球治理。目前中国与欧洲、日本、俄罗斯、东亚周边国家的经济也是高度相互依存的。中国还在开拓新的合作伙伴，如非洲、南美，并在“一带一路”框架下深化与沿线国家的合作。新时期尤其要重视与印度的合作。特朗普政府提出了所谓的“印太战略”，其用心很明显。如果中印互利互惠，双双崛起，那么美国以扶持印度来平衡中国的企图就不攻自破了。

当前世界处在大变动之中，但不管怎么变，国际关系民主化、多边主义政治潮流是滚滚向前的；世界经济全球化的潮流也将继续深化，这也是继续维护中美关系大体稳定的一个大背景。对此，我们不应失去信心。

（原文发表于《当代世界》2018 年第 3 期）

---

[1] 倪峰：《常规因素与非常规因素汇合——美国对华政策的质变》，载《现代国际关系》，2018 年第 1 期，第 15 页。

[2] 傅莹：《中国如何对待变化中的美国？》，https://news.china.com/zhsd/gd/11157580/20180912/33877992_2.html。

[3] 美国《外交》双月刊在 2018 年第 4 期刊登了一组中美两国学界和战略界对坎贝尔、拉特纳的文章（Kurt Campbell and Ely Ratner, " The China Reckoning: How Beijing Defied American Expectations"）的回应，芮效俭、柯庆生等对该文的"美国对华政策失败论"提出了批驳，Wang Jisi and Others, "Did America Get China Wrong: The Engagement Debate", Foreign Affairs, Vol. 97,No.4, pp.183-195。奥巴马时期的国家安全委员会负责亚洲事务高级主任贝德最近也发表文章，批评了"美国对华政策失败论"，认为放弃对华接触政策不是中美关系的出路。Jeffrey Bader, "U.S.-China Relations: Is It Time to End Engagement?" https://www.brookings.edu/research/u-s-china-relations-is-it-time-to-end-the-engagement/。

[4] 龙永图：《华盛顿严重误判国际贸易大势》，载《环球时报》，2018 年 9 月 3 日。

[5]《外交部就欧盟发布欧亚互联互通战略政策文件等答问》，http://www.scio.gov.cn/xwfbh/gbwxwfbh/xwfbh/wjb/Document/1638147/1638147.htm。

[6] Zhu Wenqian, " Boeing has high hopes for China," *China Daily*, September 12 (25), 2018.

[7] 王泰平、张光佑：《邓小平外交思想研究论文集》，北京：世界知识出版，1996 年版，第 7 页。

中美关系：减少短期脆弱 塑造长期稳定

达 巍 国际关系学院校长助理，国际战略与安全研究中心主任

2017 年 11 月 8—10 日，美国总统特朗普对中国进行了首次国事访问。这次访问的时间节点十分特殊。就在访前两周多之前，中国共产党第十九次全国代表大会刚刚闭幕。习近平总书记宣布中国特色社会主义已进入“新时代”。而从美国角度看，特朗普访华恰逢其当选总统一周年。这一年中，中美关系先是经历了由特朗普当选后某些言行引发的风波，也在其上任后实现了总体平稳。在这样一个契机回顾过去一年中美关系的发展，展望下阶段中美关系的走向，可谓正当其时。

“国事访问 +”助力稳定局面

中美关系是当今世界最重要的双边关系之一，而特朗普总统又是中共十九大后访华的第一位外国元首。因此，中国政府高度重视特朗普访华，并给予其“国事访问 +”的礼遇。正如外交部副部长郑泽光指出的，“中美元首北京会晤将为新时代中美关系发展描绘蓝图”。[1] 显然，中国政府希望特朗普此访能够为新时代中美关系开好局、起好步，并服务于中长期的中美关系。对于这次访问，中国看重的主要是长远问题、战略问题，尽管中美关系的长期稳定需要通过持续的短期合作来实现。

从美国视角看，众所周知，特朗普在选举期间曾反复攻击美中经贸关系。

令人颇感意外的是，特朗普上任十个月以来，中美关系整体保持了平稳态势，经贸关系上也没有发生众人担心的“贸易战”等情况。对特朗普颇为苛刻的美国国内战略界和主流媒体开始质疑或者嘲笑特朗普对华“变软”。上任以来重大政绩不多的特朗普，需要通过首次出访亚太带回一些具体的成绩，回馈自己的支持者，也能让其国内反对者“闭嘴”。因此，美方在此次访问当中更看重的是短期问题、战术问题，特别是在经贸和朝核问题上。

综上来看，中美高层这次互动完成了双方的目的。从中方视角看，从2017年2—3月中美关系逐步趋稳以后，中美关系的发展保持住了平稳态势。此番特朗普访问顺利圆满，由两国领导人互访与四个高层对话机制构成的两国高层交往机制在特朗普第一个任期的十个月内顺利完成第一轮。两国领导人之间良好的工作关系得以深化，特朗普在华期间多次表达对中方接待工作的感谢以及对中国领导人的赞赏。两国在经贸、朝核等问题上的分歧虽然不可能消除，但是通过访问双方保持了积极的合作势头。中美关系在经历了过去近十个月的稳定之后，获得了新的动力，可谓“成功+”。从美方视角看，中美双方就朝核问题交换了看法。中方在此次峰会后，向朝鲜派出了特使，继续做朝方工作。经贸领域，特朗普带回去一个在两国关系史上史无前例的2535亿美元的“大单”，也充分说明了中美经贸关系的分量。更重要的是，通过故宫夜宴、盛大欢迎仪式等安排，特朗普及其支持者体会到了中方对美国领导人的尊重和对中美关系的重视。尽管美国国内主流媒体仍然有不少杂音，认为特朗普没有拿到多少实际成果，但是公平地说，这里面的确有不少美国“自由派”媒体的偏见。如果访问美国网民经常访问的视频网站，看一看美国普通网友对中方接待特朗普相关新闻的评论，就会发现留言的美国网友对中方接待的诚意、对美国总统在中国受到的礼遇是非常“在意”的。这种民意，至少也代表了“半个美国”。

短期：脆弱的稳定

在肯定中美关系近中期的稳定状态的同时，我们也要看到这种稳定的脆弱性。脆弱性首先来自特朗普的个人特征。特朗普个性多变，波动性较大，未来假设特朗普认为中方在某些其特别看重的问题上未能满足其要求，是否会导致其对华判断、对华政策发生重大变化？这一可能性无法排除。一般而言，在一国决策体制中，制度性因素是长期稳定因素，也是主导因素。但在特朗普政府这样一个较为特殊的情况下，美方领导人个人因素在美国决策体系中的比重比过去增大了。多变的个人因素压过更为稳定的机制性因素的可能性升高，从而增加了美国对华政策的不可预测性。

其次，特朗普政府是美国历史上组建最慢的一届政府。迄今为止，美国行政部门的不少中高层官员岗位仍然空缺。就对华政策而言，目前国务院助理国务卿仍是代理；国防部助理国防部长已经有提名人选，但尚未上任。未来这些人选的变更都可能会造成中美关系在战术层面上出现变数。例如美国助理国防部长的提名人选薛瑞福就被普遍认为是一个“亲台派”。其在提名听证会上公然表示支持提升美台军事交流层级等。一旦付诸实施，必然会对中美关系构成干扰。

第三，由于特朗普与建制派关系颇为紧张，出于对特朗普政府的“不放心”，国会等建制派这些占据更大优势的部门在外交中“出手”倾向明显。一般而言，美国国会在外交中主要是在程序性议题上发挥作用。在战略性、安全性较强的议题上，国会远不如行政部门活跃。不过，在特朗普上任后的不到一年时间里，美国国会主动干预外交的倾向明显增强。其背后的动因正是建制派对特朗普的“不放心”。可以说，特朗普想有所作为的领域里，国会可能就会反其道而行之；特朗普处理得比较好的领域，国会就会拿到放大镜下审视一番。这种“跷跷板效应”，在美俄关系中表现得最为明显。正因为特朗普试图缓和美俄关系，国会以及两党建制派就采取了诸多办法来阻挡。例如由于担心特朗普解除对俄制裁，国会就通过立法把解除制裁的权力收回。同样，在中美关系上，两国政府的平稳关系有可能受到国会的扰乱。2017 年以来美国国会在台湾、人权等议题上小动作不断，例如在《国防授权法》中塞入有关美台军事交流的“搭车”条款，试图推出《台湾旅行法》等。这些或多或少都与美国行政部门对华政策相对平稳有关。

长期：美方焦虑仍将持续

相比于短期脆弱性，更值得警惕的是美方的长期战略焦虑。在过去近十年中，美国战略界对华判断明显趋于消极，其对华战略中的消极面持续上升。伴随中国新时代中国特色社会主义事业的推进，这一问题可能还会有所强化。显然，无论特朗普的总统职位能干多久，其任期都是一个相对短的时间段；在未来中华民族走向伟大复兴的三十多年征程中，美国战略界的长期对华判断才是影响中美关系走向的关键。

中国在过去五年中逐步走进了中国特色社会主义的新时代。中国从“站起来”、“富起来”逐渐走向“强起来”的阶段。党的十九大明确提出，到本世纪中叶，要把我国建设成为“社会主义现代化强国”。可以说，中国“强起来”的历史进程中，已经导致、并将继续导致中美两国间的强弱对比的变化。自19世纪以来，中美关系始终是一个相对的弱国（中国）与一个相对的强国（美国）之间的关系。中国“强起来”，当然意味着中美关系将成为“两个强国之间的关系”。两国综合国力当前仍有相当大差距。但是从全球范围看，权势向中美两强集中，这是一个已经被越来越多的人接受的现实。这样一种结构性变化一定会对中美关系产生重要影响。虽然所谓“修昔底德陷阱”并不必然出现，但是结构变化增大了处理中美关系的难度，应该是比较确定的趋势。

中国自信地宣告进入中国特色社会主义建设的新时代，意味着中美两国发展模式“分路而行”的态势将更加清楚。冷战结束后，美国学者福山提出的“历史终结论”曾经在全球大行其道。在过去几十年里，美国国内主流观点始终认为，中国的发展道路终将与美“汇合”。美国要做的是不断“接触”中国，持续影响、塑造。然而近十年来，伴随中国沿着自己选择的道路不断发展，美国内部的“汇合论”者不断减少，“接触战略”的前提假设——即通过与中国交往塑造中国战略走向——遭到强烈质疑。这是2015年美国国内发生的对华战略大辩论的背景，也是美国战略界对华判断生变的一个核心原因。[2] 一位近期访华的美国政府前高官也说，十九大对中国特色社会主义道路做出新的论述，美国国内的中美“汇合论”者恐将从此消失。中国坚定自信地选择自己的发展道路、发展模式，并不一定意味着中美两国的发展道路会迎头相撞，也不意味着两国发展道路就一定是平行线。但是两国各走自己的发展道路、各美其美，甚至出现一定程度的竞争，对美国战略界来说还是一件需要时间去消化、接受的事情。

中国特色社会主义事业进入新时代，在外交上的一个重要表现就是中国在全球舞台上采取了更加积极的姿态，并开始拿出具有全球意义的方案。从20世纪70年代末以来，中国作为一个聚焦于发展自身经济的发展中国家，面对国际秩序更习惯于采取一种“防御性姿态”，主要关心自身安全与利益。宣告进入新时代的中国，则开始从全人类或者全球的视角呼吁推动建设“人类命运共同体”、构建“新型国际关系”。党的十九大报告也指出，中国特色社会主义的实践，不仅对中华民族具有重要意义，而且对当代科学社会主义的发展具有重要意义；“对世界上那些既希望加快发展又希望保持自身独立性的国家和民族”也具有特别的意义。美国战略界长期相信西方模式、西方经验才是具有“普世意义”的方案。中国的变化显然也将影响其对华战略判断，进而对中长期的对华战略产生影响。

从以上几个方面看，进入新时代的中国，在中美关系上可能会遇到不少困难。这不以中方的意志为转移，也不以美方某一届政府的政策为转移。对此，中方要有充分的心理准备。

抓住当前机遇

与过去不同的是，今天的中美关系是一个力量对比渐趋平衡的关系。中国塑造中美关系的能力在上升。这种塑造能力不仅表现在两国大为接近的综合国力，更表现在今天中国政府强大的战略规划、战略决策和战略执行能力上。在当前中美关系中，中国需要发挥引领者的作用。

特朗普作为一个“反建制”总统，其对华政策与美国建制派的主张有所区别。一方面，正如我们从 2016 年 11 月其当选到 2017 年 2 月左右看到的，特朗普的“反建制”表现在中美关系上，可能是比建制派更消极，例如其一度挑战“一中政策”，或是尝试将朝核、经贸等不同议题挂钩；另一方面，他的“反建制”也可能如我们从 2017 年 3 月以来看到的，摆脱建制派的某些思维定式，在中美关系上表现得比较积极。

在中美关系当前形势下，中国的战略选择是清楚的：这就是短期内要尽可能延续和强化当前中美关系的稳定态势，减少脆弱性；同时着眼长远，尽可能塑造中美关系中长期战略稳定框架。实现上述短期目标，要依靠中美两国高层的密切交往，同时也要依靠两国在经贸、朝核等问题上不断取得进展，保持合作势头。尤其是要防止特朗普政府对华政策当中突然出现“破坏性”因素。未来一段时间，中美关系中的“老问题”——台湾问题的地位可能会再次上升，值得警惕。

如果中美关系近中期的稳定局面能够维持，中美两国需要抓住机会，加紧打造中美中长期战略稳定关系框架。也就是说，通过特定举措，让两国关系实现长期比较稳定。构建这样的框架，大致有三个努力方向。

一是加大中美利益捆绑。中美需要在贸易投资关系上加大捆绑，适时重启两国双边投资保护协定的谈判。同时也要通过扩大两国之间的人文交流、扩大两国在地区和全球事务上的合作，加大“捆绑”，使中美关系成为一个越来越“大而不倒”的关系。二是进一步推进两军之间的危机管控。奥巴马政府期间，中美两军签订了一系列危机管控措施的协议。在过去两年时间里，这一进程有所放慢，未来应考虑尽快深化。三是中美两国之间的“政治相互信任措施”。相互信任措施本来是两国之间军事领域的措施。旨在通过交流和行动，让对方国家确信另一方无意图、无能力攻击本方。中美在军事领域当然也需要相互信任措施，而且在政治领域也需要类似机制安排。特朗普作为一个对输出美国意识形态不热心的总统，有可能与中方一道制定一些规则，形成一些默契惯例，并通过行动显示，美国并不是中国政治安全的威胁。反过来，中国也可以在美国特别关注的重大问题（如中国是否试图将美国“赶出亚洲”“航海自由”等）上，让美方产生基本信心，确信中国既无能力也无意图这样做。

过去十个月，中美关系能够从山雨欲来演进到当前较为稳定的状态，实属不易。这十个月的经历，也给我们启示：做好最坏的准备，同时精心管理、大胆想象，运用中方对中美关系的想象力和塑造力，我们就有可能让中美关系稳定在一个可以接受的范围内，成为“总体稳定、均衡发展的大国关系框架”的一部分。

（原文发表于《当代世界》2018 年第 3 期）

---

[1] 郑泽光：《中美元首北京会晤将为新时代中美关系描绘蓝图》，中新社北京 11 月 3 日电。

[2] Michael D. Swaine, “Perception of an Assertive China,” *China Leadership Monitor*, No. 32, 2010, http://carnegieendowment.org/files/CLM32MS1.pdf.

中美关系——一种非对立视角的分析

王 帆 外交学院副院长，教授

中国和平崛起的重要条件之一是处理好大国关系。当前，中国正努力构建新的避免零和博弈的大国战略协作伙伴关系模式，致力于与俄罗斯、法国、英国等大国发展长期稳定关系；与日本等国建立从长计议、友好合作关系；与美国建立新型大国关系。

作为世界上最大的发展中国家和最大的发达国家，中国和美国关系的好坏直接影响着中国和平崛起的成败，也决定着21世纪持续和平的成败。作为GDP排名第一和第二的国家，美中在崛起与衰落之间是否存在对立关系，是看待中国崛起是否构成对国际秩序挑战的关键性因素，因此须从学术上加以重点分析。

与以往相比，中国变量对于中美关系的影响程度正在上升。中美实力差距的缩小正在成为导致中美关系出现变化的重要因素之一。[1] 正是中美两国实力对比关系的急剧变化，近年来关于中国崛起与美国衰落这两个话题成为美国官学两界关注的热点，他们对中国崛起的认识多是基于这种基本假设：中国崛起与美国衰落存在对应关系。那么，中国崛起与美国衰落是一种对应的因果关系吗？本文将着重对这一问题进行探讨。

三个悖论的理性消解

显然，强调“中国威胁论”的人的恐惧源于美国对自身衰落的历史性恐惧，因而将美国衰落与中国崛起简单地理解为一种互换关系。世界历史第一次将中美两国的发展放在同一个坐标系里，使得两国碰巧成为有可能进行大国竞争的两个大国，也就让人很容易将美国的衰落与中国的崛起形成对应关系。当然，这一对应关系仍有几种不同可能性：一是美国还未完全衰落中国就崛起了；二是美国衰落后导致中国崛起；三是中国的崛起加快了美国的衰落；四是美国衰落意味着中国未强即衰。其中，第三种看法在美国国内最受关注和担心。从过去几十年中美关系史来看，中美实力对比的变化确实影响着中美关系。

一、经济总量与综合国力的悖论

无论是 GDP 总量还是综合国力，中美之间的差距仍然明显。2017 年，美国 GDP 全球占比约 24.32%，约为中国（14.84%）的两倍。而从综合国力来看，中美差距更为显著：中国还是地区性大国，美国是全球性大国；军事上，美国领先中国约 20 年，中国军费不到美国的三分之一；人口上，中国是美国的四倍，因而美国的人均 GDP 遥遥领先于中国。此外，经济总量的变化并不必然意味着综合国力的变化：在鸦片战争期间中国 GDP 是世界第一，甲午海战时中国 GDP 亚洲第一，是日本的五倍，但这两场战争的结果表明 GDP 总量的优势并不等同于综合国力的优势。

由此，中国综合国力进一步提升并不必然意味着中美冲突可能性的上升，也不意味着中国将随着实力的变化而变得更有挑衅性。美国学者卡普兰在《大战的起源》一书中提到，崛起的国家倾向于采取和平温和的政策，衰退中的国家往往带来大战。[2]

二、中美两国实力消长的对立论

从另一角度看，美国实力或影响力的下降并非由于中国崛起所造成的。

美国衰落与中国崛起并不必然具有对应关系。如果说中国崛起是把美国赶下神坛，中国成为霸主，也就是把中国的崛起建立在美国的衰落基础之上，那么美国的犹豫和担心显然会持续上升，因为中国的强大与美国的强大这一原本不应该也可以避免相互矛盾的关系成了一组对立关系。那时，中国的强大对于美国而言就将成为负面因素，发挥消极作用。美国人民的生活水平在中国崛起过程中将会下降，那么，中国崛起与美国的相关性将会不恰当地被扭曲夸大。

自 2008 年开始，美国陷入持续性金融危机，这成为导致美国经济实力甚至是综合国力下降的一个拐点。但这一危机是由于美国国内信贷系统出现问题，同时也是由于美国发动伊拉克战争所带来的巨大财政赤字所致，与中国经济飞速发展没有直接关系。不仅如此，在美国深陷金融危机之时，中国非但没有落井下石，反而尽力帮助美国。中国拥有大量美国国债，尤其是两房债券，即“房地美”（Freddie Mac）和“房利美”（Fannie Mae）发行的住房抵押债券。中国应美国请求没有抛售这些债券，帮助了美国，支持了现行的国际金融体系，中国 4 万亿美元的外汇储备对美国经济的贡献也是正面的、积极的。

中美贸易的确存在一定程度的逆差：中国在低端制造业上对美国具有出口优势被一些人认为是美国就业率下降的原因。但事实上，美国国内生产成本高企，即便中国放弃低端制造业的岗位，美国也很难自行生产，更何况中国在生产链中获得的收益十分有限。2011 年 9 月，美国首位华裔女议员赵美心率国会亚太裔小组代表团访问中国时，以苹果手机（iPhone）为例谈到中美贸易不平衡数字被夸大的问题：一部售价 260 美元的 iPhone，在中国组装，中国只能从中赚取 4 美元，其他的都由苹果公司赚去了。她说：“由此可见，在某种程度上来看，双方贸易不平衡的数字是被夸大了。”[3] 因此，将这些在中国组装而后返销美国的 iPhone 所产生的贸易额计算在中国的贸易顺差之内是不合理的。

三、国际影响力的零和博弈悖论

至于美国在国际事务中影响力下降，更非中国掣肘所致。与之相反，中国在诸如反恐、反核扩散等重大国际事务中一直保持与美国积极合作的态度。冷战后以来，美国整体实力并未下降，某些方面的能力反之还有上升，但美国遭遇的反制力也在上升，使其不得不应付来自各方的挑战。

美国在 1978 年占世界 GDP 总量是 27%，2008 年则是 26.7%，虽然只下降了 0.3%，但是它影响世界的能力已不可同日而语，显然经济增长率与国际影响力之间并不是简单的对应关系。同时，美国支配资源的能力虽未下降，但支配事件过程和结果的能力下降了。虽然一些美国人愿意强调中美关系的零和博弈，将美国影响力下降归因于中国影响力的上升，但这并不属实。另外，美国总统特朗普上台后，出于推卸责任、减少成本的目的，退出诸如联合国教科文组织、联合国人权理事会、气候变化《巴黎协定》和《跨太平洋伙伴关系协定》（TPP）等，更非中国因素所致，而是美国进行责任外包和责任转移的结果。此外，美国采取贸易保护主义也是主动减少自己对经济全球化的影响。

军事手段作用下降以及美国对军事手段方式的反思，也是美国影响力下降的原因之一。冷战期间，美国卷入多场局部战争并没有取得预期效果，朝鲜战争与越南战争都被认为是美国的战略性失误；冷战后，美国对军事手段的使用一度更加慎重，克林顿时期曾采取了零伤亡的战略；但到了 21 世纪，由于反恐的驱动，美国采取军事直接介入与干预的方式发动了伊拉克战争，其收效不符预期，而且成本严重超出预期，从成本与收益的角度看，这场伊拉克战争也是失败的。显然，军事干预能力的下降被认为是美国国际影响力下降的重要标志，而这一点也与中国国力的上升没有相关性，并不是中国影响力的平衡与抵消导致美国军事干预能力的下降。中国在几乎所有重大国际事务中都与美国进行求同存异、积极有效的合作，并未与美国展开影响力之争的零和博弈。

美国国际影响力的下降，使其不能再像二战结束时那样为所欲为。国际事务更加复杂，美国自身管理理念和手段更新不足，传统方式不足以应对新威胁等等都造成了美国国际影响力的下降。此外，美国还主动减少对国际组织和国际机构的影响力。因此，将美国影响力下降归因于中国影响力上升是没有道理的。

霸权转移的逻辑批判

上文已经论证，美国的影响力下降并非由于中国等所谓“挑战国”所致。与之相关值得更进一步阐发的观点是美国的失败或衰落是由美国自己造成。

一、霸权扩张的次强“挑战国”陷阱

19世纪末20世纪初美英霸权转移的事实表明，霸权转移并不一定发生在霸权国与所谓最强的“挑战国”的战争之后，而有可能是霸权国与其次强“挑战国”发生了战争冲突，而导致最强“挑战国”从中获利。美国是最强“挑战国”之一，但美英霸权转移的事实表明：是霸权国出现的战略失误导致霸权的丧失。美国固然利用了英德等国因为战争导致相互削弱而从中获益，但若英国在应对德国等国的侵略冒险政策时采取更为合理有效的政策，其霸权地位有可能持续更长时间；美国长期偏安于大西洋彼岸积累力量，并不能直接带来英国霸权的丧失；英国自身的战略失误以及创新能力和管理国际事务的能力下降才是导致其霸权丧失的真正原因，“霸权国”与“挑战国”两败俱伤导致了作为“旁观者”的美国的崛起。

在现代社会，美国霸权的丧失更多是其自身造成的，而不是别国的挑战。美国无法控制其扩张欲望，从而扩张导致衰落的逻辑就无法改变，这是当前美国面临的历史难题。霸权需要维护，维护霸权需要保持扩张的势头，而扩张又导致衰落。美国担心如果其无力扩张，就会失去对某些地区的主导地位而倒退为地区国家，别国趁机崛起，因此选择继续扩张。

因此，霸权的丧失是霸权战略自身逻辑所致，与“挑战国”的战略并无直接关系，而且“霸权国”期待或制造与“挑战国”的冲突，并尽可能使这种冲突在实力对比仍然处于不对称的条件下发生，认为这样才可能使霸权得

以继续巩固。但在不扩张"挑战国"就会崛起的思维驱动下，美国很难解决好应对全球性霸权必须面对多头挑战的问题，很有可能在其试图压制某个"挑战国"的时候又不得不应对另一个地区的另一"挑战国"的崛起。在不断应对各类挑战的过程中，"霸权国"很容易出现战略误判，用力失当使得扩张难以节制，从而导致霸权的丧失。

二、权力交接观点不适用于中美

美国学者奥根斯基（A. F. Organski）和库格勒（Jacek Kugler）的权力转移理论密切关注他们认为是危险的"交接"现象——"挑战国"将替代原有的"领导国"：当两者的力量差距缩小时，国际体系中的"支配国"越来越可能不顾一切地预先阻止国际秩序的（该国际秩序的基本轮廓由国际体系中的领导国来界定）新转换，而"挑战国"则迫切决定要实现国际秩序的转换，显然这一变化的风险相当高。因此，为了影响可能出现的权力转移的结果，每一国家均具有考虑使用包括战争在内的所有可以获得权力的手段的强烈动机。[4]

然而，这一判断并不能适用于当前的中美关系，美国也许是"守成者"，但中国并不是"挑战者"。显然，美国一直在阻止国际体系的新转换，但中国并没有"迫切要求"国际秩序转换的意图。对于现有国际秩序，中国国家主席习近平明确指出："改革和完善现行国际体系，不意味着另起炉灶，而是要推动它朝着更加公正合理的方向发展。"[5]依据权力转移理论将注意力集中于国际秩序是否会出现变迁这一问题来判断"挑战国"与"守成国"的关系性质变化，因此中国崛起是否对国际秩序构成威胁完全可以从中国对国际秩序的态度和政策来加以判定。

简言之，中国的所作所为表明中国一直是现有国际秩序的参与者、建设者、贡献者和受益者，虽然也试图完善与变革现有国际秩序，但绝非另起炉灶替代现有国际秩序。一个奇怪的现象是：美国正在试图退出一些现有机制并寻求形成所谓贸易上的反华联盟，以此来避免中国成为美国主导的国际秩序的所谓"破坏者"，这显然是美国从权力政治角度出发制定的防范政策，决非因为中国挑战或脱离现有国际秩序。从冷战后的历史看，所谓权力转移的过程不是权力更为集中化的过程，而是更加碎片化的过程。也就是说，权力的转移很难造就新的权力主导者。虽然新兴大国在权力转移过程中的影响力有可能得到提升，但这只是相对于原有的低起点而言的。因此，即使集中于权力视角，夸大中国等国的实力，也并不必然得出中国崛起挑战美国霸权的结论。

三、同舟共济的中美关系

从中美无法分割的相互依存程度分析也可以得出结论，美国衰落并不意味着中国的崛起，反而意味着中国也会被削弱。中国无法从美国的衰落进程中获益，因而美国不仅不应该削弱中国，而应尽力维护中国的繁荣与稳定。美国前总统奥巴马即认为衰落的中国比崛起的中国更可怕，“我们更应该惧怕一个衰落的、受威胁的中国，而非一个崛起的中国”。[6]

对于中国而言，在中美关系中促进两国互利共赢是明智理性的选择。新型大国关系的关键就是建立起大国基于战略互信条件下的良性互动。中国在美国遭遇危机时的表现有助于双方互信和互动的发展。当美国出现“9·11 事件”、2008 年金融危机时，中国强调同舟共济，表现值得信任。中美之间在相互依存的前提下不会形成互害关系，中国的崛起只能与美国的发展而不是衰落联系在一起，因而美国必须改变趁人之危的想法。为了增加信任，双方应形成两个新的行为准则：在对方困难时不落井下石，在还不能合作的领域不相互拆台。双方只要在相互交往中继续强调在经济和安全上的共济关系，中美关系的整体稳定便会得到保持和提升。

中美相互依存关系是十分重要的。当中美关系运行良好的时候，其意义并不一定完全展现，但中美关系出现问题时，尤其是国际社会出现危机或热点时，中美关系的重要性就会充分体现出来。中美关系出现问题会引发一系列不确定性，这就是中美关系十分重要的原因之一，多数国际问题没有美国的参与是不能解决的，而越来越多的国际问题没有中国的参与也是不能解决的。2018 年，美国不顾各方的反对，执意与中国展开贸易战，不惜将两国人民和国际社会的长远根本利益置于不顾，必将带来极端恶劣的后果。

中国是最希望与美国和平共处的国家之一，中国只想和平崛起，实现中华民族伟大复兴，屹立于世界民族之林，为人类发展做出更大贡献，从没有欺负别国的意图和动机，更无意取代美国的主导地位。美国会因为错误地把中国作为对手而付出不应付出的代价，比如在战略上忽视一些更为强大对手的出现。没有一个国家想与美国展开战争，除非是受到美国胁迫，但即便如此，对于美国也没有好处，美国并不能成为赢家。选择遏制只会带来反遏制，只会造就美国的敌人。如果认为遏制才有助于或能够产生一个对美国更有利同时也对中国有利的中国，完全是战略上的错误判断。

在中美关系中，任何时候都不要低估中国解决问题的能力、抗击压力的能力、民间和政府的承受能力以及中国的智慧、变通、勇气和魄力所爆发出来的能量，忽视这些，将会使美国付出巨大的代价，也无助于其理性决策。虽然中美并非结盟关系，但中美关系中的义务约定和责任，彼此为对方承担责任的思路应得到加强，在制度上限制以怨报德，保障以德报德，更高一个层次则是以德报怨。不仅要以德报德，而且要以德报怨，增强理解与信任的深度和广度。

显然，在中美竞争与合作交织的情况下，维护中美双边关系与破坏双边关系都需要付出代价，但从长远来看，破坏双边关系的代价将会远超维护双边关系的代价。在全球经济形势和治理赤字不断上升的今天，美国对华战略的重大失误将可能给世界带来更大损失。中美的相互依存是新时期中美两国共同促进的，中美关系既是共生共荣共赢的关系，也会是一荣俱荣、一损俱损的关系。

（原文发表于《当代世界》2018 年第 8 期）

---

[1] 1986 年中美两国差距最大时，美国的 GDP 为中国的 15 倍还多。28 年后的 2014 年，美国 GDP 只有中国的 1.7 倍，2017 年美国 GDP 约等于中国的 1.5 倍。28 年间差距在迅速缩小。

[2]【美】戴尔·卡普兰著，黄福武译：《大战的起源》，北京：北京大学出版社，2008 年版，第 20 页。

[3]《美首位华裔女议员：260美元iPhone中国只赚4美元》，http://www.sznews.com/tech/content/2011-09/05/content_6016536.htm。

[4] A. F. K. Orgaski, *World Politics*, New York: Alfred A. Knopf, 1968, p.376; A. F. K. Organski and Jacek Kugler, *The War Ledger*, Chicago: The University of Chicago Press, 1980.

[5]《习近平首提“两个引导”有深意》，http://politics.people.com.cn/n1/2。

[6] 李怡清：《奥巴马：衰落的中国比崛起的中国更可怕》，http://pit.ifeng.com/a/20160312/47807572_0.shtml。

美国特朗普政府的阿富汗新战略及中国的政策选择

赵华胜 复旦大学国际问题研究院教授

在总统更换八个月后，美国的阿富汗和南亚战略终于有了轮廓。2017 年 8 月 21 日，美国总统特朗普就阿富汗和南亚问题发表讲话，宣布了美国的新阿富汗和南亚战略。

阿富汗既是中国的邻国，又是中亚、南亚、西亚的地理中心，它在中国的安全和丝绸之路经济带建设中都占有重要地位。美国的新战略关系到阿富汗形势的发展，也将影响中国在阿富汗的战略存在和丝绸之路经济带的建设。对此，中国需要进行客观的评估，并做出恰当的反应。

美国奥巴马政府的阿富汗遗产

自 2001 年小布什政府发动阿富汗战争以来，如何结束战争成了此后美国三任总统的难题。

2009 年 3 月，奥巴马在就任总统两个月后，提出了“美国对阿富汗和巴基斯坦的新战略”，试图结束阿富汗战争，解决阿富汗问题。新战略的目标是打败基地组织。奥巴马政府提出了一整套新思路，包括增加在阿富汗的军力；把阿富汗问题和巴基斯坦问题整体性对待；从以军事打击为主转为军事、民事、外交并重；加强对阿富汗政府和军队的扶持，使其逐渐承担起保障国内安全的主要职能；分离塔利班和基地组织，重点打击基地组织；分化塔利班，寻求与塔利班温和派对话；寻求盟友和国际社会更多支持，等等。

不过，虽然奥巴马的新战略看起来很有进攻性，但其核心思想是从阿富汗撤离，新战略的措施不过是为撤离创造条件。[1] 2011 年 6 月，奥巴马宣布将从阿富汗撤军，并在 2014 年底前完成向阿富汗移交作战职责。届时美国将在阿富汗仅保留少量部队，主要任务是训练阿富汗军队。[2]

2014 年是阿富汗形势的重大转折年。因为美国作战主力在当年年底撤出，阿富汗的前途和命运面临考验。不过，美军在阿富汗保留了比预定规模要大的部队。2017 年，美军公布的其在阿富汗的兵力是 8400 人，而实际上是 11000 人。[3] 在 16 年的战争中，美军遭受了重大人员伤亡，到 2017 年 5 月，美军共阵亡 1865 人，负伤 20272 人。[4]

对于美国撤军后阿富汗形势的发展，各方面曾有不同的预测，也存在不同的评估。现在看来，一方面，阿富汗形势确实在向恶化方向发展。根据美军方资料，现在阿富汗和巴基斯坦约有 20 个有威胁的反叛和恐怖组织，包括塔利班、哈卡尼网络、基地组织、“伊斯兰国”（ISIS）。[5] 2014 年底美国从阿富汗撤军以来，阿富汗境内恐怖活动频发，首都喀布尔都不得安全，塔利班甚至一度攻占北部重镇昆都士，在阿富汗引起巨大震动。另一方面，在美军主力撤走后，阿富汗也没有出现许多人所预测的大崩溃。阿富汗政府虽然脆弱，但依然存在，塔利班未能夺取国家政权，阿富汗政府也没有陷入失去控制的大混乱。根据美国的评估，在阿富汗的 407 个区中，塔利班控制着 11%，阿富汗政府控制着 60%，还有 29% 处于双方的拉锯争夺中。[6]

简而言之，美国在阿富汗看不到曙光，但也没有崩盘。美国进无希望，退不甘心，陷入进退两难的处境。

特朗普政府的阿富汗新战略

特朗普就任后，阿富汗问题是其无法回避的尖锐问题。阿富汗战争是美国历史上持续时间最长的战争，并且没有取得胜利。特朗普亟须在阿富汗问题上制定政策，做出选择。因此，特朗普就职后不久，就要求美国国防部和国家安全部门拿出可供选择的方案。特朗普本人承认，他最初的本能是从阿富汗完全撤出，不再用美国的金钱填补这个无底洞。但在阿富汗问题上，他少有地没有固执坚持他在竞选时的主张。

美国国务院将特朗普的新战略称之为“阿富汗和南亚战略”，在名称上与奥巴马的“美国对阿富汗和巴基斯坦的新战略”有所区别。

特朗普新战略的思想前提是：美国认为阿富汗反恐是美国全球反恐战略的一部分，阿富汗仍可能对美国安全造成重大威胁；美国保持对阿富汗的承诺，包括继续支持阿富汗国家安全力量建设，继续向阿富汗提供援助；美国不重犯在伊拉克快速撤军的错误，不从阿富汗快速撤离，因为快速撤离将产生美国不能接受的后果。

新战略的核心是防止阿富汗重新成为威胁美国安全的策源地。美国在阿富汗的基本目标是保证不出现颠覆性局势；摧毁在阿富汗的基地组织、“伊斯兰国”等恐怖主义组织；不追求战胜塔利班，而是使塔利班无望获胜，阻止塔利班夺取全国政权，逼迫塔利班走向谈判桌；不在阿富汗推行美国模式，不要求阿富汗按美国的理念进行国家建设，准备接受阿富汗政府和塔利班共同商议的任何国家治理形式。[7]

新战略实施的基本途径是向阿富汗增加兵力，美军可能重新投入地面作战；采取政治、经济、外交的综合方式；提高阿富汗政府军的能力；要求北约和国际伙伴提供更多支持；对巴基斯坦施加压力，迫使巴基斯坦不再为塔利班和恐怖组织提供“庇护地”；加强与印度的战略合作，并要求印度提供更多资金援助，等等。[8]

新战略在策略上的最大改变是采用新的指导原则，即以实际需要决定政策和行动， 不预设限制。这意味着如果认为必要，美国可以采取任何战术性政策和行动。这一原则将不仅体现在美国在阿富汗驻军的人数和期限上，美国外交也将采用这一原则。[9] 同时，新战略授予军事部门更大的自主行动的权力，放开了战场军事指挥官的手脚。

与奥巴马的新阿巴战略相比，特朗普政府的新战略不是根本性的战略更替。它虽然有一些理念和具体目标的变化，但主要的不同是在策略和操作层面。

奥巴马和特朗普阿富汗战略的核心都是“不放弃”阿富汗，同时在体面地撤出后仍能保证阿富汗不发生颠覆性局面。认为美国留下在阿富汗的烂摊子一走了之的判断还没有被证实，即使是有此意的特朗普在执政后也改变了主意。

奥巴马和特朗普的阿富汗战略都以阿富汗政府与塔利班开展和谈为最终的解决出路。奥巴马战略曾把希望寄托于塔利班的“温和派”，而特朗普战略中已不区分“温和的”和“强硬的”塔利班。与“伊斯兰国”等恐怖组织相比，塔利班不仅相对“温和”，而且也没有强烈的扩张性。奥巴马政府先是大举向阿富汗增兵三万，此后又宣布在 2014 年底前大举撤军。不管是增兵还是撤军，都没有使塔利班与阿富汗政府认真和谈，而安全形势却越来越差。这迫使奥巴马政府在其执政后期调整政策，暂停撤军。特朗普主要是在这一点上采取了不同的策略，对美军在阿富汗的规模、期限和作战方式都不加限制。它不以战胜塔利班而是以不使塔利班取胜为目标，目的是打掉塔利班夺取政权的希望，让它感到与其将长久地栖身于政治的郊野，不如分享部分中央权力，从而走向谈判桌。

奥巴马和特朗普的阿富汗战略都重视印度和巴基斯坦的作用，在对它们的角色定位和分配上也相似，都是以印度为地区战略伙伴和依托，以巴基斯坦的合作为解决阿富汗问题不可缺少的钥匙。但特朗普采用的是挺印压巴的做法，对巴基斯坦采取粗暴和最后通牒的方式，强迫巴基斯坦满足美国的需求。

特朗普的阿富汗新战略强调只追求安全目标和共同利益，不以阿富汗国家建设为己任，不用美国理念改造阿富汗。如此强调“非意识形态化”确实是特朗普新战略的一个特点。在奥巴马时期，美国虽然赞同阿富汗政治和解进程的“阿人主导、阿人所有”原则，但阿富汗现行宪法和民主的阿富汗是民族和解和国家建设的基础。虽然在实践层面，很难相信阿富汗政府会放弃现行宪法的框架，同意倒退回非世俗政权的宗教国家，但从理论上说，从特朗普的新战略可以推导这样的结论，即现行宪法可以不再是政治和解和国家建设的框架基础。按美国国务卿蒂勒森的解释，阿富汗政府与塔利班的谈判没有前提条件，只要不对美国构成威胁，它们准备采取的任何国家模式都可以接受。[10]

可以预测，特朗普的新战略能够带来一些战场上的正面成果，但问题在于它能否转化为政治成果，并使塔利班坐到谈判桌前。塔利班对形势有自己的判断，也有自己的逻辑和思维方式，它未必会按美国所设计的路子走。

不过，在不单是美国新战略而是综合因素的作用下，塔利班与阿富汗政府进行谈判的可能性不能排除。塔利班与阿富汗政府已经在 2015 年 7 月举行过会谈，后因塔利班领导人死亡的原因未能继续，但这已经说明谈判不是不可能的。“伊斯兰国”武装进入阿富汗也是重要因素，它成了与塔利班争夺阿富汗的有力竞争者和对手。此外，中国、巴基斯坦、俄罗斯以及其他地区国家也在推动塔利班与阿富汗政府的和解，这也是重要的推动力。

一个尚无答案的问题是：如果新战略不成功，特朗普将怎么办？

特朗普期望新战略迅速实施并立竿见影。但新战略达不到其所期望的效果是大概率事件。特朗普说他接手的阿富汗是个烂摊子，但他自诩是解决问题的能手，也就是说他能够解决阿富汗问题。新战略成败首先面临三个方面的检验：一是塔利班是否会同意议和；二是巴基斯坦愿否满足美国的要求；三是阿富汗政府能否进行认真的改革。特朗普表示美国不开空白支票，也不承担无限责任，美国的耐心是有限度的。[11] 这意味着如果新战略失败；特朗普可能改弦易辙。新战略反映的基本是美国军方的判断和方案，[12] 如果特朗普放弃新战略，除了抛弃阿富汗或抛弃阿富汗现政府外，似乎很难有与其新战略截然不同的选择，如果有的话只能是回到特朗普最初的“本能”想法。但美国会这么做吗？若如此，阿富汗和地区地缘政治格局必将发生重大震荡和改观。而如果不放弃新战略，阿富汗又将陷于僵持和胶着，美国还将回到进退两难的状态。此外，特朗普团队乃至特朗普本人都有较大的不稳定性，他们提出的政策能否长期实施也存疑问。

中国对阿富汗局势的判断和应对

对中美在阿富汗问题上利益和立场的异同，需要有客观准确的判断；对在阿富汗问题上应与美国如何相处，需要有合理的选择。

中美整体上存在战略互疑和竞争，对阿富汗问题也存在不同的认识和想法，但两国在阿富汗问题上的利益和立场实际上有很多相近之处。

中国和美国都支持阿富汗政府，都把阿富汗政府作为重建的依托和安全的支架。中美在阿富汗有相近的安全追求，都认为阿富汗稳定符合本国的安全利益，都是以维持阿富汗安全稳定为基本目标。

在阿富汗问题的最终出路上，中美在认识上也没有原则性差异，两国都把政治和解作为最终途径。习惯的看法认为，美国是想用军事手段解决问题，不采用或不重视政治手段。事实上，美国在奥巴马时期已经发生转变，推动塔利班与阿富汗政府的政治和解已是美国的政策。特朗普的新战略也继承了这一政策。美国的军事手段现在主要是服务于推动政治和解。

在阿富汗政治和解的原则上，中美的差异已大大缩小。中美都认同“阿人主导、阿人所有”的原则。特朗普阿富汗新战略明确表示，放弃用美国的理念改造阿富汗，准备接受阿富汗人民选择的任何国家治理方式，这与中国尊重阿富汗人民自主选择的生活道路、不把外来模式强加于阿富汗的主张已没冲突。在对待这一地区的反政府和恐怖主义组织上，中国和美国的认识也已比较接近。中国一直把塔利班作为一种政治存在看待，认为它是一种政治和社会力量的代表，并且将长期存在。美国现在对塔利班也已区别对待。它把基地组织、哈卡尼网络、“伊斯兰国”等称为恐怖组织，而把塔利班称作“反叛组织”。这种定性上的变化为美国接受塔利班的政治合法化埋下了伏笔。

特朗普阿富汗新战略对中国既有负面影响，也有某些可能的有利方面。从负面影响来说，新战略强化了美国在阿富汗的军事存在，并为它的长期化提供了政治背书。

美国在阿富汗的长期军事存在不符合中国的战略安全利益。这使美国在中亚、南亚、西亚的中心地区获得了军事立足点，为美国提供了有力的地缘政治杠杆，可以作用于中、南、西亚地区以及俄罗斯和中国。美国军事存在还从西北方向对中国形成潜在的战略牵制，中美关系一旦出现严重事态，它就会成为对中国战略包围中的一环，是中国战略安全的潜在隐患。另外，美国挺印压巴的政策有可能造成印巴矛盾加剧，增大南亚地区政治分裂和对抗的风险，助推地区动荡和不稳定。从另一个角度看，在理论上也可以设想另一种可能，即在美国的压力下，在阿富汗问题上形成美印巴三边机制。

从有利的方面来看，美国阿富汗新战略有助于抑制塔利班，打击基地组织，阻止“伊斯兰国”在阿富汗扎根，这符合中国的安全利益。如果这能稳定阿富汗不断恶化的局势，将有利于中国的周边安全环境，也有利于“一带一路”建设。美国阿富汗新战略试图使塔利班走向谈判桌，这对中国推动阿富汗政治和解的努力也是一种助力。

虽然中国不希望美国在阿富汗长期驻军，但在当前形势下，中国的政策不应是迫使美国迅速离开，尤其是不应使美国现在就在政治上甩包袱。一方面，美国是阿富汗问题的刺激因素；另一方面，美国的参与对解决阿富汗问题仍有重要作用。阿富汗的国家安全最终需要阿富汗军队自己守卫，但现阶段美国是阿富汗政府和武装力量的最大财源。[13] 如果这一来源断掉，阿富汗政府和军队将很难支撑下去。而阿富汗政府和军队一旦支撑不下去，阿富汗势必大乱，“伊斯兰国”和基地组织必将借机发展，国家政权也有重新落入塔利班之手的可能。

美国阿富汗新战略奉行实用主义，其变化性和不确定性会很大。在美国认为需要改变的时候，并不会顾及他国的利益，且美国对中国、俄罗斯、伊朗等国都抱有某种戒心，并不将其视为战略伙伴。因此，中美在阿富汗不具备长期、全面、稳定的战略性合作的基础。但这不否定中美在阿富汗可以也应该合作，只是这种合作主要是以具体问题和具体目标为导向。

当前，中美在阿富汗合作的最主要方面应是促成阿富汗政府与塔利班的和谈，重新启动阿富汗政治和解进程。中美在推动阿富汗政治和解中是特别重要的角色，两国都是阿巴中美四方小组的成员，也都出席了阿富汗政府与塔利班的首次谈判。中国与阿富汗政府关系良好，与巴基斯坦关系密切，与塔利班不曾刀枪相见，又有强大的经济杠杆，因此，在推动阿富汗政治和解进程中，中国具有比其他大国更有利的条件。在这方面，美国阿富汗新战略将需要中国的合作，特别是在新战略受挫或与巴基斯坦关系搞僵的时候。中美有必要就如何促成阿富汗政治和解进程重新启动加强磋商，增强协调和互动，开展更有效的合作。

反恐合作必不可少。当前中美在阿富汗反恐合作的重点应是清除“伊斯兰国”，摧毁基地组织的基础，遏制恐怖势力壮大，阻止恐怖势力向周边地区蔓延。中国不参加美国在阿富汗开展的军事行动，中美反恐合作的形式主要是在不同地区的相互协作、情报信息交流、网络反恐、金融反恐、禁毒、防止大规模杀伤性武器扩散以及在地区和国际层面上的政治协调等。

此外，中美在帮助阿富汗国内经济建设和地区基础设施联通中也有合作的可能。尽管特朗普阿富汗新战略有甩掉阿富汗经济包袱之意，但国内经济建设和基础设施联通有利于阿富汗的经济自立，也是阿富汗长期稳定的重要基础，这有利于美国阿富汗新战略目标的实现和维持。美国有经济能力，也有国际动员和组织的能力，而且帮助阿富汗经济建设和地区联通也曾是美国的目标。中国应推动特朗普政府继续这一政策。

（原文发表于《当代世界》2017 年第 10 期）

---

[1] 赵华胜，《美国新阿富汗战略及评估》，载《复旦学报》（社会科学版），2009 年第 6 期，第 8 页。

[2] “Remarks by the President on the Way Forward in Afghanistan”, http://www.whitehouse.gov/the-press-office/2011/06/22/remarks-president-way-forward-afghanistan.

[3] “Afghanistan Force Management Accounting Change Emphasizes Transparency”, https://www.defense.gov/News/Article/Article/1295647/afghanistan-force-management-accounting-change-emphasizes-transparency/.

[4] Enhancing Security and Stability in Afghanistan, July 2017.The Department of Defense, Report to Congress In Accordance With Section 1225 of the Carl Levin and Howard P. “Buck” McKeon National Defense Authorization Act for Fiscal Year 2015 (P.L. 113-291), as amended. p.25. https://www.defense.gov/Portals/1/Documents/pubs/June_2017_1225_Report_to_Congress.pdf.

[5] 同 [4]。

[6] Krishnadev Calamur, "Is Trump Right About Afghanistan?" https://www.theatlantic.com/international/archive/2017/08/trump-afghanistan/535788/.

[7] "Rex W. Tillerson, Secretary of State, Strategy in Afghanistan and South Asia", https://www.state.gov/secretary/remarks/2017/08/273577.htm.

[8] "Remarks by President Trump on the Strategy in Afghanistan and South Asia", https://www.whitehouse.gov/the-press-office/2017/08/21/remarks-president-trump-strategy-afghanistan-and-south-asia.

[9][10][11] 同 [7]。

[12] 同 [4]。

[13] 阿富汗国防安全力量的财政主要通过阿富汗安全力量基金（the Afghanistan Security Forces Fund）来保障。2017 年美国国会批准给 AFSS 的拨款是 42.6 亿美元，2018 年特朗普提出的预算申请是 49.37 亿美元。2005 年以来，美国共向 ASFF 提供 650 亿美元。2016 年，阿富汗政府为阿国防安全力量提供的财政支出是 3.87 亿美元，2017 年为 4 亿美元。同 [4]。

“失衡”的中欧关系：解析欧盟对华政策调整

赵　柯　中共中央党校国际战略研究院副教授
丁一凡　国务院发展研究中心世界发展研究所研究员

“欧洲”不仅是一个地域的概念，更是一个政治的概念，就像许多欧洲人默认的那样，“欧洲”既代表了欧盟的各个机构，也代表了构成欧盟的各个民族国家政府，还包含了那些尚未加入欧盟，但是却在地理概念上属于欧洲的国家。因此，在政治上，欧洲是一个集合概念。由于“欧洲”概念的集合性和复杂性，我们看到的中欧关系就不是一种简单的双边外交关系，也不是单纯的多边外交关系，而是一种结构不对称的，混杂了双边和多边性质的，同时又是在不断变化的关系。[1] 正是由于这种复杂性，当前中欧关系的发展出现了一个值得注意的新特征：中国与欧盟成员国的双边关系要好于和欧盟的总体关系。欧盟成员国之间在发展对华关系中的利益多元化，以及成员国利用欧盟作为实现自身利益最大化杠杆的“算计”，使得中欧关系处于一种“失衡”的状态。

欧盟层面的对华政策调整：“对抗性”思维增强

近年来，中国与欧盟主要成员国以及中东欧、南欧和北欧国家之间在双边关系层面取得了显著成果。2018 年 1 月，法国总统马克龙访华，他是 2018 年开年以来第一位到访中国的外国领导人，也是十九大以来第一位来访的欧洲大国领导人。2018 年 2 月，英国首相特蕾莎·梅访华，表示要进一步提升进入“黄金时代”的英中全面战略伙伴关系。奥地利总统、总理也将于 2018 年 4 月率领一个庞大的代表团访问中国。总统和总理同时出访同一个国家，在奥地利历史上尚属首次，充分体现了奥地利对发展与中国关系的重视。此外，中国与希腊、捷克、芬兰等欧盟国家双边关系的发展都达到了历史最好的水平，成就有目共睹。

相比之下，欧盟层面的对华政策体现出越来越多的“对抗性”思维，试图通过利用西方国家的“整体优势”，以施加更大压力的方式迫使中国让步。欧盟明确强调发展对华关系在政治和经济意义上都必须互惠互利。欧盟甚至宣称，这才是真正理解中国“合作共赢”的理念和口号，并希望中国承担起与基于规则的国际秩序中所获收益相一致的责任。欧盟认为要在对华接触方式上寻求更加有力、清晰和统一的声音。[2] 欧盟对华政策的这一转变，集中体现在“市场准入”“投资审核”等议题中。

欧盟贸易委员马尔姆斯特伦在 2017 年 2 月 6 日的演讲中表示，欧盟愿与中国一道在全世界同贸易保护主义做斗争，但也希望中方能够在贸易与投资方面体现对等原则。言外之意就是要求中国对欧进一步开放市场。欧盟机构当前正在立法，建立投资审核体制，目的是抵御外国对欧盟国家敏感高科技企业的“不平等”收购；认为除了国家安全的原因外，欧盟还应制定相关规则以“经济原因”来阻止相关收购，比如当投资者有政府在背后支持，或者收购计划本身是政府项目的一部分。这一倡议显然剑指中国企业近年来在欧洲开展的收购行为，以此来向中国施加压力，要求中国“对等地”向欧洲在中国的投资开放市场。

欧盟还试图联合美国和日本在对华政策上加强彼此间的协调与合作，统一对外的立场，这反映了近年来欧洲的政治精英面对国际格局的深刻变化，所采取的一种外交战略转向，这种战略转向可以称之为“新西方”政策。何为“新西方”政策？德国联邦议会外事委员会主席吕特根 (Norbert Roettgen) 曾在一次采访中谈论如何应对俄罗斯的威胁。他说，在讨论如何面对俄罗斯所带来的挑战时，人们总习惯说“我们”要如何如何，那么到底“我们”是谁?

紧接着吕特根自己回答道，“我们”不是德国，也不是欧盟，“我们”是西方；目前需要的不是“新东方”政策，而是“新西方”政策。

众所周知，“新东方”政策是冷战期间德国政府在20世纪70年代后所采取的与苏联、东欧社会主义阵营国家发展外交关系的原则，核心手段是以合作代替对抗，以相互缓和来打破阵营间隔阂。吕特根借用历史上的“新东方”政策为参照，提出“新西方”政策，其核心要义就是以加强西方国家间的团结和凝聚力为依托，以“西方集团”来对俄罗斯实施强硬政策。吕特根的这种从“新东方”政策到“新西方”政策的转向，典型地体现了当前西方国家在面对以中国为代表的新兴国家的崛起和外部世界的挑战时所越来越多地采取的“对抗性”思维：不是通过相互的沟通和谅解进行合作，而是力图使用西方国家的整体优势进行压制。

“新西方”政策的思维在欧盟处理产能过剩问题上表现得尤为突出。2017年12月12日，在阿根廷举行的第11届世界贸易组织（WTO）部长级会议后，美国贸易代表莱特希泽、欧盟贸易委员马尔姆斯特伦和日本经产大臣世耕弘成就发表联合声明，谴责“扭曲市场的补贴”和包括强制性技术转让在内的其他政府干预所导致的“关键部门的严重产能过剩”。很明显，美、欧、日的这种做法或明或暗地指向中国，意图在钢铁产能过剩和“强制性技术转让”等问题上更强势地与中国展开博弈。2018年3月10日，美国贸易代表莱特希泽、欧盟贸易委员马尔姆斯特伦和日本经济产业大臣世耕弘成在欧盟总部所在地布鲁塞尔再次进行会晤，三方除了“老调重弹”2017年联合声明的主要内容外，还特别强调在应对“扭曲性贸易行为”方面深化信息共享，还要在G7、G20、OECD的平台上以及全球钢铁论坛等其他政府间会议上密切合作。

欧盟悄然配合特朗普的对华“贸易战”

2018年3月22—23日，欧盟举行了为期两天的春季首脑峰会，在美国采取征收钢铝关税以及发动对华“贸易战”等保护主义政策的背景下，贸易成为此次峰会的重要议题。欧洲理事会在会后发布的公报中说，美国以“国家安全”为由征收钢铝关税是不合理的，这种“行业范围”的保护主义措施，并非解决产能过剩问题的合适办法。欧洲对美国的这一“委婉”批评，并不意味着在这次特朗普发起的对华“贸易战”中，欧洲不会与美国联手向中国施加更大的压力。经过欧盟以及德国持续的“公关”，美国在最后一刻宣布将暂时豁免对来自欧盟国家的钢铝产品额外征收关税。但美国的“豁免”不是白给的，欧洲需要付出相应的代价。

美国贸易代表莱特希泽一直在牵头负责与各国谈判，以决定相关国家是否可以被豁免 25% 的钢铁进口关税和 10% 的铝进口关税。在特朗普签署关税措施前，欧盟一直在竭尽全力争取豁免。德国新政府的经济部长阿尔特迈尔和欧盟贸易委员马尔姆斯特罗伦先后抵达华盛顿与莱特希泽会晤，商谈“豁免”事宜。根据彭博社的报道，莱特希泽在谈判中列出了欧盟在获得豁免之前必须达到的五个条件。这五个条件是：第一，欧盟之后对美国钢铝出口不得超过 2017 年的水平；第二，欧盟需要采取积极措施来应对中国各种扭曲贸易的政策；第三，在二十国集团（G20）全球钢铁论坛上与美国积极合作；第四，与美国合作在世界贸易组织框架下对中国的贸易扭曲政策提起申诉；第五，加强与美国的安全合作。

很显然，美国想要借此把欧盟绑上其对华“贸易战”的战车，试图形成“统一战线”的阵势对中国施加更大压力。欧盟对美国的这一策略心态复杂。一方面，欧盟反对特朗普以保护主义的方式来处理国际贸易问题，认为这只会导致“两败俱伤”。比如，德国工商协会（IHK）的发言人哈弗斯（Tobias Havers）在接受采访时就认为，特朗普发起的这场“贸易战”最终没有赢家，而德国无论是与中国，还是美国的经济联系都非常紧密，更是不可能从这场贸易战中有任何“获益”。但另一方面，欧盟又有借重、联合美国向中国施压的如意算盘，觉得特朗普的保护主义政策虽然威胁全球贸易，但是欧洲必须避免激化与美国的贸易争端，只要特朗普没有专门针对欧洲开启贸易战，就应该向美国靠拢，借此与美国合作，共同向中国要求对等的市场准入待遇。

欧盟认为当前没有必要跟随美国以实施高额惩罚性关税的方式来向中国

施压，但欧盟支持特朗普的对等开放市场的要求。与特朗普高调而粗暴的“贸易战”不同，欧盟的做法是进行“隐形贸易战”：给中资企业在欧洲投资增加法律限制和提高监管门槛。所以，在此次欧盟峰会所发布的公报中，欧盟“雄心勃勃”地宣布要继续实施强有力的贸易政策，在全球推行欧盟的标准和价值观，以寻求建立同一标准的竞技场。为此，欧盟国家首脑们敦促要加快在投资审查和公共采购领域的立法。在中国企业越来越多“走进欧洲”的背景下，欧洲人的“隐形贸易战”同样值得警惕，特别是对欧美“合流”要未雨绸缪。2018 年 3 月 23 日，欧盟贸易委员马尔姆斯特伦在接受采访时承认，欧盟在解决贸易问题，尤其是中国的贸易问题方面已在与美国合作。

开放带来进步，封闭必然落后。这已经被人类发展的历史无数次印证。无论是特朗普高调、粗暴式的“贸易战”，还是欧盟小心算计的“隐形贸易战”，都是力图用封闭的“对抗性”旧思维去解决开放型世界经济中的新问题。

欧盟积极介入亚太安全事务

以往欧盟对华政策的关键词是“接触政策”（engagement），主轴是拓展市场，分享中国经济的繁荣成果，获取经济利益。在对华关系上，“接触政策”建立在欧盟所秉持的这样一种信念之上：中国在与欧盟的接触中会受其影响，实现欧盟声称的经济自由化、法治和政治民主。欧盟相信，长期来讲，中国会发展得越来越像欧洲。这也被称为“无条件接触”政策，也就是说，为了扩大对华各个层面的交流往来，欧盟可以在对华关系上做出更多的让步，以便于逐步达到其核心目标：改变中国的政治经济体制。在亚太地区的安全事务上，欧盟基本上是置身事外，认为地理上的遥远使得亚太安全并非欧盟的核心关切。

但是，随着近年来中国综合国力的大幅提升以及中日钓鱼岛争端和南海问题的升温，欧盟意识到中国的崛起正在改变亚太地区原有的安全结构，发生地区冲突的风险在增加。欧盟政界和智库开始重新思考和规划欧盟的亚太政策，认为欧盟不能再忽视亚太安全事务，而应积极主动介入其中，因为亚太安全已经成为欧盟不容回避的切身利益。这主要体现在三个方面：第一，如果亚太地区发生军事冲突，那么欧盟由于在该地区缺乏军事力量和手段，其在该地区巨大的经济利益将因无法得到有效、及时的保护而直接受到威胁，欧盟在该地区多年的经营很可能被毁于一旦。欧盟认为这一风险并非杞人忧天，而是一种现实存在。第二，随着中国的崛起，亚太地区的安全结构将不可避免地发生变革，当前美国单独主导的亚太安全格局正在承受越来越大的压力，其可持续性存在疑问。无论未来出现中美共同主导，甚至是中国单独主导的亚太安全格局，或者是其他类型的集体安全格局，都是对现状的根本性改变，这都将迫使欧盟要及早做出反应，避免在新的亚太安全结构中被边缘化。第三，在当前这个可能发生变化的亚太安全格局中，如果中国发生政治经济危机，那将是冲击整个亚太的系统性风险，欧盟对此也需要进行必要的准备和应对。

基于上述原因，欧盟在亚太安全问题上更加积极，采取更为清晰的立场。欧盟认为其必须要考虑，如果地区紧张加剧，是站在美国一边，中国一边，还是尽可能避免选边站？抑或最终决定要积极地行动起来避免冲突升级？欧盟必须及早为亚太未来可能发生的变局做好准备。而在对华政策上，欧盟认为以往的“无条件接触”是不成功的，[3] 欧盟意识到它无法有效地影响中国政治的发展方向，中国也不会放弃自己的政治体制。所以，欧盟改变策略，由以往的试图通过接触改变中国内部政治体制，转变为力求通过接触影响和引导中国的对外政策行为，确保中国不挑战现有的国际秩序，将中国的对外行为规范在当前西方主导下的国际秩序中，避免中国的崛起造成亚太安全结构失衡，进而引发冲突。

结 论

近年来欧盟对华政策的调整更加凸显——中国与欧盟成员国的双边关系要好于和欧盟的总体关系——这一中欧关关系中的“失衡”状态。其原因在于，一方面欧盟对国际格局的看法发生了改变。2003 年欧盟发布了第一份全球安全战略文件，这份文件充满着乐观主义精神，文件名为“一个更加美好世界中的安全欧洲”。当时欧盟认为自己“正在经历着前所未有的繁荣、安全和自由”，是“稳定之锚”。而在2016年发布的第二份全球安全战略文件中，欧盟则认为自身“备受质疑”，并且处在一个“更具对抗性”的世界中。欧盟的这种“不安全感”使得其面对中国的崛起变得不再自信，试图走回“新西方”政策的老路。另一方面则是基于欧盟复杂的治理体制，成员国愿意与中国发展双边关系，进而分享中国经济增长带来的红利，但却把中国的合理诉求推脱给欧盟机构。同时，在与中国出现利益和理念纷争之时，成员国又通过欧盟机构向中国施压，把本国的意志变成欧盟的意志，以便最大化地实现本国的利益关切，这就造成了在中欧关系中往往是欧盟与中国处于“短兵相接”的境地。这其实也在一定程度上给中国制造了某种机会，中国可以利用某些成员国对中国的需求，在欧盟内反对有损中国利益的动议。所谓中国“分裂”欧洲之说，其根源反而是在于一些欧盟成员国在对华关系上滥用欧盟体制的优势，总是试图在中国和欧盟机构之间左右逢源。

（原文发表于《当代世界》2018年第4期）

---

[1] 周弘：《中国与欧洲关系60年》，载《欧洲研究》，2009年第5期，34-35页。

[2] 房乐宪、关孔文：《欧盟对华新战略要素：政策内涵及态势》，载《和平与发展》，2017年第4期，第72页。

[3] 冯仲平：《新形势下欧盟对华政策及中欧关系发展前景》，载《现代国际关系》，2011年第2期，第2页。

英国脱欧与中英关系的发展趋势

孙盛囡　上海外国语大学英国研究中心研究员
高　健　上海外国语大学英国研究中心常务副主任

英国脱欧是对欧洲地缘政治与世界政治格局产生重大影响的国际事件，其深远的影响力将会在未来世界重构国际政治经济新秩序的进程中得到进一步体现。作为英国与欧盟首轮谈判的最终成果，双方达成了英国脱欧的框架性协议。然而，在一系列涉及双方根本利益的重大问题上，英国与欧盟的立场依然存在原则性差异。要想深入把握英国脱欧的发展方向，就必须深刻理解英国脱欧这一 2016 年最令人震惊的黑天鹅事件的根本逻辑，如此才能认清英国未来外交政策的战略诉求，并且对中英双边关系的发展做出客观中肯的预估与评判。

深刻认识英国脱欧进程中的民生问题

英国脱欧是撼动欧洲政治经济格局的历史性事件。表面看来，这是一起卡梅伦领导的英国保守党对英国政治局势错误判断导致的乌龙事件。然而，这一事件充分折射出自 2008 年世界金融危机以来，西方发达资本主义国家贫富两极分化与政治碎片化的社会发展趋势。民生问题既是整个英国脱欧事件的焦点所在，也是我们把握英国社会危机与研判英国外交政策的关键视角。

英国的经济困境肇始于 2008 年世界金融危机，对于民生问题的紧迫性与严重性，保守党政府具有充分的认识。然而，在解决这一急迫的社会问题时，政治精英、技术官僚与社会底层民众却出现了明显的对立。在 2015 年英国大选中，卡梅伦领导的英国保守党大获全胜。受此鼓舞，英国财政大臣奥斯本于同年 7 月 8 日在议会下院发布夏季财政预算报告中，计划延续自 2010 年实施的财政紧缩计划，进一步削减社会福利开支，同时宣布了一系列税收调整政策，包括下调公司所得税率、提高最低工资标准和调高个税免征额与遗产税征收门槛等，旨在将英国这一世界第五大经济体从一个“低薪、高税收和高福利的经济体”转变为“我们想要创造的较高薪、较低税收和较低福利的国家”。紧随其后，卡梅伦政府于 2016 年 2 月与欧盟达成了旨在进一步保持英国高度政治独立性与保护英国国家经济利益的《四点协议》。因此，当卡梅伦宣布英国将于 2016 年提前举行公投时，英国政治精英们对于公投结果的可控性拥有充分的信心。然而，卡梅伦苦心经营的政治防线没有能够经受住以约翰逊与戴维斯为代表的脱欧派“极不理性”却极具鼓动性的政治攻击。调查显示，英国民众最为关心的问题是来自欧盟内部的移民问题与英国国民医疗服务（NHS）社会保障体系问题，归根到底是工作机会与社会福利。因此，当脱欧派将继续留在欧盟就等同于把英国人自己的工作与福利与他国分享的时候，英国普通民众选择了“不假思索”地“用脚投票”。[1]

然而，政治理性在民众极为短暂的狂欢后再一次显示了不容置疑的威力。统计数据显示，截至 2017 年 11 月，英国通货膨胀率升至 3.1%，达近六年内最高值，而每周平均工资的增长率仅为 2.2%。服务行业成本和价格明显上涨，特别是关乎民众基本生活的食品通胀率也有所上升，尤其是鱼、油和油脂（例如黄油和巧克力）的价格。市场研究机构 Kantar Worldpanel 公布的数据显示，截至 2017 年 12 月 3 日，食品通胀率在三个月内升高了 3.6%，达到 2013 年以来的最高值。[2] 自从 2017 年英国脱欧公投之后，英镑相应贬值，物价飞速增长。2017 年粮食价格上涨了 4.1%，创下自 2013 年 9 月以来的历史新高，汇率的持续走弱也拉高了进口产品的价格。[3] 英国财政研究所警告说，由于菲利普·哈蒙德的预算中显示出了明显的经济放缓，英国将会面临长期的经济紧缩以及收入增长上史无前例的“失去的二十年”。预计到 2022 年，英国每年的生产率、收入和增长将大幅下降。[4] 英国国民医疗服务体系（NHS）最新的统计数据显示，近几个月以来，NHS 信托医院 (NHS Trusts) 接诊量太大，导致大量病人得不到及时就诊。由于薪水低下，大量医护人员流失。有超过两万名病人至少在救护车上等候半小时才能进入医院接受护理。NHS 医院的床位同样非常紧张，床位占有率达到 95%，远远高于安全标准规定的 85%。事实证明，脱欧对解决英国社会的民生问题并没有任何直接成效，恰恰相反，正如留欧派一再重申，脱离欧盟就意味着“经济自杀”，整个英国社会都会为之埋单。

充分理解英国外交政策的根本利益

毫不夸张地说，脱欧的选择将英国置于非常危险的境地，英国经济与民生问题首当其冲。在当前日益复杂多变的新旧世界秩序交替之际，英国本就需要重新确定与调整自身的国际地位。然而，日益动荡不安的国内政治经济形势，严重削弱了英国外交的自主能力，极大压缩了英国外交战略发展的想象空间。然而，英国毕竟是一个具有丰富国际经验的国家，它绝不甘愿接受日益边缘化的历史命运，正在试探性地进行着各种政治经济领域的尝试。在这个世界格局风雨飘摇的年代，英国前首相温斯顿·丘吉尔提出的“三环外交”战略中的某些要素正在被重新加以重视，其主旨是企图通过英国在与美国、英联邦和联合起来的欧洲这三个环节中的特殊联系，充当三者的联结点和纽带，以维护英国的传统利益和大国地位。在英国脱欧的现实背景下，英美关系、英欧关系的走向最终如何呢？英国利用其历史文化优势拓展双边关系的可能性又有多大呢？

一、英美关系还是那么“特殊”吗？

英国历来被视为美国安插在欧盟内部的“特洛伊木马”，英美关系的特殊不仅是基于双方历史文化的亲缘关系，更是 20 世纪双方现实利益的选择。英美特殊关系体现在双方在情报、特种部队和核武器方面的合作。这三个领域构成了英美之间有别于与其他国家之间建立的互信基础。然而，伴随美国综合实力与国际影响力相对式微，特朗普政权奉行现实主义的“美国第一”的单边外交政策。美国国内孤立主义情绪与英国的民粹主义政治趋势能否形成两国未来合作的坚实基础呢?

任何指望美国以特殊盟友方式对待英国的想法都无疑是天方夜谭。在奥巴马任内最后一次访欧时，他非常明确地警告英国，如果英国一旦脱欧，美国将不会先于欧盟与英国开展双边贸易谈判。以农产品为例，有分析指出，英国脱欧将使英国农业出口受到系统打击，美国许多州都向农民提供补助金和贷款。在与英国的贸易协商中，美国将会提出截然不同的补助系统，使得英国农产品在美国本土产品面前丧失竞争力。[5]

二、全新的英欧关系会是怎样的?

特蕾莎·梅内阁在《英国脱欧白皮书》中明确提出将寻求与欧洲建立“新型战略伙伴关系”，明确提出英国将脱离欧洲单一市场，希望与欧盟达成新的自由贸易协定，并且彻底结束欧盟法官对英国法律的执法权。尽管英国脱欧事务大臣戴维斯表示要避免“破坏性”的断崖式退欧，但英国脱欧无论是从地缘政治角度，还是经济发展角度，对整个欧洲在未来世界格局中的地位都是一种深深的伤害。正如评论家所言，英欧双方关于未来关系的讨论不能停止在贸易上。英国与欧洲大陆国家之间的历史联系，无论是单独的还是集体的，都不能随着英国脱欧被抹杀。而且，在大国经济全球参与模式下的当代世界，培育自然联盟至关重要。[6]

然而，仅仅就经济领域而言，英欧利益纠纷就异常复杂。最为关键的问题是贸易。英国自 2019 年 3 月 30 日正式脱欧之后，将无法继续从欧洲自由贸易协定的 40 项条目中获益。如果英国希望以非欧盟成员的身份继续留在欧洲统一市场与关税同盟，就必须为之付出主权利益，并且只能以观察员身份参与制定与自身利益高度相关的欧盟贸易协定，没有任何投票权的英国也将继续受欧洲法院裁决的约束，并继续全额支付欧盟预算。这一切需要其他欧盟成员国一致同意。毫无疑问，英欧关系将面临极不确定的未来。

三、英国的亚太战略会成功吗?

亚洲是英国未来重点布局的核心区域之一。除了宣称要做“中国在西方世界最强支持者”，英国政府积极建立并维护与印度、日本以及东南亚国家的合作伙伴关系。诚然，亚洲广阔的市场和巨大的发展空间是吸引英国的重要原因，但在经济利益驱动的背后是英国战略布局的调整。由于亚太地区在整个全球经济格局中的重要性日益凸显，抓住了亚洲的英国无疑为自己积累了重要的筹码。在其亚太战略中，英国将自身意识形态与历史文化传统的优势发挥到极致，一方面与日本、印度等地区大国积极发展双边关系，另一方面发挥英国文化的软实力，与新加坡、马来西亚等开展频繁深入的人文交流，取得了显著成效。毫无疑问，英国在亚太地区的行为具有牵制中国的目的。2017 年特蕾莎·梅首访日本。会晤双方诉求的首要目标在于确保在脱欧谈判过程中及“硬脱欧”之后，英日双边贸易关系实现平稳发展。更为重要的是，英国意在通过维护同日本在贸易、军事等领域的合作伙伴关系保持自身在亚太地区的影响力，为本国的发展谋取更大的国际政治经济空间。

然而，英国自身的筹码早已不能保证其拥有足够的实力搅动亚太地区的国际形势朝着如己所愿的方向发展。伴随着印度综合国力显著提升，英印关系早已不复当年英国主导的发展模式。印度的社会结构与文化传统与英国并不相同。近两百年的殖民统治使印度继承了英国的政治制度与法律体系，但并没有动摇印度文化的根基。民族性的差异，是英印两国“特殊关系”发展的阻碍，也是两国外交关系发展疏离的根本原因。在英日双边关系中，日本有意以对英经贸谈判为筹码获得英国在南海等问题上的支持，但是，这种所谓的支持，除了签署没有任何实质意义的双边安全保障协定以外，也就只剩空洞的“南海航行自由”的表态了。

由此可见，在国内社会矛盾丛生的脱欧大背景下，英国在国际政治舞台上处于极为被动的外交地位。这种不可逆转的外交颓势，一方面缘于英国脱欧带来的极大不确定性，一方面缘于以英国为代表的传统发达国家在新兴发展中国家群体崛起的时代背景下国际影响力的相对衰落。这一基本特征，在中英双边关系的发展中表现得尤为明显。

全面把握中英关系的未来

在过去六年时间里，中英双边关系经历了跌宕起伏的发展过程。这一过程集中体现了中英双方综合国力的发展态势，集中反映了双方在政治、经济、文化、意识形态等诸多领域的一致性与矛盾性。2015 年，习近平主席成功访问英国，与卡梅伦首相共同开启了中英双边关系的“黄金时代”。时至今日，虽然中英双边关系总会出现一些有悖双方共同利益的不利因素，但是，中英“黄金时代”的总体发展态势是良好稳定的。总体而言，中英双边关系存在以下几大主要特点。

首先，经济合作是中英双边关系的稳定器与压舱石。近年来，中英关系“黄金时代”成果丰硕，“你中有我、我中有你”的互利共赢格局不断巩固。2017 年中英双边贸易额近 800 亿美元，英国对华出口同比上升 19.4%。2018 年前两个月，英国对华出口同比上升 28.8%，保持强劲势头，中国已成为英国增长最快的出口市场之一。截至 2017 年底，中国累计对英非金融类直接投资额达 191.4 亿美元，英国是中国在欧盟内的第二大投资目的地。英国是中国在欧盟内第二大贸易伙伴，中国是英国在欧盟外第二大贸易伙伴，两国互为重要投资来源地。2017 年中英货物贸易额为 790 亿美元，同比增长 6.2%，其中英国对华出口增长 19.4%。超过 500 家中国企业落户英国，投资项目从贸易、金融、电信等传统领域向新能源、高端制造、基础设施、研发中心等新兴领域延伸，投资总额约 189 亿美元，高居中国对欧洲国家投资前列；英国在华投资超过 218 亿美元，对华投资区域正逐渐从沿海向中西部内陆地区扩展。[7]

其次，中英人文交流蓬勃发展，民间交往日益频繁。中英高级别人文交流机制是中外人文交流机制中最为成熟的代表。双方人文交流范围已经覆盖了教育、文化、艺术、体育、青年、媒体、医疗等众多领域。从交流机制创立至今，中英两国政府一道，努力夯实中英双边关系的民意基础与文化基座。

特别值得一提的是，以人文交流带动经济发展，对于解决民生问题起到了深入持久的作用。以文化产业为例，文化创意产业在英国国民经济中的地位日益凸显，是英国的优势产业。中国也提出到2020年文化产业增加值占GDP的比重提高到5%以上，成为国民经济的支柱性产业。自第三次高级别人文交流机制会议以来，中英两国在时尚设计、影视合作、剧院管理合作、大型室外娱乐主题乐园设计、游戏与动漫领域合作等诸多方面都取得了长足的进步，实现了中英两国人文交流与经济合作的双丰收。

第三，中英是“一带一路”的天然战略伙伴，合作前景十分广阔。中英双方领导人就“一带一路”倡议的政治共识不断深化，双方表示愿意就“一带一路”开展更大范围、更高水平、更深层次的合作，促进全球和区域经济增长。这些政治共识为中英“一带一路”合作提供了明确的方向指引。双方同意深化“一带一路”政府间交流与对话，充分发挥互补优势，在“一带一路”沿线开展第三方市场合作。作为具体成果的体现，2017年，义乌—伦敦班列首次往返，实现中英贸易物流全陆地运输，标志着中欧班列开通“最后一公里”，使“一带一路”延伸到欧洲最西端。在可以预见的未来，中英双方在“一带一路”项目上的合作前景十分令人期待。

第四，政冷经热的局面没有改变，意识形态分歧依然存在。中英双方由于截然不同的历史文化背景与政治文化传统，在意识形态领域依然存在较为明显的分歧。英国很多政客始终无法走出冷战思维，始终以自由民主的卫道士自居，将中国视为西方民主社会的挑战。为了进一步牵制中国的发展，英国不遗余力地紧跟美国，在西藏问题、香港问题、南海问题等一系列涉华核心利益事务上进行发难。但是，总体而言，由于中国牢牢把握了中英双边关系的主动权，双方在政治领域的冲突与分歧完全可控。

结　论

英国是历史最为悠久的发达资本主义国家，中国是当今最具代表性的发展中国家。中英双边关系在当今国际政治舞台上具有极为鲜明的独特性。过去五年，中国立足以我为主的外交战略，始终把握外交主动权，在中英关系中立足双方本质诉求与长远趋势，为中英双边关系的发展构建了行之有效的发展模式与对话机制。面向未来，有理由相信，随着中英双方的合作更为深入密切，中英双边关系将更为深入持久，中英构建具有示范效应的不同文化体之间互融互通、协作共赢的特色双边关系完全可以期待。

（原文发表于《当代世界》2018 年第 4 期）

[1 高健:《欧盟无法承受失去英国之痛》，载《文汇报》（国际版），2016 年 2 月 20 日；《英国脱欧的历史寓意远大于现实意义》，载《解放日报·上海观察》，2016 年 6 月 22 日。

[2]“UK inflation rate at near six-year high”，http://www.bbc.com/news/business-42320052.

[3] Gavin Jackson：“Uk inflation remains at five-year high of 3% in October”，*Financial Times*, https://amp.ft.com/content/84807466-c91d-11e7-ab18-7a9fb7d6163e.

[4] Phillip Inman：“UK faces two decades of no earnings growth and more austerity, says IFS”，*The Guardian*，https://www.theguardian.com/business/2017/nov/23/uk-no-earnings-growt，h-budget-brexit-productivity-ifs.

[5] Christian Odendahl,“Dig for victory?”Center for European reform，http://www.cer.eu/insights/dig-victory.

[6] Maria Demertzis, Andre Sapir，Bruegel，http://bruegel.org/2017/12/brexit-phase-two-and-beyond-the-future-of-the-eu-uk-relationship/.

[7] 刘晓明大使在伦敦市为中国投资者举办的招待会上的讲话:《把握中国发展机遇，谱写开放合作新篇》，http://www.chinese-embassy.org.uk/chn/dsxx/dshzhici/。

日本对华政策调整及中日关系走向

吕耀东 中国社会科学院日本研究所研究员

中日关系是国际关系中十分特殊的双边关系，事关地区和平与稳定。安倍政府一贯奉行对华“两面下注”的手法，虽然声称重视中日关系，却以“战略性外交”“价值观外交”在国际社会渲染“中国威胁论”。这不仅使得中日关系屡次陷入“反复恶化”的恶性循环，而且成为影响东亚和平稳定及地区安全环境的不确定因素。这也反映出安倍政府对华政策的“外交困境”。中国一贯维护中日关系大局，坚持中日四个政治文件发展双边关系。中方本着努力扩大两国关系积极面，抑制消极面，确保两国关系稳定改善的态度[1]，明确指出中日关系存在的问题和努力缓和双边关系的建设性意向，希望日方能够拿出实际行动，落实中日“四点原则共识”，诚心诚意发展双边关系。2017 年初，日本首相安倍晋三在国会施政演说中表示，“我们欢迎中国的和平发展。我们都充分认识到日中两国肩负确保本地区和平与繁荣的重任”[2]。这一表态表现出日本对华政策的调整意向。近来，中日关系趋于缓和，中日“四点原则共识”有所落实，双方恢复多层次对话及交流。

不过，日本对华政策的两面性依旧存在，仍未走出左摇右摆的外交困境。但中方意识到日本经济界和执政党联盟内部有改善对华关系及加强区域经济合作的愿望，所以希望日本政府能够改变对华遏制政策，全面落实中日“四点原则共识”，发展中日战略互惠关系。

日本“价值观外交”的对华针对性

安倍晋三再次执政就发文称，日本必须成为可以遏制中国“进犯”的一个“民主安全菱形”的组成部分。他构想印度、澳大利亚、日本和美国夏威夷共同组成“民主安全菱形”，“以保卫从印度洋地区到西太平洋地区的公海”，与加强海洋维权的中国相抗衡。

首先，安倍力主明确日美同盟的对华指向性。近年来，日本基于“新安保法”在日美同盟内行使集体自卫权的对华意向日益突出。尤其是安倍和特朗普确认钓鱼岛问题适用于《日美安保条约》第五条的意向，再次明确了日美两国通过盟约针对中国的军事合作关系。对此，中国外交部发言人多次明确表示，“美日同盟是冷战时期的安排，我们坚决反对利用这一同盟损害第三方利益”。[3] 2017 年 2 月，中国外交部部长王毅对日美首脑会谈确认钓鱼岛是《日美安保条约》第五条适用对象一事进行明确批驳，“表明不予认可”。[4] 中国对于日方力主日美同盟的对华指向性保持高度警惕与谴责。中方要求日方信守中日四个政治文件精神，不要在非法“国有化”钓鱼岛的道路上越走越远。

其次，安倍力图整合“价值观”相同国家遏制中国海洋维权。日本以维护“亚太及世界和平和经济繁荣共同目标”的名义，积极构建基于共同价值观国家的海洋安全合作机制。安倍通过“价值观外交”，呼吁“拥有共同价值观的国家”加强国际合作，强调“海洋民主国家”结盟是亚太乃至全球“安全和稳定的核心支柱”。日本十分注重与美国及其盟友遏制中国海洋维权的相互配合。日美澳三国防长定期举行亚太海洋安全会谈，提出制定“共享信息和通过联合训练加强警戒监视”的防务合作计划，扮演“航行自由”“遵守国际规范”的捍卫者。日本还力图加入美菲、美印联合军事训练和海上安全及防务合作，积极提升日本的亚太地缘战略控制力，力求形成有效遏制中国海洋维权的战略态势。

第三，日本强化在亚太地区对华“战略性外交”的针对性。日本在支援东盟各国基础设施建设计划以及推动东盟整体经济增长的口号下，有着明显的地缘政治利益和经济利益的战略考量——利用东盟遏制中国在亚太地区的影响力。日本寻求将东盟纳入日美同盟为主导的亚太地区安全框架，遏制“海洋活动渐趋活跃的中国”。事实也表明，安倍上台后以中国在东海、南海维权活动为由头，重拾“自由繁荣之弧”策略，千方百计割裂、离间中国与东亚国家间关系，孤立包围中国。

以钓鱼岛、东海及南海问题遏制中国海洋维权

安倍等日本外交决策者力图将南海、东海及钓鱼岛问题作为对华海权攻势的切入点，频频激化中日海洋权益之争，不断在国际社会渲染“中国威胁论”。这已成为日本行使集体自卫权、突破现行“和平宪法”第九条的主要借口。

首先，日本政府刻意渲染“中国威胁论”，曲解中国的海洋正当维权活动。近年来，日本年度《防卫白皮书》涉华部分篇幅有增无减，炒作东海问题，扩大南海事态，为日本自卫队行使集体自卫权，落实安保法，实行扩张性防卫政策张目。2017 年版《防卫白皮书》肆意歪曲中国的常规军事活动和正当国防建设，对中国海军的例行训练、海警船巡航钓鱼岛海域、在南沙群岛部署国土防卫设施等正当维权行为妄加评论，称对中国在东海和南海等地的活动“给日本和国际社会安保环境造成的影响感到强烈担忧”。

其次，日本不断强化包括中国钓鱼岛在内的所谓西南列岛的防卫力量。安倍政府显著加强日本防卫实力，尤其是突出针对中国钓鱼岛周边的防卫力度。2016 年 3 月在距离钓鱼岛约 150 公里的与那国岛部署 160 人组成的陆上自卫队沿岸监视部队，使用雷达对过往船只飞机进行监控，并正在推进向钓鱼岛周边的宫古、石垣和奄美大岛增派陆上自卫队，加快部署警备部队以及地对空、地对舰导弹部队的步伐。

其三，日本不断渲染“南海问题”，希望同南海声索国加强海洋安全合作，以形成对华对抗势力。安倍以“维护海洋权益和航行自由”为借口，倡导所谓基于法律原则的海洋秩序理念，力图在炒作南海问题的大背景下形成对华包围圈。日本政府将越南、菲律宾、印度尼西亚、澳大利亚等国作为“战

略性国际防卫合作”的重要环节，主动帮助东南亚国家提升海上安全能力建设及应对能力，成立专门机构为南海声索国提供巡逻船、防卫装备品及人才培养，以进一步推进与东南亚各国安保和防卫合作。这样的言论显然是希望南海声索国能够进一步强化“应对”南海问题的力度，遏制中国海洋维权。

以“日中邦交正常化45周年”为契机促日中高层来往

2017年是中日邦交正常化45周年。安倍一反常态，在2017年初的国会施政演说中表示，要以2017年的日中邦交正常化45周年、2018年的《日中和平友好条约》缔结40周年为契机，在“战略互惠关系”的原则下，努力改善日中关系。安倍的这一表态表明，在强化日美同盟针对中国的基础上，又要在国际社会表达“缓和”日中关系的意愿，展示推动日中战略互惠关系的外交姿态。安倍力求在国际多边场合实现日中首脑会谈，表达对华缓和姿态，展示日本“积极的”对华政策取向。

2017年7月8日，中国国家主席习近平应约在德国汉堡召开的二十国集团（G20）峰会期间会见了日本首相安倍晋三。关于中日关系，双方就加强首脑间对话、推动关系改善达成了一致。双方还确认了将以1972年的《中日联合声明》等过去共识为基础推动两国关系改善。安倍结合2017年是日中邦交正常化45周年一事，表达了构建信赖关系、推动两国关系改善的想法。他强调，“愿进一步大力发展改善日中关系的势头”。关于“一带一路”倡议，安倍称“期待充分吸收国际社会共同的想法，为地区和世界的繁荣做出积极贡献”。他对中国推进的“一带一路”倡议予以肯定，传递了“附带条件”展开合作的想法。习近平主席强调，维护好政治基础是中日关系健康发展的前提。中日邦交正常化以来，双方先后达成四个政治文件和“四点原则共识”，就妥善处理历史、台湾等问题确立了原则。只有坚持这些原则共识，中日关系才能不偏离轨道，不放慢速度。[5]

2017年11月11日，习近平主席和安倍首相在越南岘港召开的亚太经合组织（APEC）峰会期间举行了会晤。习近平主席表示，进一步改善两国关系还有许多的课题，希望能够顺应潮流，推进两国关系的进一步发展。安倍回应说：“2018 年是《日中和平友好条约》签署 40 周年，期望进一步推进两国关系的发展。”习近平主席指出，中日关系稳定发展符合双方利益，对地区和世界具有重要影响。他强调，改善中日关系，关键在于互信。安倍表示，日方希望同中方加强高层交往，开展互惠共赢的经贸合作，积极探讨在互联互通和“一带一路”框架内合作。[6] 他期望尽快举行日中韩三国首脑会谈，恢复中断多年的日中首脑互访制度。安倍还表示，希望日中两国在经济领域也扩大合作，尤其是在第三国市场能够建立合作机制。值得关注的是，安倍在发言中，努力避免容易刺激中国的话题，譬如南海问题、自由开放的印度洋太平洋战略等等。而习近平主席在发言中，着重强调改善与发展两国关系的关键是“互信”。[7]

日方试探在“一带一路”框架内的经济合作意向

由于日本政府非法购买钓鱼岛事件导致中日关系恶化，经济外交就成为两国对话的主要渠道之一。随着中国经济实力的提升，中国关于区域合作及经济一体化的理念和构想，不仅得到东亚国家的认同，也得到国际社会的普遍认可和积极参与。这让日本执政党及经济界的一些人对于安倍政府一味渲染“中国威胁论”提出质疑，要求政府改善对华关系的呼声日盛，使安倍政府调整对华策略成为可能。

首先，中日举行第六次财长对话，确认进一步深化双边财经务实合作。中国是日本第一大贸易伙伴国和最大的出口对象国，而日本是中国的第二大贸易伙伴国和主要的外资来源国。双方相互依存度高，日本经济对华依赖更大。受中日关系恶化的影响，近年两国间的贸易和投资连续下降，对两国经济发展都产生了不可低估的负面影响。2017 年 3 月 19 日，日本财务相麻生太郎和中国财政部部长肖捷在德国巴登举行会谈，双方就尽早在日本举行由两国财长出席、围绕经济政策交换意见的“中日财长对话”达成共识。2017 年 5 月 6 日，第六次中日财长对话在日本举行。两国财长一致认为，中日财长对话对于双方具有重要意义，有助于两国在宏观经济形势与政策方面深入沟通。[8]

其次，日本经济界访华团探索中日合作开拓市场。2017 年 5 月，日本经济同友会代表干事小林喜光表示，日本应该积极探讨加入中国主导的国际金融机构“亚洲基础设施投资银行”（AIIB）。经济团体联合会（经团联）会长榊原定征也认为，“这也是满足(亚洲地区)基础设施需求的有效金融功能”，要求日本政府积极应对。[9] 2017 年 11 月 20 日，由日中经济协会、经团联、日本商工会议所组成的联合访华团约 250 人访问北京。中日双方召开了旨在扩大经济交流的与中国企业高管的会议，围绕以亚洲为中心对第三国开展基础设施建设和资源开发方面加强合作展开讨论和交流。日本的贸易公司、机械设备建设公司、物流企业的高管等也出席了会议。[10] 该访华团还向中方提出与中国国家领导人举行会谈的意愿。11 月 21 日，中国国务院总理李克强会见日本经济团体访华团并举行了座谈。双方就推进在亚太地区的经济合作达成了一致意见。李克强总理表示，两国关系正逐渐改善，呈现好转势头，必须巩固改善的基础，他还表示希望日本经济界为两国关系的发展做出新的贡献。经团联会长榊原定征回应称，“作为经济关系发展的基础，希望强化两国稳定的政治与外交关系”，寻求通过继续举行首脑会谈等维持良好关系。[11] 11 月 23 日，日本经济团体访华团与中国国家发展和改革委员会在北京举行会议。经团联会长榊原定征表示：“包括‘一带一路’在内的全球产业合作不仅给两国，而且能给世界带来繁荣。”他指出“一带一路”的重要性，对日本企业的参与表示出积极态度。他认为，以基础设施和环境领域为中心的两国企业合作“有很大的潜能”。榊原还强调：“希望扩大两国双赢关系，并构筑新的关系。”[12]

日本开启对华全方位外交对话与磋商

从2017年和2018年初来看，安倍政府还是能够按照中日“四点原则共识”指出的那样，逐步重启日中政治、外交和安全等各个领域、部门的对话与磋商，为缓和与推动两国关系回归到“中日四个政治文件”的轨道上来，展现出“积极的”的姿态和意愿。

第一，中日举行第四次高级别政治对话，中方告诫日方“应按规矩办事”。时任中国国务委员杨洁篪于2017年5月29—31日访日时表示，当前中日关系正处在邦交正常化45周年的重要节点，双方应重温两国邦交正常化初衷，本着以史为鉴、面向未来的精神，维护政治基础，妥善管控分歧，推动中日关系持续改善。[13] 中日双方还就利用国际会议多边场合展开首脑对话，努力改善两国关系达成了一致。

第二，中日举行海洋事务高级别磋商，就建立并启动防务部门海空联络机制取得进展。中日双方于2017年6月和12月在福冈和上海举行第七轮、第八轮中日海洋事务高级别磋商会议，中日外交、国防、交通运输、农业、水产、环保和海上执法等部门的与会者共同探讨了开展中日海上合作交流的具体领域和方式。中日海洋事务高级别磋商机制是两国涉海事务的综合性沟通协调机制。该机制就东海问题保持积极有效沟通，为管控潜在危机、维护东海稳定、促进海上合作发挥着重要作用。

第三，基于“中日执政党交流机制”定期对话框架，展示发展中日战略互惠关系意向。2017年8月7—9日，中日执政党交流机制第六次会议在东京召开。中共中央对外联络部部长宋涛率中共代表团出席会议。自民党干事长二阶俊博在会议演讲中指出：“不论日中关系面临怎样困难的课题，战略互惠关系都决不可动摇。”日本自民党总裁安倍晋三会见宋涛时高度评价汉堡G20峰会期间同习近平主席会晤的成果和重要意义，期待两国执政党为改善发展日中关系发挥积极作用。他表示，日方将同中方共同努力，扩大交流合作，推动日中战略互惠关系深入发展。[14]

第四，中日举行第15次安全对话，中方希望日方坚持和平发展。中日安全对话机制是两国外交、防务部门就双边关系、各自国防安全政策以及共同关心的国际和地区问题进行沟通的重要渠道。2017年10月27日，时任中国外交部部长助理孔铉佑在日本东京同日本外务审议官秋叶刚男共同主持了第15次中日安全对话。同日，孔铉佑会见日本外相河野太郎时表示，近期中日关系积极互动增多，同时仍面临复杂因素。应切实排除干扰，巩固两国关系改善势头。河野祝贺中国共产党第十九次全国代表大会成功召开，表示日方重视对华关系，愿与中方共同努力，推动两国关系改善和发展。[15]

日本对华政策调整动因及中日关系走向

近来，安倍对“两面下注”的对华政策进行调整，在东亚安全层面加强遏制中国的同时，力求在经贸层面加强对华合作关系。日本以“日中邦交正常化 45 周年”为契机力促开展日中高层来往，试探在“一带一路”框架内合作意向，开始启动对华各领域的全方位外交对话与磋商。

事实表明，安倍政府对华政策的调整是在渲染“中国威胁论”的同时，向国际社会策略性展现缓和中日关系的姿态，力图将恶化中日关系的原因归咎于中方，以此展现日本“价值观外交”“战略性外交”的策略手段。安倍对华策略的意图在于，力求依托日美同盟及南海声索国海洋安全合作行遏制中国之目的，又想借中国“一带一路”倡议的区域合作利好谋求经济利益。对此，日本执政党联盟内部亦有不同意见。2017 年两次出席中日执政党交流机制会议的日本自民党干事长二阶俊博、公明党干事长井上义久向安倍政府呼吁要推动和发展日中战略互惠关系，强调中国推进的“一带一路”倡议“是有潜力的构想”。日本经济团体联合会也组团访华探讨在“一带一路”倡议下的中日区域合作方式。

2017 年 12 月在福建举行了中日执政党交流机制第七次会议，会议达成的《共同倡议》指出，愿不断提升双边务实合作水平，积极推进区域经济一体化，并在第三方市场推动中日企业间的合作；愿在“一带一路”倡议基础上，积极探讨两国具体合作项目。[16] 值得关注的是，中方希望日本能够在中日和平友好条约缔结 40 周年之际，从东亚共同利益出发共同维护中日关系大局，放弃渲染“中国威胁论”的做法，回到中日四个政治文件的轨道上来，全面落实中日“四点原则共识”，努力推进中日关系的正常发展。

当然，中日两国间依然存在各种各样的不稳定要素，实现中日战略互惠关系之路仍将曲折坎坷。正如2018年中国外交部部长王毅在“两会”上所言，“希望日方能够政治上讲信用，行动上守规矩，切实维护好两国关系的政治基础，并且把‘互为合作伙伴、互不构成威胁’的政治共识真正落到实处”。[17] 安倍政府理应顺应财界借力“一带一路”谋求互利共赢、执政党联盟内部对华缓和意向，综合国内外局势调整对华政策，不再渲染“中国威胁论”，彻底抛弃“两面下注”的手法，尽快回到中日四个政治文件轨道上来。只有认真落实中日“四点原则共识”，才是发展中日战略互惠关系的正道。

（原文发表于《当代世界》2018年第4期）

---

[1]《习近平会见日本首相安倍晋三》，http://www.fmprc.gov.cn/web/wjdt_674879/gjldrhd_674881/t1394821.shtml。

[2]『第百九十三回国会における安倍内閣総理大臣施政方針演説』、首相官邸のホームページ、http://www.kantei.go.jp/jp/97_abe/statement2/20170120siseihousin.html。

[3] http://www.fmprc.gov.cn/web/wjdt_674879/fyrbt_674889/t1253375.shtml.

[4] http://china.kyodonews.jp/news/2017/ 02/134475.html.

[5][6] 同[1]。

[7]《日中首脑会谈到底谈了些什么》，http://www.ribenxinwen.com/articles/25883.

[8]《第六次中日财长对话在日本横滨举行》，http://news.xinhuanet.com/world/2017-05/07/c_129592905.htm。

[9]《日本经济界领袖指出应积极探讨加入亚投行》，日本共同社2017年5月16日电，https://china.kyodonews.net/news/2017/05/bf513ec040e4.html。

[10]《日本经济界访华团抵达北京，探索携手开拓市场》，日本共同社2017年11月20日电，https://china.kyodonews.net/news/2017/11/43fd36057d18--.html。

[11]《李克强面对日本访华团展现经济合作意愿》，日本共同社2017年11月21日电，https://china.kyodonews.net/news/2017/11/74e8d4788eb6.html。

[12]《榊原向中国发改委表示包含一带一路的合作很重要》，日本共同社2017年11月23日电，https://china.kyodonews.net/news/2017/11/273205266ee8.html。

[13]《中日第四次高级别政治对话举行》，新华社2017年5月29日电，http://news.xinhuanet.com/world/2017-05/29/c_1121056421.html。

[14]《中日执政党交流机制第六次会议在日举行》，http://cpc.people.com.cn/n1/2017/0810/c117005-29461536.html。

[15]《第十五次中日安全对话举行》，载《人民日报》，2017年10月29日第7版。

[16]《中日执政党交流机制第七次会议在福建举行》，载《人民日报》，2017 年 12 月 28 日 3 版。

[17]《 外交部长王毅就中国外交政策和对外关系回答中外记者提问》，http://www.fmprc.gov.cn/web/wjbzhd/t1540582.shtml.。

关于中日关系"再正常化"的思考

胡令远　复旦大学日本研究中心教授，
两岸和平发展研究协同创新中心首席专家
洪伟民　上海商学院日语系副教授

2017年11月11日亚太经合组织第二十五次领导人非正式会议在越南举行。期间，中国国家主席习近平会见了日本首相安倍晋三。会见时习近平主席指出："今年是中日邦交正常化45周年，明年将迎来中日和平友好条约缔结40周年。双方要从两国人民的根本利益出发，准确把握和平、友好、合作大方向，通过坚持不懈努力，积累有利条件，推动中日关系持续改善，向好发展。"[1]习近平主席强调："改善中日关系，关键在于互信。"[2]2017年11月13日，李克强总理在出席东盟系列峰会期间，会见了日本首相安倍晋三。会见时李克强表示："当前中日关系出现一些积极变化，同时存在敏感因素。今年是中日邦交正常化45周年，明年是中日和平友好条约缔结40周年。希望日方本着以史为鉴、面向未来的精神，与中方相向而行，推动两国关系战胜困难和挑战，保持改善的势头，取得新的发展。"[3]日本共同社据此认为："安倍前所未有地在如此短的时间内与习近平和李克强举行会谈，这是两国关系改善的一个迹象。"[4]

自日本政府2012年上演"购岛"闹剧，以及安倍第二次执政之后，中日关系一直处于低潮状态。此次国际会议期间中日两国领导人会见，肯定了中日双边关系有所改善的近况，表达了进一步改善的意愿。诚如国际舆论所指出的，中日关系出现了“回暖”迹象。但与此同时，中日关系依然脆弱。习近平主席与安倍首相几乎同时开始新的任期，中日关系能否出现较大或根本改善，成为当下人们普遍关注的焦点。

战后中日关系的两个过渡期

对于战后中日关系发展历史的分期，由于视角不同，学界并未形成统一意见。如果根据中日关系的发展实态，从更大的视野框架进行区分，从1945年日本战败投降至1972年实现中日邦交正常化，可以作为中日关系第一个“过渡期”。这一时期的近三十年间，经过了世界格局、中日两国国内政治的巨大复杂变化，中日两国关系逐步成熟地“过渡”到恢复“正常”。中日邦交正常化的最大诉求是日本放弃与台湾国民党政府之间的“国家关系”，承认中华人民共和国政府是中国的唯一合法政府，从而保障此后中日两国人民正常交往。

从1972年实现邦交正常化至20世纪90年代初冷战结束的近20年间，虽然中日之间有日本领导人参拜靖国神社、日本政要在历史问题上屡有“失言”以及教科书问题等发生，但这些问题并没有真正动摇中日关系的根本，影响两国关系的大局。中日两国经贸关系获得长足发展，不断深化；国民感情密切，度过了一段难忘的“蜜月期”。

然而，随着冷战的结束，日本国内政治得以保持长期稳定的“1955年体制”解体，“十年十相”如同走马灯一般你方唱罢我登场；随着泡沫经济的崩溃，战后日本人引以为荣的经济奇迹神话一朝破灭，从而陷入“十年不振”乃至所谓“失去的二十年”之窘况。与此同时，以地铁沙林杀人事件为标志，日本社会安全神话也随风而逝，日本社会处于焦虑不安之中。这种政治、经济、社会的“三重苦”一起蜂拥而至，日本人有一种看不到前景的窒息感。而此时的中国，走上了经济发展的快车道。面对这种状态特别是其发展趋势，日本的部分精英和右翼政客开始忧心忡忡，担心中国一旦真正强大起来，自身将陷于不利和被动局面。因此他们与以中国为潜在对手的美国联手，以日美同盟再定义为抓手，开始在安保领域采取一系列举措，如将战后一直以来实行的“专守防卫”变为解禁集体自卫权，以图在双边、亚太区域乃至全球与美军及其他关系密切的国家一起采取军事行动。这种项庄舞剑，意在沛公，打造军事同盟网络制衡中国的意图尽人皆知。2010年，中国的GDP总量超过日本，更令日本右翼政客坐卧不安。于是，有了同年的所谓“撞船事件”和2012年的“购岛闹剧”，他们妄图以此来刺激、煽动国民感情，渲染“中国威胁论”，并紧紧拉住美国介入中日领土主权争端。由此，中日关系急转直下，陷入战后以来最低点。

可以说自冷战结束至2010年中日经济总量出现逆转，标志两国综合实力行至一个历史性“拐点”后，中日关系随之跌入低谷，正式进入一个低位运行期。据此，可以把20世纪90年代初至2010年这近20年的时间，视作二战结束以来的第二个过渡期。古人云，冰冻三尺非一日之寒，风起于青萍之末而鸿渐于干。无论是第一个过渡期，还是第二个过渡期，雪泥鸿爪，历历可见。只可惜第一个过渡期是向邦交正常化过渡，尽管有诸多障碍，但总体是上行方向；而第二个过渡期是向中日关系的低位运行期过渡，虽然其间产生了中日间第三和第四个政治文件，但总体呈现的是下行趋势。

自2010年至今的七年中，中日关系一直处于低潮期。然而前所述及的中日两国领导人近期的互动，能否使两国关系有根本改善，从而走出低谷，实现“再正常化”呢？这首先需要关注日本近期举行的第48届众议院选举，因为安倍所领导的自民党的选举政纲，必然会体现在其胜选后的内政外交政策上。

日本第48届众议院选举对中日关系的影响

一、选举结果使安倍修宪具有了现实可能性

2017年9月25日，日本首相安倍晋三突然宣布将解散众议院，举行大选，从而引起日本政坛震动，国民反应强烈。而日本各政党措手不及，仓促上阵，经过十几天选战喧嚣，终于尘埃落定。自民党最终获得283个席位，

不仅单独过半数，得以掌控国会中相对于参议院而言据优势地位的众议院的大局，使政府提交国会审议的法案容易获得通过；同时，议席数还达到了可以掌控众议院 17 个常设委员会的所谓“绝对稳定多数”，这样可以保证众议院的顺利运行。此外，与执政伙伴公明党所获得的 29 个议席相加，自公执政联盟共获 312 个席位，即已达到全部 465 个议席的三分之二。这样不仅可以使在参议院遭到否决的政府提案在众议院重新审议通过，更重要的是使安倍心心念念要修改和平宪法的夙愿在理论上具有了现实可能性。同时，安倍还会根据自己主导修改过的关于总裁任期延长的自民党党章，在 2018 年 9 月再次连任党总裁，并顺理成章地延续首相大位。因此，理论上讲，安倍可以一直担任日本首相到 2021 年 11 月，创造日本历史上首相任期最长的纪录。

不过应该看到，虽然安倍达到了提前举行大选确保继续执政的目标，但他在获取了诸多政治利益的同时也输掉了很多带有根本性的东西。首先，提前解散众议院没有“大义名分”。国民普遍认为，安倍提前解散众议院举行大选是为了消解丑闻以求自保；而且过分利用宪法赋予首相的解散权，是对国家大法的亵渎。其次是手法恶劣。众议院选举是“政权选择”的所谓大选，本应该是各政党就其理念以及作为这种理念外化的重大政策“问信于民”，特别是作为执政党更应如此。但安倍在这次大选中重点是拿“朝鲜威胁”说事，而且他早就有意利用政府首脑掌握的行政资源，对此过分渲染夸大，置国民于不切实际的惶恐之中。而在选举过程中，安倍对其真正要做的修宪诉求，即便写进了选举纲领，但却刻意回避。这次胜选安倍靠的是“术”，而非大义名分的“道”。

二、分裂的在野党制衡安倍政权的能力弱化

民进党的临阵分裂和希望之党成为“失望之党”甚或“绝望之党”，是这次选举中最具戏剧化的两场闹剧。日本最大在野党民进党之所以在选举前夜突然瓦解，主要原因有三。一是由于执政时在国内外重大事件上举措严重失当，因而大失民望，颓然的党势一直没有改观。二是刚刚接任党首的前原诚司如果败选马上就要引咎辞职也已是可以预见的结局。所以当看到希望之

党成立之初气势如虹时，前原诚司便做出了与其合流以求摆脱困境的选择。三是民进党本身是一个由不同政治理念及政策诉求的成员拼凑而成的杂烩党，黏合度不高，难经大风大雨。

而在野党最大的败笔是希望之党党首小池百合子不仅以赞成修宪与否为红线坚持拒绝一部分民进党人，而且决定自己不参选，从而导致选情大变，其党内主要干将若狭胜也把自己赔了进去，丢了议员位子。其实，希望之党在理念上与自民党几无区别，因此被讥为“第二自民党”，是自民党的“补强势力”。希望之党本来是“乘势而起”，这个“势”其实就是东京都知事选举中小池旋风的余威，即其超强的人气。一旦小池本人出现问题，该党今后可能会沦为无足轻重的小党，其政治功能不外与维新会一起，与自民党政权小打小闹并不时起着某种补充作用，譬如在修宪问题上的合作等。而从民进党中分出来的立宪民主党，主要由自由派人士构成，在本次选举中业绩突出，成为一个亮点。立宪民主党虽然成为第一大在野党，但仅有 55 个议席，难以对自民党形成实质性牵制。

自 1955 年到 1993 年期间，虽然是自民党一直执政，但以社会党为首的在野势力一直对其形成有效制衡，所谓两党势力在伯仲之间。近年日本政治生态的“一强众弱”局面，并未通过这次大选而改观，反而是在野党整体实力更加弱小，从而使安倍政权的“暴走”将更加通行无阻。

三、选举后安倍政权的内政、外交课题与中日关系

安倍在 2012 年至今的所谓五次国政选举中，实行的都是重经济与民生、轻政治议题的选战策略。但是一旦胜选，虽然是经济、政治两手抓，但实际上在优先顺序上是倒置的，这从安倍对解禁集体自卫权等重大问题的处理上不难看出。所以今后依然会是老套路，即面对国民，安倍首先强调的是安倍经济学，而内心无疑则把在最后的任期内实现修宪的夙愿放在第一位。

然而，修改和平宪法也并非易事。在内外压力下，安倍实际上已经把修宪改成了“加宪”，即不改变宪法第九条，只在宪法中增加自卫队的存在。安倍自降门槛是为了先破和平宪法数十年不变的金身，然后再逐渐蚀空。通

过这次大选后形成的政治生态，理论上讲安倍在国会纠集三分之二以上议席方面具有了修宪的现实性，然而他还面对50%以上国民赞成这一关。所以2017年11月1日安倍继续执政之后，会实行“协调修宪”的方略，即首先会与对修宪持审慎态度但赞成“加宪”的执政联盟公明党进行“协调”。以和平理念为立党核心价值、走中间路线的公明党其实一直反对修改和平宪法，同时希望将环境保护等入宪，即根据时代的变化增加宪法内容，也就是所谓“加宪”。对于与安保相关的问题（譬如自卫队入宪），公明党主张要“问信于民”。由于这次大选中自民党将此作为选举公约之一，所以公明党对此恐怕很难再持反对态度。同时因为其他政党也有一些具体的加宪方案，所以安倍与本就赞同修宪的希望之党、赞成加宪的维新会协调，达成三分之二应该不难。至于国民这一关，安倍会借助特朗普访日的机会，强化朝鲜的威胁，以及一直以来明里暗里以各种方式灌输给国民的“中国威胁论”，甚或必要时拿钓鱼岛冒险说事，最大限度刺激国民的国家安全神经，诱导他们去投赞成修宪票。虽然修宪也好加宪也罢是日本的内政问题，但以安倍的历史态度，人们有理由怀疑日本是否能牢记给包括中国在内的国家带来深重灾难的历史教训，坚持走和平发展的道路。从这个意义上说，安倍的修宪或加宪，不仅对中国乃至地区安全与稳定增加了不确定因素，而且也未必是日本人民的福音。

与此同时，为了兑现选举承诺，安倍必须在经济和民生领域有所作为。虽然近来日本股市等经济指标有强势表现，但作为安倍经济学支柱的增长战略依然未有真正突破，量化宽松及财政刺激的短期效应已现颓势。面对增长乏力，已经突破武器出口三原则的安倍政府做大军工企业，无疑也是其选项之一。在安倍经济学并未产生普惠效果的情况下，2018年再次提高消费税，对安倍来说也是不小的挑战。此外，高企不下的政府借债，已构成潜在的危机。安倍连续赢得五次国政选举，在很大程度上是因为日本国民对安倍经济学虽不满意但也有所期待。随着时间的延长，一直业绩平平的安倍必然面临越来越大的压力。如何交出一份让国民基本满意的经济答卷，对安倍来说不啻是继续执政中面临的重大挑战。因此，安倍实际上也希望加强与中国的经济合作。

在外交方面，安倍继续积极推动日美同盟，但在如何与特朗普政府打交道等问题上，安倍似乎还没有真正找到有效方法。对中国的外交僵局，安倍政府亦尚未打破。在中国驻日大使馆举办纪念邦交正常化45周年活动时，安倍亲自带领政府及自民党要员出席。在前述与习近平主席及李克强总理会见时，安倍强调有意改善两国关系。安倍开展上述外交举动的原因是中国近年发展迅猛，“一带一路”倡议深得世界赞许，越来越强大的中国难以遏制，而美国的东亚政策尚难预料。通过适度改善与中国的关系，日本可以获得更大外交空间。但安倍政府推行俯瞰地球仪外交，近期又大力推进所谓美日印澳四国联手的印太战略，尽显与中国全面抗衡的战略心态恐怕短期内难以改变。

中日关系的“再正常化”

1972年中日邦交实现正常化，其所达成的最重要的核心成就是日本正式承认中华人民共和国政府是中国的唯一合法政府。由于冷战背景，这一过程从1949年中华人民共和国成立经过了20余年才实现，也即中日关系“正常化”在战后历经了很长的过渡期。邦交正常化之后，特别是1978年中日两国缔结了和平友好条约之后，中日双边关系进入蜜月期。也正是从该年起，中国共产党十一届三中全会决定中国实行全面改革开放路线，为实现四个现代化和使中国人民“富起来”而奋斗。从实现邦交正常化之后，特别是1978年起直至冷战结束的20年间，中日两国走的是合作共赢、共同富裕的道路。

冷战结束后，日本在国内政治、经济、社会等诸方面遭受重创，而中国经过多年积累，经济反而进入发展的快车道。在由“富起来”到“强起来”的过程中，虽然中国的发展在日本泡沫经济崩溃后对其起到了“反哺”作用，即日本在走出“失去的十年”乃至“失去的二十年”的过程中，搭上了中国经济发展的便车，对走出泡沫经济破灭的阴影获益良多。但与此同时，对中国的“强起来”日本却难以接受，逐步加深了战略疑虑，并选择了与美国联手，尽可能迟滞中国“强起来”的步伐，最终致使中日关系坠入战后最低谷。而这一个过程也大致经历了20年。因此，所谓的“再正常化”，就是日本能够真正接受中国人民“强起来”。自明治维新以来，日本逐步从内心看不起中国，包括其原来一直推崇的中国文化、社会制度乃至价值体系。瞧不起中国，可以说已经深入日本的骨髓。所以当一个积贫积弱的中国“站起来”时，日本没那么容易予以承认。当看到中国不仅“站起来”而且“富起来”，现在更要“强起来”时，日本就更难接受了。

其实，近代以来东亚日强中弱的格局并非东亚历史的常态。从更长的历史来看，所谓中日关系的“再正常化”，就是回归东亚国际格局常态而日本重新认识并接受的过程。但在目前，安倍政权似乎还在留恋并致力于“找回强大的日本”，并没有认清东亚格局的基本逻辑和发展趋势。所以尽管目前中日关系有回暖迹象，也有可能从低位徘徊走到中低位乃至中位运行，但两国关系依然脆弱。例如，安倍竭力追求并具备现实可能性的修宪问题，必将刺激敏感的中日两国关系的脆弱神经，加深彼此的战略疑虑。如前所述，日前安倍与中国领导人会见，信誓旦旦表示要改善中日关系的同时，却又大力推动美日印澳四国联盟机制，鼓吹“印太战略”，其剑指中国，打造制衡中国网络的意图再明显不过。所以，中日关系的改善还有很长的路要走。

（原文发表于《当代世界》2017年第12期）

---

[1]《解放日报》，2017年11月12日，第2版。

[2] 同 [1]。

[3]《解放日报》，2017年11月14日，第3版。

[4] 转引自《参考消息》，2017年11月14日，第16版。

如何看待中美拉三角关系中的两组结构性矛盾

周志伟 中国社会科学院拉丁美洲研究所研究员，国际关系研究室副主任，巴西研究中心执行主任

2018 年 2 月初，时任美国国务卿蒂勒森出访墨西哥、阿根廷、秘鲁、哥伦比亚和牙买加拉美五国，这是继 2017 年 8 月美国副总统彭斯出访哥伦比亚、阿根廷、智利和巴拿马拉美四国之后特朗普政府对拉美的第二次高层访问。与彭斯上次出访相比，蒂勒森针对拉美释放出了更多的信号，尤其是他在出访前参加德克萨斯大学奥斯丁分校的演讲中，将中国、俄罗斯在拉美的存在定位为“新帝国主义列强”，呼吁拉美国家重新审视和再评估中拉关系。仔细分析蒂勒森的那番言论，“中国在拉美站稳脚跟”和“中国利用其经济影响力将拉美拉入自己的轨道”可以算是最核心的内容，直接体现了美国对中国在拉美存在现状的警惕和担忧。特朗普在竞选期间以及就职后在涉及拉美问题时曾提出“修建美墨边境隔离墙”“重新谈判北美自由贸易区”“美国制造业回归”“加征墨西哥商品关税”“军事干预委内瑞拉”等口号，落脚点基本都在美拉关系本身，而蒂勒森的讲话明显突破了美拉关系的双边层面，将中俄作为未来美拉关系的重要参考变量，这折射出当前美国对拉美政策的重要变化，即域外大国在拉美影响力的上升有可能促使美国强化对拉美的外交力度，核心目标在于抑制域外大国在拉美存在的空间，维护并巩固美国在该地区的主导权。

针对蒂勒森释放出的政策信号，华盛顿智库“美洲对话”拉美问题专家

麦沛宜（Margaret Mayers）指出，美国不应该在拉美对华关系上进行说教，而应该通过强化与拉美的合作来实现美国在拉美的利益。[1] 美国陆军战争学院拉美研究教授埃文·埃利斯（Evan Ellis）则指出，中国对拉美事务的参与是中美全球性挑战的组成部分，美国需要制定一个整体战略，应对中国逐渐将美国边缘化的趋势。[2] 中国学界的分析则更多强调中拉关系发展中的互需驱动，而蒂勒森对于中拉关系的说教实际反映了美国对拉政策中根深蒂固的“门罗主义”思维。笔者认为，当前的中国、美国、拉美之间实际上已逐渐形成三边联动的关系，而其中两组结构性矛盾有可能在中、美、拉三角关系中进一步凸显，而且也越来越会影响三者之间的动态格局。

中美结构性矛盾：存量与增量的优势差异

随着综合国力的增长，中国海外利益扩展、地区影响力提升、全球事务介入、国际决策参与都呈现出快速推进的态势。在这个进程中，国际力量格局从单极向多极演进已成为现实可能，中美两国分别作为新兴大国和守成大国，存在结构性的矛盾，并且这种结构性矛盾的体现是多维度的，其中，地区权力和影响力的消长关系就是分析中美结构性矛盾呈现的一种重要剖面。奥巴马时期的“亚太再平衡”战略和特朗普的“印太战略”构想不仅反映了当前美国全球战略的调整，而且也被广泛认为是中美两国结构性矛盾在亚太地区演进的现实体现。按照中美当前综合实力对比变化趋势，随着中国海外利益规模和布局的扩大，中美在亚太地区已显现出的结构性矛盾也同样会在其他地区呈现出来，具体的呈现时间点则取决于中美两国在各地区的核心利益、政策手段、权力和影响力对比情况等多种因素。事实上，蒂勒森对中拉关系的表态就体现出美国已捕捉到在拉美地区正呈现出中美结构性矛盾的某些特征，尤其他将中国定性为“新帝国主义列强”[3]，实际上与特朗普的《美国国家安全战略》视中国为战略竞争对手相吻合，这也反映出特朗普政府的一个基本判断，那就是中美在拉美地区已存在现实上的竞争关系。尽管从目前来看，中美两国在拉美地区的权力和影响力远未达到竞争均势，但中美两国在与拉美合作中分别体现出来的增量优势和存量优势实际上反映出了两国结构性矛盾的实质内容。

一、中国在拉美地区体现出的增量优势

其一，在经济互补且强劲的供需驱动下，中拉经贸合作获得了加速推进，加速度要快于拉美与任何域外力量（大国）之间的经贸互动；其二，在经贸关系的带动下，中拉整体合作机制为下阶段中拉关系“提质升级”进行了细致规划，为中拉合作保持快速发展提供了多样的政策选择和机制保障；其三，中国的崛起、中拉关系的良性互动以及中国应对“逆全球化”趋势的创新方案使拉美国家对中国的认同感提升明显。

具体而言，在经贸合作方面，中国可以算是世界主要大国中进入拉美最晚的国家，从新中国成立到1999年经历了50年，中拉贸易才达到82亿美元，中国仅为拉美地区一个边缘化的贸易伙伴。而当时，美拉贸易的规模达到了3447亿美元，其中，美国占拉美总出口的61.6%，中国仅占0.8%。进入新世纪后，中拉经贸关系呈现明显的加速增长态势，2000年首次突破100亿美元，到2014年达到历史峰值2636亿美元，年均增速超过30%，是同时期拉美地区外贸年均增幅的三倍。同期，美拉贸易也达到历史峰值8143亿美元，年均增幅约为9%。但是，中拉贸易呈现出明显快于美拉贸易的增速。自2014年开始，中拉和美拉贸易都出现了一定萎缩，但是，中拉贸易到2017年回升至近2600亿美元，接近历史峰值，而美拉贸易在2016年仅回升至6992亿美元，回升速度也不及中拉贸易。如果考虑到墨西哥为北美自由贸易区成员国的因素，不将墨西哥计算在整个拉美范围内，中国和美国在拉美的贸易规模实际已经处于均势状态。

在投资方面，据中国商务部的统计，截至2016年底，中国对拉美直接投资存量为1573.7亿美元，尤其在2015年和2016年分别达到了214.6亿美元和298亿美元，分别增长67%和39%。[4] 拉美不仅是中国海外投资的第二大地区，中国也成为拉美地区重要的投资来源国。尤其在最近两年间，中国企业呈现出在拉美地区强劲的并购热情。仔细分析具体的并购案例，可以发

现中国企业并购对象多数为欧美发达国家企业在拉美的资产，其中就包含美国企业。比如，中国种业企业隆平高科和中信农业基金收购美国陶氏化学公司在巴西的玉米种子业务等。在经贸合作的带动下，中拉启动了以“中国—拉共体论坛”为主要平台的整体合作机制，并通过一系列经济合作规划安排以及相关金融支持机制（如中拉产能合作投资基金、中拉基础设施投资基金等）促进了中拉发展规划的对接。尤其是在 2018 年 1 月举行的中拉论坛第二次部长级会议上，中国提出的“一带一路”倡议得到了拉美国家的积极响应，体现了中拉在深化合作上的政策一致性。在会议上发表的《关于“一带一路”倡议的特别声明》[5] 中明确指出，“一带一路”倡议可以成为深化中拉经济、贸易、投资、文化、旅游等领域合作的重要途径。从最近几年中拉合作的节奏及规划来看，由于逐步形成了贸易、投资“双引擎”驱动和双多边合作平台及专项机制的支撑，中拉关系能够延续前一阶段的合作节奏，继续保持增量上的优势。与之形成鲜明对比的是，拉美国家发展对美关系遭遇了特朗普政府保护主义政策的“寒流”，特朗普政府至今提出的诸多政策都与拉美国家的利益诉求背道而驰。

二、美国在拉美地区依然具备明显的存量优势

在经贸领域，美国依然是拉美地区最大的贸易伙伴，在拉美地区的投资依然遥遥领先其他域外大国。2017 年美拉贸易额超过 7630 亿美元，近三倍于中拉贸易额。同时，美国制度、价值观、文化、软实力以及军事等方面在拉美地区也具备自己的优势，这些也构成了美国在拉美地区存量优势的重要组成部分。总体来看，得益于中国经济增速优势和中拉经济互补性、中拉政策开放的一致性，中拉合作呈现出加速推进的态势，合作领域不断拓展。但是，从影响力存量来看，美国在拉美地区的优势依然稳固。

在拉美地区，传统安全威胁并非其核心关切，发展主题才是当前拉美国家的优先议题。在这种局面下，中美两国对拉美经济的拉动效力差异、政策选项的多寡很有可能就会转化为拉美国家开展国际合作时的优先考量要素。至少从目前来看，从合作手段的多样化和合作效力来看，中国体现出了一定

的优势。对美国而言，拉美的地缘重要性是其他地区不可比拟的，虽然美国对拉政策给人形成了一种战略忽视的错觉，实际上美国在该地区具有绝对优势，尤其是冷战后，很少面临真正的竞争，“门罗主义”自始至终是美国对拉政策的核心理念。客观地分析，中美两国在拉美地区的影响力对比远未达到均势的局面。那么，美国此次对中拉关系的抨击，一方面体现出对西半球地缘政治经济关系的担忧，另一方面是中美两国在全球层面结构性矛盾在拉美地区的体现。事实上，蒂勒森在被解职前也曾对中非关系做出相类似的表态。美国的战略意图在于限制中国在各个地区的影响力空间，维持美国在全球各地区的主导身份，尽可能避免出现中美力量趋于均势的局面。但是，如果中国能够有效地运用多样化的政策工具，为拉美地区经济社会发展提供更多有效力的公共产品，那么中国在拉美地区影响力的增势势必会继续形成对美国的空间挤压。随着中国国力不断上升，中美结构性矛盾在拉美地区会更加明显地呈现出来。

美拉结构性矛盾：“门罗主义”思维与拉美联合自强

从美拉关系的历史来看,“门罗主义”一直是美国对拉美政策的核心思维，它所包含的西半球地区秩序观包含一个核心目标和两个政策手段。其核心目标就是建立、巩固和维持美国在拉美地区的霸权主导，而两个政策手段分别是遏制域外力量在拉美影响力空间的延伸以及限制拉美地区内部的整合。前一个能够从拉美独立初期美国所宣示的“美洲体系”立场、二战时期美国对德国在拉美渗入的限制、冷战时期美苏在拉美的对抗、当前警惕中国在拉美的存在等过程中都能得到充分的体现，后一个则体现在美拉双方在地区秩序建设思路上的差异。“门罗主义”思维与拉美联合自强之间的较量一直贯穿着整个美拉关系史，从而构成了美拉之间结构性矛盾。这组结构性矛盾在美拉关系发展过程中时有体现，但总体而言，并未得到充分的体现。一方面在于美国在拉美地区的权力和影响力依然处于绝对优势，另一方面则体现了拉美地区一体化的效力以及对西半球秩序的冲击力存在严重不足。但是，随着特朗普“保护主义”政策可能造成的美国减少向拉美提供公共产品，拉美地区一体化模式的转型，以及中国对拉美一体化可能形成的带动效应，美拉之间的结构性矛盾存在愈发凸显的可能。

在美国对拉美地区的政策中，虽然圈定了支点国家或地区作为重点经营的对象，但是将拉美作为一个整体的规划思路体现得非常明显，从拉美独立初期的“门罗主义”到20世纪60年代提出的“争取进步联盟”，再到90年代中期的“美洲自由贸易”，都体现出了这种政策思路。但是，从实际效果来看，美国通过整体推进的方式实现捆绑式的美拉利益共同体没有达到政策预期。从拉美地区内部一体化建设的轨迹来看，尽管拉美从20世纪60年代以来做出了很多一体化探索和尝试，但是由于地区产业链的缺失、政治生态“钟摆”波动等因素的影响，拉美一体化不仅很难持续聚焦于阿根廷著名经济学家普雷维什主张的区域经济一体化，而且也缺乏实现该目标的条件，拉美地区的内部贸易规模落后于全球其他所有区域就说明了这一问题。

进入新世纪以来，南美洲国家联盟和太平洋联盟可以算作拉美在一体化探索中的局部性突破，前者旨在实现地区政治、经济、社会和文化领域的全方位一体化，建立了12个专门理事会和南方银行，规划了促进地区经济整合的基础设施一体化；后者着力推进自由贸易。但是，南美洲国家联盟因为地区国家政治生态变化的不同步陷入停滞局面，而太平洋联盟的发展轨迹则体现出“脱拉入亚太”的核心意图。2011年12月成立的“拉美和加勒比国家共同体”（简称“拉共体”）虽然囊括了全部33个拉美国家，但是更多是基于共同声音表达的象征性政治自主意识，缺乏提升一体化水平的具体政策支撑，而政治意识为主导思路也同样受到了当前拉美复杂政治生态的影响。因此，回顾半个世纪以来美拉在地区一体化（美国强调整个西半球，拉美强调拉美次区域）的具体实施来看，虽然美国未实现西半球利益共同体的政策目标，但是拉美一体化也未形成冲击美国西半球整体秩序观的实际效果。

从特朗普目前所提出的政策主张来看，美国向拉美提供公共产品（如贸易便利、投资、援助、侨汇）的意愿明显减弱。在这种局面下，拉美地区将被迫调整对外合作思路，其中一个重要思路就是对地区经济一体化战略的回归。在过去的一年中，南共市和太平洋联盟表示出了明确的整合意愿，双方已经将两个次区域组织实现自由贸易提上议事日程，而这有可能改变拉美一体化过程中面临的“碎片化”问题，甚至弥合自 1994 年墨西哥加入北美自由贸易区以来拉美在地区一体化问题上出现的南北分歧。

从拉美地区经济一体化分析，目前存在的现实困境主要在于地区产业链缺失和基础设施“互联互通”程度不足，而后一个因素则是对前一个因素的巨大制约。事实上，实现本地区基础设施一体化一直是拉美国家（尤其是南美国家）追求的目标，2000 年便提出了南美洲区域基础设施一体化倡议（IIRSA），2005 年举行的第一届南美国家共同体（后更名为“南美洲国家联盟”）首脑会议通过了《基础设施一体化声明》。但是，受制于拉美自身投资能力不足，“互联互通”规划的落实效果并不明显。

中国“一带一路”倡议提出后，中拉双方都表现出将基础设施作为实现发展战略对接优先领域的强烈意愿，中拉论坛第二届部长级会议发表的《关于“一带一路”倡议的特别声明》便充分说明了这一点。中拉在基础设施领域的对接合作有可能直接提高拉美地区“互联互通”水平，促进地区市场的整合，推动地区产业链的优化布局，为该地区形成完整生产链创造条件，从而实现真正意义上的拉美经济一体化。如果这种可能性能够转化为现实，那么将直接触及美拉关系的“要害”，使得美拉双方之间的利益关联进一步“松绑”，直接冲击美国对拉政策中最为核心的西半球整体秩序观，从而使美拉之间的结构性矛盾得到进一步的呈现。

基于上述对中、美、拉三角关系中逐渐呈现出的两组结构性矛盾的分析判断，当前局面对于中、美、拉三方而言可能意味着不同的战略应对。对中国而言，可利用特朗普采取背离拉美国家利益的政策所提供的“窗口期”，运用自身在政策工具上的多样优势，借助拉美强烈的务实合作意愿，甚至利用美拉结构性矛盾逐渐凸显的时机，进一步扩大在拉美地区的增量优势。对美国而言，维持在拉美地区的存量优势，限制包括中国在内的域外大国在拉美的存在空间，避免拉美一体化程度加深，将是未来美国对拉美政策的三个重要核心考量。对拉美而言，最理性的政策逻辑自然是在中美这两个全球最大经济体在本地区或全球的竞争中实现自身利益的最大化，甚至通过与除中美以外的域外大国之间的互动获得更高的成本收益率。总体来看，中、美、拉三角关系的动态格局将呈现日益复杂的变化趋势。

（原文发表于《当代世界》2018 年第 4 期）

---

[1] Margaret Mayers, “Does China Understand Latin America Better than the U.S.” https://www.chinausfocus.com/foreign-policy/does-china-understand-latin-america-better-than-the-us.

[2] Evan Ellis, “It’s time to think strategically about countering Chinese advances in Latin America”, https://theglobalamericans.org/2018/02/time-think-strategically-countering-chinese-advances-latin-america/.

[3] “U.S. Engagement in the Western Hemisphere”, https://www.state.gov/secretary/remarks/2018/02/277840.htm.

[4] 周志伟:《“特朗普冲击波”下的拉美政策应对》，载《当代世界》，2017 年第 4 期，第 27 页。

[5] 中国—拉共体论坛官方网站，http://www.chinacelacforum.org/chn/zywj/t1531607.htm。

CHINA DIPLOMACY SOUTH-SOUTH COOPERATION

第四章

中国外交与南南合作

2018 年中非合作论坛峰会展望：优势与挑战

李安山 北京大学非洲研究中心主任，教授

2018 年中非合作论坛峰会给人们带来了新期盼。它将给进入新时代的中国和快速发展中的非洲带来什么机遇？新形势下双方合作面临怎样的挑战以及如何应对？以上问题为本文分析的重点。

中国在非洲的优势

目前，中非关系存在着四个世人所公认的基本事实。第一，中国与非洲关系发展迅猛，已成为一种国际社会普遍关注的现象。第二，中国为非洲提供了一种新的选择，即发展新伙伴和发展新模式的选择。第三，中国人在非洲所作所为特别是基础设施建设对所有的利益攸关方有益，他们修建的铁路、公路和桥梁为非洲人和外国人提供了各种便捷。第四，非洲民众对中国的看法基本正面。非洲人对中国的看法直接牵涉到各种有关中非合作的话语权，是检验中非关系最直接的证据。

皮尤公司每年都就“对中国的看法”（Opinion of China）这一问题进行全球抽样调查。非洲国家的反应往往最好。2015 年皮尤的全球态度调查项目结果显示，绝大多数非洲人对中国持肯定态度（favorable）。在列出受访结果的所有非洲国家中，对中国好感度最高的是加纳的受访者，占比为 80%；其次是埃塞俄比亚和布基纳法索，均为 75%；坦桑尼亚为 74%；塞内加尔、

尼日利亚和肯尼亚三国的受访者中有70%对中国表示称赞；处于最末位的南非也有超过半数的受访者对中国持有好感，有52%表示肯定。这种对中国的好感一方面来自中国企业对非洲人民做出的贡献，另一方面也来自中国移民在当地的作为。

非洲晴雨表在2016年的世界发展信息日（10月24日）发布了一份研究报告。该报告就36个非洲国家的5万民众对中国的态度进行了调查统计，平均63%的被调查者对中国持正面看法，其中马里的比例最高，达92%。2018年4月，国际著名民调机构益普索(IPSOS)发布调查报告显示，中国成为肯尼亚民众最认可的发展合作伙伴。2015年以来，益普索在肯尼亚七次开展东非域外国家影响力民调。3月，益普索对肯全国2003名普通民众进行抽样调查，其中34%的受访者认为，肯中关系是最重要的双边关系，名列第一。美国、南非、英国分别以26%、5%、4%分列二、三、四位。对于来自权威民调机构的最新调查结果，肯尼亚《星报》专门撰文分析，从各个方面详述中国是如何在肯尼亚默默耕耘，最终赢得了非洲人的心。这种良好印象无疑为"一带一路"倡议在非洲的落实及中非合作打下了良好基础。

过去18年来，中非合作论坛给国际社会带来了诸多机会和惊喜，有必要好好地总结一下它的成功之处。与非洲国家和前殖民宗主国的峰会不同，中非合作论坛的倡议来自非洲人（马达加斯加外长利娜·拉齐凡德里亚马纳纳），会议的议程由双方商定，行动计划由双方落实。自从2000年中非合作论坛设立以来，每三年召开一次，论坛举办的地点分别在中国和非洲国家之间轮换。这种模式成为其他国家效法的榜样。韩国、南美洲国家、印度、土耳其、伊朗等国家在中非合作论坛创立后的几年内纷纷建立了类似论坛。最具典型的是1993年成立的东京非洲发展国际会议（TICAD），每五年召开一次，前五届均在东京召开。然而，非洲国家对这种会议设置提出异议。在第五届东京非洲发展国际会议上，日本终于决定仿效中国，将召开的周期改为每三年一次，2016年第六届会议的地点也改在肯尼亚的首都内罗毕。

目前，国际政治舞台围绕着非洲有多种峰会和论坛，有的定期，有的不定期。主要大国英、法、美均有自己的峰会架构。英联邦政府首脑会议在英殖民帝国的基础上组成，1944 年称英联邦总理会议，1976 年改现名。所有非洲的前英国殖民地均为成员，会议每两年一次（特殊情况除外），由成员国轮流举办。法非首脑会议始于 1973 年，机制较灵活。成员从非洲法语国家逐渐扩大到非洲英语、葡萄牙语和西班牙语国家，有时涵盖所有非洲国家（1996 年）。1988 年恢复两年一次后，轮流在法国和非洲法语国家召开。在不举行首脑会议的年份，法、非外长举行磋商会议。会议对促进法国与非洲地区国家关系具有重要作用。美国虽然直到 2014 年才举办首届美国—非洲领导人峰会，但它有各种其他渠道与非洲国家沟通。这些国家与非洲打交道有四点优势。一是历史的联系。前宗主国和殖民地的关系使得双方在各方面保持了沟通渠道。二是非洲移民的存在，英法均有大量非洲移民，美国有 12% 左右的非洲裔。这使双方具有某种意义上的血缘关系。三是语言和宗教相同或相似。非洲国家的官方语言一般都用前殖民宗主国的语言，从而双方在交流上非常便捷。基督教在非洲十分普遍。四是政治制度相同。非洲国家目前大都是采取与前宗主国相同的政治制度。这四种因素是英、法、美与非洲国家关系的基础。

上面这四点可以说是中国的短板，但也成就了中国的优势。中非双方存在着历史交往，但殖民主义时期基本中断（少数华人移民除外）。然而，中国与非洲具有某种天然关系。首先是历史发展进程相似，都有过灿烂的文明，屈辱的历史以及为国家独立而斗争的经历。双方在文化上有相似之处，又都是发展中国家。在民族独立及随后的发展中，中非双方互相支持。21 世纪以来，在中非合作论坛的框架下，双方合作涵盖多个方面。特别是近年来，从六大工程（产业、金融、减贫、绿色生态环保、人文交流、和平与安全）到三网一化蓝图，再到中非合作论坛约堡峰会提出的涵盖政治、经济、文明、安全和国际事务的五大支柱。中非合作已经打下了坚实的基础，形成了自身的优势。这种优势是其他国家在发展与非洲关系时所缺乏的。

中国在非洲的优势建立在以下四个原则基础之上。一是平等相待的原则。政治学教科书研究“平等”时强调权利、机会和结果的平等，但在以强权和实力为基础的传统国际关系中，游戏规则的制定者从未提过“平等”概念。

中非关系的平等可谓国际关系的楷模。二是互相支持的原则。非洲国家相继独立后，中非双方的支持主要表现在政治斗争方面，后来发展到经济上互相帮助。现在这种互相支持是全方位的。三是自主性原则。中国在对非合作特别是援助时不附带任何政治条件，这不断受到西方国家的责难，因为它们习惯于将自己的标准强加于他国。中国尊重他国主权，将援助看作国际合作的一部分。这种合作中最重要的是自主性原则。四是共同发展的原则。共同发展既是中非合作的目的，也是双方一直遵循的原则，更是国际关系民主化的一种体现。在国际合作中，双方都有自己的利益诉求，这是十分自然的。只有在合作中充分考虑双方的发展，这种合作才具有可持续性。可以说，自中非合作论坛成立以来，首脑外交奠定了中非关系的基础，平等观念是中非关系的灵魂，互利双赢是中非关系的实质，规范机制是中非关系持续发展的保证。

在中非合作论坛成立以来的 18 年里，中国在中非合作以及非洲的发展问题上尽心尽力，已经取得了一定成就，如前所述，这些成就已经体现在非洲人对中国的总体印象中。在相关具体问题的话语权上，中国也逐渐争取了主动。例如，在非洲人就业问题上，2017 年麦肯锡的研究报告通过对八个主要非洲国家 1073 家中国企业的调研后得出结论：中国企业雇用了 89% 的非洲人，管理层 44% 是非洲人。当然，报告也指出了中国企业存在的问题（如劳动者待遇与环境污染等）。在技术转让问题上一直存在相互矛盾的观点：一种观点认为中国很少甚至没有向非洲国家转移技术；另一种观点认为，中国通过商品和其他方式对非洲进行了技术转移。中国学者在分析这一问题时，通过不同阶段分析了中国向非洲进行技术转移的不同途径。

中非关系面临的挑战及其应对

新形势下，中国在非洲具备一些其他国家所不具备的优势，但双方合作也面临一些不容忽视的挑战。中非双方需要着力应对这些挑战才能使双方合作实现可持续发展。

从2000年以来，中非合作论坛设立已经跨过了18个年头，这种机制被实践证明是有效的。每次论坛上总有一些新的提法或新的举措。然而，中国提出的一些新观念，应该是具有长远指导意义；一些大的合作项目，也不是三年就能完成的，必须经过多年的合作才能出成效。因此，每一届都要有新举措的做法难以持续。以2015年12月通过的《中非合作论坛—约堡行动计划》为例。这一计划提出2016—2018年中非合作的“五大支柱”（政治上平等互信、经济上合作共赢、文明上交流互鉴、安全上守望相助、国际事务中团结协作）和“十大合作计划”（工业化、农业现代化、基础设施、金融服务、绿色发展、投资贸易便利化、减贫、公共卫生、人文交流、和平安全）。客观地说，五大支柱具有战略层面的考虑，十点计划涵盖面极大，很难在三年时间内完成。在此背景下，双方应进一步督查这一行动计划的落实情况。

如何补上中非合作的短板，这是双方应该考虑的另一个问题。中非合作论坛的优势是充分运用中国和非洲国家特别是中国各政府部门的力量，力图涵盖各个层面。然而，如何调动民间的积极性，将民间社会力量整合到中非合作这一盘棋中，是当前中非合作的短板之一。上文提到的英、法、美三个大国有自身的优势和组织框架，而日本和德国在运用国际组织和地区组织方面做得比较好。东京非洲发展国际会议从设计时就将联合国拉进来作为合作方，后来一直充分利用联合国的影响力、动员力和号召力。日本的“一村一品”项目不仅长期坚持，也很有影响。德国目前正在利用二十国集团的平台发展与非洲国家关系。2017年在德国发展研究所主导下成立的“二十国集团—非洲常设集团”（The T20 Africa Standing Group）包括三方面力量：全球治理国家、二十国集团和非洲国家。2018年4月，“二十国集团—非洲常设集团”在亚的斯亚贝巴召开首次年会。30余个国际智库参加会议，共同探讨了与非洲发展和国际合作相关的重要问题。从会议的宗旨看，德国希望在非洲发展特别是在政策设计方面起到引领作用。联合国非洲经委会负责人在会上表示：“二十国集团非常重要，因为在七国集团和二十国集团周围有一大群机构为不同的政府写政策报告，但是我们却没有自己的这种政策制定者。”该组织另一个合作机构南非国际事务研究所的代表表示：“非洲的声音在全球讨论中至关重要，因为世界上大多数的决定都以某种方式影响着非洲大陆。非洲与二十国集团之间的接触不足，会议成功地探讨了这一点。”很明显，德国发展研究所（DIE）在德国政府的支持下，联合了其他国家的研究力量特别是南非国际问题研究所（SAIIA），力争在二十国集团的平台上引领对非洲发展的国际合作。如何充分利用国际组织和民间力量来促进中非合作，是双方应该认真考虑的另一个问题。

近年来，中非合作的大动作都是在经贸方面。然而，从各种舆论导向、媒体运作、文化互动及民间交流看，虽然文化互鉴提上了议事日程，也有所行动，但重视不够。正因为如此，中国作为主体，在举办一些活动时总会出现这样或那样的问题，从而在非洲民众中引发议论或批评，有时使中国在以西方媒体为主的国际舆论场颇为被动。没有文化交流和相互理解作为基础，中非合作走不远。有的人认为，文化交流有助于增强中国的“软实力”，有助于纠正西方对中国的扭曲宣传和非洲人对中国的不当看法。不可否认，加强文化交流有可能达到以上目的，但笔者认为，中非文化交流不应仅是基于上述目的。文化交流的本质既非宣传，也非增强“软实力”，而是互相学习的过程。只有通过文化互鉴，才能增强互相理解。文化交往绝不是为了体现一种“实力”，而是一种平等交流的过程。双方可以考虑在中非合作论坛框架下设立中国与非洲的文化咨询专家，定期举办流动讲座和交流，以促进对双方文化的理解。如果以宣传方式代替文化交流，结果可能会适得其反。

随着综合国力的提高，中国对外交往领域的扩大，中国在国际事务中承担的义务不断增加，如果仍以外交为经济建设服务这种原则为出发点，不仅会局限中国外交人员的视野，也将极大影响中国作为一个有担当、有作为的大国的形象。中国不能只注重经济利益，还必须要推崇道义力量，加强双方政治合作。联合国成立时，非洲独立国家寥寥无几，根本没有条件参与联合国的正常工作。然而，70 年过去了，非洲大陆已有 54 个独立国家，非洲联盟已成为非洲整体利益的合法代表，而非洲在代表全人类利益的国际组织——联合国安理会中却无代表，这从道义或法理上都无法解释。近年来，非洲国家已经发出强烈声音，迫切要求在联合国安理会拥有常任理事国席位。

这种要求合理合法，也是建立公正合理的国际政治体系的需要。有鉴于此，中国应高举道义大旗，理解和支持非洲。

为中非合作提供各种便捷的公共服务是中非合作论坛应该努力的另一个方面。笔者多次听到非洲学者朋友谈到，他们希望进行有关中非合作具体内容的研究，很难找到相关资料。论坛如果能及时有效地收集并提供各种具体合作的相关资料，开设各种资料检索平台，定期发布双方合作成果汇编以及相关评价，必将促进双方以及国际民众、学者、媒体、非政府组织对这一论坛的了解，也将对增加互信释疑解惑有正面积极的作用。在合作项目的设计上，如果能增加针对某些社会群体特别是妇女和青年群体设计一些辅助性帮扶或创业项目，促进双方妇女青年的交流，这不仅有利非洲社会，而且对加强民间交流更具积极效果。

中国政府在提供非洲在华留学生奖学金方面做了大量工作。这些留学生对中国有感情，愿意为中非关系做贡献，是促进双方合作的有生力量。然而，在这些留学生回国后的后续联系以及合作方面的工作，中国着力不多。如果中国政府在整理这些留学生的总数、国别、学科分布、资助项目、毕业去向、交流渠道等方面进一步做好后续工作，必将会对中非合作起到重要的促进作用。

在中非合作论坛的框架内加强与非洲国家商量并制定相关的侨民政策是另一个重要问题。中非贸易额的迅速增加以及双方经贸合作的快速提升，有赖于双方侨民的努力。反过来，中非关系的加速也催生了双向侨民的增加，这是十分自然的过程。然而，中非双方均在侨民问题上面临着相同的困难，如签证逾期、文化沟通、非法滞留以及卷入一些非法活动等。双方应该在合作框架内认真探讨侨民问题，使其成为促进双方合作的正能量。如何更好地保护侨民，为侨民的经商贸易提供更便捷的条件，应该成为论坛框架中的议题。

（原文发表于《当代世界》2018 年第 7 期）

改革开放以来中非关系快速发展的内在逻辑与成功经验

张宏明 中国社会科学院西亚非洲研究所副所长，研究员

比较研究显示，过去五年，在中国与各大洲的交往中，中国与非洲之间的合作是最为顺畅和富有成效的。中非关系的迅猛发展不仅拓展了中国在非洲利益，增强了中国在非洲的影响力，而且也使得中国在非洲的大国竞争中处于更加有利的位置。目前，中非关系正在步入转型升级、互利共赢的新时代。中非关系的迅猛发展既是中国崛起在非洲的逻辑延伸，同时也是中国政府在深化改革开放的进程中勇于开拓进取、持续加大对非工作力度的必然结果。

改革开放开启了中国与非洲合作关系的新时期

当代中国与非洲国家之间的交往始于 20 世纪 50 年代，但是中非关系全面、快速发展则是在 2000 年中非合作论坛启动之后，而改革开放初期中国对非政策的调整在其间起到了承上启下的关键性作用。改革开放后内政、外交的变化对中国的非洲政策产生了直接影响，它不仅为中国对非政策的调整做了有益的铺垫，而且也为新时期中国对非工作定下了基调。20 世纪 80 年代初中国对非政策调整包含政治和经济两个层面：前者主要反映在超越社会制度差异和意识形态分歧，一视同仁地与所有非洲国家发展友好合作关系；后者则体现为中国将在平等互利的基础上与所有非洲国家开展形式多样、讲

求实效的经济合作，以促进中非双方的共同发展。

中国对非政策的重新定位是依据形势变化在政策层面进行的调整。诚然，中国对非政策的原则或理念并未发生实质性变化，但对非工作的侧重点特别是政策目标则发生了相当大的变化。在政策调整之前，中国开展对非合作并非出于国内发展的需求，而是基于政治和外交上的考量。这一时期中非合作的内容比较单调，基本上局限于政治层面，以及为政治服务的经援关系。由于中国对非合作带有浓厚的政治色彩，决定了这一时期的中非合作多属于“非经济行为”，其扮演的角色更多是充当政策工具。

政策调整之后，基于外交为发展服务的宗旨，中国对非政策的着力点逐步向为国内发展服务的方向转变，从而使得“平等互利”原则在经济层面变得更加名副其实。随之，中国对非合作的内涵、方式和政策目标也发生了相应变化，突出体现在经贸合作在中非关系中的地位不断提升，这种趋势在 20 世纪 90 年代中期特别是进入 21 世纪后更加明显。随之，经贸合作不再充当政策工具，而系中非合作的核心内容，进而成为中国对非政策所追寻的目标。正是从这个意义上说，改革开放初期中国对非政策的调整构成了中国对非政策或中非合作关系前后两个时期的分水岭。

回望过去 40 年中非关系的演化脉络，可以更清晰地看到，改革开放初期中国对非政策调整对中非关系发展具有重大而深远的意义。它开启了中非关系的新阶段，奠定了中国对非合作的基调，并引领着跨世纪中非关系的发展方向。进入 21 世纪后特别是党的十八大以来，秉承与时俱进、改革创新的精神，以习近平同志为核心的党中央从战略统筹的高度加强对非工作的顶层设计，全面提升中非合作的战略层级，从而使中非关系呈现出全面、快速发展的良好态势。站在历史延续性的视角，中非各个领域合作也达到了一个空前的高度。

改革开放以来中非关系快速发展的内在逻辑

改革开放以来，中国对非工作形成了诸多独具特色的成功经验，其中最根本的一条就是：在平等互利的基础上，根据中国对非洲需求的变化，坚定不移地拓展和维护中国在非洲的利益。[1] 作为国家利益在非洲地区的延伸，中国在非洲的利益既是中国与非洲国家交往的驱动因素，同时也是中国对非洲战略的决策依据。事实上，在对非洲工作实践中，无论率先调整政策，还是持续加大对非工作力度，首先并且主要是基于中国自身国家利益或国家战略的考量。关于这一点，可以从中国在改革开放后各个阶段出台的对非政策的主观动机与客观效果中得到印证。

一、率先调整对非政策是基于国内工作重心转移的考虑

20 世纪 80 年代初中国对非政策调整虽然有诸多考量，但直接原因是为了缓解援外资金与国内建设资金之间的矛盾。中国改革开放虽然面向所有国家，不过，在初始阶段，鉴于国内经济建设百废待兴，基于“先把自己的事情办好”的考虑，当时中国对外开放主要是面向发达国家，旨在获取国内经济发展亟须的资金和技术。坦率地讲，在当时特定条件下，非洲尚未被纳入国家发展战略之中。由于改革开放后，中国外交工作的核心任务是为发展服务，作为“伴随战略”[2]，对非工作必须服从并服务于中国国家战略的大局，具体而言，就是对非援助要为国内建设让路。

毋庸讳言，中国率先调整对非政策虽然是一种主动行为，但却又是不得已而为之，目的是集中有限的财力搞好国内经济建设。为了这个大局，同时也是为了中国与非洲国家的长远利益，甚至需要暂时牺牲眼前利益或局部利益。事实上，中国领导人在接见来访的非洲国家领导人时也曾多次表示，现阶段中国需要首先把自己的事情办好，等中国富强了才可以更好地支援非洲国家。现在回过头来看，当时中国的战略抉择是正确的，如果没有当年的勇气和胆识，中非关系或许就不会有跨世纪的跨越式发展。

二、加大对非工作力度是基于中国深化改革开放的需要

较之 20 世纪 80 年代初的政策调整，中国在 20 世纪 90 年代中期加大对非工作力度的动因虽然更为复杂多样，但着眼点依然是为了解决自身所面临

的现实问题。用当时中国官方的话说，加大对非工作力度旨在满足“三个需求”：其一是增强中国国际地位的需要；其二是充分利用“两种资源、两个市场”，加快中国现代化建设的需要；其三是遏制台湾当局的“务实外交”，巩固外交阵地的需要。

进入 20 世纪 90 年代中期，随着改革开放的深化和经济增长的提速，中国对外合作的对象逐步由改革开放初期主要面向发达国家，转而同时面向发达国家和发展中国家，中国旨在通过后者获取经济发展所需的海外资源和市场。这意味着中国对非洲有了新的战略需求，即由此前相对单一的外交或政治需求，拓展到政治、经济双重需求。换言之，非洲在中国的外交战略和发展战略中均有了比较明确的定位。[3]

三、启动中非合作论坛机制是基于国家发展战略的考虑

世纪之交，中国政府启动“中非合作论坛”机制是由多种因素使然，其中最为重要的是源于全球化背景下中国经济持续高速增长所激发的对非洲需求的变化。在加速实施“走出去”战略背景下，中国政府明确提出中非合作是“长期的、战略性的合作”。[4] 至此，中非经贸合作被纳入到中国国家发展战略之中，成为其中不可或缺的重要一环，是中国实施“走出去”战略的重要合作地区，关乎中国经济可持续发展，乃至经济安全的大局。

非洲被纳入到中国国家发展战略之中是由其在中国 “走出去”战略中所扮演的角色决定的：其一，非洲是中国经济持续发展不可或缺的资源和原材料供应地；其二，非洲是中国最具潜力的商品、服务贸易出口和工程承包市场；其三，非洲是中国经济结构调整、产业升级转移的重要合作区域。可以说，“中非合作论坛”机制启动后，经贸合作逐步成为中非关系的基础和驱动力，并且日益紧密地融入中国的发展战略之中。这表明经贸合作不再仅仅满足于充当配合中国外交战略的政策工具，而且成为中国对非政策所追寻的目标。

四、提升中非关系战略层级是基于中国国家利益的考虑

党的十八大以来，随着改革开放的深化及中国对非洲需求的变化，基于战略全局的统筹考虑，中国决策层加强了对非工作的顶层设计。在此过程中，习近平主席创造性地提出了“中非命运共同体”“正确义利观”“真实亲诚”等诸多指导中非合作关系发展的新的政策理念，并在2015年中非合作论坛约翰内斯堡峰会上将中非“新型战略伙伴关系”提升为“全面战略合作伙伴关系”，从而开启了中非关系合作共赢、共同发展的新时代。

中国政府全面提升中非关系的战略层级，首先并且主要是基于中国自身国家利益的考虑，目的是为了更有效地拓展、维护中国在非洲利益，进而将非洲经营成为中国在地缘政治上运筹大国关系的战略外线，中国经济可持续发展的战略依托及中国参与全球治理的战略伙伴。由此可见，全面提升中非关系的战略层级，既是推动中国对非合作转型升级，巩固中国在国际对非合作中引领地位的需要；同时也是基于实现中国和平崛起，实现中华民族伟大复兴中国梦的需要。

“正确义利观”与新时代中国对非政策思想

习近平主席高度重视对非工作，在维系对非外交大政方针连续性和稳定性的基础上，与时俱进地提出了“中非命运共同体”“正确义利观”“真实亲诚”等诸多指导中非合作关系发展的新思想。上述新思想不仅开创了中国对非工作的崭新局面，同时也进一步丰富了中国特色大国外交理念。习近平主席之所以在非洲率先提出“正确义利观”绝非偶然，它是基于中国当前的国际身份，中国在中非合作中的地位，以及中国在非洲活动的国际反响等综合考量所做出的一种政策宣示。

中非合作并非是中国单方面施惠于非洲国家，“正确义利观”所要表达的是两个层面的含义或信息：其一，重申中国政府将继续恪守互利共赢合作理念，愿意在官方或政策层面适当多顾及非洲国家的利益需求和关切，为非洲国家提供更多的发展机遇；其二，“让利”不等于“舍利”，不应将官方政策与企业行为混为一谈。在经济合作中，中国仍继续坚持“政府指导、企业主体、市场运作、合作共赢”的原则。否则，偏离了互利共赢这个基础，中非合作关系就难以为继了。因为任何可持续的国际合作必定是构筑在互利共赢基础上的。“正确义利观”的本质内涵是“用中国发展助力非洲的发展，最终实现互利共赢、共同发展”。[5]习近平主席在会晤非洲国家领导人及在涉非场合发表演讲时反复强调，中国与非洲是休戚与共的利益共同体、合作共赢的命运共同体，其所要表达的也是这层意思。[6]

关于中非合作关系性质的评价，国外政界、学界也存在不同的声音和解读，甚至毁誉不一。改革开放以来中非关系持续 40 年快速发展的成功经验印证了如下事实。

其一，中国与非洲国家间关系是构筑在互利基础上并且受到各自需求的利益驱动，中国和非洲国家均是以各自的国家利益为最高准则来评估和处理中非合作关系的。[7]中非合作关系实质上就是一种互利互惠关系，双方均凭借各自的比较优势获取了比较利益。中非合作关系之所以能够蓬勃发展，根本原因就在于，双方比较好地处理了彼此间的利益关系，未来中非关系能否持续健康发展在相当大程度上也有赖于能否协调和处理好方方面面、形形色色的利益关系。

其二，中国对非洲的需求是基于非洲在中国国家利益和国家战略中的定位，因此它首先并且主要是立足于中国自身的需求；但这也并非是中国的一厢情愿，而是基于中非各自在经济禀赋方面的比较优势并且与彼此的发展任务、发展战略高度契合。[8]中非合作各具优势、各取所需、各得其所，因此，彼此互为机遇。非洲选择中国与中国选择非洲一样，均是基于自身需求或对利益的选择。中国在非洲利益的实现过程，同样也是非洲在中国利益的实现过程，中非合作是实现各自利益同一个过程的两个方面。

需要指出的是，强调中非合作的互利性质，与在非洲践行“正确义利观”之间并不存在矛盾，因为任何可持续的国际合作必定是建立在互利互惠基础上的。国家间关系首要的是利益关系，国际合作的驱动力也源于各自国家的利益需求，国际合作本质上是要实现互利互惠，并且只有当这种互利互惠基本达到平衡，至少是达到各自的预期之后，这种国际合作关系方得以维系和延续。中非关系同样是构筑在互利基础上并且受到各自需求的利益驱动，中非合作的实践已然印证了这一点。

中非合作关系之所以得以持续并成为双方的共识，“其根本原因就在于双方始终坚持平等相待、真诚友好、合作共赢、共同发展的原则。”[9] 从趋势上看，虽然中非合作所面临的国际环境或许会发生一些变化，不过，中非合作的发展势头不会减弱，中非合作关系的性质也不会改变。因为“新形势下，中非关系的重要性不是降低了而是提高了，双方共同利益不是减少了而是增多了”，唯其如是，“中方发展对非关系的力度不会削弱，只会加强”。[10] 2018 年是中国改革开放 40 周年，同时也适逢中非合作“论坛年”。继 2015 年中非合作论坛约翰内斯堡峰会之后，中非双方领导人又将于 2018 年秋汇聚北京共商中非合作大计。此次论坛峰会也将再一次印证中非之间是我中有你、你中有我的命运共同体。

（原文发表于《当代世界》2018 年第 7 期）

---

[1] 张宏明:《中国在非洲利益层次分析》, 载《西亚非洲》, 2016 年第 4 期, 第 49-74 页。

[2] “伴随战略”是相对于“地区战略”而言的，既然是“伴随战略”，也就意味着中国“有关非洲”或“与非洲相关”的战略思维和战略实践并不是针对非洲或围绕非洲本身而设计的，而只是依附于或附着于中国国家战略或国际战略而存在的。关于这两者的界定，见《中国对非洲战略运筹研究》，载《西亚非洲》，2017 年第 5 期，第 93-96 页。

[3] 需要指出的是，中国加大对非工作力度的初衷并不像日后一些西方学者和媒体所渲染或解读的那样仅仅是出于商业利益的考虑。原因在于，中国在国际关系领域面临一些比较特殊的问题，至少在 20 世纪 90 年代，中国对非洲的政治需求和经济需求是同等重要的，在特定的年份，政治需求甚至还要大于经济需求。事实上，也正是仰仗多数非洲国家的国际支持，中国才得以连续十年挫败西方大国在联合国人权大会上提出的反华提案。

[4]《外交部部长唐家璇在首届中非合作论坛会上的发言》， http://www.focac.org/chn/ltda/dyjbzjhy/zyjh12009/t155582.htm。

[5] 习近平：《开启中非合作共赢、共同发展的新时代——在中非合作论坛约翰内斯堡峰会开幕式上的致辞》，载《人民日报》，2015 年 12 月 5 日。

[6] 习近平主席的相关言论，详见《人民日报》，2015 年 6 月 10 日、2015 年 11 月 4 日、2015 年 12 月 5 日和 2016 年 5 月 31 日。

[7] 改革开放的总设计师邓小平明确指出，世界各国“都是以自己的国家利益为最高准则来谈问题和处理问题的”。见《邓小平文选》第3卷，北京：人民出版社，1993年版，第330页。

[8] 关于这一点，在2015年12月举行的中非合作论坛约翰内斯堡峰会上所通过《中非合作论坛约翰内斯堡峰会宣言》和《中非合作论坛——约翰内斯堡行动计划（2016—2018年》两个成果文件中亦有所体现，后者作为指导中非合作的战略性文件明确了今后一个时期中非合作发展的优先方向和重点领域。

[9] 习近平主席2015年12月4日在中非合作论坛约翰内斯堡峰会开幕式上的致辞《开启中非合作共赢、共同发展的新时代》，载《人民日报》，2015年12月5日。

[10] 2013年3月25日习近平在坦桑尼亚尼雷尔国际会议中心发表题为《永远做可靠朋友和真诚伙伴》的重要演讲，全面阐述中非关系以及中国对非政策主张。见《习近平谈治国理政》，北京：外文出版社，2014年，第306页。

中非合作发展的先导作用与“一带一路”倡议

刘青建 中国人民大学国际关系学院教授

中国“一带一路”倡议为中国和亚非拉发展中国家之间的合作提供了一个巨大的包容性合作平台。中非合作发展具有创造性和历史意义的南南合作经验为“一带一路”倡议下发展中国和亚非拉地区广大发展中国家的合作起到了先导作用。中非合作发展的先导作用具体表现在四个方面。

中国政府的主导作用

在中非合作发展中，中国政府的主导作用表现在其对外战略和对外政策中。21世纪中国政府先后出台了两个对非政策文件，为中非合作进行了战略定位、政策指导以及机制保障。2006年1月，中国政府发表了《中国对非洲政策文件》，提出了中国对非政策“真诚友好、平等相待、互利互惠、共同繁荣、相互支持、密切配合、相互学习，共谋发展”的总体原则和目标，确立了与非洲在四个方面、30个领域的全方位合作政策。[1] 2015年12月中国政府的第二个《中国对非洲政策文件》，总结了十年来中非合作的经验，并表示在新形势下，中国将秉持“真、实、亲、诚”的对非政策方针和正确义利观，推动中非友好互利合作实现新的跨越式发展。中国愿本着“非洲提出、非洲同意、非洲主导”原则，以积极、开放、包容的态度同其他国家及国际和地区组织加强协调与合作，在非洲探讨开展三方和多方合作，共同为非洲实现和平、稳定、发展作出贡献。[2]

中国政府的主导作用还表现在地方政府跟进中央政府的战略和政策，引导他们结合自己的发展实际选择具体实施领域，各个企业根据自己的实际情况，选择与自己经营领域相关的具体项目到非洲去开发并实施。中国政府以自己的诚信和全国各级政府的参与以及全民的行动，不断推动中非合作向更深入更广阔的领域发展。中国企业在中国政府“走出去”战略引领下，在非洲投资兴业，把中国的发展速度带进了非洲。中国各行各业也在中国政府的引领下，走进了非洲，如技术交流与合作、教育交流与合作、文化交流与合作等。

从“一带一路”倡议提出以来的发展进程来看，同样遵循的是中国中央政府主导的路径。2013 年习近平主席提出“一带一路”倡议后，2014 年“一带一路”倡议被写入《中共中央关于全面深化改革若干重大问题的决定》和 2014 年的《政府工作报告》，并通过《丝绸之路经济带和二十一世纪海上丝绸之路建设战略规划》，使建设“一带一路”成为国家重要的发展战略。2015 年 3 月 28 日，国家发展改革委、外交部、商务部联合发布了《推动共建丝绸之路经济带和二十一世纪海上丝绸之路的愿景与行动》，2015 年 10 月推进“一带一路”建设工作领导小组办公室发布了《标准联通“一带一路”行动计划（2015—2017）》，2017 年 6 月 12 日国家发展和改革委员会、国家海洋局联合发布《“一带一路”建设海上合作设想》。2018 年 1 月围绕推进“一带一路”建设新阶段的总体要求和重点任务，结合标准化工作实际，推进“一带一路”建设工作领导小组办公室发布了《标准联通共建“一带一路”行动计划（2018—2020 年）》。这些文件成为推进“一带一路”建设的指导性文件。

早在 2016 年 4 月 29 日，习近平主席在主持十八届中央政治局第 31 次集体学习谈到“一带一路”倡议时，就明确了中国政府的主导作用。习近平主席指出：“既要发挥政府把握方向、统筹协调作用，又要发挥市场作用。政府要在宣传推介，加强协调、建立机制等方面发挥主导性作用，同时要注意构建以市场为基础、企业为主体的区域经济合作机制，广泛调动各类企业参与，引导更多社会力量投入‘一带一路’建设，努力形成政府、市场、社会有机结合的合作模式，形成政府主导、企业参与、民间促进的立体格局。”[3]

2017 年 10 月在中共十九大报告中，习近平总书记在总结过去五年的工作和历史性变革时，把实施共建“一带一路”倡议，举办首届“一带一路”国际合作高峰论坛作为“全面推进中国特色大国外交，形成全方位、多层次、立体化的外交布局，为我国发展营造了良好外部条件”的重要方面；在“贯彻新发展理念，建设现代化经济体系”的任务中明确把“一带一路”建设作为“推动形成全面开放新格局”的重点；并提出了将“积极促进‘一带一路’国际合作，努力实现政策沟通、设施联通、贸易畅通、资金融通、民心相通，打造国际合作新平台，增添共同发展新动力”作为“坚持和平发展道路，推动构建人类命运共同体”新时代中国的对外战略和政策。[4]

公共产品供给的大国责任担当

2000 年建立的中非合作论坛是在非洲倡议、中国政府积极回应下建立和发展起来的。在两个《中国对非洲政策文件》的指导下，中国政府通过三年一次的中非合作论坛机制不断出台合作新举措，并以后续行动计划切实保障合作举措的实施与效果。中国相关部门及其机构在这些政策文件及行动计划的指导下，建立了相应的合作机制，如中非经济部长论坛、教育部长论坛、企业家论坛、智库论坛、青年论坛等，全面落实中国政府在中非合作论坛会议中所提出的各种创意，以及中国政府所做的各项承诺。不仅如此，在具体合作领域，中国政府还建立了各种合作机制，以保障合作的顺利进行。例如，经过十几年的发展，中非农业合作建立了比较完善的合作机制，并用项目的形式实现和完成了双方的合作。具体项目包括：商务部援外司援非项目、农业部国际合作司项目、教育部中非大学合作项目、外交部中非联合研究交流计划项目、国家自然科学基金委国际合作局南南合作项目、科技部国际合作司南南合作项目、中非发展基金、中非粮食基金项目。

与中非合作论坛机制构建不同的是，“一带一路”倡议首先是由中国领导人提出来的。由于该倡议是一个包含了众多不同制度、不同发展水平国家的合作倡议，因此，该倡议提出之后，中国领导人就在各种国际场所不断宣传和推进“一带一路”倡议，以平等合作的诚意实现政策沟通，从而赢得了“一带一路”沿线许多国家的认同，并积极参与到与中国“一带一路”发展战略的对接之中。在赢得了全球100多个国家和国际组织积极支持和参与之后，中国政府于2017年5月14日主持召开了“一带一路”国际合作高峰论坛，从而构建起“一带一路”国际合作的平台。在此次会议上，习近平主席宣布，中国将设立“一带一路”国际合作高峰论坛后续联络机制，成立“一带一路”财经发展研究中心，“一带一路”建设促进中心，同多边开发银行共同设立多边开发融资合作中心，同国际货币基金组织合作建立能力建设中心。[5]“一带一路”倡议成为新时代中国向国际社会提供的公共产品，体现了中国的大国责任担当。

发展战略对接与互利共赢发展

中非合作发展的先导作用还表现在，从与非洲的发展对接到与“一带一路”沿线发展中国家的发展战略对接；从满足非洲发展的需要到满足“一带一路”沿线发展中国家发展的需要。

2013年在习近平主席提出 “一带一路”倡议之前的5月，非洲联盟第21届首脑会议提出了非洲《2063年议程》。“一带一路”倡议和非洲《2063年议程》在同一年内提出无论对中国还是对非洲都具有非常重要的意义。非洲《2063年议程》提出后，中国政府就开始研究非洲《2063年议程》所提出的非洲发展目标，在中非合作中根据这些目标确定合作项目。2015年12月中非合作论坛约翰内斯堡峰会发布的《中非合作论坛约翰内斯堡峰会宣言》明确指出，“积极探讨中方建设‘丝绸之路经济带’和‘21世纪海上丝绸之路’倡议与非洲经济一体化和实现可持续发展的对接，为促进共同发展、实现共同梦想寻找更多机遇”。[6]

在对非合作中，中国政府始终奉行独立自主的和平外交政策，尊重非洲国家和人民所选择的发展道路，绝不以牺牲非洲国家的利益为代价来发展自己。如21世纪初，在安哥拉需要发展资金、技术时，中国不顾西方的各种诟病帮助安哥拉渡过了发展初期所面临的难关。中国与安哥拉的合作，不仅使安哥拉政府获得了重建资金、技术、人才和人力等多方面的支持和协助，赢得了经济发展，稳定了国内政局，惠及了普通百姓，而且保证了其外交的独立自主。与中国企业的合作，使安哥拉逐步建立起本国的石油工业体系，推动了安哥拉基础设施建设的全面改善，促进了安哥拉在农业、渔业、电信业乃至居民住宅等领域的迅速发展，实现了国家重建并带动其经济的提升。当安哥拉实现发展之后，又选择了其他合作伙伴，中国政府和企业也欣然接受。这展现了中国的大国担当和胸怀，体现了中国的正确义利观和"真、实、亲、诚"的合作理念。这样的实例在中非合作中不胜枚举。

中国在推进"一带一路"建设的过程中，成功实现了与沿线一些发展中国家发展战略的对接。这些对接包括哈萨克斯坦的"光明之路"、土耳其的"中间走廊"、蒙古的"草原之路"、越南的"两廊一圈"、印尼的"全球海洋支点战略"以及"中俄蒙经济走廊"和"万里茶道"等等。中国同老挝、柬埔寨、缅甸等国的规划对接工作也全面展开。中国同40多个国家和国际组织签署了合作协议，同30多个国家开展了机制化产能合作，同60多个国家和国际组织共同发出推进"一带一路"贸易畅通合作倡议。与"一带一路"沿线发展中国家的发展战略对接必将推动这些国家的经济发展，同时，也将有利于中国的进一步发展。

"五通"合作实践的示范作用

"一带一路"倡议提出的政策沟通、设施联通、贸易畅通、资金融通、民心相通等五大合作重点，在中非合作中已经践行多年。

在政策沟通方面，中国和非洲领导人频繁的高层互访是双边政策沟通的最高渠道。2013年，习近平就任国家主席后首次出访的国家就是非洲国家。2015年12月习近平主席再次访问了非洲。2018年中国两会结束后仅两周时间内就有三位非洲领导人访问了中国。[7] 中非合作论坛已经成为中国与非洲国家多边政策沟通的重要平台。自 2000 年设立以来，中非合作论坛已举行了六届会议，会议期间和会议前后中国和非洲各国的高层官员都要进行持续不断的政策沟通，确立每次论坛的主题和此后三年的合作规划。2018 年将举办的第七届中非合作论坛会议是在北京举行的第二次领导人峰会。中非领导人将再次聚首北京，共商中非友好合作大计，规划新时代中非合作蓝图，出台引领中非合作发展的重大举措。

在设施联通方面，中非的设施联通既包括传统的公路、铁路、航空、航运等领域的联通，也包括电力、电信、邮政等新领域的联通。在传统的基础设施建设上，截至 2016 年初，中国帮助非洲建立了 16 座机场和航站楼、20 座桥梁、12 个港口、68 个电站、77 个体育场、16 座议会大厦、38 座政府大楼、9 个会议中心。2017 年 5 月中非合作建设的蒙内铁路正式通车。在电力、电信领域，中国为尼日利亚发射首个通信卫星，为津巴布韦建立高性能的超级计算机中心，帮助许多非洲国家发展数据库，中国的智能手机为非洲人的通讯提供了方便。

在设施联通的基础上，中国还通过建立产业园区和农业示范中心为非洲的工业和农业现代化发展奠定基础。“目前中国在非洲建成、在建或筹建的产业园约有近 100 个，其中 30 多个已经开始运营。”“产业园建设业已成为目前和今后一个时期非洲工业化及中国对非经贸合作，特别是产能合作的重要载体，契合中国‘一带一路’倡议精神和非洲‘2063 年议程’战略目标，符合中非双方的利益诉求。”[8] 例如，中国在非洲建立了农业企业、各类农场和农业技术示范中心，为非洲农业现代化打下了基础。中国在非洲建立了 23 个农业示范中心，派遣专家 1700 人，农业技术人员 1 万多人次。农业示范中心为非洲培养了大量的农业技术人员。中国湖北棉业公司在马拉维投资 3 万美元，以公司加农户模式开展棉花生产和加工，帮助农户种植棉花，使当地十万农户受益，还增加了该国出口创汇。棉业公司还在该地建立了“中国援马农业技术示范中心”，在区、片、村三个层次上采取多种形式传授农业种植技术，为解决当地农民脱贫问题和农业发展服务 [9]。

在贸易畅通方面，中非贸易快速增长，从2001年的108亿美元增长到2017年的1697.5亿美元，其中2014年最高时曾达到2220亿美元。中非贸易快速增长得益于贸易畅通和双边贸易的互补性。

在资金融通方面，中国向非洲提供了大量的援助和投资。据2017年《非洲投资吸引力报告》的数据，2005年以来，中国已经在非洲投资了293个外国直接投资项目，投资金额高达664亿美元，创造就业岗位超过13万个。2016年中国对非洲新增直接投资达到32亿美元，涉及工程建设、制造业、服务业、矿业、农业及基础设施等众多领域。[11]据商务部西亚非洲司的数据，仅2016年，中国对非洲非金融类直接投资流量达33亿美元，同比增长14%，覆盖建筑业、租赁和服务业、采矿业、制造业、批发和零售业等领域。[12]

在民心相通方面，中非丰富多彩的民间文化交流、中非学者互访、中国对非洲政府官员、工程技术人员、中小学教师的培训以及不断增加的来华学习的非洲留学生为民心相通搭建了桥梁。2000年以来，中国为非洲兴建学校200多所，来华留学人员逐年剧增，到2015年为非洲培养各类人才13万人次。

在中非发展合作中，中非领导人频繁互访和三年一届的中非合作论坛会议实现了中非之间的政策沟通，中国在非洲的大量基础设施建设创造了设施联通，中非贸易快速增长得益于贸易畅通，中国给非洲提供的援助和大量投资有利于资金融通，中非丰富多彩的民间文化交流为民心相通搭建了桥梁。可见，“一带一路”提出的五大合作重点已在非洲初见成效，并为中国与“一带一路”沿线发展中国家的五通合作提供了极好的范例，也为未来与亚非拉国家深化五通合作积累了丰富的经验。

总之，中非合作发展所取得的经验和成果不仅为中国“一带一路”倡议在沿线发展中国家的实施发挥了先导作用，而且也为中非发展合作与“一带一路”倡议的顺利对接提供了先期经验。它将促推中非发展合作与“一带一路”倡议的顺利对接，实现中非共同发展的目标，同时，也将增强中国与亚非拉发展中国家共同把“一带一路”建成和平之路、繁荣之路、开放之路、创新之路、文明之路的信心和决心。

（原文发表于《当代世界》2018年第6期）

---

[1]《中国对非洲政策文件》，载《人民日报》，2006 年 1 月 13 日。

[2]《中国对非洲政策文件》，http://news.xinhuanet.com/2015-12/05/c_1117363276.htm。

[3] 习近平：《推进“一带一路”建设，努力拓展改革发展新空间》，载《习近平谈治国理政》第二卷，北京：外文出版社有限责任公司，2017 年版，第 501—502 页。

[4] 习近平：《决胜全面建成小康社会夺取新时代中国特色社会主义伟大胜利》，载《人民日报》，2017 年 10 月 28 日。

[5] 习近平：《携手推进“一带一路”建设》，载《习近平谈治国理政》第二卷，北京：外文出版社有限责任公司，2017 年版，第 516 页。

[6]《中非合作论坛约翰内斯堡峰会宣言》，http://www.fmprc.gov.cn/web/zyxw/t1323144.shtml。

[7] 他们是喀麦隆总统比亚、纳米比亚总统根哥布、津巴布韦总统姆南加古瓦。

[8] 于明飞、刘畅：《非洲黄皮书，< 非洲发展报告（2016-2017）> 发布会召开》，http://world.people.com.cn/n1/2017/0829/c1002-29501796.html。

[9] 2017 年 9 月 9 日笔者在马拉维首都利隆圭参加国际会议期间，在中国驻马拉维大使馆王世廷大使的安排下，参观了该农业技术示范中心。笔者看到在该国缺水的凉干季节，其农村一片荒凉，但该示范中心却郁郁葱葱，水稻、玉米、棉花、黄豆、绿豆等农作物丰收在望，各种蔬菜长势喜人。它的示范作用不言而喻。

[10] 根据中非合作论坛网提供的数据整理。http://www.focac.org/chn/zfhzsgll/。

[11] 梁靖雪：《< 非洲投资吸引力报告 > 称：中国对非投资创下新纪录》，http://www.ce.cn/xwzx/gnsz/gdxw/201705/09/t20170509_22628490.shtml。

[12] 商务部西亚非洲司：《2016 年中国对非洲投资数据统计》，http://xyf.mofcom.gov.cn/article/date/201702/20170202520441.shtml。

非传统安全视阈下的中非安全合作

安春英　中国社会科学院西亚非洲研究所编审

习近平总书记在党的十九大报告中明确提出，“坚持推动构建人类命运共同体”“始终做世界和平的建设者、全球发展的贡献者、国际秩序的维护者”[1]。对于非洲而言，该地区一直是世界上安全问题多发的多事之洲。据澳大利亚经济与和平研究所发布的《2017年全球和平指数报告》数据显示，在全球163个国家中，非洲有五国居2017年世界最不安全国家后十位之列。[2]鉴此，塑造和平发展的环境是当下非洲国家的重大利益所在，同时也是中国在非洲推进“一带一路”建设的迫切所需，安全合作由此成为彰显中国在非洲的“大国国际责任”、践行中非“利益共同体”和“命运共同体”的重要领域。

当前非洲地区的安全态势

冷战结束后，尤其是进入21世纪以来，传统安全方面压力得到缓解，非传统安全问题成为对国家安全和地区稳定的直接威胁。当前，非洲国家面临的非传统安全威胁主要体现在以下几方面。

一是低烈度社会动荡。虽然多党政治模式已在非洲落地，但民主转型进程远未完成，其后果就是非洲一直频现“逢选易乱”的问题，2017年冈比亚、加蓬、肯尼亚等国举行大选，三国虽未发生大规模的暴力事件，但均出现了选举争议，进而演化为低烈度冲突。例如，在加蓬选举结果出炉后，加蓬首都利伯维尔街头出现抗议者与警方爆发冲突、抗议者纵火焚烧议会大楼等情况。

二是恐怖主义袭击。受到阿拉伯剧变及其溢出效应的影响，非洲的暴恐袭击亦进入新的活跃期，北非马格里布基地组织、西非“博科圣地”、东非索马里“青年党”、“伊斯兰国”利比亚分支等都是宗教极端主义与恐怖袭击相聚合的产物。当下，非洲已形成从西非穿越萨赫勒地区抵达东非之角的“恐怖主义动荡弧”。值得注意的是，在国际社会、非洲区域或次区域一体化组织以及当事国政府的合力打击之下，恐怖组织活动由大规模集中方式转化为分散化、碎片化袭击，“博科圣地”则散布于尼日利亚、喀麦隆、尼日尔、乍得多国。2017 年 10 月，“青年党”在索马里首都摩加迪沙进行的汽车炸弹袭击导致 231 人死亡、275 人受伤。

三是族群冲突。由于统一的非洲民族国家构建任务仍未完成，部族因素常常会引发国内冲突。2011 年南苏丹人为从苏丹成功分离流下喜悦的泪痕未干，这个新生国家很快再次陷入暴力冲突之中，喜悦的泪水变成痛苦的泪水。到 2016 年 7 月，因权力分配不均，以南苏丹原副总统马沙尔为首的来自该国第二大部族努尔人的强大武装力量同以基尔总统为代表的该国最大的部族丁卡族军队展开武力对抗，造成南苏丹 8.5 万人流离失所，成为战争难民。[3] 在埃塞俄比亚，2015—2017 年安全形势趋紧，该国曾发生奥罗莫族（占总人口 40%）和阿姆哈拉族（占总人口 30%）因对提格雷人（占总人口 8%）施政不满的抗议或冲突事件。

四是海盗犯罪活动。在全球五大海盗高危海域中，索马里海盗和几内亚湾海盗最为猖獗。在国际社会联手打击之下，索马里海盗袭击数量从 2012 年开始大幅下降，2017 年武装袭击有所死灰复燃。但目前几内亚湾已超过索马里海域成为非洲第一大海盗犯罪高发区。[4] 2017 年 1—4 月，几内亚湾海盗袭击了 40 艘大小船只，其中 15 起涉及绑架。[5] 他们袭击海上油气设施、劫掠船只、绑架人质，给海上运输、沿岸国家乃至国际社会造成了巨大危害。

五是饥饿与粮食供应短缺。粮食安全是一个全球性问题，在非洲地区表现得尤为突出。据联合国粮农组织数据，2016 年全球饥饿人口达到 8.15 亿，粮食不安全发生率为 11%。而各发展中国家地区粮食安全进展不平衡，撒哈拉以南非洲地区粮食不安全范围最广、程度最深，且粮食安全状况有不断恶化的趋势。该地区饥饿人口比例居世界第一（22.7%），粮食不足的人口数量为 2.24 亿。[6] 非洲严峻的粮食安全状况不仅威胁到非洲贫困人口的生存状况，而且给社会稳定带来负面影响。

六是传染性疾病与公共卫生问题。非洲一直是世界上传染病高发区，艾滋病、肺结核和疟疾等传染病长期肆虐非洲。据世界卫生组织统计，2016 年，全球艾滋病毒携带者约 3670 万人，其中非洲有 2560 万（约占总数的 70%）。[7] 而从 2014 年起，埃博拉传染病横扫利比里亚、塞拉利昂和几内亚三国，至今已造成 1.13 万人丧生。2017 年 5 月，位于非洲中部的刚果（金）又爆发了埃博拉疫情。上述突发的公共卫生事件不仅使当地公众生命受到威胁，正常的生产和生活秩序遭到破坏，还造成社会的局部动荡、恐慌和混乱。

总体看，非洲的非传统安全问题呈现三个特点：一是多样性，即非洲国家的安全问题涉及多个方面；二是跨国性，即非洲国家的安全问题突破了原有民族与国家的地区性局限，例如刚果（金）的反政府武装“M23 运动”活跃在刚果（金）和乌干达、卢旺达等国的边境地带；三是互动性，即安全问题在诸方面存在一定的交织，如海盗活动与反政府武装相勾连，流行性疾病蔓延与粮食安全问题部分重叠等等。上述六个方面的非传统安全威胁对非洲国家的安全挑战加大，既需要非洲自身的努力，同时也要求外部国际合作，共同应对。

中国参与非洲安全治理的理念与实践

安全合作作为中国对非整体合作的一部分，与中国对非政策理念相一致，即遵循中国政府提出的“真、实、亲、诚”对非政策理念及“利益共同体”“命运共同体”的伙伴意识。基于此，在中非安全合作中，首先，与西方国家在非洲推动政权更迭、培养代理人做法截然不同，中国倡导“非洲提出、非洲同意、非洲主导”的安全合作观，支持非洲国家自主解决本地区问题，配合落实非盟《2063年议程》等各类安全治理规划，这体现了中国始终奉行的“不干涉内政原则”以及大国国际责任。其次，强调多边主义原则，即通过联合国安理会、非盟等国际组织或次区域组织主导下开展多边对非安全合作，这与法国、美国等国在非洲采取单边军事行动有很大的区别。再次，秉承“发展—安全”总体安全观。在中方看来，非洲动乱的根源在于发展不足，发展是稳定的基础与条件，贫困为恐怖主义的产生提供了温床，经济、社会、文化等非军事领域安全问题与军事安全具有很强的正相关性，这就需要以发展促安全。上述理念反映出中国创建和平、发展、合作、共赢的大国特色外交的要义。据此，中国在以下方面参与并推进非洲安全治理。

第一，提请联合国关注非洲安全议题，并参与联合国在非洲地区的维和行动。中国作为联合国安理会常任理事国，通过倡议召开涉非安全议题公开辩论会，积极推进非洲地区的和平与安全建设。例如，2017年7月，中国在担任安理会轮值主席国期间，围绕叙利亚、也门、南苏丹、刚果（金）、哥伦比亚、塞浦路斯等国际和地区热点问题，主持召开了30余场会议，并由中方倡议举行了“加强非洲和平与安全能力建设”公开辩论会，凝聚共识，推动国际社会正视非洲面临的安全困境并向非洲国家提供相应帮助。中国军队自1990年起开始参加国际维和任务，截至2017年底，共有2400多名中国军人在非洲刚果（金）、马里、南苏丹、利比里亚等七个任务区参与联合国主导的维和任务，包括修桥护路、扫地雷、收治病人、难民遣返、武装护卫、后勤保障、社会维稳等。在亚丁湾海域，中国共派出28批护航人员，为6000多艘船只提供海上商贸安全保障服务。[8] 在这些维和的高风险区域，中国军人面临着极大的危险，有的甚至付出了生命，为当地冲突预防、长期和平条件的维护作出了巨大贡献。

第二，依托特使机制，参与非洲危机管理。2007年5月，中国开始设置中国政府非洲事务特别代表一职。特使作为中国政府首脑的私人代表，承接了在正式外交渠道之外的特殊使命，积极斡旋非洲热点问题，如在达尔富尔问题、南北苏丹关系、马里政治危机、南苏丹内战、索马里难民救助等问题上，听取利益攸关方的看法，并同各方交换意见，起到了信息传递与沟通乃至调解与化解分歧的作用。例如，许镜湖特使于 2017 年 5 月出席在伦敦举行的索马里问题国际会议，围绕索马里安全体系建设、政治进程、经济复苏、人道主义危机和新型伙伴关系五大议题展开商讨。通过特使外交，中国介入非洲地区热点问题，传递中国声音，提出中国方案，为推进非洲的和平与安全发挥了独特的建设性作用，产生了一定国际影响力。

第三，帮助非洲提升自身安全能力建设。在冲突预防方面，中国支持联合国、非盟等区域和次区域组织为政治解决非洲热点问题发挥主导作用。而基于非洲自身集体安全能力不足的现状，中方向非盟提供总额为 1 亿美元的无偿援助，支持非洲常备军和危机应对快速反应部队建设。在粮食安全保障方面，中方通过援建农业技术示范中心、举办农业管理与技术培训班（如“非洲农村教育官员能力建设研修班”）等方式，开展农业技术试验示范、培训与推广、管理经验传授，努力提升非洲国家农业发展的能力建设。在完善公共卫生保障体系方面，针对非洲缺医少药的情势，中国参与非洲疾控中心等公共卫生防控体系和能力建设，除了援非医疗队、抗疟中心的中方医护人员在当地继续传授治疗经验、服务病患以外，从 2015 年 12 月起，中方开始启动“中非公共卫生合作计划”，支持中非各 20 所医院开展示范合作，加强专业科室建设，继续派遣医疗队员，共同开发卫生人力资源。毋庸置疑，上述举措有助于非洲国家提升自身安全能力建设，以期实现非洲持久稳定与发展。

第四，秉持“发展—安全”观，以发展促地区和平。中方认为，非洲动荡的根源在于发展问题，解决的出路也是推进国家发展，因此中国努力推进双方共赢的经济与减贫合作，加快发展，改善民生，夯实社会稳定和谐的基础。在经济与社会发展领域，中国的“一带一路”倡议与非盟《2063 年议程》《非洲加速工业发展行动计划》等实现战略对接，在非洲投资建设了埃及泰达苏伊士经贸合作区、东方工业园等 20 个经济特区，努力使其成为中非双方在非洲产业集聚和国际产能合作的示范性平台，创造更多的就业机会，增加当地民众收入，推动非洲实现以工业化发展为核心的包容性经济转型。此外，中国还在非洲国家以投资或援助形式建设了大量公用基础设施，改善贫困人口的生产与生活条件。东非第一条电气化铁路亚吉铁路以及采用中国国铁一级标准的蒙内铁路建成通车，大大带动铁路沿线经济带的发展。

由此看，中国参与非洲的安全治理与西方国家军事威慑、武力干预、建立势力范围、单边行动、以军事促安全等做法不同，更加关切非方的需要，侧重多边协调、危机预防、能力建设等方面，创造了安全领域的南南合作新模式，为维护和平与安全做出了建设性贡献。

深化中非安全合作的路径

近年来，随着中国国家实力的增长、海外利益的扩大，以及影响非洲安全稳定因素的持续存在，基于“共同安全”观，中非安全领域的合作愈加成为双边发展合作的新增长点。当下，中非双方正在全力落实中非合作论坛约翰内斯堡峰会上提出的“中非和平与安全合作计划”，不断深化中非安全领域的合作。未来，为使中非安全合作稳步推进，中方应关注以下几方面。

第一，中国与第三方在非洲安全合作领域有分歧，但三方形成合力更为重要。由于非传统安全问题具有跨国性、不确定性、突发性、动态性等特点，因此，来自非传统安全的威胁无法依靠中国或非洲单方面力量完全控制，需要多国参与、共同应对。无论是非洲的维和行动，还是打击索马里海盗和几内亚湾海盗，抑或抗击艾滋病、埃博拉等传染病的侵袭，可以看到美国、中国、德国、日本等国以显现（如派遣人员）或隐性（如提供资金）方式的存在。虽然中国与欧美国家在参与非洲安全治理的理念、着力点和侧重点有所不同，但双方在打击恐怖主义、减贫、维护地区稳定、解决难民问题等方面具有利益契合点，而且都认为营造共同安全才是确保自身安全的可靠前提。因此，在非洲安全治理方面，各参与方宜求同存异，依托合作机制，加大对非安全合作力度。

第二，维护非洲在解决地区和平与安全问题方面的主导权。长期以来，非盟、伊加特、西共体等地区组织虽力图实现“非洲人以非洲方式解决非洲问题”的目标，但由于上述地区组织在组建常备军、执行冲突管理任务、打击恐怖活动等行动中，所需资金巨大，非盟成员国无力承担，因此绝大部分维稳资金来自于欧盟、美国、中国等。而欧美国家在为非盟或非洲国家提供活动资金时，常常设置一些条件。例如，欧盟要求每一次非盟行动都要先提交欧盟委员会与欧盟政治与安全理事会的认可，这就意味着欧盟成员国可按照其国家利益影响非盟具体实施哪项行动。事实上，非洲是非洲人的非洲，参与非洲安全治理的外部力量不能“越位”，应尊重非洲区域组织在解决本地区问题中的主导作用，充分发挥地区组织所具有的特殊经验和优势等。为此，中国需在联大或联合国安理会及与非洲地区组织解决地区冲突问题、推动地区或国家发展问题时，倡导“非洲提出、非洲同意、非洲主导”的安全合作观，回应非洲国家的安全治理国际合作诉求，为共同应对安全问题提供解决思路并加强协调和配合。当然，在此过程中，中方亦要发出“中国声音”，体现“中国智慧”与“中国贡献”。

第三，处理好道义、责任和能力的关系，建设性介入非洲安全治理。中国在对非关系与双边合作中，提出了“真、实、亲、诚”“正确的义利观”“利益共同体”“命运共同体”等关键词，彰显出中国政治文化具有很强的道义性。而“中国需要非洲，非洲需要中国”以及“我们前所未有地走近世界舞台中央”“中国将继续发挥负责任大国作用”等理念，表达中国参与包括非洲在内的全球事务的责任担当。与此同时，欧美国家民粹主义甚嚣尘上，美国特朗普政府出现忽视非洲政策取向。在此情境下，中方应理性研究判断对非安全合作的机遇与挑战，吸取美国由于全球战略过载和战略透支导致其在地区安全利益受损的教训，力所能及地建设性介入非洲安全事务。尤其是中国可依托“一带一路”软力量，扩大与非洲国家的经济合作，通过改善民生，解决滋生冲突的深层次、根源性问题。

（原文发表于《当代世界》2018 年第 5 期）

---

[1] 习近平：《决胜全面建成小康社会 夺取新时代中国特色社会主义伟大胜利——在中国共产党第十九次全国代表大会上的报告》（2017 年 10 月 18 日），北京：人民出版社，

2017 年 10 月版，第 25 页。

[2] The Institute for Economics and Peaces, Global Peace Index 2017, 2017, pp.18-19.

[3] 【南苏丹】勒本·内尔森·莫洛：《南苏丹的和平进程与国际社会的作用》，载《西亚非洲》，2017 年第 1 期，第 53 页。

[4] 曹峰毓：《几内亚湾海盗问题及其治理》，载《西亚非洲》，2017 年第 6 期，第 72 页。

[5] http://new.qq.com/cmsn/20160501006675.

[6] FAO, the State of Food Security and Nutrition in the World, Rome 2017, 2017, pp.6-7.

[7] http://www.who.int/hiv/data/en/.

[8] 刘铁娃：《中美联合国维和行动比较与合作空间分析》，载《国际政治研究》，2017 年第 4 期，第 35 页。

新时期中非和平安全合作：创新国际安全公共产品供应

张 春 上海国际问题研究院外交政策研究所所长，研究员

尽管和平安全合作始终是中非合作的重要方面，但在过去半个多世纪里，其重要性、内涵等仍发生了重大变化。如果说在进入 21 世纪前的中非和平安全合作更多涉及国际层面的话，那么当今的中非和平安全合作则更多涉及国内政治，内涵更加具体。也正是在这一意义上，国际社会对中国参与非洲和平安全事务是否意味着放弃传统的不干涉内政原则，始终存在激烈争论。导致这一争论的更深层次原因，在于对中非和平安全合作的理解更多从中国海外合法利益保护角度出发，因此极易将这一合作看作是自利性的。但事实上，中国积极参与非洲和平安全事务，更大的意义在于探索中国供应国际安全类公共产品的创新理念和创新方式。因为，只有创新公共产品供应理念和方式，才能在实现利己的同时实现利他，才能真正构建更加紧密的中非命运共同体。

非洲和平安全面临的新挑战

进入 21 世纪第二个十年以来，非洲所面临的和平安全挑战出现了一系列新的变化，显示非洲安全态势正进入一个新的时期，对中非和平安全合作、中国参与国际安全公共产品供应等均提出了新的要求。具体而言，非洲和平

安全所面临的新挑战包括六个方面。

一是传统安全威胁大幅下降，而来自社会层面的自下而上的安全挑战正迅速上升成为主要挑战。多家密切跟踪非洲暴力事件发生态势的数据库数据显示，进入 21 世纪第二个十年后，非洲自上而下的结构性安全挑战，与自下而上的社会性安全挑战，呈现“一降一升”的态势。例如，武装冲突地点与事件数据项目（Armed Conflict Location & Event Data Project, ACLED）将非洲所发生的暴力分为三大类：传统的武装团体战斗；针对平民的暴力；各种暴乱、抗议及其他社会性暴力。前两类总体上可被视作自上而下的，而最后一类大多是自下而上的，尽管这样的划分未必是绝对的。根据这一区分，自 2010 年以来，非洲所发生的武装团体战斗和针对平民的暴力总体呈下降趋势，从 2010 年的 81% 下降到 2017 年的不到 50%，下降了 30 多个百分点；同一时期，各类暴乱、抗议及其他社会冲突所占的比重则迅速从 18.9% 上升到 52% 左右。[1] 需要指出的是，自下而上的暴力，对政府合法性的侵蚀和对社会无辜者的伤害都相当高，其所带来的安全挑战更为复杂，更难以解决。

二是非洲选举中的“输家政治”(politics of loser)正发生长期性变化，从“逢选必乱”朝“胜者烦恼”演变。必须承认的是，非洲民主化长期面临水土不服问题，极易出现“逢选必乱”现象：非洲选举中往往出现失败一方不承认、不接受失败现实，并采取各种手段抗争的现象，即所谓“输家政治”。传统上，“输家政治”具有三个特征：一是非法，即很大程度上不接受宪法法院、选举委员会等的合法裁决；二是暴力抗争，即以暴力手段来反对预期或真实的选举结果，极易引发选举前或选举后的暴力冲突，有的甚至试图通过军事政变来影响或改变选举结果；三是外部支持，传统上“输家政治”背后往往有较为明显的外部干预特征。[2] 但自 2015、2016 年起，非洲“输家政治”有了明显的变化，即合宪、非暴力、排斥外部干预等正成为其典型特征，但结果却是选举中的赢家不得不与输家开展长期的政治对话，对国家治理和发展形成长期性影响。

三是族群矛盾正从暴力对抗转向和平分裂，危及非洲国家团结和统一。族群、部落问题长期是非洲和平安全挑战的核心动因，但 21 世纪头十年非洲的崛起某种程度上使其得到了缓解。进入21世纪第二个十年后，逐渐朝向中低甚至中等收入迈进的经济发展水平，使族群、部落问题在非洲政治、安全中的影响机制发生了转变，但多数政治家并未意识到这一趋势。如果说“要发展”是前一时期族群矛盾的核心，那么今天“要平等”可能变得更为重要。换句话说，更平等地分配发展成果现在成为族群和部落政治中的核心关切。在这一新要求的驱动下，加上对族群冲突的记忆仍然深刻，大多数的族群抗争手段都变得更加平和，暴力冲突正大幅减少。但与此同时，出于对平等的追求，族群矛盾正从暴力冲突转向和平分裂。索马里兰的事实性独立、厄立特里亚和南苏丹的合法分裂，都为包括喀麦隆英语区、埃塞俄比亚和肯尼亚在野多数族群等在内的族群分离主义提供了正当性理由，并可能形成扩散效应。

四是非洲对自身安全事务的自主意识明显上升，推动非洲安全伙伴关系发生结构性转变。这表现为三个方面：一是对非洲自主性的术语变化，从“非洲问题的非洲解决方法”（African Solutions to African Problems）转向“非洲中心方法”（African Centric Approach），其根本原因在于“非洲问题的非洲解决方法”这一术语有着较为浓厚的后冷战色彩，潜藏着西方国家在冷战结束后推卸责任的重大隐患。二是非盟对资助自身安全行动的自主性明显增强。尽管财力有限，但非盟仍强调在与联合国建立和平安全伙伴关系时，期望到2020年实现至少25%的非盟和平安全行动预算由非洲人自身筹集的目标。[3] 非盟于2016年初任命刚卸任的前非洲开发银行行长唐纳德·卡贝鲁卡（Donald Kaberuka）博士为非盟和平基金高级代表，并于同年7月通过后者提出的方案，要求所有非盟成员国将本国进口税收的0.2%用于资助非盟，实现非盟业务预算的100%、方案预算的75%和维持和平预算的25%独立资助。[4] 三是各种次地区的安全合作倡议正迅速增长，如打击“博科圣地”的四国联合部队，萨赫勒五国合作机制等。由于自身经济困难，美欧等趁机利用非洲安全自主性上升的机会，大幅削减对非洲和平安全项目的经费支持，特别是减少对多边机构如联合国的直接资助。

五是非洲人口增长迅猛，可能导致其在享受人口红利前先承受巨大的人口压力。非洲人口增长速度高居全球第一，预期到2035年可能再增加50%，从2017年的12亿增长到18亿。事实上，非洲在未来20年里的人口增长将占全球的一半。更为重要的是，非洲人口结构相当年轻，到2035年，非洲21岁以下人口的比重仍将高达50%。这意味着政府需要在教育、医疗和其他基本服务方面承担巨额支出。就业人口（15到64岁）与非就业人口的比重将继续增长，但对公共服务、医疗卫生、社会福利等可能也是重大压力。[5] 而过快的城市化，就业机会不充分，贫困、饥饿等问题，都可能随着人口快速增长而加剧。基于目前的态势，由于人口增长超过了经济增长的速度，从而可能使非洲贫困更加复杂。即使整个非洲能够保持年均4%的经济增长率，到2035年，生活在极度贫困中（低于1.9美元／天）的非洲人仍可能比今天还要多1.7亿。令情况更加严峻的是，非洲人口增长的红利并不会很快到来，普遍预期要到2070年，甚至更晚。[6]

六是西方大国对非政策军事化态势进一步强化，将加剧非洲和平安全治理的难度。西方大国在非洲的军事行动能力并未受2008年全球金融危机影响。面对新兴大国特别是中非关系的快速发展，西方大国试图发展其在非洲的比较优势，特别是在和平安全领域的比较优势。例如，美国于2007年提议并于2008年10月正式成立了美军非洲司令部（United States Africa Command, AFRICOM）。值得注意的是，该司令部区别于美国的其他地区性司令部，不仅聚焦于军事防御和作战，而且聚焦于促进发展与稳定的和平时期军事介入行动。[7] 这就是美国所称的对非“3D”（防务、发展、外交）政策。英国甚至走得更远，于2011年出台保护其海外利益的《英国海外建设稳定战略》（UK’s Building Stability Overseas Strategy），试图以“4D”（防务、发展、外交、国内）方法推进这一战略。尽管没有新增资源，但英国政府仍于2015年起利用冲突、稳定与安全基金（Conflict, Stability and Security Fund, CSSF）正式取代了此前的冲突基金（Conflict Pool），以实现海外稳定基金的单一政策进程、单一战略进程和单一资源进程。此外，法国对非政策的军事化也相当明显，而大国及中东国家在红海地区的军事基地建设也在快速发展。

中非和平安全合作的创新

非洲和平安全面临的新挑战，很大程度上需要创新国际安全类公共产品的供应才能有效应对：一方面，非洲自身的安全挑战呼吁新的公共产品供应理念和方式；另一方面，以美欧为代表的国际安全公共产品供应的军事化理念和方法，显然无助于应对挑战，更不用说解决问题。中国始终高度重视创新与非洲的和平安全合作，例如，2012 年第五届中非合作论坛部长级会议提出了“中非和平安全合作伙伴倡议”；在 2015 年的中非合作论坛约翰内斯堡峰会上，习近平主席将“坚持安全上守望相助”列为中非全面战略合作伙伴关系的五大支柱之一，并将和平安全合作列入中非合作十大计划；在 2018 年 9 月的中非合作论坛北京峰会上，习近平主席再次强调要“携手打造安全共筑的中非命运共同体”，并将和平安全纳入八大行动之列。综合而言，中非和平安全合作的确在国际安全公共产品供应的理念和方式上有诸多创新，尽管其中长期效果仍有待时间检验。

中非和平安全合作最重要的创新是为国际安全公共产品提供了新的理念，具体涵盖三个方面。

一是发展优先理念。和平与发展始终是人类面临的两大挑战，也是当今的时代主题和时代命题。如何有效、平衡地回应这两大挑战，各国依据其不同的发展经验给出了不同的方案。这些方案总体上可以分为“发展优先”和“安全优先”两种路径。中国在 20 世纪 70 年代时，面临着严峻的发展、安全挑战，最终选择了“发展优先”理念。为解决发展与安全间的“鸡生蛋还是蛋生鸡”的哲学难题，中国选择以启动经济发展为先，继而以经济发展成果同步应对既有和新生的安全挑战并推动更高水平的发展，从而建立“发展—安全—更大发展—更加安全”的良性循环。改革开放 40 年来的经验证明，中国这一道路是成功的、有效的。相比之下，许多非洲国家在 20 世纪 70 年代时的发展状况要远好于中国，但面对发展与安全的平衡难题，大多数非洲国家选择的是西方国家基于其发展经验而来的“安全优先”理念，认为只有奠定稳定、安全的发展环境，才能实现真正的发展。但 40 年来的经验证明，这一路径效果明显不如中国。

例如，根据世界银行数据，中国1978年的名义GDP仅为1495.40亿美元，而当年撒哈拉以南非洲的名义GDP为1805.76亿美元，南非为467.37亿美元，尼日利亚365.27亿美元，肯尼亚53.03亿美元。但40年后的2017年，中国GDP增长了81倍多，达到12万亿美元。相比之下，整个撒哈拉以南非洲增长了9倍（16490亿美元），尼日利亚增长10倍，达3760亿美元；南非增长7倍多，达到3490亿美元；而肯尼亚仅增长5倍，为750亿美元。即使采取人均GDP、人类发展指数等其他衡量指标，也可发现相似的结果，即“发展优先”理念可更为有效地同步实现发展和安全挑战的缓解。正是在这一意义上，习近平主席正确地指出，“发展是解决一切问题的总钥匙”。

二是可持续理念。中国是一个有着5000年悠久历史的文明大国，对国际和平安全一向持有更为综合、整体的观念。自冷战结束后，中国就开始倡导新安全观。习近平主席2014年5月在亚洲相互协作与信任措施会议第四次峰会上提出，应该积极倡导共同、综合、合作、可持续的亚洲安全观，创新安全理念，搭建地区安全和合作新架构，努力走出一条共建、共享、共赢的亚洲安全之路。[8] 在2018年中非合作论坛北京峰会上，习近平主席进一步拓展了上述理念，承诺中非将携手打造安全共筑的中非命运共同体，主张共同、综合、合作、可持续的新安全观。[9] 可以认为，中非和平安全合作的一个核心要旨在于实现可持续：一方面是从冲突转向稳定的“可持续转型”，特别是在如冲突调解、联合国维和等方面，中国更强调的是转型的中长期不可逆；另一方面是从稳定到和平、发展的“可持续发展”，特别是在冲突后重建、治国理政等领域，追求的目标不是简单的和平或安全，而是有着坚实发展基础的可持续安全、可持续和平。

三是当地化理念。中国历来坚持不干涉内政原则，坚定支持非洲国家和非洲联盟等地区组织以非洲方式解决非洲问题，在非洲和平安全事务中发挥的是建设性而非主导性作用。例如，习近平主席在2018年中非合作论坛北京峰会上承诺的对非和平安全合作项目，提出的“消弭枪声的非洲”倡议、提高自主维稳维和能力等事实上都是非洲人自身的构想。又如，为推进南苏丹和平进程，2015 年 1 月，中国政府专门倡议召开“支持伊加特南苏丹和平进程专门磋商”。正是中国对伊加特的坚定支持，才使非洲能够保有对南苏丹和平进程的主动权和所有权。

在理念创新之外，中非和平安全合作在具体的方式和举措上也有大量的创新，对探索新型的国际公共产品供应方式有着重要意义。

一是平等对待。在与非洲开展和平安全合作时，西方大国往往将前者区分为冲突国家、冲突后重建国家或转型国家等，并据此区别对待，极易导致政策的安全化、区别化甚至道德化发展。相比之下，中国在参与非洲和平安全事务时坚持不干涉内政、所有国家一律平等等基本原则，不会依据其发展状态、安全局势等作类型划分并采取区别对待政策，这一方式有助于更为客观、更为有效地应对不同国家的具体安全挑战。

二是联动式治理。非洲和平安全挑战并非单纯的或传统意义上的和平与安全问题，而是政治、经济、安全、社会等问题相互交织的产物。因此，以西方大国更倾向的军事化逻辑应对非洲的安全挑战，好的情况下是“治标不治本”，坏的情况甚至是“乱上添乱”。基于自身所强调的联动发展思维，中非和平安全合作更多采取联动式治理方式，对安全与社会、发展、治理等的相互关联高度关注。如 2018 年中非合作论坛北京峰会通过的“八大行动”，对诸多根源性的问题提出了应对方法，如帮助非洲在2030年前实现粮食安全，又如能力建设行动、人文交流行动都可能极大地缓解非洲的人口、青年人失业等挑战。即使是在行动计划的“和平安全合作”项下，也不仅覆盖军队、警察与反恐等传统意义上的安全议题，还覆盖了反腐败、领事、移民、司法与执法等治理问题。

三是机制化治理。相比传统大国，中非和平安全合作才刚刚起步。2018 年中非合作论坛北京峰会的一个显著成果，就是推动中非和平安全合作朝机制化治理方向快速发展，其中包括决定设立中非和平安全合作基金、中非和平安全论坛、中非执法安全合作论坛，继续完善“中非合作论坛—法律论坛”机制建设，鼓励并协助中非高校共建中国—非洲法律研究中心和法律人才培训基地，等等。需要指出的是，上述机制相互间存在明显的柞辅相成、相互配合的关系，体现出中国对中非和平安全合作的综合性和系统性思考。

中非和平安全合作的未来方向

必须指出的是，中非和平安全合作的时间并不长，且中国对非洲安全态势的理解还不够深入，因此既有合作努力可能需要不断调整和优化，为塑造新型的国际安全类公共产品供应理念和方式奠定更为扎实的基础。就中短期特别是2018年中非合作论坛北京峰会成果的落实而言，中非和平安全合作应就如下方面加以强化。

第一，明确中非和平安全合作的指导理念。如前所述，中非和平安全合作已有重大的理念创新，但尚不够系统和明确，尚未上升为哲学指导；随着中非和平安全合作的深入，一种结合当地议程、可持续发展的安全理念，或者说“当地可持续发展导向的安全观”将日渐浮现。进一步的理论与学术分析、政策与实践总结需要及时展开。

第二，优化中非和平安全合作的战略优先次序。一是应从长期可持续转型、可持续发展的角度，重点帮助非洲发展和完善各类早期预警与响应机制，特别要聚焦反恐能力、维和能力的培养，如帮助非洲建立2063年愿景第一个十年执行规划所确立的“非洲人类安全指数”（African Human Security Index, AHSI）系统；二是应通过支持非洲的和平安全机制建设，将中非和平安全合作内嵌到非洲机制中，包括支持非洲地区和次地区的和平安全架构建设的机制化进程，支持和资助非洲快速反应部队的早日建成，支持和资助非洲的维和部队培训中心建设，推动非洲内部地区和次地区组织在和平安全事务上的分工合作体系建设等；三是通过具体的合作项目推动非洲和平安全思维的中长期转型，如通过帮助非洲实现“消弭枪声的非洲”倡议、防止轻小武器扩散等，塑造联合国2030年可持续发展议程所倡导的“和平文化”，等等。

第三，完善中非和平安全合作的体制机制，提高政策落实效果。需要指出的是，部分由于和平安全合作的敏感性，部分由于非洲方面能力建设不足，中非和平安全合作的落实并不顺畅。因此，有必要完善中非和平安全合作的体制机制：一是对接机制。核心是如何将联合国2030年议程、非盟2063年议程及中国、非洲各国的安全关切有机联系起来。因此，应在既有机制化倡议的基础上，思考建立中非“外长+防长”联席会议、中国—非洲—联合国和平安全对话、中非和平安全事务联络组及各类技术委员会、专家委员会等机制的可行性问题。二是早期预警和危机管理机制。推动中非共建早期预警、情报与信息共享、危机应对与冲突管理等机制，既为非洲早期预警系统建设提供支持，又提升保护中国在非海外合法利益的能力。三是具体的政策落实与支撑机制。比如，建立国内外交与安全部门的协调机制，智库、高校等的智力支持，企业参与机制等。四是三方合作机制。由于安全事务所涉面广，仅中非双方合作未必充分，因此如何引入如联合国及其他第三方共同促进非洲和平安全，将是一个中长期的重点。

第四，建立中非和平安全合作的单一财政支持体系。由于和平安全事务涉及领域多，因此极易出现财政支持分散甚至相互竞争或相互推诿的现象。中国已提出将设立中非和平安全合作基金，有必要在基金创设之初系统思考协调、分工、资源来源与使用等问题，并思考在基金内部设立专项分基金，以支持如非洲常备军建设、人类安全指标建设、中非和平人才培养等重点项目。

（原文发表于《当代世界》2018年第10期）

---

[1] ACLED Data, https://www.acleddata.com/data/.

[2] 有关非洲“输家政治”的研究，可参见张春、蔺陆洲：《输家政治：非洲选举与族群冲突研究》，载《国际安全研究》，2016年第1期，第117-145页。

[3] African Union, Decision on the Domestication of the First Ten-year Implementation Plan of Agenda 2063 Doc. EX.CL/931(XXVIII), Assembly/AU/Draft/Dec.1-17(XXVI), 2016, http://www.acdhrs.org/wp-content/uploads/2016/02/Assembly-AU-Draft-Dec-1-17-XXVI-_E.pdf.

[4] Luckystar Miyandazi, “Is the African Union’s Financial Independence A Possibility?” http://ecdpm.org/talking-points/african-union-financial-independence/.

[5] Julia Schunemann, “Africa’s Population Boom: Burden or Opportunity?” ISS Today, May 15, 2017, https://issafrica.org/iss-today/africas-population-boom-burden-or-opportunity.

[6] Julia Schunemann and Zachary Donnenfeld, "Africa's Future: Seven Key Trends," ISS Today, October 10, 2017, https://issafrica.org/iss-today/africas-future-seven-key-trends.

[7] Lt. Col. Charles F. Schlegel and Lt. Col. Thomas F. Talley, "AFRICOM's Regional Engagement: Designing the Right Mix of Authorities, Resources, and Personnel," http://www.unc.edu/depts/diplomat/item/2008/0406/comm/schlegel_africom.html.

[8]《习近平：应积极倡导共同、综合、合作、可持续的亚洲安全观》，http://world.people.com.cn/n/2014/0521/c1002-25046715.html。

[9]《习近平在 2018 年中非合作论坛北京峰会开幕式上的主旨讲话》，http://www.xinhuanet.com/politics/2018-09/03/c_1123373881.htm。

中非共建“一带一路”：进展、风险与前景

姚桂梅　中国社会科学院西亚非洲研究所研究员，南非研究中心主任

非洲既是“一带一路”倡议的历史和自然延伸，也是重要参与方。2018年中非合作论坛北京峰会强调支持非洲国家参与共建“一带一路”，愿同非洲加强全方位对接，非洲国家对参与“一带一路”建设充满信心。中非共建“一带一路”前景引起高度关注。

北京峰会推动中非共建“一带一路”再升级

“一带一路”倡议发起于2013年，其核心内容为“政策沟通、设施联通、贸易畅通、资金融通、民心相通”（简称“五通”）。而2000年创立的中非合作论坛至今已经有18年的历史，在“真、实、亲、诚”理念引领下，其侧重行动、注重实效的论坛机制在实现中非“五通”方面成效显著，中国在非洲的影响力与日俱增。事实上，非洲发挥着“一带一路”建设先行“试水区”的作用。

自“一带一路”倡议提出以来，中国在非洲的“一带一路”建设采取了渐进推广的方式。除埃及和南非这两个重点国家之外，中方还选择了政局相对比较稳定、经济增速和一体化进程较快、对华长期友好的东非国家埃塞俄比亚、肯尼亚、坦桑尼亚以及中部非洲国家刚果（布）为产能合作的先行先试国家，待条件成熟后再向非洲其他地区国家推进。截至2018年8月底，

共有埃及、南非、苏丹、马达加斯加、摩洛哥、突尼斯、利比亚、塞内加尔、卢旺达九个非洲国家与中国签署了共建“一带一路”合作谅解备忘录[1]，共有埃及、阿尔及利亚、苏丹、埃塞俄比亚、肯尼亚、坦桑尼亚、南非、莫桑比克、刚果（布）、安哥拉、尼日利亚、加纳、喀麦隆13个非洲国家与中国签署了国际产能合作框架协议。在经贸领域，中国公司在上述19个国家几乎都有代表性合作项目发力对接，且业已取得良好的阶段性成果，初步实现了合作成果的利益共享。

一、逐步探索通过“路、港、电+矿山/园区”系统投资方案实现“五通”

非洲国家对基础设施有着巨大的发展需求。当前，非盟、非洲区域组织、非洲国家都将基础设施建设和升级列为非洲发展的优先选项。中国公司凭借在项目资金、关键技术、施工队伍和组织管理等方面的较强竞争力，在非洲道路、港口、电力等基建领域大显身手，成为投资和建设的主力军。

在道路建设方面，中国公司在埃塞俄比亚建设的亚吉铁路、在肯尼亚建设的蒙内铁路、在尼日利亚建设的阿卡铁路、在安哥拉建设的本格拉铁路都已投入使用。在前两条铁路上，中国相关公司还分别拿到了6年和15年的运营权。对非洲东道国而言，“建营一体化”模式不仅有利于破解资金和技术瓶颈，避免项目建设与运营脱节而带来的诸多问题，而且还可以带动铁路沿线经济发展，最大限度地发挥项目的经济和社会效益。

在港口建设方面，中国公司在坦桑尼亚建设巴加莫约港、在肯尼亚修建蒙巴萨19号泊位和拉姆港三个泊位码头、在刚果（布）修建黑角新港、在尼日利亚建设莱基港、在喀麦隆建设克里比深水港、在马达加斯加修建塔马塔夫港、在安哥拉承建罗安达港、在阿尔及利亚兴建并运营舍尔沙勒港。这些重要港口要么与重要道路联通，要么在其周边布局临港工业园，对非洲沿海国家经济发展具有重要意义。

在电力工程方面，2013年，中国承建的加纳布维水电站竣工，在满足该国北部用电的同时，可以向科特迪瓦等邻国出口。2015年1月，苏丹上阿特巴拉水利枢纽项目建成使得三分之一的苏丹人直接受益。该项目的建成实现了苏丹长期以燃油为供电模式向水力发电模式的转换，在满足当地用水的同时，还促进了农业的发展。2016 年，中国企业承建的埃及 EETC500 千伏主干线升级改造项目一期工程竣工，经济社会效益巨大。项目建成后将大幅提升尼罗河三角洲地区燃气发电站电力输出能力，全面增强埃及国家电网整体网架结构的安全性，促进电力能源合理利用。同时，电网升级改造之后将推动埃及乃至中东地区能源、电力装备、原材料等上下游产业发展，为埃及当地创造约 7000 个就业岗位。[2]

在矿山 / 园区建设方面，2016 年 10 月，中国黄金集团刚果（布）索瑞米项目试车投产，设计采矿规模约 1500 吨 / 日，年产阴极铜两万吨，成为刚果（布）第一个金属采选冶工程项目，填补了该国在这一领域的空白。2015 年，中国中材国际工程股份有限公司和尼日利亚首富阿里科·丹格特签署了价值 43.4 亿美元的合同，在非洲各国建设水泥厂。为此，喀麦隆、埃塞俄比亚、肯尼亚、马里、尼日尔、尼日利亚、塞内加尔和赞比亚等国的水泥厂将增加 2500 万吨的生产能力。

进入 21 世纪，中国在非洲国家开始进行园区建设。2006 年中非合作论坛北京峰会出台“在有条件的非洲国家建立 3—5 个境外经贸合作区，进一步扩大对非投资”的举措大大推动了非洲园区建设的步伐。截至 2016 年年底，中国共在 15 个非洲国家建设了 20 个工业园区，累计投资 53.8 亿美元，吸引入园企业 435 家，累计产值 193.5 亿美元，上缴东道国税费 16.2 亿美元，创造就业岗位 33534 个[3]，在当地形成产业聚集效应。中国在非洲的园区建设为东道国吸引外资、推进工业化进程、增加税收、创造就业、改善民生、推动社会经济发展做出了较大的贡献。但相比于基础设施项目的巨大效能，以扩大中国对非直接投资和推进非洲工业化为目的的园区建设仍需同步跟进与强化。

二、2018 年北京峰会为中非共建“一带一路”开辟新天地

中国国家主席习近平在 2018 年 9 月 3 日中非合作论坛北京峰会开幕式上的主旨讲话中强调，要把“一带一路”建设与非盟《2063 年议程》、联合

国2030年可持续发展议程以及非洲各国发展战略相互对接。经过中非合作论坛北京峰会，共有28个非洲国家和非盟委员会同中国签署了共建“一带一路”合作文件，掀起了非洲国家参与“一带一路”建设的热潮，为此“一带一路”大家庭里的非洲成员壮大到了37个国家。

此外，论坛会议期间，中国企业签下诸多大单。在基建领域，中铁十六局集团签下苏丹至乍得铁路项目的核心路段——全长2407公里的苏丹港经尼亚拉至阿德里铁路项目。苏丹至乍得的跨境铁路被誉为“贯穿非洲大陆的光荣铁路工程”及“非洲大陆最重要的战略规划项目之一”。中国建筑签下了埃及96亿美元的建设合同，其中包括35亿美元的埃及新首都中央商务区二期项目总承包合同和61亿美元的苏伊士炼油及石化厂总承包商务合同。[4] 招商局签下了吉布提老港改造项目合作谅解备忘录，拟通过“前港—中区—后城”模式，推动吉布提经济社会发展。中铁国际签署了科特迪瓦阿比让首都FHB国际机场扩建项目框架协议。在能源领域，中国铁建签署了埃及阿塔卡抽水蓄能电站项目框架性合作文件。东方电气签署了埃及汉纳维6×1100MW清洁煤燃烧项目总承包合同。在海洋领域，中船集团签下了几内亚海洋领域一揽子合作项目协议。诸多项目的签署与实施将增强非洲国家社会经济持续发展能力，也将促进中非经贸合作的提速升级。

中非共建“一带一路”面临的主要风险

随着越来越多的非洲国家加入“一带一路”大家庭，中非合作的机遇明显增多，但各种风险和挑战也相伴而来。

第一，政局动荡风险。国际合作经验表明，一个国家吸引外资的多少与该国投资环境和投资政策密切相关。而非洲部分国家恰恰在政局稳定、政策连续性方面存在不良记录。例如，利比亚内战使得一些中国企业损失惨重；曾饱受诟病的津巴布韦本土化政策使外国投资者望而却步。当前，埃塞俄比亚、尼日利亚两大经济体政局风险较高，尤其容易受到社会动荡加剧的影响，需予以密切关注。

第二，本币贬值风险。诸多非洲国家一直存在外汇短缺的问题，尤其在美元加息和大宗商品价格下跌的背景下，非洲外汇市场承压严重。2017 年，非洲有 30 多个国家的货币贬值。尤其是几个经济大国外汇贬值严重。在外汇极度短缺影响国内经济正常运行的背景下，埃及央行于 2016 年 11 月放弃固定汇率制，让埃及镑根据市场供求自由浮动，之后埃及镑进入快速贬值通道，通胀率从 2015/2016 年的 10.3% 上升到 2016/2017 年的 23.3%。尼日利亚货币奈拉和安哥拉货币宽扎也持续贬值。南非货币兰特对美元汇率呈短期波动态势，2016 年 1 月至 2017 年 7 月，南非兰特贬值近 20%。[5] 非洲国家本币贬值对中国企业原材料进口、生产运营、收益回流等产生较大影响，将直接体现为加大了财务报表中的汇兑损失。如果非洲国家本币进一步贬值，将直接侵蚀项目经营利润，使一些入园企业持续运营陷入困境。

第三，债务违约风险。在全球发展融资格局发生变化、大宗商品价格下跌的大背景下，非洲债务危机再露端倪。非洲开发银行数据显示，非洲外债总额已经从 2015 年的 5803 亿美元增长到 2016 年的 6408 亿美元，外债占 GDP 的比重从 2015 年的 25.3% 提高到 2016 年的 27.8%，与此同时，还本付息额占出口收入的比重从 16.1% 微升至 16.9%。[6] 世界银行在最新的《全球经济展望报告》中指出，2017 年撒哈拉以南非洲地区的政府债务指标继续恶化，负债率中值从 2016 年的 48% 上升至 53%。[7] 从国别层面来看，与中国进行产能合作的重点国家（莫桑比克、埃塞俄比亚、尼日利亚、安哥拉、赞比亚、加纳）的债务有所加重，而且将在 2020—2025 年间进行大量还款，债务可持续性风险很高，给中非合作带来新的风险。与此同时，中国还受到某些外媒“中国加剧非洲债务负担”的指责。

第四，恐袭和安全风险。恐怖袭击风险主要潜伏在北部非洲、西部非洲。在埃及活动的恐怖组织中危害较大的是“伊斯兰国”组织西奈分支，2016 年底以来该恐怖团伙已策划多起针对国内科普特基督徒的大型恐怖袭击活动，造成数百人伤亡。埃及政府不得不在 2017 年 4 月宣布在全国范围内实行为期三个月的紧急状态，并在 2017 年 7 月和 10 月两次延长。即使在这样的高压态势下，2017 年 11 月 24 日埃及北西奈省一座清真寺再遭疑似极端组织“伊斯兰国”武装分子炸弹与开枪扫射袭击，造成至少 305 人死亡、128 人受伤。这是自美国“9·11”事件以来全球范围内死亡人数最多的恐怖袭击事件，令世界震惊，也给埃及的安全形势敲响了警钟。尼日利亚北部面临着“博科圣地”极端宗教组织、东南部面临着比亚法拉分离主义者、中部各州面临着农牧民之间的暴力冲突等安全挑战。在南非，刑事犯罪、游行示威、反对外来移民等事件频频发生，其中谋杀和抢劫案件更呈明显增加态势。2018 年 7 月中旬以来，南非北开普省金伯利市爆发严重骚乱，多家华侨经营店铺受到波及。如此严重的恐袭和治安问题，不仅对中国企业的资产和人员的生命安全构成威胁，而且制约着中非合作的提质升级。

第五，国际竞争风险。当前，大国对非政策虽较为分化，但都关注中非合作。不仅因为中国已经成为非洲谋求自主可持续发展的重要推动者和贡献者，而且正在成为国际对非合作的引领者，面临着挤压式的激烈竞争。美国强调与非洲国家的商业接触，欲与中国分庭抗礼；日本仿效中国，强化日非经济关系，对冲中国影响力；印度加强对非合作，紧盯中国同步跟进，尤其是日印联手抛出制衡中国“一带一路”建设的“亚非增长走廊”倡议，不可小觑。大国示好非洲，或使部分非洲国家出现复杂的投机心态，加大中非合作的难度。中国对非合作将面临更为激烈的竞争，特别是印度洋沿岸的东非国家将成为竞争的主战场。

中非共建“一带一路”前景展望

展望未来，中非共建“一带一路”前景广阔。中非共建“一带一路”将为非洲发展提供更多的资源与手段，将为中国拓展更为广阔的市场空间；非洲在“一带一路”建设中的地位将保持升势，“龙狮共舞”携手振兴的趋势不可阻挡。在《关于构建更加紧密的中非命运共同体的北京宣言》和《中非合作论坛—北京行动计划（2019–2021）》指引下，中非双方将致力于提高非洲的自主发展能力，更加注重改善非洲的民生和就业，更好实现合作共赢、共同发展。未来双方在产业发展、基础设施、贸易投资、能源资源开发、农业、环保等领域的强力合作，则意味着巨大的投资和贸易机遇。但要抓住机遇，实现成果共享，首先要进行责任共担，共同补齐风险防控这个短板。

一是尽快缔结和更新与非洲国家的双边投资保护协议，维护中国企业在非洲的利益。鉴于中非之间现有的双边投资保护协议存在明显缺失，以及中国在非洲国家利益急剧扩大的前景预判，中国须加快与非洲国家缔结与更新投资保护协议的步伐，以法律手段规避非洲国家政治和商业风险。尤其应将安哥拉、赞比亚、刚果（金）、肯尼亚、南苏丹、乌干达等国作为缔结新条约或更新双边投资保护协议的重点对象。

二是加强中非在安全领域的合作，推动中国安保力量走进非洲，为中非合作保驾护航。为贯彻实施中非合作论坛北京峰会“八大行动”之一的和平安全行动，应从国家战略的高度，对中国在非洲的安保体系进行顶层设计；设专门机构负责与联合国、非盟、非洲地区组织、非洲国家等多层面的安保事务协调工作；在军队、武警和警察难以赴非洲保护中国利益的情况下，大力扶持民营安保企业走进非洲并做大做强，成为从事中国在非利益保护的重要力量。

三是加快人民币国际化步伐，防范汇率风险。一方面，抓住全球经济复苏背景下非洲发展融资需求较强的机遇，积极推动境外人民币贷款，鼓励企业在非洲国家以跨国并购、建立经贸合作区或产业园等形式，在产能合作、扩大市场等领域用人民币直接投资，逐步改变当前对非投资中以外币投资为主的局面。另一方面，扩大在更多的非洲国家直接使用人民币的范围。推动货币互换和跨境人民币结算，完善跨境人民币清算体系建设，提高对中资企业走进非洲的服务能力。

四是创新投融资模式，降低债务风险。由于直接投资不会加重主权债务负担，所以应通过创新合作模式来加大对非直接投资的力度。采取援助和投资相结合的方式，减少非洲国家对外援的依赖，帮助其实现独立自主的发展。所谓援助和投资相结合就是将援助和国家发展战略契合度高的直接投资项目捆绑，将中国援外资产转化为中资企业参股控股的战略资产，提高援助的可持续发展能力。在基础设施建设领域，通过前期开发和投资运作，带动中国基建企业以直接投资的方式参与后续运营管理，提升项目的可持续性和中国的影响力。

五是保持定力，突出优势，通过国际合作化解竞争风险。尽管国际对非合作充斥着浓烈的竞争气息，但中国应保持战略定力。一方面，保持自我优势，在对非合作中突出探寻适合非洲发展需求的合作方式、内容和项目，加强与非洲政治精英、媒体智库和民间团体的交流，化解负面影响；另一方面，继续探索三方合作 / 多边合作的途径，但中国要牢牢掌握主动权。

（原文发表于《当代世界》2018 年第 10 期）

---

[1] 舒展：《安全和发展这两条恐怕是分不开的》，https://mp.weixin.qq.com/s?__biz=MzA5MzE2NTQ2Mg%3D%3D&chksm=8b9455b4bce3dca26b87f275d81ca68632bbbd9860f2025c4a7563b0d0e1e82021038b512dda&idx=1&mid=2650994509&scene=21&sn=418b0e9a89d19564871009e363485b01。

[2] 商务部国际贸易经济合作研究院：《中国与非洲经贸关系报告》，http://www.caite.org.cn。

[3] 同 [2]。

[4]《中非合作论坛北京峰会成功闭幕 中非企业签下多笔合作大单》，http://www.sasac.gov.cn/n2588025/n2588124/c9546074/content.html。

[5] African Development Bank, African Economic Outlook 2018, January 2018, p.188.

[6] African Development Bank, AfDB Statistics Pocketbook 2017, pp. 16-17.

[7] World Bank, Global Economic Prospects：Broad-Based Upturn, but for How Long? Washington, January 2018, p. 139.

中非知识生产与创新共同体的双向建构
——基于南北、南南技术转移、知识流动链环结构的视角

张永宏　云南大学国际关系研究院教授
洪　薇　云南大学国际关系研究院
赵　冬　云南大学国际关系研究院

自 16 世纪科学革命以来的近五百年里，人类知识生产、知识创新的中心主要集中在西方国家，全球知识流动的主流方向是单向的，即从北方流向南方。进入 21 世纪以来，新兴经济体迅速崛起，逐渐成为南北知识流动链上重要的一环，有如知识加工厂和知识泵站，给由北向南的知识流动增加推力，同时，拉动南方知识向北方流动。《中非合作论坛—北京行动计划（2019−2021 年）》专列“科技合作与知识共享”一节，指出“中方将继续推进实施‘一带一路’科技创新行动计划和‘中非科技伙伴计划 2.0’，重点围绕改善民生和推动国家经济社会发展的科技创新领域，并与非方合作推进实施‘非洲科技和创新战略’，帮助非方加强科技创新能力建设”。从南北、南南技术转移、知识流动的链环结构看，中非科技合作与知识共享不仅能增强非洲的造血能力，而且也能促进中国的知识生产与创新，拉动人类知识在南北、南南间双向流动；在步入“共筑更加紧密的中非命运共同体，为推动构建人类命运共同体树立典范”[1] 的时代背景下，中非携手打造知识生产与创新共同体具有战略价值。

基于势位差的南北、南南技术转移正向链环

技术转移概念的出现，从一开始就与南北问题相联系。1964 年，第一届联合国贸发会议发布了《国际技术转移行动守则草案》，首次提出技术转移，初衷是为了推动技术从北方流向南方，以促进南方国家的发展。但是，实际情况并非如此。“发达国家之间技术贸易额占世界技术贸易总额的 80% 以上，发达国家与发展中国家之间的技术贸易额仅占世界技术贸易总额的 10%，而发展中国家之间的技术贸易量则不足 10%。”[2] 原因何在?

技术转移是技术从供方有偿流向受方的过程。[3] 持有技术的供方是技术优势方，接收技术的受方是技术落后方。供方与受方有一个技术势位差，这个势位差的存在，是技术转移发生的前提。一般情况下，当某项技术在供方与受方间的势位差很大时，供方并不会考虑把技术卖掉，而是在其本国把技术转化为产品，通过出口产品获取收益。当产品出口的优势不明显时，供方可能选择对外直接投资的方式，利用他国的有利条件，继续把技术转化为产品，延长技术的生命力。只有在这两种方式都获利不充分的情况下，供方才会考虑直接把技术卖掉。这就是狭义的技术转移三步曲：产品出口阶段—对外投资生产阶段—技术转移阶段 [4]。也就是说，技术转移主要发生在技术势位差较小的阶段。这就是为什么技术转移主要发生在北—北之间的原因。北—南之间技术势位差较大，北方的技术尚处在产品出口阶段，或者可以通过到南方直接投资生产，继续保持其优势，转移的必要性不足。南—南之间虽然技术势位差小，但因知识生产与创新能力普遍较低，缺乏技术储备，技术转移的条件不充分。

不过，这种局面正在发生改变。推动改变的力量主要来自两个方面：一是新兴经济体研发能力不断增强，二是全球性问题拉动研发在南北间流动。

新兴经济体的成长、壮大，填补了南北之间巨大的技术势位差，在南北之间搭建起桥梁，使由北向南技术转移的条件越来越好。同时，新兴经济体创新能力的提升，在南方国家内部又形成了新的势位差，为南南技术转移提供了新的动力源。于是，新兴经济体在南北技术转移链的中间形成承上启下的关键一环（见图 1）。

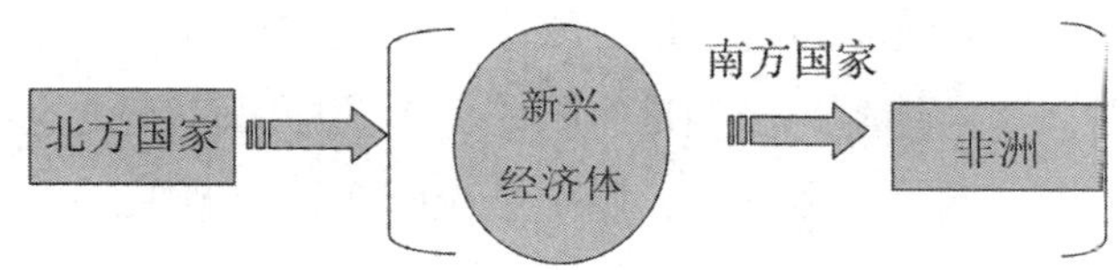

图1 基于技术势位差的南北、南南技术转移正向链环结构图

全球性问题非一国单方面所能应对，国际科技合作日益成为应对全球性问题、推动科技创新的重要路径，北方国家纷纷把国际科技合作纳入国家安全战略、外交战略、创新战略。美国、欧盟及其主要成员国、日本相继出台了一系列措施，大力提升国际科技合作的地位。例如，美国奥巴马政府曾任命科学特使，探求与中东、东南亚、非洲国家开展科技合作的机会和前景；[5] 英国在《国家创新白皮书》中强调国际科技合作的重要性，发布“研究开发的国际合作战略”，对其国际科技合作进行整体规划，要求在制定国际政策和外交战略上要发挥科学的新作用；德国政府设立“国际研究基金奖”，支持其研发机构、高校建设顶级国际联盟；法国成立“全球化、开发与合作总局”；欧盟委员会出台“欧盟国际科学技术合作战略框架”，积极推动欧盟研发区域内部与外部的联合；日本设立科学技术外交战略工作组，推出“加强科学技术外交战略”，强调要围绕全球性问题，加强与发展中国家的合作，夯实科技外交的基础，等等。[6] 加强科技与外交的结合以应对全球性问题，有力促进研发在全球范围内的流动，成为国际技术转移正向链环的又一推动力。

基于发展合作的南北、南南知识流动反向链环

技术的传播和迁移，在近代西方的殖民过程中即有发生。但是，殖民过程所附带的技术迁移，并不是当代所说的国际技术转移。当代国际技术转移有两个前提：一是互利互惠，二是对接条件适合。互利互惠是技术转移的动因，对接条件适合是技术转移的必要条件。在殖民时代，技术不过是殖民的工具，技术流动的目的是服务于殖民者的利益。殖民者把技术带到殖民地，其实只是其本国技术的异地使用，技术转移并没有发生。这种伴随殖民过程

的技术迁移现象，客观上给殖民地送去了一些技术，但其效应不过是技术自身的一种外溢，这种外溢的影响是有限的。主要原因是殖民地普遍缺乏接受技术的内化能力。例如，在非洲，历史上无国家社会范围广、历时长，在被殖民时期国家机器普遍缺失，造成技术接受主体的缺位，到国家获得独立时，知识生产、科技创新能力大多依然处于零起点状态。

南南合作始于1955年的亚非会议。1990年代以前，南南合作主要以建立区域经贸合作关系为主，谋求团结自救、合作自强。冷战结束后，经济全球化快速展开，面对不平等的南北经济关系，南北矛盾凸显出来，南南合作不断深化。进入21世纪，在“千年发展目标”的推动下，南南合作步入综合、全面的发展阶段。发展合作不是单纯的经贸合作，而是全面、协调、可持续的合作。中非关系亦大致与此同步，20世纪80年代以前侧重政治关系，20世纪八九十年代侧重经济关系，2000年以来进入全面合作时代。与此相对应，中非关系经历了援助—经贸合作—发展合作三个阶段。目前，中国是非洲第一大贸易伙伴国、重要投资来源地和主要援助提供国，中非关系集援助、贸易、合作为一体，从民生问题到人文交流、政党交往，全面涵盖政治、经济、文化各领域，涉及发展的方方面面，逐步形成综合、全面的发展合作格局。

发展合作是追求综合性强、依存度高的合作。在发展合作阶段，供方把技术移给受方的过程，不是一个单纯的逐利过程，而是供方接受反馈的过程，供方更加关注受方的条件和需求，更加关注通过技术转移促进自身的技术改造、升级和创新。受方接受技术的过程，也不是一个单纯的填补空白的过程，而是一个消化、吸收、再创造的过程。因此，在技术从供方流向受方的背后，同时存在另一股知识流，其流向与传统的由北向南的技术流向相反，形成技术转移、知识共享的另一个链环（见图2）。

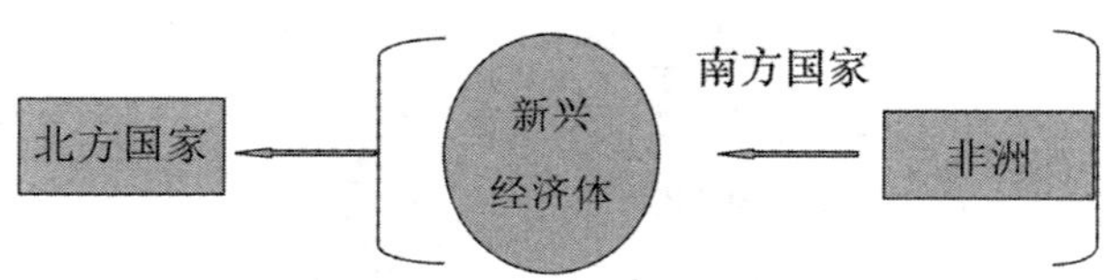

图2 基于发展合作的南北、南南知识流动反向链环结构图

20 世纪 60 年代以来，经过几十年的发展探索，国际社会形成了许多发展理论，诸如现代化理论、依附论、世界体系论、可持续发展理论、低碳发展论等等，解读、引导南方国家的发展。这些理论或被追捧，或被批评，有助益的一面，也有误导的一面。但无论认同、采用何种理论，变自外向内的外力主导型发展模式为自下而上的内源型发展模式，是南方国家经过实践而普遍认可的一条经验。南北、南南知识流动的反向链环，其基础正是南方国家的内源发展、草根创新。例如，中国科学家成功研发出抗疟药，就是中国传统知识与解决非洲问题相结合而做出的知识创新，是知识生产与创新反向流动的典型例证。

冷战结束解除了发展和全球联系的主要政治障碍，北方主导的经济全球化在互联网技术的推动之下信马由缰；南方国家逐渐步入工业化、城市化的快车道，新兴经济体快速成长。在过去的二十多年里，全球化与全球性问题结伴同行，把国际科技合作推上了各国政治、经济、文化事项的前台，技术转移的总量不断攀升，“20 世纪 90 年代以来，国际技术贸易额平均每十年翻两番，已接近世界贸易总额的二分之一，其增长速度之快为一般商品贸易所望尘莫及。”[7] 但是，北方国家从自身利益出发，在北—南技术转移的推动和限制两个方面，都采取了更加强硬的政策，高筑技术壁垒，不断抬高南方国家发展的社会条件和知识门槛。北方国家向南方国家转移技术的主要渠道是通过工业制成品和中间产品的贸易或直接投资，南北贸易协议不仅包括商品贸易，而且包括服务贸易、保护投资的原则以及知识产权保护。这样，在《与贸易相关的知识产权协定的附加协定》（TRIPs-Plus）保驾护航之下，由专利引动的资金大量流入北方国家。[8] 北方国家凭借技术与资本的雄厚实力，开发甚至大肆盗窃南方地区的本土知识资源，例如，涉及非洲的“生物剽窃”到了泛滥的程度，美国专利网和商标局的数据库中源自非洲案例的专利数目惊人。[9] 这一形势促使南方国家广泛认识到基于本土知识的知识生产与创新、南南技术合作与知识共享的重要性和必要性。2008 年金融危机以来，世界经济在大调整中挣扎，全球性问题交织其中，新兴经济体的作用越来越突出，在由南向北的知识流动链上起着推拉兼具的作用，是全球知识生产与创新双向互动的关键一环。

正反链环的双向建构

南北、南南知识流动的反向链环，揭示了通过技术转移营建造血机制的另一种本质，即供方的研发始于受方的需求，受方的需求增益供方的研发。这一认识角度表明，正反链环的双向构建，既是拉动受方向前发展的一种力量，又是促动供方创新的一种源泉。例如，南南技术转移的显著特征是转移适用技术，问题的关键在于，“适用”并不是现成的，需要供方和受方共同努力。于是，选择适用技术的过程，既是受方向供方学习、反馈的过程，又是供方根据受方需求而创新的过程。这一反向的知识流动力量，是发展合作的必要匹配，因为发展合作的本质特征是一盘棋地共同发展，与其说是技术的有偿迁移，不如说是知识的共同分享。因此，新兴经济体与其他发展中国家之间需要建立起互利共赢的技术转移、知识共享模式，使之既符合技术接受国的能力和需要，拉动其造血机能的建设，同时也有助于促进技术提供方的研发调整和创新能力的提高。同样，在南北关系中，南方国家的巨大需求构成北方国家的创新土壤，南方国家的创新能力为全球知识生产与创新注入活力和动力（见图3）。

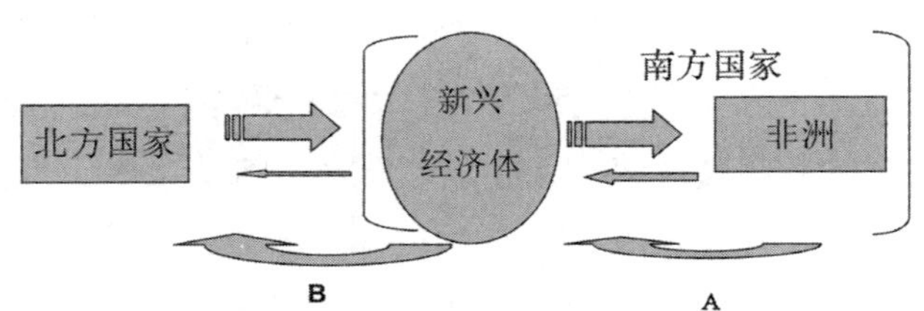

图3 南北、南南知识生产与创新双向链环结构图

中国处在南北、南南技术转移链的中间环上，充当着“媒介”“桥梁”“新动能”的角色。从正向看，在“发达国家—中国—非洲国家”的技术转移链上，中国是连接发达国家和广大发展中国家的“二传手”。从反向看，中国正处在大国转型的关键时期，从引进来转向走出去的对外开放转型，需要在引进、消化的基础上，具备集成创新、整合输出的能力；从开放劳动密集型产业到融入全球资本密集型产业的发展转型，需要树立技术品牌，变中国制

造为中国创造；从经济大国转向文化强国的软实力转型，需要积极参与全球技术创新、产业标准制定，不断提高技术—制度—文化一体化的知识生产与创新能力，等等。创新立国是根本。因而作为发展合作反向链环中的新兴“动力源”，中国肩负着独特的使命，需要在综合利用国内国际两个市场、两种资源的过程中，整合发展中国家和地区的知识创新要素，努力为全球知识生产与创新提供支持，做出贡献。

非洲国家工业化、农业现代化刚起步，信息化、网络化、低碳化、智能化等全球性转型接踵而至，适应与创新的准备和能力都不足。非洲自然资源丰富，但贫困人口众多，生存与发展、开发与保护的双重压力巨大。但是，非洲又是地球上生物多样性、文化多样性最为丰富的地区之一，非洲的发展问题和资源多样性，是全球知识创新的重要问题库和资源库。因此，对非洲而言，需要把发展挑战和丰富的本土资源结合起来，借助国际科技合作提高知识生产与创新能力。中国在对非技术转移时，需要明确自己有什么，非洲需要什么，转移的对接条件是否支持等，更需要借助对非技术转移吸纳、整合双方的本土创新，既服务于双方的发展，又造福全人类。

因此，中非知识生产与创新共同体需要双向构建，正向上紧扣非方的需求加强中国对非技术转移，反向上统筹中非科技合作、知识共享与国家创新体系的建设、创新驱动战略的实施，加强基于非洲问题的研发投入，拓展中国的知识生产空间，增强中国的创新实力，为全球知识共享做出新的贡献。

结 论

《国际技术转移行动守则草案》将“技术转移”定义为：“关于制造一项产品，应用一项工艺或提供一项服务的系统知识的转让，但不包括只涉及货物出售或只涉及出租的交易。”但当今的技术转移，内涵已有很大的拓展，不仅包括转让，而且包括正向、反向多环节的知识嵌入与合作。从基于技术势位差的南北、南南技术转移正向链环结构和基于发展合作的南北、南南知识流动反向链环结构看，中非科技合作和知识共享推动技术由北向南传递，拉动知识由南向北流动。开拓这样的双向建构模式，打造中非知识生产与创新共同体，可以起到一石三鸟的作用：一是增强非洲的自主发展能力，二是拓展中国技术的市场和中国创新的土壤，三是推动技术、知识由北向南和由南向北双向流动，改变近代以来人类知识由北向南单向流动的格局，构建起深化南南合作、撬动南北关系的战略支点。当前，中非关系进入“携手共命运、同心促发展”的新时代，中非合作面临共建“一带一路”带来的重大机遇，从技术转移、知识流动正反两个方向上大力加强中非知识生产与创新共同体建设，是激发企业、社会创新活力，全方位、宽领域、深层次开拓新的合作空间、发掘新的合作潜力的基础，同时也是中非携手打造“责任共担”“合作共赢”“幸福共享”“文化共兴”“安全共筑”“和谐共生”[10] 的中非命运共同体的基础。

（原文发表于《当代世界》2018 年第 10 期）

---

[1] 习近平：《携手共命运 同心促发展——在 2018 年中非合作论坛北京峰会开幕式上的主旨讲话》，https://www.fmprc.gov.cn/web/ziliao_674904/zyjh_674906/t1591271.shtml。

[2] 李志军：《当代国际技术转移的新特点及对策建议》，载《中国科技财富》，2011 年第 11 期，第 36 页。

[3] 技术转移通常被分为两种：技术转化为产品和技术在空间上的流动，本文仅指后者。

[4] 广义技术转移包括产品出口、投资生产所传递的影响、知识，狭义技术转移仅括技术本身的转让。

[5] 樊春良：《科技外交的新发展与中国的战略对策》，载《中国科学院院刊》，2010 年第 6 期，第 624 页。

[6] 王挺：《美、欧、日科技外交动向及启示》，载《科技导报》，2010 年第 5 期，第 19-24 页。

[7] 李志军：《当代国际技术转移的新特点及对策建议》，载《中国科技财富》，2011 年第 11 期，第 36 页。

[8] 张永宏：《本土知识在当代的兴起——知识、权力与发展的相互关联》，昆明：云南大学出版社，2011 年 4 月版，第 181 页。

[9] 薛达元等：《遗传资源、传统知识与知识产权》，北京：中国环境科学出版社，2009 年 3 月版，第 160-167 页。

[10] 同 [1]。

中拉关系：在充满不确定性的时代开拓前行

王 鹏 中国社会科学院拉丁美洲研究所副研究员，
中美洲和加勒比研究中心秘书长

2016年以来，世界政治经济形势仍然充满不确定性，全球经济难以摆脱结构性调整下的低增长态势，反对全球化和自由贸易的情绪在欧美国家蔓延和加剧。在这种背景下，中拉关系能否延续过去十几年间的奋进势头，再上一个新台阶？事实表明，中国和拉美在互利共赢的基础上取得巨大的合作成就，中拉关系的快速发展符合历史潮流，中拉关系仍然存在巨大的发展空间。当下，整体合作已经成为助推中拉关系的新引擎，有望在更宽领域和更高层次推进和塑造中拉全面合作。中国政府通过颁布第二份《中国对拉美和加勒比政策文件》，向世人展示了发展对拉美关系的良好意愿和坚定决心。

中拉关系迈向全方位合作

在全球化进程的助推下，在自身经济社会发展需求的带动下，中国在新千年大踏步“东进”拉美，中拉政治、经贸关系实现快速发展。

中国和拉美的政治关系在近年达到前所未有的高度。自杨尚昆在1990年成为第一位出访拉美和加勒比地区的中国国家主席以来，历届中国国家主席都留下出访该地区的记录。江泽民主席曾三次到访拉美，其行程覆盖拉美七国；胡锦涛主席曾五次到访拉美，其行程覆盖拉美七国。

习近平在2013年就任国家主席之后，大力推动对拉外交，先后访问墨西哥、巴西、阿根廷、委内瑞拉、秘鲁、智利等国。他是第一位在当选国家主席首年就出访拉美和加勒比地区的中国最高领导人，是首位到访英语加勒比国家（特立尼达和多巴哥）的中国最高领导人，还是首位访问厄瓜多尔的中国最高领导人。截至2016年，习近平主席在四年之中三次访问拉美，其行程覆盖十个国家。就访问频次和访问广度而言，这都是一个超越前人的新成就！

习近平主席的高密度、高频次访问表明，拉美和加勒比地区在中国外交中的地位显著上升。这种状况体现了中国的全方位外交战略，展现了新一届政府开展全方位外交的自信和魄力，成为推进中国特色大国外交的重要步骤。

在过去十几年间，中拉经贸合作突飞猛进，双边贸易额在2014年超越2600亿美元大关，中国已经成为仅次于美国的拉美第二大贸易伙伴。在投资领域，中国已经成为拉美第三大投资来源国；拉美成为中国企业海外投资的第二大目的地，仅次于亚洲地区。双方在能源、基础设施、金融、制造业等领域的合作取得积极进展，双边合作面临机制升级的机遇。

中国对于发展中拉关系，尤其是中拉经贸合作抱有坚定信心。习主席在2015年1月明确提出，中拉贸易额力争在十年内达到5000亿美元，中国对拉美投资存量力争在十年内达到2500亿美元。

在政治、经贸关系快速发展的基础上，中国和拉美国家迫切需要“提速换挡”，开辟全方位、宽领域、多层次的合作格局。在双方共同需求的推动下，中拉整体合作从无到有、从虚到实迅速发展起来。2014年7月，中国—拉美和加勒比国家共同体论坛宣告成立，标志着中拉整体合作正式启动。2015年1月，中拉论坛的第一届部长级会议在北京成功举行，成为中拉整体合作迈向机制化的开拓之举。此后，中拉农业部长论坛、中拉政党论坛、中拉科技创新论坛、中拉企业家高峰会、中拉智库论坛、中拉青年政治家论坛、中拉基础设施合作论坛等配套机制或被纳入中拉论坛的框架，或开始运转。简而言之，中拉论坛的成立和运转标志着中拉双边、多边、整体合作的“多轮转动”形成良性互动，共同推动中拉关系迈向全方位合作。

中拉整体合作为中拉关系带来巨大增量

中拉整体合作是中国在发展对拉美关系进程中取得的最重大外交成果之一。它是以中国为一方，以所有拉美国家及它们所属的拉美和加勒比共同体为另一方，通过举行领导人会晤、设立多领域对话机制、制订各类合作规划来推动具有整体性的机制化合作。

2013年以来，中国一直追求以更有力的措施提升对拉关系。另一方面，发展对华关系逐渐成为拉美国家的普遍共识。对华经贸合作为这些国家带来新的经济成长机遇；中国的市场、投资和技术有助于它们提高对外经济合作的多样化程度，增强经济的内生性、独立性和抗干扰性。2011年12月成立的拉美和加勒比国家共同体为中拉整体合作创造了组织依托。

中国之所以大力推动整体合作，第一个目的是为了找到体量、规模较为相近的合作对象，从而使双方能够在整体上规划合作事宜、产生必要的规模效应。就单个国家而言，中国的巨大经济规模是任何拉美国家无法相比的。按照世界银行的测算，中国2015年国内生产总值达到108664亿美元，相当于拉美第一大经济体——巴西国内生产总值（17747亿美元）的六倍。[1]2014年，中拉贸易额创下新高，但它占中国对外贸易额的比重仅为6%。这种巨大的实力差距意味着拉美国家有必要作为一个整体开展对华合作。

第二个目的是以整体合作破解双边合作的局限性，加强对集体行动的协调，有利于形成拉美国家对华合作的共同诉求，既为中拉关系注入新动力，也使中拉关系变得更为均衡。拉美33国的国力存在巨大的差异，而这种差异势必导致它们的对华合作诉求存在相应的巨大差异。例如，巴西的人口高达2亿，而圣基茨和尼维斯的人口仅有不到6万；前者的国土面积达到851万平方千米，后者仅为287平方千米；前者的国内生产总值高达2.4万亿美元，后者仅有不到8亿美元。[2]地区小国长期面对经济、社会和生态的脆弱性，更多考虑如何生存下去；地区大国具有较好的发展基础，更多考虑如何实现更大的发展。现实需求的差异势必导致拉美国家的对华合作意愿存在巨大的差异。唯有整体合作能够有效弥合这种差异性，使中拉关系在贸易、投资、基础设施、产能合作、气候问题、全球治理等领域产生巨大的合作增量。

第三个目的就是要实现合作对象国的全覆盖。拉美现有 33 个国家，其中 12 个尚未成为中国的建交国。它们集中分布于中美洲和加勒比地区，主要为小国、岛国和穷国。如何使中国的对拉关系不留“死角”？如何在没有建立外交关系的情况下提升与未建交国的经济社会事务合作？如何争取这些国家支持中国维护国家主权和领土完整？整体合作将是中国解决上述问题的最有力“抓手”。

中拉整体合作建立的重大意义在于，中国外交初步建立了覆盖世界主要地区的整体合作框架体系，中国的全球外交布局得到很大的完善。整体合作这种机制化的复合型外交是中国构建中国特色大国外交的必然选择。整体合作的建立是伙伴国家对中国大国地位的直接承认，是中国大国地位的具体体现。[3]

具体而言，中拉整体合作为解决拉美和加勒比这一中国全球外交最薄弱的环节创造强劲动力。中国与拉美既能够通过整体合作实现优势互补，又能够通过双边合作在国际事务、经贸往来、人文互鉴等领域进行纵深拓展。在整体合作的牵引下，中拉关系能够超越双边关系的局限性，就区域范围、全球范围的重大问题、共性问题进行深入讨论，达成广泛合作，必将有助于在更宽领域、更高层次深化中拉全面合作伙伴关系。

新《中国对拉美和加勒比政策文件》对中拉整体合作的指引作用

新世纪以来，中国连续出台多份地区政策文件，用于指导外交工作、阐明中国政策目标及措施、规划各领域合作和推动双边关系的稳定发展。在拉美方向，第一份《中国对拉美和加勒比政策文件》在 2008 年出台。2016 年 11 月，在习近平主席顺利完成拉美三国访问之际，新《中国对拉美和加勒比政策文件》问世。

新《中国对拉美和加勒比政策文件》对中拉整体合作给予高度重视和重点论述，尤为值得关注。它明确提出，中方愿与拉方一道积极推进论坛框架下各领域合作，发挥好论坛部长级会议、中国—拉共体“四驾马车”外长对话、国家协调员会议等机制作用，举办好政党、法律、青年、智库、基础设施、科技创新、企业家、农业、民间和地方友好等领域分论坛活动，不断完善中拉论坛机制建设，在条件成熟时举行由中国和拉共体成员国领导人共同出席的峰会。

目前，中拉整体合作仍然处于初创阶段。作为一种合作框架，它有助于中拉利益诉求的协调和融合。许多重大项目，尤其是跨境基础设施项目必须依托整体合作机制才能具备实施的可行性。另一方面，中拉整体合作的范围、机制都有待探索。拉美和加勒比地区有着独特的区域情况，中国和拉美国家之间的双边关系还存在许多亟待解决的问题。这些因素意味着，中拉整体合作仍然是一个在摸索中前行的新生事物。

既有的经贸合作表明，中国注重在拉美获得资源和占有市场。这就意味着，中拉整体合作的优势国家将是大国和能矿资源富集国，优势区域将是此类国家集中的南美洲；另一方面，人口规模、领土规模和经济规模都较小的加勒比国家和中美洲国家有可能陷入边缘化的境地。那么，如何防止中拉整体合作变成“大国俱乐部”？如何为加勒比小国和小岛国找到参与整体合作的路径？这些问题就成为深化中拉整体合作的当务之急。新《中国对拉美和加勒比政策文件》专门论述如何在中拉整体合作框架下发展与小国的合作。它表示，中国将根据拉美和加勒比地区最不发达国家、内陆发展中国家和小岛屿发展中国家的需求，在整体合作中予以必要的照顾。换言之，中国很可能将在中拉整体合作的框架下，制订有针对性的次地区合作战略，着力提升整体合作的可参与性。

小国、小岛国高度集中的加勒比地区无疑是中国在整体合作框架下实施次地区合作战略的最优先选择。该地区大量分布着人口在500万以下的小国和小岛国。[4] 加勒比国家具有较为独特的历史和文化认同，有着不同于南美洲国家的发展特性，有着对气候变化问题的更高敏感性。以英语加勒比国家为主的加勒比共同体谋求实现共同外交，作为一个表决集团在国际社会中发挥重要作用。同时，加勒比地区是中国的未建交国成片分布的区域。多米尼加共和国、海地、圣基茨和尼维斯、圣卢西亚、圣文森特和格林纳丁斯均未与中国建立外交关系。鉴于中加之间的长期历史联系和日趋紧密的经贸往来，加勒比国家有着推进对华外交的强烈意愿。他们希望依靠中国的市场、资金和技术带动自身发展，实现对外经贸合作的多元化。

新《中国对拉美和加勒比政策文件》强调依靠既有合作机制强化中国和加勒比地区的关系。在2005年成立的“中国—加勒比经贸合作论坛”以经济合作发展为主题，是中国同加共体成员之间的互利合作平台。论坛在2005年（牙买加）、2007年（厦门）和2011年（特立尼达和多巴哥）举办了三次大会，为促进中国和加勒比地区的经贸交流和合作发挥重要作用。论坛在原则上每四年举办一次大会。未来，论坛需要提高其会议的频次与决议力度，以便与中拉整体合作的大潮相匹配。

新《中国对拉美和加勒比政策文件》还给出一个强化中国和加勒比地区关系的潜在选项。它在论述社会领域合作时，明确提出开展应对气候变化与减灾的合作。加勒比国家因其地理特性，易于遭受极端天气的侵袭；因其国力弱小，在遭受自然灾害侵袭时往往暴露出高度的脆弱性。例如，2016年夏天，飓风“马修”横扫加勒比海，使海地、巴哈马、古巴等国遭受重创。针对加勒比国家的核心关切，中国可以在中拉整体合作机制之下大力推动减灾合作，设置较大规模的减灾基金，通过各种渠道帮助相关国家提升灾害预防能力和灾后反应速度。这一做法有助于满足加勒比国家的生存需求，一定能够在当地取得良好的社会效应和外交效应；同时，减灾合作由此成为加勒比国家融入中拉整体合作进程的“跳板”，将为小国、小岛国参与整体合作树立一个典范。

（原文发表于《当代世界》2017年第4期）

---

[1] World Bank, “GDP (current US$)”, http://data.worldbank.org/indicator/NY.GDP.MKTP.CD. Accessed on December 1,2016.

[2] ECLAC, “Statistical Yearbook for Latin America and the Caribbean 2015”, http://repositorio.cepal.org/bitstream/handle/11362/39867/1/S1500739_mu.pdf.Accessed on December 1,2016.

[3] 扈大威：《中国整体合作外交评析——兼谈中国—中东欧国家合作》，载《国际问题研究》，2015年第6期。

[4] 包括安提瓜和巴布达、巴哈马、巴巴多斯、伯利兹、多米尼克、格林纳达、圣基茨和尼维斯、圣卢西亚、圣文森特和格林纳丁斯、特立尼达和多巴哥、圭亚那和苏里南。无论是就人口规模而言，还是就领土面积而言，圣基茨和尼维斯都是西半球最小的国家。

结构性改革对中拉经贸合作的意义

张　勇　中国社会科学院拉丁美洲研究所副研究员，巴西研究中心秘书长

一般而言，经济增长会受周期性因素和结构性因素的双重影响。当一国经济结构符合其发展阶段的比较优势时，经济周期波动的影响可通过反周期的宏观政策去熨平。可是，当宏观经济政策应对周期波动的边际效果下降时，它可能预示着结构性因素对该国经济增长的影响权重上升，此时就应该将结构性改革提上日程。同样地，双边经贸关系也会受到周期性和结构性因素的影响而呈现出不同的发展阶段。当前中拉各自经济都在经历结构性改革，可通过双边经贸合作实现互惠互利，迈向提质增效的新阶段。

结构性改革为经济增长和深化合作提供新动力

一、结构性因素的重要性与日俱增

近些年来，结构性因素的影响权重逐渐增加。其一，可从影响经济增长的因素中考察。根据世界银行估计（2014 年），在新兴经济体增长放缓的原因中，大约有三分之二归因于增长中的周期性因素，而另外三分之一源于受全要素生产率（TFP）增长放缓引发的结构性因素。这些结构性因素通常包括许可证、准入和税收程序繁琐；合同执行不力；劳动力市场僵化；监管制度偏向地方垄断和国有企业；基础设施落后等等。其二，从全球贸易变化趋势中考察。国际货币基金组织（IMF）和世界银行认为，全球价值链扩张步

伐放缓是贸易下滑的重要因素。有证据表明，国际垂直专业化[1]变化是构成全球贸易下滑的基础。20世纪90年代，生产分工在国际层面融入了全球价值链，进而带来零部件贸易的飙升，因此长期的贸易收入弹性[2]增加。然而自21世纪以来，由于国际供应链趋于成熟，贸易收入弹性显著下降。这就意味着，20世纪90年代主要由美国和中国共同推动的国际生产分工产生的驱动力自21世纪以来正在变弱，但是国际分工对于尚未充分利用全球供应链的地区（如南亚、非洲和南美洲）的发展仍然非常重要。

有鉴于此，上述背景给深化未来中拉经贸合作提供了重要启示。对内而言，结构性改革是中拉双方各自保持经济可持续增长的客观要求，也是双方进行长期合作的坚实基础；对外而言，在结构性改革基础上积极参与全球价值链可为双方拓展合作潜力和领域提供必要的条件。

二、结构性改革成为中拉经贸合作转型的客观要求

进入21世纪第二个十年，中拉经贸合作正在由数量跨越增长型向结构提质增效型转变。在保持约12年（2000—2012年）年均近30%的高速增长后，中拉贸易增速明显下降，2013—2016年增速分别为0.1%、0.8%、−10.2%和−8.2%。除国际初级产品价格下跌的周期性因素外，结构性制约效应开始逐渐显现，例如中拉贸易的“双高”特征，即国别和初级产品集中度高，导致贸易结构适应环境变化的能力较弱；中国经济“新常态”的变化，使原有贸易结构提供的增长空间减少等。因此，中拉贸易增长趋缓预示着双方注重贸易平衡、结构优化的阶段开启。

此外，力争十年内双方贸易额达到5000亿美元，双方投资存量达到至少2500亿美元的双重目标给中拉经贸合作提出了更大挑战。有国际组织预测，全球贸易增长放缓的趋势短期内还将持续下去。根据香港环亚经济数据库有限公司（CEIC）数据库预测数据，按简单平均[3]计算，2018—2022年全球年均经济增速、出口增速、进口增速分别为3.69%、3.71%和4.17%。未来十年若要实现5000亿美元的目标，中拉贸易年均应保持在增速为7.8%的水平上，然而以中期全球经济和贸易增速低迷的趋势衡量，除非继续深化结构性

改革拓展贸易深度和广度，否则目标难以实现。当然，也应看到中拉合作的积极因素：投资正在“接棒”贸易成为中拉合作的新引擎，并从集中于自然资源转向国际产能全面合作。作为实体经济的催化剂，金融合作也由联合应对 2008 年金融危机阶段转入稳步推进货币合作，积极探索保险、金融租赁形式，拓展同拉美区域性金融机构合作等深耕阶段。这无疑将为推动中拉经贸合作突破结构性制约增添助力。

拉美结构性改革的重点领域

2010 年以来拉美地区推进结构性改革所面临的外部环境与 20 世纪八九十年代大不相同，主要呈现如下特点：第一，包括中国在内的新兴市场在世界经济中的地位上升；第二，巨型贸易协定正在创造跨地区的巨大市场；第三，人口增长趋于放缓带来国际移民、老龄化和城市化三重问题，进而改变消费和投资的长期模式；第四，环境危机成为世界面临的共同挑战；第五，涵盖贸易、货币、投资体系等的全球治理体系因为新兴市场集体崛起正在酝酿新变革；第六，以新能源、大数据、互联网等为代表的新一轮科技和产业革命孕育兴起，无论是发达国家还是发展中国家都在积极寻找开启下一轮增长周期的发力点。

近些年，虽然拉美地区结构性改革在推进，但是其成效远没有适应上述新形势，突出体现在结构性鸿沟仍然没有消除。联合国拉丁美洲和加勒比经济委员会（拉美经委会）数据显示，从相对劳动生产率 [4] 看，2001—2010 年南美洲和中美洲的生产率仅为美国的 12.1% 和 11%，而发展中亚洲地区的这一比例达到 33.8%。从中高技术制成品占制造业出口比例看，2007 年南美洲和中美洲分别为 18.5% 和 34.2%，远低于发展中亚洲地区的 64.3%。从研发占 GDP 比例看，1996—2009 年南美洲和中美洲分别为 0.4% 和 0.2%，低于发展中亚洲地区的 1.3%。因此，为缩小结构性差距，拉美国家正在从四个方面深化结构性改革，进而提高劳动生产率。

第一，培育商业环境竞争力。据世界银行发布的《2017 年全球营商环境报告》，拉美地区营商环境便利度平均水平在 190 个经济体中排名第 107 位，处于中下游。因此，完善制度框架、改善贸易投资环境成为结构性改革的首要任务。拉美国家正在致力于如下主要领域改革：其一，破除垄断，促进竞争。在能源、电信、粮食等多个部门，通过消除不必要的监管和政府干预，提高资源配置效率，从而提升生产率。其二，缩小财政赤字，维持公共投资。财政调整往往“伤及”有利于长期经济增长的公共投资，因此需要优化财政收支结构。扩大税基、减少偷税漏税、从基于初级产品的税收向来源多元化转型有助于财政状况的改善。其三，通过贸易投资便利化、知识产权保护等支持企业参与全球价值链。其四，建立鼓励创新的制度框架，促进研发投资和技术外溢效应。其五，改革僵化的劳动力市场，促进高质量的就业创造。

第二，激发中小企业活力。中小企业是结构变革和生产率增长的催化剂。在拉美，它们约占企业总数的 99%，吸纳雇员的比例约占 67%。但是，它们在市场准入、技术获取、研发投资、金融服务以及与其他企业的联系上存在高度的异质性。当前，拉美国家着重从三个方面支持中小企业发展。其一，为填补商业银行长期融资供给不足的缺口，拉美国家公共金融机构正在通过诸如提供担保、长期授信额度等工具增加对中小企业的金融支持。其二，通过实施创新和技术扩散政策，特别是使用信息与通信技术（ICT）提高中小企业的竞争力，从而降低进入全球价值链的成本。其三，通过加强教育体系（特别是技术和职业培训）与生产部门之间的联系，提高劳动力技能。

第三，加强基础设施和连接性建设。国家或地区生产一体化主要依赖于包括交通、物流、能源和电信等在内的完善的基础设施网络。这些物理性网络通过承载贸易流和价值链，成为连接国内或地区与世界其他地区经济关系的必要系统。拉美整体基础设施质量排名低于经济合作与发展组织（OECD）和新兴亚洲经济体的平均水平。物流成本占产品价值的比例在拉美达到 18%—35%，而在 OECD 国家仅占约 8%。因此，拉美国家存在对基础设施投资（特别是交通、能源、电信基础设施）的巨大需求。同时，拉美国家也重视以下两方面的工作：其一，完善有关综合基础设施投资规划的治理机制、增强各级政府和各部门的协调以及加强对现实交付方式和时间周期的鉴定；

其二，探索和加强社会资本合作（PPP）模式的效率和有效性。

第四，提高人力资本基础。增加接受高质量教育和培训的机会对于提高总体劳动生产率是十分必要的。尽管最近十年来拉美国家在教育和培训领域取得较大进步，但是仍有很大提高空间。拉美国家中等教育入学率为 74%，低于 OECD 平均水平 17 个百分点，高等教育入学率为 42%，低于 OECD 平均水平 29 个百分点。因此，拉美国家开始通过教育和成人技能培训（特别是针对低收入家庭的儿童和青年人）加强教育和劳动力市场之间的联系，以解决技能错配和短缺问题。在拉美一些著名的“有条件现金转移”计划，例如巴西的“入学资助”（Bolsa Escola）计划、墨西哥的“机遇”（Oportunidades）计划，都对教育产生积极的影响，从而提升了未来的人力资本。

结构性改革带给中拉经贸合作的新机遇

拉美国家在上述领域推进的结构性改革不仅为促进包容性增长奠定了坚实基础，而且将为深化中拉经贸合作提供新的机遇。

首先，从需求结构互鉴引发经贸关系多元驱动。中国和拉美经济增长方式互为镜像，都存在着消费、投资和净出口不协调的方面。中国开始从投资拉动型向内需主导型经济转变，更加注重释放有效需求，强调提高消费率、适当降低投资率，而拉美则需要适当降低消费率，提高投资率，更加注重产业政策和吸引外资的作用。2009 年以来，中国消费率和投资率大致保持在 50% 和 47% 的水平，而拉美则分别为 80% 和 21%，双方互鉴空间较大：其一，中国消费作用提升以及因中等收入群体扩大引发的消费模式升级，将增加对拉美国家高附加值消费品的进口需求，进而有利于其出口结构多元化；其二，中国对海外投资的政策激励，恰好满足拉美吸引高附加值投资的需求，其中基础设施、电力、教育、公共卫生是四大急需领域；其三，随着中国服务业地位提升，服务贸易将逐渐弥补货物贸易失速的缺口，成为中拉贸易的新增长点。

其次，拉美国家产业政策动向预示着产能合作方向。产业政策一直是拉美经委会倡导的结构变革战略的中心要素。它意味着，无论是在制造业、自然资源部门还是服务业，都要鼓励生产要素向具有更高生产率和更大知识密集度的经济活动转移。通行的做法如下：一是通过政策加强已存在的比较优势（例如将更先进的技术纳入自然资源出口中），二是通过政策创建新的比较优势，培育新兴产业。据此，未来中国对拉美的产能合作可能存在两个方向。一方面，利用中国传统产业优势，融入拉美再工业化进程，提升工业竞争力。另一方面，利用后发优势进入可再生能源、互联网等新兴产业，打造新增长点。目前，拉美地区积极推进数字经济战略就为中国互联网企业开拓拉美市场提供了契机。

第三，拉美提升区域一体化水平带来战略新机遇。拉美国家已经意识到，在融入面向美国、亚洲和欧洲三大价值链之前，有必要提升区域内一体化水平，这是参与全球价值链的起点。以贸易为例。拉美区域内贸易占其贸易总额的比例为 18%，而在欧盟该比例为 63%，在北美、东亚及东南亚均占比 50%。[5] 而据经验显示，相比于区域外贸易，区域内贸易更具有多元化的特征，高附加值产品出口也集中，有更多的中小企业参与，有利于就业创造。因此，一方面，中国企业与拉美中小企业的合作更受当地政府的欢迎；另一方面，中国企业应深度发掘区域内贸易一体化、生产一体化和金融一体化带来的投资机遇。

第四，对拉基础设施合作是“一带一路”建设的自然延伸。据拉美经委会预计，2006—2020 年拉美地区应该每年拿出占 GDP 的 5.2% 的投资用于满足经济增长所引发的基础设施需求。如果到 2020 年要实现消除人均基础设施存量与东亚高增长经济体之间的差距，拉美地区在 2006—2020 年要使年均投资额占 GDP 的比例达到 7.9%，即为 2007—2008 年期间平均支出的四倍。[6] 而且，随着拉美国家打造环境可持续、智慧型和综合型城市体系，基建需求潜力巨大。2017 年 5 月在北京召开的“一带一路”国际合作高峰论坛吸引了很多拉美国家的关注。随着阿根廷申请加入亚洲基础设施投资银行，亚投行内拉美国家将达到六个。这些都说明，虽然拉美地区尚未纳入“一带一路”沿线范畴，但是中拉基础设施合作符合“一带一路”倡议的“五通”

精髓。凭借多年积累的技术、资金、人才优势，加之对政府和社会资本合作（PPP）模式的探索，中国在促进拉美基础设施互联互通上大有作为。

（原文发表于《当代世界》2017 年第 11 期）

---

[1] 生产过程中国家间的内在联系日益紧密，中间产品贸易不断增加，形成了跨越许多国家的垂直性贸易链，一种商品的生产过程延伸为多个连续的生产阶段，每一个国家只在某个连续的特殊阶段进行专业化生产。这种现象被人们称之为“垂直专业化”。

[2] 收入弹性是指在价格和其他因素不变的条件下，由于消费者的收入变化所引起的需求数量发生变化的程度大小。

[3] 简单平均法是指将过去各数据之和除以数据总点数，求得算术平均数，为预测值。

[4] 相对劳动生产率是指不同产品劳动生产率的比率。一国某产品的相对劳动生产率高于另一国，意味着该国该产品的比较成本低于另一国。

[5] CEPAL, Horizons 2030: Equality at the Centre of Sustainable Development, May, 2016, p155.

[6] CEPAL, Regional integration: towards an inclusive value chain strategy, May 2014, p.80.

"一带一路"倡议下的中拉合作：基于铁路基础设施的案例研究

[阿根廷] 马豪恩　阿根廷萨尔瓦多大学亚洲研究学院当代中国研究系主任，教授；阿根廷国际关系顾问委员会顾问、中国工作组副主任；阿根廷外交部亚太全国委员会顾问

中国是拉丁美洲和加勒比地区的战略合作伙伴。拉美和加勒比地区则在中国全面开放新格局中占有重要地位，尤其是进入21世纪以来，随着经济全球化的不断深入，中拉经贸关系实现跨越式增长。近三十年来，中拉政治互信不断深化，经贸合作突飞猛进，双方已建立了密切的合作关系。

中拉全面合作与"一带一路"倡议的战略内涵享有共同基础，前者更是后者的延伸，双方在多领域，尤其是基础设施建设（如两洋铁路建设）领域已达成共识。一方面，中国国内的富余产能和财政盈余正好能够满足拉丁美洲对工业化和产品价值链上行的需求；另一方面，拉美地区的基础设施建设也亟须升级，"基础设施互联互通"已成为拉美和加勒比国家共同体（CELAC，以下简称"拉共体"）的五大"轴心"之一。在此背景下，"南美洲区域基础设施一体化倡议"（IIRSA/COSIPLAN）已取得显著成效，这一倡议为铁路复兴和发展绘制了蓝图，而作为该倡议的重要组成部分，铁路一体化则为中国和南美国家间的铁路建设合作提供了机遇。

本文旨在分析南美在基础设施建设方面与"一带一路"倡议的协同作用，探讨铁路建设合作的可行性。通过研究中国对阿根廷铁路发展的贡献这一案

例，从地缘政治、发展轴心、融资条件等角度来分析将“一带一路”倡议延伸到铁路领域的影响。

基础设施在拉美发展中的核心作用

提升基础设施一体化水平是发展中国家融入经济全球化进程，并获得发展收益的重要前提之一。面对巨大的投资需求，大部分发展中国家内部储蓄不足，政府和私人的投资能力相对有限，尽管现有的多边金融机构已经做出了重大贡献，但远远不能满足其需求。

随着世界政治和经济重心逐步向亚太地区转移，亚太地区的经济合作已成为国际关注的焦点，拉美国家也相应大幅增加了对该地区的关注。这一趋势受到绝大多数与中国建交的南美国家的欢迎。21 世纪以来，中国已成为拉美的主要贸易伙伴。2000 年，中国占拉美地区出口额的 1%，进口额的 2%；2015 年，这一数据分别上升至 10% 和 18%。对于不少南美国家来说，中国已是第一大或第二大出口目的地国；而对于几乎所有拉美国家来说，中国都是排名前三的进口来源国。

尤其是 2010 年以来，中国对拉美地区投资额高达 140 亿美元，创历史新高（相当于该地区 2010 年外国直接投资总额的 11%），自此中国成为该地区重要投资方和信贷来源。此外，根据《中国与拉美和加勒比国家合作规划（2015—2019）》，预期到 2025 年双方贸易额将达到 5000 亿美元，双方投资存量将达到 2500 亿美元。[1] 因此，拉美国家在调整外交政策时优先考虑中国，这一方面是出于现实的经济考虑，另一方面，加强与中国的伙伴关系也符合拉美国家外交关系多样化、奉行独立自主外交政策的地缘政治利益。

2000 年 8 月 31 日至 9 月 1 日，阿根廷、玻利维亚、巴西、智利、哥伦比亚、厄瓜多尔、圭亚那、巴拉圭、秘鲁、苏里南、乌拉圭、委内瑞拉 12 个南美国家元首，在巴西利亚联合发表的会议公报中提出了“南美洲区域基础设施一体化行动计划”。同年 12 月，这 12 个国家主管运输、能源和通信的部长在乌拉圭首都蒙得维的亚召开部长级会议，正式提出“南美洲区域基础设施一体化倡议”和“2000—2010 年行动计划”。

“南美洲区域基础设施一体化倡议”内设成员国协调委员会、融资协调委员会、工作组、秘书处等机构。成员国协调委员会下设多个工作组，其中包括铁路一体化工作组，该工作组成立于 2011 年 11 月，2013 年 9 月举行第一次会议。铁路一体化工作组又下设多个工作小组，分别负责若干铁路通道。融资协调委员会由多边金融机构组成，如美洲开发银行、拉丁美洲开发银行、拉普拉塔发展基金。秘书处设立在阿根廷布宜诺斯艾利斯，与美洲开发银行的拉丁美洲和加勒比地区一体化研究所联合办公，具体负责日常事务。[2]

2014 年 12 月 4 日，南美洲国家联盟的南美基础设施和计划委员会[3]在乌拉圭蒙得维的亚举行年度部长级会议，讨论“南美洲区域基础设施一体化倡议”2014 年工作总结，并审批 2015 年工作计划。根据 2014 年工作总结，截至 2014 年 9 月，“南美洲区域基础设施一体化倡议”已批准了 579 个一体化优先项目，涉及交通、能源、通信三大领域，总投资约 1633 亿美元。[4]

中国与拉美地区开展基础设施合作的前景

2008 年，中国政府倡议双方在新时期建立全面伙伴关系，并发布《中国对拉美和加勒比政策文件》，这是中国对该地区制定的首份政策文件，也是中国对拉政策的重要参考文件。这一标志性文件发表近十年后，开拓中拉双边合作亟须在基础设施建设和互联互通领域下功夫。拉美主要基础设施建设，如两洋铁路，不仅有利于降低区域运输成本，扩大贸易规模，而且有助于促进产销对接。

据统计，2012 年拉美基础设施年投资额仅占地区生产总值的 3.49%。为缩小基础设施供需差距，拉美各国 2012—2020 年应将这一数据提升至 6.2%（约 3200 亿美元）。根据拉丁美洲和加勒比经济委员会（ECLAC，以下简称“拉美经委会”）发布的报告，运输、能源、通讯、供水和污水处理等领域的投资，将有助于提高基础设施服务质量，拓宽覆盖面，并提升社会整体福利水平。[5]

拉丁美洲开发银行认为，在拉美地区，物流成本占最终产品成本的比重高达 18%—35%，中小企业的这一比重甚至超过 40%，而经济合作与发展组织（OECD）成员国的这一比重仅为 8%；如果拉美地区的交通物流等基础设施建设能达到中等收入国家的平均水平，那么拉美地区的 GDP 年均增长率可提高约 2 个百分点。[6]

为进一步增加对华出口，拉美国家应加强与中国在基础设施建设方面的合作。2015 年 1 月在北京举行的“中国—拉共体论坛”首届部长级会议通过了《中国与拉美和加勒比国家合作规划（2015—2019）》，其第四条（基础设施和交通运输）明确提出中国与拉美和加勒比国家将加强交通运输、港口、公路、仓储设施、商贸物流、信息通信技术、宽带、广播电视、农业、能源、电力、住房和城市建设等领域基础设施建设的合作。[7]

2016 年 11 月，亚太经合组织领导人非正式会议在秘鲁首都利马举行，会议结束后中国国家主席习近平对秘鲁进行了国事访问。他强调，“一带一路”是一项开放的倡议，中国正在寻求将国际贸易、基础设施建设通过“一带一路”延伸到拉丁美洲，中国欢迎“一带一路”沿途各国和亚洲所有国家，以及世界各地的朋友和伙伴参与进来。[8] 习近平主席结束对拉美的第三次访问后，中国政府发布了第二份《中国对拉美和加勒比政策文件》。该文件提出了 8 个主要领域的 39 个合作理念，包括政治、贸易、社会、文化、国际合作、和平、安全、司法、全方位合作、三方合作等，其中许多是新领域。

2017 年 5 月 14 日，在“一带一路”国际合作高峰论坛上，智利总统米歇尔·巴切莱特阐述了她对“一带一路”与拉美国家基础设施建设互补性意义的看法。“‘一带一路’促进了地区间贸易合作并提升了亚欧非的互联互通，也包括拉丁美洲。智利赞赏中国为在互联互通、创新和可持续发展等方面将我们更紧密联系在一起而付出的巨大努力。‘一带一路’的广度、高参与度及其战略维度，增强了其成为当今最大经济合作项目的实力。”[9]

关于如何通过“一带一路”助推拉美基础设施建设，巴切莱特总统认为，“智利一直在努力使互联互通一体化成为现实，我们与巴西、阿根廷、巴拉圭一直在共同推进巴西的穆尔蒂纽港至智利北部港口的两洋公路建设，这也是连接大西洋与太平洋的快速通道。我们还同阿根廷开展了三项重要的基础设施建设合作，将有助于我们更好地相互联系。各国政府支持类似倡议，也希望得到强有力的投资支持，并成为‘一带一路’倡议的紧密组成部分”。

阿根廷总统毛里西奥·马克里在出席“一带一路”国际合作高峰论坛时也表示，“一带一路”与南美洲的融合“是我们不容错过的机会”。南美地区加强基础设施建设与中国国家主席习近平提出的“一带一路”倡议不谋而合，均旨在创造“一个能惠及大众的开放、包容和平衡的全球经济合作架构，并通过物流、能源、生产基础设施的发展实现减贫，创造经济机会”。马克里总统指出，在阿根廷轮值南美国家联盟主席国期间，推动构建了“南美洲区域基础设施一体化倡议”，“我们寻求实现更广阔、更可持续的基础设施一体化”，“我们感兴趣的是将‘南美洲区域基础设施一体化倡议’与‘一带一路’倡议对接起来，以推动南美地区 21 世纪发展的关键：互联互通”。[10]

拉美经委会执行秘书阿莉西亚·巴尔塞纳参加“一带一路”国际合作高峰论坛时表示，“拉美和加勒比国家正迎来加强与中国和其他亚洲经济体合作关系的历史性机遇，‘一带一路’国际合作高峰论坛为我们提供了一个相互联系、共享繁荣的文明建议”。她补充道，“一带一路”倡议是对关系全球经济和社会福祉的重要价值观的更新和郑重承诺，包括加强互联互通、深化贸易投资、提升透明性与开放性、协调社会进步与经济发展。[11]

2017 年 9 月 17 日，中国外交部部长王毅与巴拿马副总统兼外交部长德圣马洛联合召开记者招待会时表示，拉丁美洲是 21 世纪海上丝绸之路的自然延伸，“一带一路”倡议已成为当前中拉合作的新机遇。[12]

上述言论均表明，具体项目的合作推动了“一带一路”倡议向拉丁美洲的延伸，而南美地区则是引导这一延伸过程的恰当选择。

中国在拉美地区的铁路建设案例：“贝尔格拉诺铁路改造项目”

在贸易方面，2000 年中国成为阿根廷在亚洲地区的主要合作伙伴（世界范围内仅次于巴西），2010 年成为阿根廷的主要投资方和贷款方。[13] 当前中国在拉美相似的两个重要投资项目都在阿根廷，即“贝尔格拉诺铁路改造项目”

（近 25 亿美元）和“圣克鲁斯河水电资源开发项目”（总计 47 亿美元）。[14] 其中，“贝尔格拉诺铁路改造项目”由阿根廷国有企业与中国相关金融机构和企业合作实施。

根据 2013 年 5 月 21 日时任阿根廷总统克里斯蒂娜·费尔南德斯·基什内尔签署的 566 号总统令[15]，“贝尔格拉诺铁路改造项目”是实现宏观经济政策目标，特别是区域发展的“核心工具”，旨在提高国家货物系统的总容量，将生产中心与商品集散中心、港口和消费地区联系起来。鉴于这一项目对出口的推动作用和在铁路中所提供的货运服务，566 号总统令还将其确定为提升阿根廷本土经济增长和发展的“核心要素”和国家“优先项目”。[16]

中阿双方于 2010 年签订了两份协议，一是中国相关金融机构与阿根廷财政部签订的金融协议，二是中国机械设备工程股份有限公司与阿根廷交通部签订的商业协议。两份协议直到 2014 年最终批准之前，共修订了四次。中阿两国政府最终提供了 24.7 亿美元的资金：阿根廷提供 15%；中国提供 85%（20.99 亿美元），其中中国国家开发银行提供了近 91%，中国工商银行提供了其余 9%。

这个大型项目包括三条铁路线的翻新：“圣马丁线”（宽轨 1676 毫米）、“乌尔基萨线”（普轨 1435 毫米）和“贝尔格拉诺线”（窄轨 1000 毫米）。三条铁路线现有 88 台发动机和 4650 辆货车，遍及阿根廷 17 个省，可直接通往布宜诺斯艾利斯火车站。这个庞大的铁路网总里程达 9344 公里，覆盖阿根廷 70% 的领土，连接着五条可分别直接通往智利、玻利维亚、巴拉圭、巴西和乌拉圭的国际过境通道。值得一提的是，通过萨尔塔—索波帕—安托法加斯塔过境点的 C14 铁路支线，可以为阿根廷打开另一条穿越智利通往太平洋的通道，从而直接打开亚洲市场。[17]

2017 年 5 月，马克里总统访华出席“一带一路”国际合作高峰论坛时，签署了一项旨在翻修贝尔格拉诺铁路货运支线的协议，在最初 24.7 亿美元贷款的基础上，增加了 16 亿美元的贷款。这笔贷款允许更多国有资本注入，涉及修复整条铁路的部分关键工程等。

具体而言，协议同意国有资本占 65%，其余 35% 用于铁轨固定装置、维修机械和铁道车辆的资金来源不限，旨在将货运总吨数提升五倍，从历史最低的 2015 年的 84.7 万吨增加到 2019 年的 440 万吨。项目第一阶段是完成圣菲省、查科省和圣地亚哥—德尔埃斯特罗省的铁路段，里程 535 公里；第二阶段是完成萨尔塔省至胡胡伊省的铁路段，里程 500 公里；第三阶段铁路段全长 558 公里。所有工程预计将于 2019 年年底完工。[18]

总体看来，阿根廷虽是世界上最大的谷物生产国之一，但由于陈旧的铁路基础设施，物流成本占最终产品成本的比重高达 50%。通过与中国合作的铁路改造项目，阿根廷有望通过降低农产品价格来提升其国际竞争力。无论是规模方面，还是资金方面，“贝尔格拉诺铁路改造项目”在阿根廷都可谓史无前例。此外，可以肯定的是，这并不是严格意义上的投资，而是项目融资：该项目虽然是中国向境外投资，但通过中国国有企业实现了资金再回流，中国机械设备工程股份有限公司是最大受益方。正如凯文·加兰格尔在评估中国对阿财政投资时所言，“中国向阿根廷提供的 100 亿美元信贷额度实际上是对中国公司的信贷额度，这意味着资金还是留在中国”。[19]

“一带一路”倡议扩展到铁路领域的影响

中国的“一带一路”倡议在全球范围内不断扩展。最初以“丝绸之路经济带”发起，激活与中亚地区数百年历史的经济关系，之后迅速扩展到包括横跨东南亚和印度洋的“海上丝绸之路”，并延伸到非洲和欧洲。中国外交部长王毅表示，拉丁美洲同样很重要，是海上丝绸之路的“自然延伸”。

纵观历史，这是亚洲大国首次有望在拉丁美洲留下重要足迹：如果要在拉丁美洲建立新的大型基础设施，那将是中国的利益占主导地位，而非美国。此外，自 2000 年以来，中国与拉美之间的贸易额增长了 22 倍，达到每年逾 2000 亿美元。中国的外向型发展，重新定义了世界。目前的美国政府似乎更倾向于打破与亚洲和拉美的现有关系，而不仅仅是恢复美国原有的地位。[20]

根据“南美洲区域基础设施一体化倡议”，南美洲可分为十个“一体化和发展轴心”，其中包括交通、能源和通信三个主要部门的 500 多个项目。

十个“一体化和发展轴心”分别是：亚马逊轴心、安第斯轴心、南回归线轴心、中部腹地轴心、圭亚那地盾轴心、南共市—智利轴心、巴拉圭—巴拉那河轴心、秘鲁—巴西—玻利维亚轴心、南安第斯轴心和南部轴心。[21] 这十个轴心中，与四条两洋铁路和三条经济带发展相关的部分一体化优先发展项目，总投资额为 1400 亿美元。

“南美洲区域基础设施一体化倡议”的推进和实施，主要面临两大困难和挑战：一是资金短缺，二是中国提供的融资条件。美洲开发银行一直是“南美洲区域基础设施一体化倡议”的主要融资银行，自 2000 年起，开始向“南美洲区域基础设施一体化倡议”提供融资支持。2000—2010 年，美洲开发银行向近 30 个项目提供了 29 亿美元贷款，占这些项目投资总额的 28%。

2017 年 11 月，阿根廷大使米格尔·韦洛索在智利表示，“有关研究预估，根据 2010 年不变价格，2011—2040 年，拉丁美洲对基础设施建设的总需求将达到 13.2 万亿美元。这些工程都需要美洲开发银行、拉丁美洲开发银行和拉普拉塔发展基金提供必要的融资支持”。[22]

“自 2009 年中国成为美洲开发银行的会员国以来，逐步取代了世界银行和美洲开发银行，成为贷款的主要来源，向拉丁美洲和加勒比地区提供了价值 1410 亿美元的贷款。然而，中国向本地区提供的资金渠道，并不是通过美洲开发银行这一地区性机构，而是通过拉共体—中国的双边机制”。[23] 韦洛索认为，“很明显，最大的问题将是企业的融资，但这并不是唯一的问题。由于‘一带一路’的扩展，中国的公共工程公司也在全球拓展业务，在拉美和加勒比地区的影响力与日俱增。值得注意的是，传统的区域间交流模式正在被打破，从制成品的原材料到基础设施工程的原材料，都是由中国公司在运营。[24]

在韦洛索看来，“上述问题要求在拉共体—中国双边合作框架内，进一步深入思考区域投资协议应如何签订，要更多地考虑本地基础设施公司在一体化进程中的潜力。如果能够在这些问题上取得进展，将进一步增加双方的互信，从而改变后布雷顿森林体系中心—边缘的融资运作方式”。[25]

结 语

东亚和东南亚对拉美自然资源的需求将继续增长，中国也不例外。2016—2020年，中国从拉美进口农产品的年均增长率为3.8%，矿产品为5.8%，原油为6.1%；2021—2030年，这些数字预计将分别为2.0%、2.8%和2.7%。[26]但基础设施短缺是制约拉美地区经济增长的瓶颈之一，也严重限制了拉美地区对华贸易的增长。拉美对基础设施建设的投资需求已成为核心问题，这正是基础设施日益成为中拉合作重要组成部分的原因所在。

美洲开发银行认为，“南美洲区域基础设施一体化倡议”是西半球最富想象力和活力的区域性基础设施发展规划。[27]2018—2022年是“南美洲区域基础设施一体化倡议”继续取得进展的重要时期，预计将完成63个优先项目，如安托法加斯塔港（智利）—帕拉那瓜港（巴西）的两洋铁路通道项目。由于资金不足，“南美洲区域基础设施一体化倡议”的推进明显受阻，这将成为中国与拉美地区在基础设施领域开展合作的重要平台。“一带一路”倡议中，中国致力于促进基础设施、能源、制造业、市场和其他领域的合作。因此，建设连接拉美至中国的跨太平洋经济走廊可能是“一带一路”的延伸。

鉴于南美积极招商引资，阿根廷政府应特别注意金融维度的相关工作。在中国投资的基础设施相关工程项目中，要遵循中国对在其国内投资的公司所制定的同样规则，也就是所有大规模工程项目必须由外国公司和本地公司合作开展。南美在多大程度上受益于中国，将更多取决于其在战略供给、政策协调和与中国政府打交道的能力，而不是仅仅被纳入“一带一路”倡议。

（原文发表于《当代世界》2018年第9期）

---

[1] Alicia Bárcena, ECLAC’s Executive Secretary “One Belt One Road is a Civilizing Proposal of Interconnectedness and Shared Prosperity” in Belt and Road Forum for International Cooperation, Beijing May 14 2017. http://www.cepal.org/en/pressreleases/one-belt-one-road-civilizing-proposal-interconnectedness-and-shared-prosperity-eclac.

[2] IIRSA - COSIPLAN Quiénes Somos. http://www.iirsa.org/Page/Detail?menultemld=123.

[3] 南美洲国家联盟（UNASUR）。2008年5月，阿根廷、玻利维亚、巴西、智利、

哥伦比亚、厄瓜多尔、圭亚那、巴拉圭、秘鲁、苏里南、乌拉圭和委内瑞拉等 12 个南美洲国家，签署了南美洲国家联盟《宪法条约》，标志着南美洲国家联盟正式成立，总部设在厄瓜多尔首都基多。南美基础设施和计划委员会，2009 年 1 月根据南美洲国家联盟《宪法条约》成立。

[4] Foro Técnico IIRSA, Comité de Coordinación Técnica, Cartera de Proyectos del COSIPLAN - V Reunión Ordinaria del COSIPLAN, Montevideo, Uruguay, December 4th 2014.

[5] Statistics from the CELAC, http://estadisticas.cepal.org/cepalstat/WEB_CEPALSTAT/Portada.asp, October 2015.

[6] Corporación Andina de Fomento (CAF), "IDEAL 2014: La Infraestructura en el Desarrollo de América Latina-Desarrollo empresarial en los mercados de infraestructura y servicios relacionados", CAF, 2015.

[7] Commission for Latin America and the Caribbean (ECLAC), Latin America and the Caribbean in the World Economy, Santiago, Chile, 2015, pp.14-16.

[8] "Latin America, another end of the Belt and Road?", November 22nd 2016, https://news.cgtn.com/news/3d55444d3541544d/share_p.html.

[9] Speech by H.E. Ms. Michelle Bachelet Jeria, Republic of Chile's President participating in the Plenary Session of One Belt One Road High Level Dialogue, Beijing, May 14th 2017.

[10] http://www.casarosada.gob.ar/slider-principal/39552-el-presidente-expuso-en-el-foro-una-franja-y-una-ruta-para-la-cooperacion-internacional.

[11] 同 [10]。

[12] Wang Yi, The Belt and Road Initiative Becomes New Opportunity for China-Latin America Cooperation, September 18th 2017, http://www.fmprc.gov.cn/mfa_eng/zxxx_662805/t1494844.shtml.

[13] "Se está hablando con China para ampliar el swap", December 11th 2015, http://www.pagina12.com.ar/diario/ultimas/20-288037-2015-12-11.html.

[14] "Ratifican las represas de Santa Cruz y dan 60 días para reformular el proyecto", May 6th 2016, http://www.telam.com.ar/notas/201605/146364-hidroelectricas-represas-santa-cruz.html.

[15] Uriburu Quintana, Juan "Proyecto de Rehabilitación del Ferrocarril Belgrano Cargas", Presentation delivered before the Asian Affairs Committee - Argentine Council for International Relations (CARI), December 4th 2014.

[16] InfoLEG, Base de datos del Centro de Documentación e Información, Ministerio de Economía y Finanzas Públicas, http://servicios.infoleg.gob.ar/infolegInternet/anexos/210000-214999/214826/norma.htm.

[17] 同 [15]。

[18] "Más dinero chino para trenes: el Belgrano Cargas quintuplicará su capacidad", May

19th, 2017, http://agrovoz.lavoz.com.ar/actualidad/mas-dinero-chino-para-trenes-el-belgrano-cargas-quintuplicara-su-capacidad.

[19] Gallagher, Kevin, Amos Irwin & Katherine Koleski, “Un Mejor Trato - Análisis comparativo de los préstamos chinos en América Latina”, Cuadernos de Trabajo del CECHIMEX (Universidad Autónoma de México) Nro.1 (2013) pp. 11-12.

[20] Gordon, Peter “China's Latin America ambitions highlight 'silver way' strategy”, in Asia Nikkei, November 8, 2017, https://asia.nikkei.com/Viewpoints/Peter-Gordon/China-s-Latin-America-ambitions-highlight-silver-way-strategy?page=2.Ibidem.

[21] http://www.iirsa.org/proyectos/.

[22] Velloso, Miguel A. and Nadia Radulovich “Oportunidades de Cooperación China-América Latina en el marco Sub-Nacional”, Paper presented before the I Foro Académico de Alto Nivel CELAC-China, CEPAL, Santiago de Chile, October 17-18 2017.

[23][24][25] 同 [22]。

[26] Statistics from UN Comtrade Database of United Nations Conference on Trade and Development, http://comtrade.un.org/data/.

[27] Inter-American Development Bank, Initiative for the Integration of Regional Infrastructure in South America - Building a New Continent: A Regional Approach to Strengthening South American Infrastructure, Washington, D.C., 2006.

中拉论坛建设成就、问题及前景

王慧芝 中国国际问题研究院发展中国家研究所

自2014年成立以来，中拉论坛运转有序、成果丰硕，现已成为中拉整体合作的主渠道，是中拉全面合作不可或缺的重要战略途径。但与此同时，中拉论坛建设也存在一些不可忽视的问题和挑战。不过，鉴于整体合作符合中拉现实需求及中拉合作持续深化的大背景，中拉论坛前进趋势不可逆转。

中拉论坛大步快行成效显著

一、论坛机制运转顺利

中拉论坛在2014年首届部长级会议期间即明确了三层合作机制，分别为部长级会议、中国—拉共体“四驾马车”外长对话会及国家协调员会议，中方还专门设立后续行动委员会，负责中方机构的协调。三年多来，以上协商合作机制运转顺利，国家协调员会议每年召开一次，中国—拉共体“四驾马车”外长会顺利举行两次[1]，部长级会议成功举办两届，并已就2021年在中国举行第三届部长级会议达成共识。此外，论坛框架下还相继创设了涵盖政党、基础设施、农业、企业、科技创新、青年、智库、法律、环境、地方政府合作、民间友好等十多个领域的对话合作平台。以上平台有序运转，仅在2017年成功举办的就有第三届中拉智库论坛、第三届中拉基础设施合作论坛、第四届中拉青年政治家论坛及第十一届中国—拉美企业家高峰会。

中拉论坛各项机制运转顺畅，现已成为双方就论坛事务及共同关心的国际和地区问题保持磋商的主渠道之一，为落实双方政治共识及合作规划提供了有力的制度保障。

二、中拉论坛引领中拉整体合作快速推进

中拉论坛为彼此凝聚共识、开展广泛领域的合作搭建了重要平台。双方合作潜力得到充分释放，多领域合作项目快速推进，整体合作水平不断提高。2015 年中拉论坛首届部长级会议通过《中国与拉美和加勒比国家合作规划（2015—2019）》，明确政治、经济、基础设施和交通运输、能源资源、农业等十三项中拉重点合作领域，并对各领域具体实现途径做出详细规定。在中拉双方的共同努力下，合作规划有序推进，成果丰硕。原有分论坛进展顺利，“未来之桥”中拉青年领导人培训计划、中拉科技伙伴计划和中拉青年科学家交流计划启动并日趋机制化；2016“中拉文化交流年”成功举办，反响强烈；中国向拉美国家提供的奖学金名额、培训名额和领导人赴华访问交流计划正逐步得到落实；中拉经贸合作转型升级稳步推进，350 亿美元对拉一揽子融资安排已落实 170 多亿美元。2018 年年初第二届部长级会议成功召开，会上发布《中国与拉共体成员国优先领域合作共同行动计划（2019—2021）》，对新形势下中拉合作做出安排，为未来中拉整体合作的稳步推进提供保障。在中拉论坛的带动下，新的整体合作平台不断涌现，2016 年中拉产业园落户河北唐山，2017 年中国—拉美国际博览会在广东珠海隆重开幕。整体合作在中拉全方位合作中的地位持续提高，中国第二份对拉政策文件明确指出，坚持整体合作与双边合作相互促进，是中拉关系发展的战略途径。

三、中拉论坛助力中拉合作更加健康均衡

21 世纪以来中拉关系的迅速走近主要表现为双边经贸关系的强劲发展，其他领域合作相较明显落后。以 2008 年中国政府发布首份对拉政策文件为标志，中拉关系开始由自发阶段迈向自觉阶段。中拉论坛正是新形势下双方主动谋划、积极作为的成果，旨在促进中拉平等互利、共同发展的全面合作

伙伴关系发展，构建全面均衡的中拉合作网络。随着中拉论坛规划的逐步落实，双方在经贸、政治、人文交流等领域合作迅速推进，成果有目共睹。中拉制成品换原材料的传统贸易模式不具可持续性，双边经贸关系亟待转型升级。《中拉合作规划（2015—2019）》提出十年内双边贸易达到5000亿美元，投资存量2500亿美元的目标，并对未来中拉在贸易、投资、金融、基础设施和交通运输、能源资源、农业、工业、科技及航空航天等领域的合作做出了明确规定。[2] 在此指导下，中拉经贸合作潜力不断释放，合作范围更加广泛，结构更趋均衡，提质升级效果明显。在中拉论坛关于政治合作的一系列举措推动下，中拉政治交往取得突破。中国与哥斯达黎加、厄瓜多尔双边关系提升到战略伙伴层次；巴拿马、多米尼加相继与中国正式建立外交关系。长期以来，远远落后于中拉经贸交往的人文交流也取得显著成效，中拉人文交流的内容和形式愈加丰富，中拉人民的相互理解持续加深。中拉关系已由单一的经贸带动转向多轮齐转，五位一体新格局雏形渐显。

中拉论坛结构性矛盾加剧

一、拉共体推动论坛建设动力有所弱化

虽然中拉论坛成员国不分大小、强弱，地位平等，但在论坛发展推动力方面，不均衡现象凸显，且呈持续加剧趋势。一方面，由于拉共体成员国对中拉整体合作诉求各异，且未得到有效协调，其推动中拉论坛的意愿和能力受到较大限制。这使得中方在中拉论坛建设中的作用得以凸显，这一客观结果又助长了拉美部分学者的担忧，即在“中拉论坛”机制下，拉美会被中国牵引而产生对拉美不利的合作效果。[3] 另一方面，近年来，受拉美政局变动影响，拉共体推动论坛建设动力有所减弱。自2015年起，拉美政治格局发生急剧变化，“左退右进”形势加速演化下，以委内瑞拉为代表的拉美左翼国家忙于应对国内政治经济危机，对拉共体等一体化组织的支持力度明显下降；右翼虽然回归势头强劲，但对左翼色彩明显的拉共体并不感兴趣，而将精力主要放在了“南共市”、太平洋联盟等次区域组织建设上，暂时尚未表

现出承担建设拉共体责任的意愿。2017 年，拉共体召开第五届峰会，参会人数只有半数，这在拉共体历届峰会历史上尚属首次，暴露出拉共体凝聚力不足、号召力下降的问题，拉共体对中拉论坛贡献度有所降低。在中方推动论坛建设政策相对清晰，而拉方推动论坛建设力度有所弱化的情况下，中拉论坛主体投入失衡问题加剧，不利于论坛平稳健康运行。

二、中拉论坛“掉队”风险仍存

中拉论坛成立三年多来，“四梁八柱”迅速搭建，不仅成为中拉整体合作的主要平台，而且在中拉全面合作中的重要性持续提高。不过，随着中拉多领域合作进入快速发展期，中拉论坛能否同步跟进成为其未来发展面临的一大问题。首先，中拉论坛需完善和调整之处众多。中拉论坛对经贸以外领域关注需持续加大，尤其是环保、气候变化等领域，迄今尚未成立专业领域分论坛；由于拉共体成员国的多样性及其在发展模式和执政理念上的差异性，中拉论坛整体合作平台优势未得到充分发挥。其次，从中拉全球外交布局看，在中拉论坛之前，中国已与其他发展中地区建立了中非合作论坛等多个跨区域合作机制，拉共体及南美洲国家联盟等拉美次区域组织也与域外地区或国家建立了制度化联系，如欧拉峰会。目前看，中拉论坛与中非合作论坛、欧拉峰会等跨区域组织相比依然存在差距。从中拉合作的角度看，双边及次区域组织仍是目前中拉合作的主渠道，拉美以整体姿态对外合作尚有待磨合。虽然拉共体旨在对外发出“拉美声音”，但其在发展历史、机制建设及凝聚力等方面远逊于地区主要次区域组织。且东亚—拉美合作论坛及亚太经合组织等多边机构在历史、影响力等方面也明显强于中拉论坛，同样为中国与拉美部分国家合作提供了可倚靠的平台。

三、中拉论坛外部压力加大

拉共体是首个将美国和加拿大排除在外的美洲地区组织，委内瑞拉、古巴等左翼国家是其成立及后续运行的主要推动力量，该组织左翼政治色彩鲜明。美国虽未公开反对拉共体，但明确表态优先通过“美洲国家组织”发展对拉关系，冷落、排斥拉共体的意图十分明显。中拉论坛以拉共体为对接方，不可避免被认为有政治性联盟的嫌疑。2018 年 2 月，美前国务卿蒂勒森访拉前夕发表演讲，宣称中国的投资和开发项目只为自己发家致富，警告拉美国家要警惕中国投资，不要过度依赖与中国的经贸关系[4]。蒂勒森通过抹黑中拉关系争取拉美国家信任，反映出美国无法承受失去拉美代价的事实。尽管特朗普政府目前对拉强硬，但不排除重新强化美拉合作的可能，拉美国家参与中拉论坛的积极性可能因此有所下降。除美国外，印度、俄罗斯、欧盟、日本等域外力量加大对拉投入力度。自 2012 年与拉共体“三驾马车”举行首届外长会后，印拉一系列双边合作机制相继成形，印度已成为拉美不可忽视的新增地缘政治力量。2008 年起，俄罗斯开始重返拉美。2013 年 5 月，俄罗斯与拉共体“三驾马车”举行外长会；2015 年俄罗斯与拉共体建立合作常设机制；2016 年 11 月，拉共体“四架马车”外长访问俄罗斯，俄成功扭转在拉影响力下降局面，在拉存在感明显增强。欧盟是拉美的传统域外力量，不仅与南共市联系紧密，还与拉共体共同举行了三届欧拉首脑峰会，在对拉合作方面明显领先。日本也表示希望与拉共体建立对话机制。域外国家或地区与拉美合作机制化水平不断提高，客观上对中拉论坛建设构成外部压力。

中拉论坛发展前景展望

随着中拉论坛从起步期进入成长期，建设难度明显加大，但由于整体合作符合中拉关系发展的现实需求，以及当前中拉合作大局日趋深化，作为中拉整体合作的主渠道，中拉论坛建设进程将持续发展。尽管如此，中国还需理性看待中拉论坛建设进程中暴露出的问题和矛盾，采取必要举措加以应对，以保障中拉论坛平稳有序运行。

一、中拉论坛前进步伐不会停止

整体合作符合中拉关系现实需求。近年来，随着自身综合实力及国际影响力的提升，中国在与发展中国家关系方面展现出更大的政策主动性，表现之一即是开展了一系列与发展中地区实现跨区域整体合作的实践，以达到“既节约外交资源又提高合作效率”的政策目标。中拉论坛正是这一政策思路指导下的产物，也是中国全球战略的“必选项”。此外，以中拉论坛为代表的整体合作对拉美国家的现实意义也十分明显。当前拉美地区内部合作与整合需求增大，整体性互联互通需求日益强烈，但一体化程度仍停留在较低层次。这一现象的部分原因在于受资金及技术能力限制，拉美能源网、南美洲交通一体化网络等庞大设想落到实处进展缓慢。在此背景下，中国不仅有开展整体合作的战略规划，在资金、技术等方面优势也很明显，中拉超越双边合作，在能源资源、基础设施等领域开展整体合作有助于推进拉美一体化进程，符合拉美地区的现实需求。

中拉深化合作趋势不可逆转。一方面，随着欧美保护主义持续升温，拉美借美欧实现发展目标的希望破灭，而中拉同是市场化、全球化的积极支持者和推动者，“中国机遇”和“太平洋意识”在拉美对外战略中的位置大幅提升，在中国一向重视中拉合作的前提下，双方合作共识进一步增强，合作根基更加稳固。另一方面，“一带一路”倡议延至拉美，为中拉深化合作提供新契机。2017 年 5 月，习近平主席在与阿根廷总统马克里的会谈中明确指出，拉美是 21 世纪海上丝绸之路的自然延伸，标志着拉美正式进入“一带一路”合作倡议范畴。2018 年年初，中国—拉共体论坛第二届部长级会议发布关于“一带一路”倡议的特别声明，标志着中拉就“一带一路”统领双方各领域合作达成高度共识，这主要得益于当前中拉合作与“一带一路”倡议的精髓一脉相承，政策沟通、贸易畅通、设施联通、资金融通、民心相通的“一带一路”倡议建设重点在中拉合作中均有所体现。“一带一路”倡议为中拉深化合作提供了新平台，中拉合作前景将更加美好。

二、主动作为保障中拉论坛有序推进

尽管拉共体推动中拉论坛建设动力有所弱化且短期内难有改观，但论坛向前推进趋势不可逆转，在此背景下，中国应主动承担中拉整体合作主要推动者和贡献者的责任，在理念、资金和机制方面提供更多有效的公共产品，加强对论坛的宏观引领，推动论坛平稳有序向前发展。

首先，为避免中拉论坛主体投入失衡问题持续加剧，中方在推进论坛建设时不仅要关注自身利益，更需考虑拉方的现实需求，准确认识拉方发展阶段，尊重并支持其发展战略及目标，积极引导中拉论坛为双方发展战略对接提供便利。这不仅有助于调动拉方参与论坛建设的积极性，也有助于增强论坛的务实性。

其次，加强与拉美关键国家就中拉论坛事务的沟通与协调。拉共体成员国差异明显，对中拉整体合作的考虑也各不相同。鉴于关键国家在地区事务中拥有远超其他国家的影响力及号召力，中国在中拉论坛建设中应主动加强与该类国家的沟通和协调，一方面多做增信释疑工作，消除其对中拉论坛不必要的担忧，为论坛建设凝聚最大共识；另一方面也可通过双边渠道协调在整体合作过程中难以避免的利益关系，对相关风险早做准备，避免因局部竞争影响中拉整体合作全局的推进。

第三，中拉论坛应优先推动全球治理、人文交流等较易达成共识领域的合作，充分发挥论坛整体合作平台优势，推动中拉合作多出成果。与其他次区域组织相比，拉共体的最大优势在于其为地区国家提供了最为广泛的协调框架和政策空间。然而，受多种因素限制，中拉论坛整体合作平台优势迄今未得到有效发挥。中拉同为发展中国家，与巴西、墨西哥等同为新兴市场国家，共同的身份认同使双方在改革全球治理体制、应对气候变化及维护自由贸易等全球议题上立场一致，而且与经贸关系相比，中拉双方在全球治理问题上的对话与合作水平相对较低，且原有次区域组织也未能成为双方就全球治理议题进行沟通的主要平台。在此背景下，在中拉论坛框架下加强双方在全球治理领域的对话与合作潜力巨大，更易于达成务实成果，如在论坛框架下推动建立气候变化、环保等专业领域分论坛。此外，中拉相互认知不足已成为阻碍双方其他领域合作深入发展的主要障碍之一。鉴于此，目前中拉已就深化双方人文领域的交流互鉴达成广泛合作共识。这意味着拉美国家在人文领域以整体姿态对外开展合作障碍少、可行性强，且整体合作也符合中国实现规模效应、提高合作效率的初衷。因此，人文交流也应作为中拉论坛框架下重点推进的合作领域之一。

（原文发表于《当代世界》2018 年第 9 期）

---

[1] 赵本堂：《努力推动中拉关系在更高水平上向前发展》，载《拉丁美洲研究》，2018 年第 1 期，第 5 页。

[2]《中国对拉美和加勒比政策文件》，中国外交部网站，http://www.fmprc.gov.cn/web/ziliao_674904/tytj_674911/zcwj_674915/t1418250.shtml。

[3] 王友明：《构建中拉整体合作机制：机遇、挑战及思路》，载《国际问题研究》，2014 年第 3 期，第 114 页。

[4]《美国务卿蒂勒森访拉美恶意攻击中俄》，载《参考消息》，http://news.163.com/18/0203/13/D9NLAPDR00018AOQ_all.html。

GLOBAL GOVERNANCE CHINA'S CONTRIBUTION

第五章 全球治理转型与中国的贡献

十八大以来中国积极推动全球治理体系变革

张燕生　中国国际经济交流中心首席研究员

十八大以来，全球治理作为指导各国和其他行为者的规则、规范和制度的总和正在发生复杂而又深刻的变化。[1]中国和其他新兴经济体的快速崛起，美国在推卸全球治理和全球化负责任大国的主要领导责任，英国脱欧引发的欧盟内部的分歧和分裂也在慢性发作，全球经济企稳向好的势头随时会面对“黑天鹅”“灰犀牛”等不确定事件而发生逆转，以及非传统安全威胁在性质和重要性上发生的变化，都预示着世界经济和政治格局正在发生根本性变化。在这种国际背景下，中国正团结世界一切可以团结的力量，调动一切可以调动的积极因素，共同推动全球治理改革。

世界经济领域三大突出矛盾始终没有得到有效解决

一、全球增长动能不足，难以支撑世界经济持续稳定增长

这次经济复苏是世界历史上最缓慢的一次。2009 年以来，全球人均 GDP 年均增速仅有 1.1%，是 1990 年以来最低的。根据国际清算银行的数据，2015 年全球劳动生产率增速只有十年前的七成，主要发达国家只有十年前的三成。即使是 2017 年，国际货币基金组织预测全球经济出现全面复苏态势，且复苏基础遍及各种经济体，但它也不得不承认依然存在较长期的风险，潜在经济增长仍会较缓慢，贸易保护主义抬头。十八大以来，中国经济始终是

拉动全球经济复苏和增长的重要引擎。

二、全球经济治理滞后，难以适应世界经济新变化

全球治理供给不足被形象地称为“全球治理赤字”。如何消除这种赤字，是全球治理的第一大难题。全球治理长期由少数发达国家主导，不能体现广大发展中国家的诉求与全球经济格局的变化。如何推动全球治理民主化，是全球治理的第二大难题。如何解决“发展缺位”问题是全球治理的第三大难题。目前，这“三大赤字”不但没有得到缓解，反而是越来越严重了。全球三大经济体，美国在推卸全球治理的责任开始转向民粹主义、孤立主义和保护主义，欧盟深陷英国脱欧、民粹政治、保护主义泥潭。

三、全球发展失衡，难以满足人们对美好生活的期待

1990 年以来，发达国家普遍陷入“有增长、无发展”的困境。1% 的金融寡头获得了最大的增长红利，99% 的民众承担了科技泡沫、金融楼市泡沫破灭的代价。新兴市场和发展中国家，一方面深受 1990 年以来全球化伴随的两场大的泡沫经济之苦；另一方面，还不得不承受金融危机后，美、日、欧先后采取的各种类型量化宽松的货币政策负外溢性影响；最后，还不得不忍耐近年来发达国家退出量化宽松、加息、减税、缩表、美国优先等宏观政策调整的代价。发达国家极右势力抬头，新兴市场参与全球治理意愿高涨反映了人心思变。

十八大以来，习近平总书记提出了全球经济治理观

十八大以来习近平总书记系列讲话中的一个重要议题，就是关于完善全球治理改革。他指出，“在经济全球化的今天，没有与世隔绝的孤岛。同为地球村居民，我们要树立人类命运共同体意识”。在 G20 杭州峰会上，他全面阐述了以平等为基础、以开放为导向、以合作为动力、以共享为目标的全球经济治理观。[2]

一、全球经济治理应该以平等为基础

习近平总书记指出，“全球经济治理体系必须反映世界经济格局的深刻变化，增加新兴市场国家和发展中国家的代表性和发言权”。当前，全球经济治理存在“平等”与“对等”两种截然不同的观念和政策。坚持“平等”的倡议和行动，如许多新兴市场学者说，“一带一路”很好，是一个以平等为基础，主导共商共建共享的倡议，它从中国倡议变成我们的共同倡议。另一种是坚持“对等”的倡议和行动。如要求新兴市场采取“对等”的负面清单管理和市场准入措施；要求重新谈判联合国气候变化公约确定的“共同但有区别的责任”的原则。但平等不是对等，对外开放不可能完全对等。

二、全球经济治理应该以开放为导向

不搞排他性区域性或诸边贸易安排，防止治理机制封闭化和规则碎片化。事实上，十八大以来，我们经历了三种开放治理观的较量和演进。第一种是基于世界贸易组织（WTO）等多边规则体系推动的开放治理架构；第二种是基于跨太平洋伙伴关系协定（TPP）、跨大西洋贸易与投资伙伴协定（TTIP）、国际服务贸易协定（TISA）等排他性区域或诸边规则推动的开放治理架构；第三种是基于世界电子贸易平台（EWTP）一类微观交易网络规则推动的开放治理架构。目前最大的挑战是自由贸易与公平贸易之间的较量、妥协和变化。公平贸易隐含着的结论是双边贸易不平衡，保护主义和不公平竞争的结果，认为贸易逆差是“好伙伴”，顺差是“坏伙伴”，而全球化必然导致贸易不平衡。意大利前总理莱塔说过，民粹主义的根源在全球化。

三、全球经济治理应该以合作为动力

习近平总书记指出，全球治理的重点，是共同构建公正高效的全球金融治理格局，维护世界经济稳定大局；共同构建开放透明的全球贸易和投资治理格局，巩固多边贸易体制，释放全球经贸投资合作潜力；共同构建绿色低碳的全球能源治理格局，推动全球绿色发展合作；共同构建包容联动的全球

发展治理格局，以落实联合国2030年可持续发展议程为目标，共同增进全人类福祉。其核心词是合作。然而，目前存在两种截然不同的合作观。一种是顺我者昌、逆我者亡，大国间关系只有零和博弈。另一种是“和而不同”的包容，大国间关系可以超越零和博弈构建新型合作关系。中国积极推动后者，以合作而不是对抗，推动全球治理改革。

四、全球经济治理应该以共享为目标

提倡所有人参与，所有人受益，不搞一家独大或者赢者通吃，而是寻求利益共享，实现共赢目标。前面已经分析了传统全球治理有三个问题没有解决好：即公平（全球差距日益扩大）、创新（科技、金融、房地产泡沫侵蚀了创新动力）、发展（撒哈拉以南非洲和最不发达国家的工业化问题）问题。“一带一路”将成为完善全球治理体系改革的主动作为和最佳实践。当前全球产能严重过剩，全球流动性严重过剩，全球经济福利严重过剩，而“一带一路”沿线却严重短缺。如何把全球严重过剩的产能、流动性和经济福利通过全方位国际合作，转移到严重短缺的“一带一路”相关国家和地区，实现共商共建共享。习总书记指出，产能合作是把我国的技术、资金、管理和沿线市场需求、劳动力、资源等要素结合起来。依托项目群、产业链、经济区，在贸易、投资、技术、标准等形成利益共享、风险共担、理念相同的共同体。在“一带一路”沿线构建利益共享、风险共担、理念相同的共同体是一个重大的制度创新，它将有助于形成优势互补、合作互动、互利共赢的人类命运共同体。

十八大以来推动全球治理体系向更公正合理方向发展

一、推动国际秩序向更加公正合理的方向发展

推进国际秩序更加开放有效。在历史上，人类社会曾经历过三种不同性质的全球化。一是推动基于自然的全球化。如地理大发现、古代丝绸之路等标志性跨境交往活动，推动人类社会跨境活动的普遍开展。二是基于规则的

全球化。即西方主导的全球经济贸易规则体系有序推进跨境活动的蓬勃发展。如1870—1913年，创立了国际金本位制度和自由贸易制度；1950—1973年，建立布雷顿森林体系和贸易自由化便利化体系，关税及贸易总协定（GATT）/WTO；1990年以来，建立了全球综合物流革命和供应链管理体系。三是基于开放包容的全球化。即现代新型全球化正在逐步替代传统标准意义上的全球化，建立基于规则多极、开放包容、创新驱动、绿色低碳的全球治理新体系。

推进基于规则的国际秩序转型发展。二次大战后，国际社会基于对凡尔赛和约的反思，建立了联合国、国际货币基金组织、世界银行、关贸总协定、世界贸易组织等一系列国际治理组织，制定了能够确保经营好世界和平、合作和发展的国际秩序和开放型经济规则体系，形成了世界历史上少见的高水平开放期。由于二战后上述规则和组织推动了人类社会最重要的开放期，也创造了世界经济增长最重要的兴盛期。谁把握住全球开放期与兴盛期重合的重要战略机遇期，谁就能够取得经济快速崛起的增长实绩。基于开放的东亚模式与基于赶超的拉美模式取得不同的增长业绩，证明了开放的意义和作用。

推进基于和平发展规则的国际秩序创新发展。2008年爆发的国际金融危机严重冲击了基于市场机制、法治体制、西方规则的国际秩序体系，充分暴露了传统国际经济秩序的内在制度缺陷。以G20为平台的全球治理新机制开始重塑全球化，即引入“和而不同”包容的中国智慧，引入共商共建共享的中国方案，引入平等、开放、合作、共享的中国治理观，进一步补充和完善现有的基于西方规则的国际秩序和规则体系。既反映发达国家的利益诉求，也平衡公正合理地反映新兴市场和发展中国家的利益诉求。真正构建基于和平、合作和发展规则的，尊重不同社会和政治制度、不同宗教和文化、不同发展阶段和具体国情的，不对抗不冲突、相互尊重、互利共赢全球新型合作伙伴关系。解决全球化中收入分配差距扩大，一部分人受益，一部分人受损的不平衡发展问题。

十八大以来，习近平全面系统地阐述了国际新秩序要“建立平等相待、互商互谅的伙伴关系，营造公道正义、共建共享的安全格局，谋求开放创新、包容互惠的发展前景，促进和而不同、兼收并蓄的文明交流，构筑尊崇自然、绿色发展的生态体系”，形成了“五位一体”打造人类命运共同体的总布局和总路径。[3]

二、建立增强国际宏观经济政策协调的机制

建立国际财政、货币政策协调机制。中国作为全球负责任大国，主动参与正式非正式、双边多边的国际宏观经济政策协调活动，逐步形成机制性安排，把宏观政策调整的外溢影响降到最低限度。尤其在主要发达国家经济企稳向好的情况下，普遍采取退出量化宽松、加息、减税、缩表、增加基础设施项目投资举措，很容易引发新兴市场资本大量外流、货币急剧贬值、外债负担迅速增加、国际收支状况快速恶化的冲击。推动国际宏观经济政策协调，需要从全球视野、世界责任、中国能力相匹配的角度，逐步建立全方位、多层次、宽领域的国际宏观经济政策协调机制框架。在借鉴国际经验和重视国际合作的基础上，解决好中国有效参与国际宏观经济政策协调的定位、目标、重点、机制和保障体系等重大问题，推动建立一个“战略清晰、内外统筹、平台多元、决策科学、配合高效、保障有力”的国际宏观经济政策协调新机制。这既关系到中国近期实现“第一个百年目标”的国际制度环境，也关系到中期实现“第二个百年目标”的世界大国地位，还将关系到更长远的中华民族全面复兴大业。

建立国际贸易、投资、产业和其他结构性政策协调机制。贸易、投资和产业政策之间的协调，首先是在逆全球化的背景下坚持反对贸易保护主义。敢于公开主张推进自由贸易而不是公平贸易，推进平等而不是对等，推进透明合理的投资审查而不是投资障碍。其次是在不平衡发展的背景下坚持机会平等和结果平等，无论是市场准入还是参与竞争都坚持公平公正公开，能者上庸者下。为青年人、小企业和边远地区创造更好的条件参与国际交换、竞争与合作。第三是在全球经济低速增长的背景下推动低碳绿色发展。下一步的目标包括加强在推动低碳能源体系、能源立法与政策、标准制定、定价方式和治理机制的全方位国际合作和政策协调，确保实现应对全球气候变化的各自国家自主贡献，为最不发达国家的项目提供融资保障，以及在多边论坛

深化数据共享和透明度的合作。

三、提升全球公共产品和公共服务供给的能力

习近平主席在联合国日内瓦总部的演讲中指出："让和平的薪火代代相传，让发展的动力源源不断，让文明的光芒熠熠生辉，是各国人民的期待，也是我们这一代政治家应有的担当。中国方案是：构建人类命运共同体，实现共赢共享。"

构建人类命运共同体，首要因素是大国担当。目前，美、欧、中是全球最大的经济体，三者之间的关系如何发展直接影响到人类命运共同体的未来。人类命运共同体理念体现了中国作为负责任新兴大国的担当，是中国向世界提供的一项重要公共产品。中国作为全球治理的参与者、贡献者和引领者，希望通过构建命运共同体，建设一个公平、公正、合理的国际秩序和美丽家园，以改造并替代"失序和碎片化的世界"。中美关系的基础是构建超越零和博弈的新型大国关系，增加战略互信，减少战略猜疑，真正做到不对抗不冲突、相互尊重、互利共赢。习总书记指出，中美在全球治理领域有着广泛共同利益，应该共同推动完善全球治理体系。这不仅有利于双方发挥各自优势、加强合作，也有利于双方合作推动解决人类面临的重大挑战。[4] 中欧无论在经济政治关系还是在战略安全关系上都不是对手，而是全面战略合作伙伴关系。"由于美国正放弃支持并引领更加开放的全球市场，全球化对收入差距的负面影响也在全球引起了深刻的关切。在此紧要关头，中欧更应思考如何全面深化双边经济关系，增加贸易和投资，促进双方在气候变化、能源环境、全球治理等领域的合作，增进科技创新、基础设施、金融服务以及人员交流等方面的协作"。[5]

构建人类命运共同体，第二位因素是继续推动全球经济开放。习近平主席说，"历史上的兴盛期和开放期往往是重合的"。这个重合就是全球化时期，然而，当前的全球化有两种前途：一个是光明的前途，继续改善和改进全球化治理体系，推进全球贸易和投资开放，努力使全球化向公平、创新、良治的方向发展。另一个是黑暗的前途，全球化陷入间歇期，最坏的情景可能出

现像20世纪二三十年代，或七八十年代的情景。在这种背景下，“一带一路”推动包容性的新型全球化向前发展，责任重大。一是需要建立“基于公平”的共商共建共享合作机制。处理好包容性、共享性、公平性发展问题，推进绿色、开放、普惠、包容、共享的跨境贸易、投资、金融、产业合作。二是需要制定“基于创新”的增长蓝图。解决好实体与虚拟、金融和创新、资源开发和非资源产业、人力和社会资本与物质资本之间平衡发展问题。三是需要建立“基于发展”的战略支点，统筹协调好增长与发展之间的关系，实现有增长有发展有共享的创新、协调、绿色、开放、共享发展。

构建人类命运共同体，第三位因素是继续推动全球经济强劲、平衡、可持续和包容发展。G20杭州峰会留下了深刻的“中国印记”，包括“六个首次”：首次全面阐释中国的全球经济治理观；首次把创新作为核心成果；首次把发展议题置于全球宏观政策协调的突出位置；首次形成全球多边投资规则框架；首次发布气候变化问题主席声明；首次把“绿色金融”列入二十国集团议程。中国推动全球经济发展计划之一，是“一带一路”倡议。“一带一路”涉及亚欧非大陆上很多发展中国家，一些国家经济陷入了“低水平发展陷阱”，即始终无法突破贫困的恶性循环进入经济起飞阶段；另一些国家则长期无法突破“中等收入陷阱”，即无法摆脱长期发展瓶颈进入现代化发展阶段。“一带一路”的基础设施互联互通和产能合作将为沿线相关国家经济发展提供新动力。

构建人类命运共同体，第四位因素是赢得民心，得民心者得天下。如“一带一路”的“五通”是最能够赢得民心的工程。其中，修铁路、修港口重要，修学校、修医院也重要，但最重要的是形成平等、公正、规范、绿色、共享的机制和文化。如“和而不同”，强调的是尊重不同文化、宗教、制度和发展阶段的差异，包容是合作的基础。“一带一路”建设，需要平衡好基于规则和基于发展之间的关系。西方对“一带一路”批评最多的就是“基于发展”而不是“基于规则”，没有基于西方制定的现有标准、规则和政策体系的最佳实践。事实上，“一带一路”最重要的制度保障，就是要探索基于中国智慧的最佳实践，建立“基于发展规则”的先进适用型标准、规则和政策体系。

这是中国参与全球治理的基本着力点之一。

总之，十八大以来的五年，中国在积极参与和大力推动全球治理改革的过程中，扮演着越来越主动作为、越来越贡献智慧的重要作用。习近平总书记说，不管全球治理体系如何变革，我们都要积极参与，发挥建设性作用，推动国际秩序朝着更加公正合理的方向发展，为世界和平稳定提供制度保障[6]。展望未来，中国将在进一步完善国际秩序、构建国际宏观政策协调机制、提升全球公共产品供给能力建设等方面迈出更坚实的步伐，将我们共同生活的相互依存的“地球村”打造成人类命运共同体——美丽家园。

（原文发表于《当代世界》2017 年第 10 期）

---

[1] 陈德铭：《经济危机与规则重构》，新加坡：世界科技出版公司，2017 版。

[2] 2015 年 12 月 1 日，习近平主席在中国正式接任二十国集团主席国仪式上发表的致辞。

[3] 2015 年 9 月，习近平主席在第七十届联合国大会一般性辩论时的讲话。

[4] 2015 年 9 月 22 日，习近平主席接受《华尔街日报》的书面采访。

[5] 中国国际经济交流中心、英国皇家国际事务研究所、欧盟布鲁盖尔研究所、香港中文大学，《中国 - 欧盟经济关系 2025- 共建未来》，2017 年 9 月。

[6] 2013 年 3 月习近平主席在南非德班举行的金砖国家领导人第五次会晤上的讲话。

十九大报告诠释全球治理之中国方案
——中国对全球治理的贡献与作用

陈凤英 中国现代国际关系研究院研究员

作为全球最大的执政党——中国共产党始终把为人类做出新的更大的贡献作为自己的使命，并向全世界郑重承诺，中国将始终高举和平、发展、合作、共赢的旗帜，始终坚持走和平发展道路，恪守维护世界和平、促进共同发展的外交政策宗旨，推动建设相互尊重、公平正义、合作共赢的新型国际关系。同时，十九大修改后的《党章》将坚持正确义利观，推动构建人类命运共同体，遵循共商共建共享原则，推进“一带一路”建设等全球治理的中国方案纳入其中，希望以自身成功的道路、理论、制度、文化不断发展，为发展中国家拓展走向现代化的途径，给那些既希望加快发展又希望保持自身独立性的国家和民族提供全新选择，为解决人类问题和全球治理贡献中国智慧和中国方案。

全球治理体系变革大势所趋

2017 年 1 月 18 日，习近平主席在联合国日内瓦总部演讲中明确指出，人类正处在大发展大变革大调整时期。世界多极化、经济全球化深入发展，社会信息化、文化多样化持续推进，新一轮科技革命和产业革命正在孕育成长，各国相互联系、相互依存，全球命运与共、休戚相关，和平力量的上升远远超过战争因素的增长，和平、发展、合作、共赢的时代潮流更加强劲。毫无疑问，自华尔街金融风暴以来，国际经济金融格局已经发生前所未有的结构性变化，全球经济治理与国际秩序正处于大调整与大变革的新阶段。

事实上，国际经济格局加速变迁源自本世纪的前十年。一方面，自中国加入世贸组织以来，新兴市场与发展中国家经济整体性崛起，成为世界经济增长的重要引擎；另一方面，华尔街金融风暴爆发，导致发达国家经济陷入“大衰退”，而后复苏普遍乏力。据国际货币基金组织（IMF）统计，到 2016 年美国经济在全球经济中的比重由 2001 年的 33% 降到 2016 年的 24.7%，主要发达国家 / 地区（美、欧、英、日）经济在全球经济中的比重由 70% 降至 49.8%。关键是在全球化大环境下，经济因素日益渗透于国际事务，经济关系成为国际关系的重要组成部分，全球经济治理上升到全球治理的核心位置。然而，基于第二次世界大战和冷战时期的全球治理体系已难以适应变化中的世界经济发展和国际力量格局变迁，新兴市场与发展中国家对全球治理的诉求上升，国际社会呼吁改革全球治理体系的呼声不绝于耳。

早在 2015 年 10 月，中国共产党第十八届五中全会公报强调，积极参与全球经济治理和公共产品供给，提高中国在全球经济治理中的制度性话语权，构建广泛的利益共同体。应该说，金融危机给中国全面参与全球治理和国际秩序变革创造了前所未有的战略机遇。期间，中国开始更加主动参与全球治理，积极提出主张、倡议和行动方案，开始由全球治理的参与者、合作者，转变为主动的设计者、推动者和引领者，由此提升自身在全球经济治理中的制度性话语权。事实上，自改革开放以来，中国一直是全球经济治理体系变革的积极参与者和建设者，贡献之大有目共睹。

实际上，过去数十年中国经济腾飞，是推动全球经济治理改革的重要因素。自改革开放以来，中国经济持续高速增长，创造了世界经济史上大国崛起的奇迹。经济总量在世界经济的排名由改革开放之初的第十一位，到 2005 年超过法国，居第五位；2006 年超过英国，居第四位；2007 年超过德国，居第三位；2009 年超过日本，居第二位。2010 年，中国制造业规模超过美国，居世界第一，改写了持续百年美国第一的历史；2014 年，中国货物贸易规模超过美国，居世界第一；2006年以来，中国外汇储备持续11年居世界第一。中国用几十年的时间走完了发达国家几百年走过的发展历程，创造了世界经济发展史上的奇迹。中国的经济实力与影响力在国际舞台上显著提升，而国内市场容量巨大，资金实力雄厚，在新一轮全面对外开放中，既可凭借广阔的国内市场吸收国际市场商品，也可为全球提供重要资金来源，一定程度上有能力满足其外部市场与资金需求。中国作为世界经济的重要引擎，为世界经济增长做出巨大贡献。据IMF统计和预计，金融危机以来（2008—2016年），中国对世界经济增长的贡献率年均达到48%（按美元汇率计算），或26.3%（按购买力平价计算，即PPP），超过美国的22.5%和10.1%，是世界经济增长最大的贡献者。2017—2020年期间，中国经济增速虽将放缓，但依然是全球经济增长的最大贡献者，将分别达到28%（按美元汇率计算）和27%（按购买力平价计算），超过美国的16%和12%。

美国诺贝尔经济学奖得主斯蒂格利茨曾撰文指出，当中国成为世界上第一大经济体（据IMF统计，按购买力平价计算，2014年中国的经济规模达到18.229万亿美元，美国则为17.427万亿美元，中国超过美国成为全球第一经济体）时，中国和美国的经济利益错综复杂地交织在一起。一个新的全球政治经济新秩序正在形成，这是新经济现实的结果。我们不能改变这些经济现实。的确，构建一个稳定的、运行良好的国际政治经济新秩序，对中美两国都有巨大好处，也是世界第一和第二大经济体应该承担的国际责任。

后危机时期，是中国提升制度性话语权的战略机遇期。中国积极参与和谋划全球经济治理，推动全球经济治理体系变革完善，积极引导全球经济议程，促进国际经济秩序朝着公平公正、合作共赢的方向发展。这也是中国的大国责任和国际义务。因为，今天的中国已经具备能力，以中国智慧拿出中国方案，引领全球治理体系向着有利于提升新兴市场和发展中国家代表性和话语权的方向发展，由此构建起更加合理、公正、公平的全球治理体系。

在11月11日结束的岘港APEC领导人非正式会议上，习近平主席强调，世界正处在快速变化的历史进程之中，世界经济正在发生更深层次的变化。我们要洞察世界经济发展趋势，找准方位，把握规律，果敢应对。习近平主席再次强调，构建人类命运共同体，倡议建设持久和平、普遍安全、共同繁荣、开放包容、清洁美丽的世界。

正如习近平主席在APEC领导人非正式会议上所指出的，当前的国际形势的基本特征是，世界多极化、经济全球化、文化多样化，社会信息化。鉴于此，在文化领域，各国需要同心协力，坚持不同文明兼容并蓄、交流互鉴，以文明交流超越文明隔阂，以文明互鉴超越文明冲突，以文明共存超越文明优越；在政治领域，各国需要摒弃冷战思维和强权政治，走对话而不对抗、结伴而不结盟的国与国交往新路，坚持以对话解决争端、以协商化解分歧；在国际关系方面，各国应该秉持共商共建共享的全球治理理念，倡导国际关系民主化，坚持国家不分大小、强弱、贫富一律平等，支持联合国发挥积极作用，支持扩大发展中国家在国际事务中的代表性和发言权；在经济领域，国际社会需要同舟共济，建构开放的世界经济，推动经济全球化朝着更加开放、包容、普惠、平衡、共赢的方向发展。正如习主席所言，在深刻转变的世界，察者为智，驭者为赢。

中国方案对全球治理变革贡献巨大

十九大报告宣布，中国特色社会主义进入新时代，意味着中国道路、理论、制度、文化不断发展，为发展中国家走向现代化拓展途径，给那些既希望加快发展又希望保持自身独立性的国家和民族提供全新选择，为解决人类问题贡献了中国智慧和中国方案。

理论上，十九大报告明确提出，推动建设相互尊重、公平正义、合作共赢的新型国际关系。在构建新型国际关系中，国际社会必须坚持对话而不对抗、结伴而不结盟的伙伴关系，以构建人类命运共同体为目标，秉持共商共建共享的全球治理观，倡导国际关系民主化，国家不分大小、强弱、贫富，必须一律平等，积极支持新兴市场与发展中国家在国际事务中的代表性和发言权。同时，在周边关系中，中国一直坚持“亲诚惠容”和与邻为善、以邻为伴的理念，在与发展中国家关系中，秉持正确义利观和“真实亲诚”的合作理念，在国际事务中，需要摒弃结盟对抗的旧思维，超越零和博弈的老套路，尊重世界文明多样性，以文明交流超越文明隔阂、文明互鉴超越文明冲突、文明共存超越文明优越。上述国际关系理念充分反映出新时代国际关系发展的新趋势，不仅是中国外交的新思想，更是中国外交的行动指南，将对国际关系产生划时代影响。

政策上，十九大报告强调，中国开放的大门不会关闭，只会越开越大。事实上，推动形成全面开放新格局，是新时代中国引领经济全球化、推进全球经济治理改革，贡献中国智慧、提供中国方案的主要渠道，更是中国经济由高增长向高质量发展转型的重要推手。众所周知，中国经济发展能够取得今天这样举世瞩目的成就，能够跃升世界第二大经济体，能够成为世界经济的主要引擎，能够从边缘日益走到世界舞台中央，能够不断为人类文明与繁荣做出巨大贡献。这一切的取得离不开过去近 40 年中国持之以恒坚持对外开放的政策。正如《党章》所强调的，坚持改革开放，才是强国之路，只有改革开放，才能发展中国。综合分析，中国近 40 年的对外开放历程可分为三个阶段：第一阶段是 1980—2000 年，为对外开放的 1.0 初级版；2001 年至今，以中国入世为标志，对外开放进入 2.0 升级版；十九大后，以党的十九大报告指出的中国特色社会主义进入新时代为起点，中华民族迎来了从站起来、富起来到强起来的伟大飞跃，对外开放也迎来了承前启后、继往开来的 3.0 全面升级版。

实践中，中国开始积极推进全方位、多层次、立体化的外交布局。如实施共建“一带一路”倡议，创办亚洲基础设施投资银行，设立丝路基金，举办首届“一带一路”国际合作高峰论坛、亚太经合组织领导人非正式会议、二十国集团领导人杭州峰会、金砖国家领导人厦门会晤。倡导构建人类命运共同体，促进全球经济治理体系变革。中国的国际影响力、感召力、塑造力明显提高，为全球经济治理提供诸多公共产品，为维护人类和平发展做出新的重大贡献。

经济发展中，中国经济对外开放进入前所未有的新阶段，标志主要有：一是将对外开放置于基本国策。试想，世界上有哪个政党将对外开放政策列入自己的《党章》，并将其置于基本国策之高度。可见，以习近平同志为核心的党中央在对外开放议题上决心之大前所未有，对外开放程度之深前所未有，对外开放范围之广前所未有。二是全面实行准入前国民待遇加负面清单管理制度。今天，有哪个发展中国家对外承诺，全面实施准入前国民待遇加负面清单这样透明的开放政策。只有中国共产党领导下的中国，基于对道路自信、理论自信、制度自信、文化自信，在《党章》中明确规定，全面实行准入前国民待遇加负面清单管理制度。三是大幅度放宽市场准入，扩大服务业对外开放。事实上，中国一直在努力扩大服务业对外开放，自 2015 年以来已经先后建立了上海、天津、广州等 11 个各具特色、各有侧重的自贸区，主要立足于服务业等对外开放。尤其是十九大报告提出了探索建设自由贸易港。上海已率先提出建立自贸港的构想，重点放到先行先试金融等服务业对外开放，包括资本项目的开放。加之，之前提出的建立粤港澳湾区经济等，中国对外开放确实进入了一个新阶段。同时，中国将创新对外投资方式，促进国际产能合作，形成面向全球的贸易、投融资、生产、服务网络，加快培育国际经济合作和竞争新优势。四是对外资企业一视同仁。在实施准入前国民待遇加负面清单基础上，十九大报告提出，凡是在中国境内注册的企业，都要一视同仁、平等对待。这是真正落实给予中外资企业平等对待的国民待遇。当然，在关系到国家安全的特殊领域，还是应该实施内外资有别的政策。也就是说，国内企业与外资企业的负面清单会不同，但所有清单外的领域内外资企业都能一视同仁地进入。

国际上，十九大报告给国际社会发出积极信号，坚持建设开放型经济，努力实现互利共赢，推动经济全球化朝着更加开放、包容、普惠、平衡、共赢的方向发展。在 11 月结束的 APEC 领导人非正式会议上，与会领导人和企业家们高度称赞中共十九大。这从 APEC 领导人《宣言》把中国发展多个理念纳入其中可见一斑。如《宣言》承诺，共同致力于构建和平、稳定、活力、联动和繁荣的亚太命运共同体、致力于全面系统推进并最终实现亚太自由贸易区，深入推进区域经济一体化进程等。尤其是《宣言》将中国在“一带一路”建设中提倡的“五通”理念纳入其中，重申“致力于在 2025 年前实现亚太无缝、全方位互联互通和一体化的目标，欢迎各成员努力开展合作，促进政策沟通、贸易畅通、设施联通、资金融通、民心相通”。事实上，在2017年9月11日，第71届联合国大会已经通过决议，将中国的共商、共建、共享倡议纳入全球经济治理理念，要求“各方本着‘共商、共建、共享’原则改善全球经济治理，加强联合国作用”，同时重申，“本着合作共赢精神，构建人类命运共同体”。此前，联合国已一致通过第2344号决议，呼吁各国推进“一带一路”建设，并首次载入“构建人类命运共同体”理念，呼吁各国支持“大众创业、万众创新”等。中国理念正越来越多地被写入联合国决议，显示出中国智慧、中国方案正变成全球治理新理念。

进入新时代的中国，对世界经济的贡献开始由量增到质变，对全球治理的贡献将由硬实力向软实力转变，包括全球治理的理论创新、制度创新和实践创新。同时，中国将进一步发挥负责任大国作用，力所能及为全球提供更多公共产品，完善全球治理体系，贡献中国智慧和中国方案，与各国人民一道，推动人类命运共同体建设，共同创造人类繁荣和美好未来。

（原文发表于《当代世界》2017年第12期）

促成中国与世界的良性互动：中国理想、中国智慧与中国方案

门洪华 同济大学同济特聘教授，政治与国际关系学院院长，
中国战略研究院院长

党的十八大以来，在新中国成立特别是改革开放以来中国发展取得的重大成就基础上，党和国家事业发生历史性变革，中国站到了新的历史起点上，中国特色社会主义进入了新的发展阶段。近代以来久经磨难的中华民族实现了从站起来、富起来到强起来的历史性飞跃，社会主义在中国焕发出强大生机活力并不断开辟发展新境界，中国特色社会主义拓展了发展中国家走向现代化的途径。与此同时，在世界进入深入转型之际，中国在全球化进程中参与的深度与广度史无前例，其引领作用更显突出，在完善全球治理、维护地区与全球安全、运筹大国关系等方面，充分体现出大国的自信与责任担当；在解决人类共同面对的问题上，中国以其世界理想为引领，贡献了中国智慧、提供了中国方案。在一个充满不确定的时代，中国成为世界稳定之锚，成为世界和平发展的积极推进者和战略引领者。

世界深入转型与中国全面崛起

世界转型与中国崛起并行推进，推动着中国时代的到来。冷战结束以来尤其是进入 21 世纪，世界进入深入转型期，并具体体现为权力转移、问题

转移和范式转移。所谓权力转移，即行为体及其权力组成发生了巨大的变化，这尤其体现在，非西方国家的群体性崛起引人注目，西方大国总体实力相对下降，传统大国和新兴大国开始进入相互调和适应、合作竞争的磨合期。权力转移导致具有重大战略意义的问题转移，这具体表现在全球性问题激增，国际议程愈加丰富，安全趋于泛化，非传统安全影响力上升。问题转移导致国家战略的必然调整，生存不再是国家唯一的关注核心，发展和繁荣在国家战略中的重要性进一步提升。以上权力转移和问题转移导致了国际关系的范式转移，即全球性挑战需要各国通力合作来应对，在一定程度上促成了世界各国共存共荣的全球意识，国家间合作得到鼓励，国家间基于共同利益的合作与协调具有更基础性的作用。[1] 这些变革昭示着全球治理的前景，也在一定意义上为社会主义模式在全球的再次崛起提供了思想基础和物质基础。

这一进程为中国迅猛崛起开辟出巨大的战略空间。中国成为推动世界变革的核心力量之一和世界关注的重心。中国正在从一超多强的格局中脱颖而出，在世界上的影响力不断提高，世界大多数国家期待着从中国的发展中受益，与中国共享发展与繁荣。当前，全球经济治理的变革为中国参与国际规则的制定提供了难得机遇，全球经济低迷、发达经济体饱受金融危机冲击，为中国海外利益的拓展等提供了难得的机会，中国迎来与世界共同发展的新契机。另一方面，随着持续快速发展，中国面临的国际社会的疑虑、担心、困难和挑战也在增多。

世界面对着一个全面崛起和更加自信、开放的中国，[2] 中国面对着一个形势更加复杂、变化更加深刻、机遇与挑战并存的世界。为直面国内外挑战、抓住国际机遇、实现可持续发展，中国正在构建以融入全球、变革自身、塑造世界为核心的和平发展战略框架。[3] 以此为基础，中国的全球战略定位进一步明确：现行国际体系的参与者、受益者、建设者、贡献者，国际合作的倡导者，和平发展的实践者，共同发展的推动者，多边贸易体制的维护者和全球经济治理的建设性参与者和积极引领者。

促进世界和平发展的中国理想

理想创新规范、指引方向、塑造行为，在中国全面崛起与世界深入转型之际尤其体现指明灯的价值。

面向未来，实现中华民族伟大复兴的中国梦发挥着战略指引作用。习近平提出实现中华民族伟大复兴的中国梦，强调“到中国共产党成立一百年时全面建成小康社会的目标一定能实现，到新中国成立一百年时建成富强民主文明和谐的社会主义现代化国家的梦想一定能实现，中华民族伟大复兴的梦想一定能实现”。中国梦是人民美好追求、国家发展目标和民族复兴夙愿的高度浓缩。中国梦是民族复兴、人民幸福梦，也是和平发展、合作共赢梦，与世界人民的美好梦想息息相通。习近平阐述中国梦的世界意义，认为“中国发展壮大，带给世界的是更多机遇而不是什么威胁。我们要实现的中国梦，不仅造福中国人民，而且造福各国人民”。

中国梦的实现，有赖于对“中等收入陷阱”和“修昔底德陷阱”的跨越。前者成功的根本在于党中央牢牢把握改革主动权，科学转变发展理念，加快转变经济发展方式，加大经济结构调整力度，实施创新驱动战略，全面推进依法治国，遵循良法善治之道，实现改革、发展、稳定之间，以及稳增长、调结构、惠民生、促改革之间的最佳平衡，促进中国经济行稳致远。后者的关键则在于能否向世界展现可预期、可接受、可追随的中国愿景，向世界提供处理国际关系的中国韬略和中国方案，能否以协和万邦的胸襟、开放包容的气度、合作共赢的追求全面融入国际社会，求同存异、聚同化异，为中华民族伟大复兴凝聚最广泛的支持。

以此，习近平倡导的人类命运共同体堪称中国世界理想的精准表达。中国素有世界理想，天下思想一脉不绝，和谐世界承继在前，人类命运共同体创新其后。习近平提出命运共同体的四大内涵是各国相互尊重、平等相待；合作共赢、共同发展；实现共同、综合、合作、可持续的安全；不同文明兼容并蓄、交流互鉴。他指出，共同推进构建人类命运共同体伟大进程，要坚持对话协商、共建共享、合作共赢、交流互鉴、绿色低碳，建设一个持久和平、普遍安全、共同繁荣、开放包容、清洁美丽的世界。习近平对人类命运共同体的深刻论述，展现了中国的思想高度和未来志向，体现了推动中国与世界良性互动的哲学思考。

为世界和平发展贡献中国智慧

中国智慧，渊源深厚，蔚然大观。在促进世界和平发展上，中国领导人站在人类历史进程的高度深入思考，提出了一系列主要主张并加以实践落实，在世界引起了积极的回应，实质性地促成了中国与世界的良性互动。

一、中国智慧，以合作共赢为利益导向

中国坚持和平共处五项原则，开辟了一条和平发展的光明大道。习近平强调，走和平发展道路是中国人民对实现自身发展目标的自信和自觉，要更好地统筹国内国际两个大局，坚持开放的发展、合作的发展、共赢的发展。中国贯彻互利共赢的开放战略，以合作取代对抗，以共赢取代独占，推动各国同舟共济、携手共进。强调互利共赢精神，倡导人类命运共同体意识，主张世界各国在追求本国利益时兼顾他国合理关切，在谋求本国发展中促进各国共同发展，呼吁建立更加平等均衡的新型全球发展伙伴关系，这些战略思想都体现出共赢主义的指向。

二、中国智慧，以正确义利观为价值追求

正确义利观是对中国优秀文化传统的继承和发扬，是对“中国是什么力量”“中国怎样处理与外部世界关系”等重大问题的明确回答。正确对待义利关系，突出“义”的价值，重义轻利、先义后利、取利有道，是中华民族数千年来一以贯之的道德准则和行为规范。正确义利观体现了以习近平同志为核心的党中央对中国未来国际地位和作用的战略谋划，意味着中国从世界和平与发展的大义出发，以更加积极的姿态参与国际事务，坚持不懈做和平发展的实践者、共同发展的推动者、多边贸易体制的维护者、全球经济治理

的参与者，为推动人类进步事业发挥更大作用。

三、中国智慧，以新发展理念为实践原则

创新、协调、绿色、开放、共享五大发展理念是“十三五”乃至更长时期中国发展思路、发展方向、发展着力点的集中体现，也是改革开放近 40 年中国发展经验的集中体现，反映出党中央对中国发展规律的新认识。与此相关联，基于对世界经济发展状况和经济全球化逆转态势的科学判断，中国提出了建设“创新、开放、联动、包容”的世界经济新理念，以引领全球化进入新阶段，推动世界经济实现强劲、可持续、平衡、包容增长。为此，中国提出了共商、共建、共享的合作路径，体现了大国的勇气责任与担当。

四、中国智慧，以新型国际关系为战略指向

中国倡导新型国际关系，通过合作共赢打破大国崛起的困境，避免落入“修昔底德陷阱”。新型国际关系的基础是中国坚持和平发展道路选择，致力于成为新型大国，奉行具有中国特色的大国外交；其核心是合作共赢，即通过合作实现共赢，打造人类命运共同体，共同为一个更美好的世界而努力；其本质是顺应世界潮流，摈弃零和博弈思维，避免单边霸权行为，以开放包容的建设性路径促进国家目标的实现，以协调合作的建设性方式促进国际关系的优化。

为世界和平发展提供中国方案

中国以其自身的发展为世界提供了坚强的后盾。改革开放以来，中国经济快速发展，综合国力稳步提升，为世界和平发展提供了不竭的动力。十八大以来，党中央励精图治、奋发有为、勇于实践、善于创新，不断深化对经济社会发展规律的认识，以新思想引领新常态、以新理念指导新实践、以新战略谋求新发展，为中国经济社会发展再上新台阶打下了坚实基础，中国道路越来越宽广。中国道路，是迄今为止最为成功的非西方国家现代化发展道路，堪称世界社会主义社会发展史上结出的最耀眼的蓓蕾。中国道路的开创

与发展具有重大世界意义。发展中国家如何实现现代化，是一个世界性的难题。所有大国都深刻认识到，哪一个国家在发展道路上有所创新，并引领世界潮流，该国就有可能脱颖而出，拔得头筹。中国道路一方面为发展中国家提供了有别于西方的道路选择，为人类社会发展道路的探索提供了有益启示；另一方面也向国际社会展示了中国对于国家发展的理解，向世界各国的发展贡献了自己的经验和智慧。中国道路拓宽了发展中国家实现现代化的途径，促进了经济全球化时代人类文明的多样性发展，并在一定程度上影响了一些发展中国家的道路选择。

十八大以来，以习近平同志为核心的党中央不仅仅着眼于中国自身的发展，更将中国发展放到全球视野中，就世界和平发展的诸多议题提出了一系列的“中国方案”。[4]“中国方案”在国际社会上的正式提出，凸显出中国特色社会主义的实践经验和时代价值，体现了中国的定力、智慧、责任与担当。

一、中国方案，以完善全球治理机制为核心目标

世界走到全球治理体制变革的关口，中国提出完善全球治理的“中国方案”，顺应时代潮流，符合各国利益，为推动全球治理体制更加公正合理、增进人类共同利益、促进世界和平与发展做出了巨大贡献。[5]推动全球治理机制向着更加公正合理方向发展，是中国方案的重要内容和抓手。中国和平发展道路需要必要的国际制度来保障，完善确保和平发展的国际制度，是中国外交重要的价值追求。中国在二十国集团的作为体现了上述意愿，“一带一路”战略的付诸实施体现了中国塑造国际经济关系的制度化努力。中国呼吁全球治理应以平等为基础、以开放为导向、以合作为动力、以共享为目标，提出共商共建共享的全球治理新理念，强调共同构建公正高效的全球金融治理格局、开放透明的全球贸易和投资治理格局、绿色低碳的全球能源治理格局、包容联动的全球发展治理格局，推动世界经济走上强劲、可持续、平衡、包容增长之路。与此同时，中国积极展现大国担当，通过设立“南南合作援助基金”、提高对不发达国家援助的力度、增加对最不发达国家投资等务实举措帮助发展中国家发展。

二、中国方案，以伙伴关系网络为全球视野

中国迄今与 80 多个国家和国家集团建立了不同形式的伙伴关系，在全球、地区、双边和国家层面上均取得积极成效。中国伙伴关系战略以和平共处五项原则作为战略基础，以维护国家利益和拓展国际影响作为战略方向，以政治互信、经济相互依赖、文化交融、社会互动和安全支撑作为战略手段，通过双边关系的改善带动全球战略的拓展。它以实现共同利益为基准，以促进互利共赢的目标，以国际合作为路径，代表了中国和平、合作、共赢的发展路径。中国伙伴关系战略最直观的全球意义在于，提供对话合作的战略框架，从而成为新型国际关系的典范。

三、中国方案，以东亚和中国周边为地区重点

东亚是中国政治、安全、经济利益集中的地区，是中国持续发展最重要的舞台。中国致力于以汇聚共同利益为基础开展东亚开放性合作，通过制度化合作发展东亚利益共同体、责任共同体，大力促成东亚命运共同体，培育建立在共同利益基础之上的平等、合作、互利、互助、开放的东亚秩序。中国重视东盟的战略价值，提出与东盟携手建设中国—东盟命运共同体，设立中国—东盟海上合作基金，与东盟国家共同建设 21 世纪“海上丝绸之路”，打造中国—东盟自由贸易区的升级版、建设孟中印缅经济走廊，通过引导地区安排的方向、促进东盟国家对中国崛起的适应，缓解东盟疑虑，凝聚共同利益，力争在新一轮东亚乃至亚太秩序的构建中发挥强有力的塑造和引导作用。中国深刻认识到发展同周边国家关系的重要意义，坚持与邻为善、以邻为伴，坚持睦邻、安邻、富邻，突出体现亲、诚、惠、容的理念。中国决策者为进一步拓展周边外交制定了宏伟蓝图，提出打造中国—东盟自贸区升级版、建立亚洲基础设施投资银行、建设“一带一路”等重大倡议，大力提升与周边国家的战略合作关系。

四、中国方案，以“一带一路”为核心抓手

“一带一路”已成为各国实现共同发展、合作共赢的最大平台。“一带一路”战略契合了中国、沿线国家和世界经济发展的需要，顺应了区域和全球合作的潮流，得到60多个沿线国家和相关国际组织的积极呼应和热情参与。[6]中国通过“一带一路”，将沿线国家紧密联系在一起，通过建设基础设施实现互联互通，在此基础上开展金融、贸易、投资等各方面广泛合作，促进了沿线各国的发展，增进了各国间的相互联系，为世界经济复苏和强劲增长注入了强大动能。

综上所述，中国方案深刻把握中国崛起与世界转型相辅相成造就的新格局，将发展问题置于全球宏观政策框架核心位置，为开辟新全球化时代贡献了中国智慧，是构成人类命运共同体、塑造更美好世界的密钥。

（原文发表于《当代世界》2017年第10期）

---

[1] 门洪华：《地区秩序建构的逻辑》，载《世界经济与政治》，2014年第7期，第4-23页。

[2] 胡鞍钢：《民主决策：中国集体领导体制》，北京：中国人民大学出版社2014年版，第184页。

[3] 门洪华：《构建新型国际关系：中国的责任与担当》，载《世界经济与政治》，2016年第3期，第4-25页。

[4] 周文、包炜杰：《中国方案：一种对新自由主义理论的当代回应》，载《经济社会体制比较》，2017年第3期，第1-9页。

[5] 杜飞进：《解决人类问题的“中国方案”——论习近平同志的东方智慧与全球视野》，载《哈尔滨工业大学学报（社会科学版）》2017年第1期，第4-23页。

[6] 何自力：《中国方案：世界经济复苏的助推器》，载《红旗文稿》，2016第18期，第27-29页。

全球治理转型与中国的制度性话语权提升

王明国 上海对外经贸大学国际战略与政策分析研究所副教授

制度性话语权是以习近平同志为核心的党中央有关全球治理论述的一种新提法。制度性话语权建设与当前全球治理的深刻转型密切相关，全球治理转型构成了中国制度性话语权建设的重要背景。习近平总书记高屋建瓴，对全球治理及其转型进程进行了深刻的论述。他指出："全球治理体制变革正处在历史转折点上。国际力量对比发生深刻变化，新兴市场国家和一大批发展中国家快速发展，国际影响力不断增强，是近代以来国际力量对比中最具革命性的变化。"当前，旧有的全球治理结构及其体系已经无法适应国际形势发展的客观需要，全球治理正处于关键的转型期。可以说，在积极参与中不断改进、在主动构建中全面塑造全球治理结构及其进程，提升中国的制度性话语权，已经成为当前一项迫切的重要命题。

制度性话语权建设是中国推动全球治理转型和建立新型全球治理秩序的重要途径和手段。早在 2013 年 3 月，习近平在南非德班举行的金砖国家领导人第五次会晤上就曾指出："不管全球治理体系如何变革，我们都要积极参与，发挥建设性作用，推动国际秩序朝着更加公正合理的方向发展，为世界和平稳定提供制度保障。"2016 年 10 月 9 日，习近平在中共中央政治局第三十六次集体学习时强调指出，"加快提升我国对网络空间的国际话语权和规则制定权，朝着建设网络强国目标不懈努力。"十八届五中全会则明确提出："提高我国在全球经济治理中的制度性话语权，构建广泛的利益共同体。”可以说，制度性话语权建设是推动“共商、共建、共享”全球治理理念创新发展并实现以合作共赢为核心的新型国际关系的重要路径和手段。

制度性话语权的基本内涵

话语权对国际政治的影响和塑造是国际关系和外交政策研究的重要命题，包括行为体的发言影响力、话语权传播能力和规则制定能力。其中，一个明显趋势是制度与话语的结合。一般而言，制度性话语权包括了制度性权力和话语权力两个部分，是两种不同权力形态的综合。制度性权力是指通过规则、程序和制度来间接影响和塑造他人的权力。制度性权力研究重点在于探讨全球治理中权力运作的方式和影响，包括权力运作的规范类型和话语结构在追求行为体利益中的作用。话语权力则通过话语支配权产生影响力，可以服务于一国的国际组织外交实践，充分发挥制度性权力的作用。

将制度性权力纳入话语体系中，便形成了制度性话语权。总体而言，在全球治理转型进程中，国际层面的制度性话语权，主要通过聚焦各类国际制度组织、国际规范和国际惯例，积极引导国际规则制定和国际组织运行，以实现国家安全、推动国际发展为目标。就制度性话语权的具体内容而言，制度能力建设是话语权之基，议题设置、规则运作以及规则解释和再解释是话语权的三个重要方面。

在国际话语权体系中，制度性话语权是一种新型的、间接发挥作用但更为持续性的话语权。首先，制度性话语权是新兴的话语权形式之一，适应了二战结束以来国际制度与组织不断发展的新事实。其次，制度性话语权是一种间接性权力，是国家行为体通过国际制度组织，间接地影响或塑造其他行为体的行为。最后，制度性话语权也是一种更为持续的话语权。相对于经济、文化、科技等其他传统的话语权载体形式，制度性话语权一旦形成便具有持续的影响力，是体现国家在国际社会中权威的主要载体之一，也是一国是否具有国际领导力的重要标志。

应该说，国际话语权已经成为国际关系研究的重要命题。不过，现有研究主要集中在舆论传播、国家形象和发生学等方面。近年来，随着国际组织数量的不断增长，制度性话语权开始成为国际社会关注的焦点。制度性权力克服了权力研究仅关注传统强制性权力的不足，同时也弥补了国际制度研究忽视权力因素的某些弊端。因而，制度性话语权研究具有重要的理论意义。

不过，更重要的是，制度性话语权还具有显著的现实政治含义。长期以来，西方国家掌握了国际话语权，其中一个主要方面是西方国家构建了当前运作的国际制度体系，控制了国际制度的议题设置、运行规则和话语传播，进而巩固了不平等的国际话语秩序。近年来，在国际政治力量对比出现明显变化及中国快速发展的背景下，中国国际话语权建设成为一个重要的命题。作为其中的重要组成部分，中国国际制度话语权的目标是推动全球治理的积极转型，共筑全球利益共同体，打造人类命运共同体。

制度性话语权的评估标准

制度性话语权区别于其他话语权的核心在于其制度特征及其影响力，制度组织构成了话语权的具体语境。从这一角度出发，制度性话语权的评估侧重从制度发展历程中予以衡量，而非从制度性话语权的话语要素进行影响因素评估。制度的发展进程可以分为制度设计、制度运作及其制度反馈阶段。

首先，在制度设计阶段，制度性话语权主要体现在构建国际组织的制度框架程度，如议题设置和政治参与程度、投票权和出资比例、国际组织领导人遴选规则和担任高官情况等。其中，议题设置是获得和拓展权力的重要工具，议题设置涉及明确议题的先后顺序、参与审议和政策制定的决策权大小。通过界定议题属性、议题发起、提出倡议和议题动员，将自身偏好转化为国际偏好，把国家利益转化为国际利益。这种制度组织层面的议题设置能力反映了国际社会的结构性特征和权力分配的本原，因而，实质性地体现了成员国的制度性话语权、国际影响力和领导力。实质上，制度建立阶段的制度性话语权最终体现在制度建立过程中获取本国相对其他国家的非对称性优势，并能拥有把本国国家利益转化为国际组织利益的影响力和行动力。此外，制度性话语权还需要考虑到国际政治博弈的现实，这就体现在制度设计方面需要具有弹性空间。

其次，在制度运行阶段，制度性话语权主要体现在遵守和履行国际制度规则的程度。遵约是制度性话语权的基本衡量指标之一。行为体国际行为的制度化是制度性话语权的基本要求，国际制度的遵约引力推动了各国遵守国际制度规则。制度性话语权在国际组织层面的客观结果是各国均有效履约。当然，制度性话语权最终需要通过制度是否解决其所设立的问题来检验，问题结构、利益偏好等深层次因素都会影响制度性话语权。为此，需要审慎判断所面临问题的性质、特征与症结，通过选择性或额外激励、必要惩戒或监督、利益分配或成本分担调整等措施，并施以一定的技巧，尽可能地增强国际合作的认同感和各国利益的包容性，维持国际制度的有效运作，并在此过程中体现其制度性话语权。

最后，在制度反馈阶段，制度性话语权主要体现在制度的影响力程度。这种影响力表现在制度的合法性、参与度和透明度等方面，这些是制度性话语权更持久影响的表现形式。如果制度的参与度高、合法性程度高、透明度高，那么制度性话语权的受众更广；如果制度的参与度低、合法性不足、公正性有限，那么制度性话语权受到的挑战就大。从长远看，这种制度性话语权必然受到削弱，该类国际制度将会越来越处于边缘地带。

总之，从现有国际制度的运行阶段考察，发达国家由于历史性原因，往往在治理平台设立的初始阶段，“绑架”议题设定、制定非中性制度和引导规范传播，从而实现本国利益，并压制发展中国家的话语权。此外，在制度运行和反馈阶段，西方国家还拥有对现有国际制度的再解释能力和制度解决方案的引领能力，这也是其制度性话语权大小的可衡量指标。

中国提升制度性话语权的实践

近年来，中国不断摸索，通过现有国际制度改革和新建各类国际制度，打造具有中国实践特征、能够体现中国道路特色并具有中国智慧、中国方案的制度性话语权，进而为破除西方国家的制度话语霸权，构建公正合理的全球治理秩序提供了一条新的路径。

在现有国际制度中，G20（二十国集团）是中国推动现有国际经济制度改革的重要体现。作为发达国家和新兴市场国家及发展中国家间开展合作的重要论坛，G20在引领和推动国际经济合作方面具有举足轻重的影响。作为全球第二大经济体，同时也是连接发展中国家和发达国家桥梁的构建者，中国积极推动并不断完善G20的机制建设。在G20杭州峰会上，中国首次把绿色金融议题引入议事议程，创建了绿色金融研究小组；同时，中国重启了国际金融架构工作组，推动建立更加稳定和有韧性的国际金融架构。此外，中国还积极开展G20外围对话，与联合国、东盟、非盟等国际组织保持沟通。作为发展中国家和新兴市场国家的一员，中国邀请了具有代表性的发展中国家领导人与会，使得杭州峰会成为G20历史上发展中国家与会最多的一次峰会。通过上述制度性举措，中国不仅为G20从危机应对型机制向长效治理机制转型提供了坚实保障，同时也从制度实践的层面切实提升了中国的国际话语权。

亚洲基础设施投资银行、丝路基金和金砖国家新开发银行等制度形式是中国在全球经济治理领域主动的制度构建，产生了广泛而深远的影响。中国坚持平等互利、合作共赢的原则。中国提供的新型国际公共产品，特别是基础设施类公共产品和区域性或区域间公共产品，进一步丰富了全球治理的手段与内涵，为解决全球性问题提供了中国方案、注入了中国智慧、贡献了中国力量。从制度建设的角度看，中国设立亚投行等新制度方式，有助于推动发展中国家参与到全球治理进程之中。同时，中国对亚投行等新型国际制度的贡献，也有助于弥补美日经济体由于实力衰落无法全面提供基础设施等公共产品方面的不足。中国在全球经济领域的制度建设，为提升中国制度性话语权奠定了坚实的组织基础。

互联网治理是全球治理的新兴热点领域。当前，全球互联网制度话语权由美国为首的西方国家主导，表现在制度设立、议题设置、规则解释和价值传播等方面。域名系统监管和地址分配是全球互联网治理的中心任务，美国的互联网制度性话语权主要通过互联网名称和地址分配机构得以体现。西方国家对互联网制度性话语权的主导产生了严重的后果，制度实施和执行力有限，制度合法性不足，进而导致严重的“数字鸿沟”，这些都限制了国际社会在解决网络恐怖主义、网络犯罪等全球性问题方面的能力。近年来，中国更加重视联合国等机制的主导作用。同时，中国也积极参与新兴市场国家举办的全球多利益攸关方会议及全球互联网治理联盟等新型制度形式。此外，中国还创办了世界互联网大会并逐步对其进行完善。这些都有效提升了中国在互联网领域的制度性话语权。

此外，在核安全、气候变化和全球发展等全球性问题领域，中国从“共商共建共享”的立场出发，开始形成自己的治理理念，逐步提出标本兼治、综合施策的中国方案。可以说，亚投行、金砖国家新开发银行、G20 以及互联网等领域的制度规范建设都已经深刻地烙下了中国智慧、中国方案的印记，彰显了中国贡献的魄力，展现了中国“共商共建共享”的独特全球治理理念，有助于推动实现平等、开放、合作、共享的全球治理体系。

进一步提升中国制度性话语权的建议

在国际制度领域，中国是后来者。随着中国对国际事务和全球治理参与的深入，国际制度在全球治理中的作用日益受到重视。不过，中国对制度性话语权的认识仍存在一些误区和问题，制度性话语权建设还比较薄弱，面临着不小的挑战。如中国在西方主导的制度架构中缺少主动谋划，中国的国际非政府组织平台偏弱等，这些不利方面都限制了中国制度性话语权的提升。为此，中国需要采取有针对性的举措，进一步提升制度性话语权。

第一，推动现有国际制度的改革进程，反映发展中国家的正义呼声。当前，国际制度体系的根基建立在二战结束之后的雅尔塔体系的基础之上，其基本特征是西方国家在现有国际制度框架中居于主导地位，如国际制度的议题设置、投票表决和人员安排等，使得西方国家依凭各类制度平台获得评议权和裁判权，这就为其自身利益披上了合法性的外衣。为此，中国需要在议题设置、制度框架等方面推动改革进程，一方面，把发展中国家更关注的议题纳入议事日程，充分体现发展中国家的正义呼声；另一方面，在投票表决和国际公务员遴选等方面不断完善制度架构，使其成为中国进一步提升制度性话语权可资利用的载体和平台。

第二，积极构建新型国际制度，打造人类命运共同体的制度基础。在国际政治舞台，上海合作组织和金砖国家集团是中国积极倡导的有影响力的新型国际制度，是中国加快提升制度性话语权的重要平台。不过，上述国际制度面临着西方国家分化等挑战。为此，中国需要积极发挥自身作用，加强制度能力建设，增强其行动力和有效性。亚投行、丝路基金和金砖国家新开发银行建立时间短，可资借鉴的经验不多，需要在实践中不断摸索。此外，上海合作组织开发银行等尚处于谋划筹备的制度需要进一步凝聚共识，形成国际社会特别是域内国家的普遍共识。在互联网治理领域，需要积极推动世界互联网大会这一新型平台的制度化建设，推动其从倡议平台转化为具有约束力的制度组织。

第三，增强自身的国际制度传播能力，拓展现有制度框架的再解释能力。国际制度传播是国际传播的重要路径。长期以来，西方媒体往往标榜报道客观、言论中立。但是，西方媒体对亚投行、金砖国家等新型制度往往持怀疑和警惕的态度。西方媒体是“金砖褪色论”“中国威胁论”等论调的始作俑者，由于其在世界媒体版图中长期占据主导地位，因而产生了严重的负面效果。为此，在揭露西方媒体虚假实质的同时，中国应增强自身的国际制度传播能力。一方面，积极向国际社会主动宣传新兴市场国家特别是中国近年来建立的制度组织，答疑解惑，增信释疑；另一方面，对于现有国际制度框架，要关注西方国家再解释的能力并寻求应对方式，达到推动其改革的目标。

第四，提升国际公共产品的供给能力和水平，夯实我国制度性话语权的物质基础。

近年来，中国增加了对国际公共产品的供给。不过，西方国家对中国提供公共产品的动机一直持怀疑态度，特别是在对待“一带一路”倡议方面，质疑声音不断。为此，需要改进中国提升国际公共产品的方式和方法，注重国际公共产品供给的效果评估和结果反馈。总之，提供国际公共产品和区域公共产品是提升中国制度性话语权的物质基础，在此过程中，需要准确传播“平等、包容、合作、共赢”的中国声音，让中国增长和发展的成果惠及所有国家和人民，进而争取国际社会的广泛认同。

（原文发表于《当代世界》2017 年第 2 期）

中国与世贸组织改革：积极参与制定全球经济新规则

庞中英　中国海洋大学海洋发展研究院院长，特聘教授

全球贸易冲突背景下的 WTO 改革

世界贸易组织（WTO）是制定和实施全球层次贸易规则的机构。没有国际规则，也就没有世界贸易，两者是相辅相成的。以“规则为基础”也是国际贸易领域的全球规范。这并不是西方的，而是全球的。

WTO 是全球贸易治理的一个里程碑式的国际机构——其前身是关税及贸易总协定（GATT），在冷战结束后于 1995 年成立。WTO 被认为是比其前身 GATT 更包容、更有利于贸易发展、更能够解决国家之间贸易纠纷的机构，是以全球化为基础的全球经济可持续成长的最为重要的条件之一，是“世界贸易的稳定性与可预见性的卫士”。[1]

需要指出的是，WTO 的改革并非新话题。在成立以来的二十多年中，尤其是在过去十年，WTO 的改革始终是其成员国和有关著名智库讨论的中心话题。其中，“WTO 的危机”、“WTO 失效”等判断或警示的提出，说明了 WTO 所面临挑战的严重性。

现任 WTO 总干事阿泽维多认为 WTO 面临迫切的改革任务。为此，阿泽维多曾发起与成员国的“危机谈话”。在特朗普政府之前，美国和欧盟都曾提出过 WTO 的改革方案，这些方案要求取消被视为 WTO 基础原则的“以

共识为基础的决策”，认为这样可以提高 WTO 的效率，但这些方案却可能使 WTO 的正当性（合法性）遭到打击。[2]

2006 年，WTO 多哈回合贸易谈判因为众口难调，不得不中止。2013 年 12 月 7 日，在印度尼西亚举行的 WTO 第九届部长级会议发布了《巴厘部长宣言》，达成了 WTO 成立 18 年、多哈回合谈判启动 12 年以来的第一份全球多边贸易协定——《巴厘一揽子协定》。但是，这一协定只是多哈回合的一个缩水版协议，距离多哈回合谈判的全面完成仍然十分遥远。多哈回合谈判的曲折折射出 WTO 的内在危机。

自 2017 年特朗普就任美国总统以来，尤其是进入 2018 年后美国对其最大的贸易伙伴（北美诸国、欧盟和中国）发动“贸易战”，以 WTO 为代表的世界贸易秩序的危机状态更趋严重。特朗普政府不愿依靠 WTO 等机构代表的世界贸易秩序来解决其与最大的贸易伙伴的贸易纠纷，而是试图使用其全球的超强实力（霸权）迫使贸易伙伴让步。这实际上等于美国利用霸权向全球征税。

在 WTO 依然存在的情况下，大国之间的“贸易战”本身是对 WTO 或者当今世界贸易秩序的一大嘲讽。WTO 的使命、原则和体制是为了解决贸易争端，尤其是大国之间的贸易争端。如今，非但 WTO 管不了“贸易战”，而且“贸易战”正在摧毁 WTO。

WTO 是中美“贸易战”的一部分。中美双方都说自己在遵守 WTO 代表的全球竞争规则，同时都在指责对方违反 WTO 代表的全球竞争规则。双方代表在 WTO 唇枪舌剑、针锋相对。当然，中美在 WTO 问题上的交锋并非新现象，一直存在。美国借助 WTO 的贸易政策审议机制（TRM）审查中国在 WTO 的合规情况。

随着中国经济在“入世”后的高速增长，此前主导 WTO 的美国和欧盟等越来越感受到来自中国的冲击。美国和欧盟在 WTO 针对中国的立场与利益有共同的方面。特朗普政府在 WTO“指责中国进行经济侵略”，而欧盟“担忧中国的情绪与美国是一样的”。[3] 如欧盟贸易专员塞西莉亚·马尔姆斯特伦指出：“我们该如何调和中国的国企模式与全球范围内的公平竞争之间的矛盾？”[4]

中美欧三方在 WTO 中的争论本身就是 WTO 面临的一个中心问题，直接影响到 WTO 的未来。这一争论引起了一些著名国际学者的关注。哈佛大学国际政治经济学家罗德里克（DaniRodrik）认为，“美国和欧洲的政策制定者问了一个错误的问题。与其说问题出在中国的政策上，不如说问题出在世界贸易体制上。WTO 以及之后的每一份贸易协定都建立在如下观点的基础之上：不同国家的经济行为最终将会趋同。但这种情况并没有发生，中国的例子已经充分证明了这一点。更重要的是，本来就没有充分理由认为不同国家的经济模式会趋同。”罗德里克的结论是，“如果 WTO 已经失灵，那是因为贸易规则的手已经伸得太长。一套公正的世界贸易体系会承认经济模式多样性的价值。它应该在这些模式中寻找一条妥协之道，而不是收紧规则。”[5]

WTO 的确代表了更高的理想——世界经济一体化。然而，理想和现实不一样，现实中各国追求的仍然是各自的发展道路。一方面，中国与全球经济的联系越来越紧密，另一方面，中国坚持自己的发展道路。美国特朗普政府出现，从另一个角度证明，即使是美国也要坚持自己的发展道路，也就是特朗普及其团队不断重申的美国“经济民族主义”。

作为全球性组织，WTO 已经进入各国的边界（主权）内部，影响和制约着各国的国内政策，但对各国国内的情况却关心不够。正因为 WTO 走得太远，所以该组织及其伙伴组织在“反全球化”和“去全球化”中成为民族主义和民粹主义攻击的主要对象。全球经济一体化正在遭遇至少是暂时中断或者放慢的现实。作为治理全球经济一体化最重要机构的 WTO 陷入四面楚歌。

欧盟目前是 WTO 改革的领导者

与美国一样，欧盟也是世界贸易规则的制定者和操控者。在 WTO 的改革中，欧盟发挥了领导作用。欧盟寻求中国对 WTO 改革的支持。2018 年 7

月16日，《第二十次中国欧盟领导人会晤联合声明》（以下简称《中欧声明》）在北京发表："双方坚定致力于打造开放型世界经济，提高贸易投资自由化便利化，抵制保护主义与单边主义，推动更加开放、平衡、包容和普惠的全球化。双方坚定支持以世贸组织为核心、以规则为基础、透明、非歧视、开放和包容的多边贸易体制并承诺遵守现行世贸规则。双方还承诺就世贸组织改革开展合作，以迎接新挑战，并为此建立世贸组织改革副部级联合工作组。""双方认可经贸高层对话在指导和促进中欧经贸关系中发挥的重要作用。欧盟注意到中国近期致力于改善市场准入和投资环境，加强知识产权保护，扩大进口，期待这些举措得到全面落实并采取进一步的举措。双方致力于在双边贸易和投资领域确保公平和互利合作，并将合作解决各自企业面临的市场准入问题。"[6] 中国坚定地支持多边贸易体制也是对欧盟的支持。

2018年7月25日，欧盟委员会主席容克在华盛顿与美国总统特朗普发表了《美欧联合声明》，宣布将致力于实现美欧之间"零关税、零壁垒、零补贴"的自由贸易，共同推动WTO改革。[7] 虽然《美欧联合声明》一般被认为是欧盟对美国的妥协，但是特朗普政府同意改革WTO则是欧盟对美国的一个胜利，避免了特朗普政府在WTO之外寻求解决方案。[8] 但如同《中欧声明》一样，容克和特朗普并没有详细说明美欧如何改革WTO，更没有说，美欧在WTO改革上的分歧能否克服和如何克服。

事实上，欧盟和美国在如何改革WTO上存在不一致。与欧盟不同，特朗普政府的WTO改革方案意味着取消WTO中的发展中国家条款，意味着放弃WTO的"以共识为基础的决策"原则。这势必引发WTO内部的大地震。然而，欧盟则考虑到了WTO的正当性和有效性，认为只有在WTO正当性不受伤害的情况下才能修改"以共识为基础的决策"原则。

根据特朗普政府目前的作为，美国将通过双边谈判建立一个个新的双边贸易安排，但美国并没有说明这些新的双边贸易安排是否有违WTO的原则（例如是否违反了WTO的非歧视原则），以及一旦与WTO原则冲突怎么办。即使不考虑WTO，这些双边贸易安排如果不能相互协调以避免相互冲突（如美欧贸易安排与美日贸易安排之间的冲突），也将给美国带来新的贸易问题。

总体来看，在 WTO 改革问题上，即使不考虑欧盟如何在其内部取得一致，它如何协调与美国的不一致和与中国等这样的既不是“富国”也非“穷国”的“新兴经济体”的差异，此外，满足广大发展中国家成员维持和加强 WTO 包容性的要求也很困难，欧盟要想拿出得到大多数成员支持的 WTO 改革方案并不容易。

中国与 WTO 改革

20 世纪最后几年和 21 世纪初，“全球化”正高歌猛进，WTO 需要扩大，尤其是需要接纳中国。中国进入 WTO 不仅是中国想进，而且是美国和欧盟想要中国进。最近有人把当年美国克林顿政府如何欢迎中国入世和今天特朗普政府如何在 WTO 反对中国做了比较，这一有意思的比较反映了中美关系的巨大变化。但是，为什么美国对待在 WTO 的中国有这么大的变化？著名经济学家、山东大学教授盛洪认为，2001 年时“中国只是一个‘小国’”。“当时中国的 GDP 占全球的比重只有 4.1%”，“只是世界市场舞台上的一个新生”。美国和欧盟对中国放宽某些条件，如允许中国有不对称的关税水平，明确规定了对作为发展中国家的某种优惠和照顾。“但在 15 年后，中国已经不是小国了，而是世界舞台上的庞然大物。经济总量位列世界第二，占世界经济的份额达到 15%。”承受中国巨大竞争力的外国企业感到焦虑。“即使是美国这样一个世界最大经济体、技术领先的国家，也感到了不安。”美国人公然对“中国制造 2025”提出质疑，要求中国取消这一政策，认为“中国制造 2025”提出的对制造业技术升级进行政府补贴的做法，就违反了公平的贸易原则。[9]

2018 年 6 月 28 日，中国政府发表《中国与世界贸易组织》白皮书，引起全球瞩目。这是自 2001 年中国加入 WTO 以来发表的首份关于 WTO 的白皮书，该白皮书系统回顾了 17 年来中国与 WTO 的关系，重申中国的基本立场：反对贸易保护主义，呼吁全球各国尊重 WTO 代表的国际贸易规则。不过，白皮书没有触及 WTO 改革这个话题。

WTO改革是中国面临的大挑战。不改革或者改革不成功，WTO注定失去存在的理由。中国需要理解并研究WTO的改革，并提出中国的改革方案。中国首先要承认今日之中国与2001年入世时的中国是不同的。事实上，这种不同正是目前欧盟主导和美国同意的WTO改革的主要原因之一。

当下各方都在聚焦关于全球经济的新规则，而WTO的改革就是制定新的全球贸易规则。刚加入WTO时，中国还不是世界贸易规则的制定者，而现在WTO的改革为中国在新的国际体系中参与全球贸易规则的制定提供了历史性机会。经历了目前的“贸易战”，特朗普政府也许会意识到，“美国第一”与“以规则为基础”的全球经济并不矛盾。美国要在这个世界维持主导地位，即便按照特朗普的逻辑，规则也是很重要的。只是特朗普不会要其口口声声的不利于美国的规则。特朗普政府之所以要推翻这类规则，就是因为在特朗普看来，它们对美国“不公”。特朗普所说的改革，就是要让这些“不公”的规则，变得对美国“公平”起来。“贸易战”缘起于全球经济缺少与时俱进的规则，而“贸易战”可能在新的有利于美国的全球经济规则形成后终结。

如何看待目前关于“全球经济新规则”的争执和争议？最近，金砖一词的原创者、现任英国皇家国际问题研究院主席吉米·奥尼尔在就新的全球经济新规则接受采访时就认为，随着旧国际秩序越来越不适应新的全球经济，全球经济治理日益成为尖锐的挑战。未来，全球经济规则不可能由单一的经济集团来制定。要真正治理新的全球经济，各方都要参与全球经济规则的形成。[10]

笔者大体赞同吉米·奥尼尔的看法。对中国有两点建言：第一，在形成新的全球经济规则方面，中国是不可或缺的。排除中国的全球经济新规则是不可能的。中国能做很多大而关键的事情。其中最大的事情是，中国要力阻世界滑向不以或者少以规则为基础。发达先进的经济体的经验告诉我们，以规则为基础的世界对继续走向进步、现代化、高质量发展和更美好生活的中国更加重要。第二，中国一定要求同存异，在政治方面力阻“新冷战”发生，寻求与美欧日等世界主要经济体在全球经济的新规则方面达成最大共识和交集。

在全球经济新规则争论中触及的根本问题也是中国进一步深化改革和扩大对外开放要面对的问题。WTO 的改革无疑将有助于中国国内的深化改革和开放。这是一个相辅相成的过程。

从与外部主要贸易伙伴的关系看，WTO 仍然是解决双边挑战的根本之道。中美贸易谈判需在以下这点上达成一致：双方都要回到 WTO，WTO 才是中美之争的解决方案。中美双方的任何解决方案若是与 WTO 的原则不一致，那么在解决问题的同时也会制造新问题，最后还是要回到 WTO。这是因为中美两国都是全球化世界的主体，所谓双边的问题，其实本质上是多边的。

结　语

改革 WTO 是国际共识。在目前大国之间贸易关系紧张的情况下，WTO 改革再次变得迫切。现在的主要问题是 WTO 改革的原则是什么，目标是什么，以及如何改革。总体看，改革的根本原则仍然是要把正当性和有效性结合起来。在目标方面，大的激进的目标很难实现，而小的渐进的目标则不足以解决目前全球贸易关系的紧张，因此各国之间需要探索 WTO 的适度改革目标。而在目标确定后，WTO 秘书处和主要成员国，尤其是中美欧，需要协调立场，提出改革的路线图或者方案。

今天的世界经济体系由三类国家组成，第一类是七国集团和经合组织代表的发达经济体（“富国”）；第二类是广大发展中国家（“穷国”）；第三类则是介于“穷国”和“富国”之间的是以中国、印度、巴西等为代表的“新兴经济体”。这三类国家反映了世界经济的多样性。“一套公正的世界贸易体系会承认经济模式多样性的价值。它应该在这些模式中寻找一条妥协之道”。[11]但是，求取“公平”贸易的特朗普政府是否承认世界经济的多样性？是否如此走向贸易的公平？欧盟是否会接受世界经济的多样性，并以此改革 WTO？如果 WTO 这样改革，这与原来的 GATT 是不是差别不大？这样的世界贸易治理是否能够提供世界经济竞争在 21 世纪需要的新规则？

中国和欧盟既然已经成立了 WTO 改革工作组，就需要尽快协调双方立场，争取提出共同改革方案。WTO 应该尽快召开成员大会，讨论 WTO 改革，决定 WTO 的命运。而 2018 年和以后举行的二十国集团（G20）等全球经济论坛，应该把 WTO 的改革列为主要议题。

（原文发表于《当代世界》2018 年第 9 期）

---

[1] Uri Dadush, “WTO Reform: The Time to Start Is Now”, Carnegie Endowment for International Peace: Policy Brief, No. 80, September 2009.

[2] Emily Jones, “How should the WTO reform itself?”, World Economic Forum, 24th October 2014. https://www.weforum.org/agenda/2014/10/wto-trade-reform-veto-consensus/.

[3] 达尼·罗德里克：《WTO 失灵的真正原因》，FT 中文网，2018 年 8 月 7 日，http://www.ftchinese.com/premium/001078823?archive。

[4][5] 同 [3]。

[6]《第二十次中国欧盟领导人会晤联合声明》，北京，2018 年 7 月 18 日，http://www.mfa.gov.cn/ce/cebe/chn/zozyzcwj/celdr/t1578374.htm。

[7] “President Donald J. Trump Launches a New Reciprocal Trade Relationship with the European Union”, https://www.whitehouse.gov/briefings-statements/president-donald-j-trump-launches-new-reciprocal-trade-relationship-european-union/.

[8] Simon Johnson, “Europe's trade victory in Washington”, Project Syndicate, July 30, 2018.

[9] 盛洪：《从中国制造到中国市场》，FT 中文网，2018 年 8 月 10 日。http://www.ftchinese.com/story/001078876#adchannelID=1300。

[10] Jim O' Neill, “New rules for the new global economy”, Project Syndicate, 27 July, 2018.

[11] 同 [3]。

金砖机制建设与中国的国际话语权

张志洲 北京外国语大学国际关系学院教授

金砖国家机制建设已经走过了十个年头，“金砖”（BRICS）作为一个专用名词在世界经济、金融与国际政治、外交领域早已“名声显赫”。2017年9月3—5日在厦门召开的金砖国家领导人第九次会晤，进一步为这一国际合作机制注入活力，让其再次成为世界关注的焦点。从最初的满怀理想、生机勃勃，到近年一些成员国经历经济滑坡，国际舆论常有悲观论调，再到如今致力于开启第二个“金色十年”，彰显深化合作的伙伴关系与在全球治理中发挥更大作用的意志，金砖国家合作机制的十年之路并不平坦。但遭遇问题和挑战只是这一国际合作机制发展进程中的一个次要方面，主流的态势积极向好，既有的成就不俗，一个更加光明的前景可期。当然，也不应讳言金砖合作机制遇到的问题和挑战。

金砖国家合作机制建设的一大重要诉求，是以新兴市场国家的代表身份和集体的形式增强在国际治理体系中的话语权，这与中国致力于增强国际话语权的目标和诉求是一致的。中国是金砖机制的重要倡导者和最大经济体，引领金砖合作机制发展也是中国增强国际话语权的重要渠道之一，中国在这方面可以更加有所作为。

“概念先行”的制度建构

金砖国家合作机制的基础不仅在于作为经济实体的“金砖国家”成员国的合作意愿，还在于作为概念的“金砖国家”的形成，是较为典型的“概念先行”的制度建构。

这个概念之所以转化为一种成功的现实国际制度，表明了富有洞察力的观念所具有的建构力量，而提出金砖国家概念的吉姆·奥尼尔遴选“金砖国家”的基础是具有作为新兴市场国家的代表性，是非西方新兴经济体中的佼佼者，经济发展状况是成为“金砖”的依据，因此，从经济增长角度来评判金砖国家的发展前景以及在此基础上的金砖国家合作机制，是顺理成章的视角。从这一点来说，如今金砖机制已经扩展到经济领域之外，将政治互信和人文交流纳入进去，这使金砖合作机制更加深化，再仅仅依据经济增长的单一视角难以合理评判金砖合作机制的角色和功能。金砖国家合作机制的建立又强化了金砖国家概念的传播。

金砖机制的光明前景可期

在金砖合作机制的建设中，最根本的挑战来自于成员国的经济增长状况与相互之间的结构性差异，以及由此导致的发展战略和规划上的冲突。比如，从金砖五国 2016 年 GDP 对比来看，中国接近 11 万亿美元，印度、巴西相近均在 1.8 万亿美元左右，俄罗斯在 1 万亿美元附近，南非 GDP 相对较低，仅 2000 多亿美元，中国的 GDP 相当于其他四国总和的两倍多。[1] 这种结构性问题需要谨慎处理，尤其是需要经济总量比较大的中国的政治智慧，避免合作政策上自我色彩过于浓重。不过迄今来看，中国与其他各国在合作机制中已经充分体现了“互尊互谅、平等相待、团结互助、开放包容、互惠互利”的金砖精神。又如，如何处理好中国的“一带一路”倡议、俄罗斯主导的欧亚联盟政策与印度的“季风计划”之间的战略互信与战略对接关系，也是一个需要认真对待的问题。再如，国际制度架床叠屋，金砖合作机制与 G20、

APEC、上海合作组织之间可能存在制度重合与效率问题等。不过，考虑到各种问题和挑战，权衡利弊诸因素，我们仍然有理由相信，金砖合作机制会有一个光明的前景。主要理由在于以下三个方面。

第一，经济增长是金砖国家身份的力量基础，而有成员国的经济增长，才能使金砖合作机制不断焕发出光彩。尽管十年间世界经济的增长态势出现一些波折，特别是2008年全球性金融危机的爆发，也对金砖国家造成冲击，然而，有两组权威的数据可以说明金砖国家在经济增长上的总体表现。一是习近平主席于2017年9月3日在厦门发表的《共同开创金砖合作第二个“金色十年”》的演讲中阐述道，“十年间，五国经济总量增长179%，贸易总额增长94%，城镇化人口增长28%，为世界经济企稳复苏做出突出贡献，也让30多亿人民有了实实在在的获得感”。“十年中，中国经济总量增长239%，货物进出口总额增长73%，成为世界第二大经济体”。二是2017年6月19日王毅外长在金砖国家外长记者会上曾引用的数据，即根据国际货币基金组织统计，十年来，金砖国家经济总量在世界经济中的比重从12%上升到23%，对全球经济增长的贡献不断增大，超过了50%。[2] 总体而言，金砖国家经济总体保持中高速增长，经济总量、对外贸易和投资的全球占比都大幅上升，对世界经济增长的贡献稳步增长。在厦门峰会之后，金砖合作的经济领域又进一步拓宽，我们对金砖合作机制的经济基础完全可以看好。

第二，金砖机制在全球治理体系中的角色有广阔的发挥空间，责任承担有制度需求。在全球化飞速发展以及“逆全球化”暗流汹涌的时代背景下，金砖国家合作机制的构建，是应运而生。全球化的深入发展给经济、金融、社会发展等领域带来大量问题，原来主导世界经济领域国际制度建设或提供主要治理方案的是西方七国集团，然而，进入新世纪后，一方面，西方主要国家的经济在总体上下滑，甚至相对“衰落”，美国更是被反恐、对外战争等原因耗费国力，全球治理的能力和意愿双双下降，特别是经济领域的全球治理需求早已是西方所难以单独承担的；另一方面，发展中大国和新兴经济体要在全球化起伏动荡的时代维护和保障自己的发展利益，必须积极参与全球治理，主动承担治理责任，努力发挥治理能力，而不是任凭西方主导全球治理体系，自己只作随从者。从这两方面来看，金砖机制建设恰是对于建立更公正更合理全球治理体系的“制度回应”。2008 年发生全球性金融危机之后，2009 年第一次金砖国家领导人非正式会晤启动，不是偶然。与松散的 G20 机制相比，金砖合作机制更加制度化，但同时保持了灵活性，更有利于治理角色的发挥。只要全球治理体系有制度需求，金砖合作机制就有广阔的发挥空间。

第三，金砖机制下成员国之间的利益契合、合作制度拓展与凝聚力强化三位一体。金砖国家都是新兴市场国家，是非西方的世界上最重量级的经济体，彼此间的利益契合度高，而且在广大发展中国家和新兴市场国家这两种类型的国家中都具有代表性。同时，由于这些国家在国际政治中的全球性或区域性大国身份定位，在战略上也有相互借重的需求，这也是利益契合的一个方面。利益契合度高，决定了合作的意愿强，这两者又决定了制度建设的不断推进和合作领域的不断拓展，恰如我们现在所看到的，金砖机制从贸易、投资领域拓展到了几乎与经济发展相关的工商、金融、货币等所有领域，还外溢到政治互信与人文交流领域。利益契合、合作制度不断拓展强化了金砖机制的内在凝聚力与粘合性，所以，虽说作为新兴经济体的各大国都有自己的发展战略规划，但是“开放、包容、平等、共享”已成为各国的原则共识。2017 年中印之间发生“洞朗事件”，这是在民族国家层面上的边境冲突事件，但是为了金砖领导人厦门会晤的顺利举办，中印顾全大局，很快以和平方式解决了这次危机，这是金砖合作机制具有凝聚力和黏合度的一个注脚。利益契合、合作制度拓展与凝聚力强化三位一体，其间有一条清晰的逻辑。

金砖合作机制对于中国增强国际话语权的意义

金砖合作机制的基本诉求之一，就是增强金砖国家在国际经济领域、政治领域和全球治理中各自的和集体的国际话语权。这种诉求在历届的领导人峰会公报或发表的宣言中有着前后相当连贯的表达。比如 2009 年的第一次金砖峰会发表的联合声明中，四国呼吁建立一个更加多元化的货币体系，提高新兴市场和发展中国家在国际金融机构中的发言权和代表性；第三次峰会《三亚宣言》，重申国际经济金融机构治理结构应该反映世界经济格局的变化，增加新兴经济体和发展中国家的发言权和代表性；第四次峰会《新德里宣言》，明确提出全球治理改革的诉求，呼吁建立更具代表性的国际金融架构，提高发展中国家的发言权和代表性；第九次峰会《厦门宣言》重申，"我们五国积极推动全球经济治理改革，提升新兴市场国家和发展中国家代表性和发言权"；"我们决心构建一个更加高效、反映当前世界经济版图的全球经济治理架构，增加新兴市场和发展中国家的发言权和代表性"。这里的用词虽然是"发言权"，含义等同于"话语权"。作为一种集体行为，金砖国家提升国际话语权，当中同时也提升了中国的国际话语权份额。而各项具体的合作内容与政策推行，对于金砖机制以及成员国的国际话语权提升，也是重要支撑。

金砖合作机制追求国际话语权的提升，与中国增强国际话语权的诉求具有一致性。在当今时代，"国际政治在一定程度上已经成为话语权政治"，一个日益崛起的、离国际舞台中心只有一步之遥的中国，需要越来越强大的，与崛起的实力和正当的利益诉求相对应的国际话语权。换句话说，拥有强大的国际话语权也是中华民族伟大复兴的应有之义。但几个世纪以来形成的国际话语权"西强我弱"基本格局还没有改变，因此，增强国际话语权成为中国对外政策应该追求的基本目标之一。国际话语权，则包括以话语言说和表达为载体的"话语性话语权"，基于实力地位而形成的"结构性话语权"，通过制度设计和制度认同而带来的"制度性话语权"，以及建立在价值观、正当性和道义制高点基础上的"道义性话语权"等。议题设置的引导性也是国际话语权的重要来源。从话语权的这些类型来评判，金砖国家合作机制建设，作为一项国际制度，中国积极参与并发挥一定的引领作用，中国在其中因实力最强也处于结构性优势地位中，该机制代表着诸多新兴经济体和广大发展中国家的发展利益以及在全球治理体系中的合法性诉求而具有道义正当性，中国在机制建设和内容拓展上的许多创建性提议被转化成了政策，概括而言，金砖合作机制提升了自身的国际话语权也增强了中国的国际话语权。

基于中国在金砖合作机制中扮演重要角色，对自身增强国际话语权有着重要意义。

理性评判“唱衰”的声音

作为全球治理体系中一项常被聚焦的国际制度和成员国构建伙伴关系、实现合作共赢的重要途径，金砖机制建设的基础是否稳固，内在结构是否合理，前景如何，依据不同理论和资料信息、站在不同视角或基于不同利害关系人，看法往往有极大的差别。对于那些“唱衰”的声音，我们要理性评判，这其实也是金砖国际机制建设中我们应持的基本态度之一。除非是故意的诋毁和恶意攻击，需要“怼”回去，对于一般的看淡金砖机制未来前景的负面性评判，事实胜于雄辩。“唱衰”金砖机制通常是出于片面立论，但也未必不是给我们警醒。

对于金砖合作机制“唱衰”的论调，有“成色不足论”“金砖衰退论”“金砖晚会散场论”等，其中最著名的“唱衰”论者，有曾任哈佛大学肯尼迪学院院长的约瑟夫·奈和英国《金融时报》副主编与首席经济评论员马丁·沃尔夫。约瑟夫·奈还曾任卡特政府的助理国务卿和克林顿政府的助理国防部长，在中国学界更是以“软实力”的提出者而闻名。他于 2013 年 4 月发表在新加坡《联合早报》的文章指出，“三年前，我对金砖国家持怀疑态度，现在亦然，尽管最新的峰会看上去颇为成功”。他主要是从成员国政治制度上的异质性与经济发展上的不同诉求作为评判依据的。他认为：“没有办法团结起来，其实正是金砖国家内在不一致的表征。从政治上讲，中国、印度和俄罗斯是亚洲影响力竞争对手。从经济上讲，巴西、印度和南非都担心人民币低估对各自经济的影响。”[3] 其实，金砖机制近年来不断拓宽经济合作的领域，在世界经济中的贡献率上升，增长率较多地超出世界平均水平，并将政治互信和人文交流纳入金砖机制，已经是对约瑟夫·奈的回答，意识形态上的不同从来没有成为金砖国家合作机制的障碍。约瑟夫·奈的观点是基于“零和博弈”的落后思想。但是，他提醒金砖机制应注意内在的差异性事实和强化政策协调的必要性，结构性脆弱问题值得重视。

马丁·沃尔夫不仅认为金砖合作机制已经过气了，而且认为金砖国家是个伪概念。他在 2015 年 1 月接受新浪财经专访时表示，“我从来就没觉得金砖五国这个概念有任何实际意义，我也从来不用这个概念”。他认为由于世界经济的不确定性，让原本代表着全球经济新兴力量的金砖五国也逐渐褪色，“现在唯一看起来风景独好的经济体是美国。”[4] 相比之下，约瑟夫·奈针对的是金砖合作机制，而马丁·沃尔夫强调是金砖国家作为单独经济体的前景及其比较。国际上也有舆论强调金砖合作机制的重新拆分。这些观点在金砖国家机制不断推进的合作和换发活力的政策清单面前，没有多少说服力。

习近平主席于 2017 年 9 月 3 日在金砖国家工商论坛开幕式上的讲话中阐述道，“现在，有人看到金砖国家等新兴市场国家和发展中国家的增长出现起伏，就断言‘金砖失色、褪色’。毋庸讳言，受内外复杂环境影响，金砖国家发展难免遭遇不同程度的逆风。但是，金砖国家不断向前发展的潜力和趋势没有改变。我们对此充满信心。”[5] 他对于国际上“唱衰”论调做了理性、温和但坚定有力的回应，显示的是一种“金砖自信”。

（原文发表于《当代世界》2017 年第 10 期）

---

[1]《中国再成焦点：全球关注金砖峰会四大焦点》，全景网，2017 年 9 月 3 日，http://www.p5w.net/weyt/201709/t20170903_1942978.htm。

[2] 王毅：《金砖的“份量”更重了，“成色”更足了》，搜狐网，2017 年 6 月 19 日，http://www.sohu.com/a/150214443_120809。

[3] 约瑟夫·奈：《没有粘结在一起的金砖》，载《联合早报》，2013 年 4 月 10 日。

[4]《金砖五国过气 美国经济风景独好》，新浪财经，2015 年 01 月 22 日，http://finance.sina.com.cn/world/gjjj/20150122/094121361356.shtml。

[5] 习近平：《共同开创金砖合作第二个“金色十年”——在金砖国家工商论坛开幕式上的讲话》（2017 年 9 月 3 日，厦门），人民网，http://politics.people.com.cn/n1/2017/0903/c1001-29511834.html。

中国全球治理观：时代背景与挑战

任 琳 中国社会科学院世界经济与政治研究所副研究员，
国际战略室副主任

中国参与全球治理的时代背景

在当前特殊的时代背景下，多边合作存在普遍问题，激励不足、“搭便车”文化和制度非中性的程度进一步加剧，“治理失灵”致使世界对中国参与的诉求与日俱增。

第一，全球化与逆全球化两股思潮的交互。全球化是人类社会发展历程中的主导潮流，经济全球化是其中最主要的表现形式之一。而近年来发生的英国脱欧、特朗普当选美国总统并明确表示出保护主义倾向等“黑天鹅事件”，却让人们对全球化潮流心生质疑。虽然在诸多历史周期节点上，质疑全球化的声音总会出现，但我们在批评全球化的同时，也应客观公正地反思全球化的工具属性。此轮逆全球化的思潮制造了诸多不确定性。值得一提的是，历史上往往是弱者站出来呼吁警惕全球化会具有破坏性。此次却是一些常规上引领全球化、提供全球公共产品、驾驭全球治理方向的传统发达经济体开始带头质疑全球化。

第二，发达国家提供公共产品动力不足。实际上，发达国家并不是反对全球化，而是在探究究竟“什么样的全球化”才更有助于实现本国利益。在某种意义上，它们在反思如何参与全球化、在何种程度上提供公共产品和参与全球治理才能使自身利益最大化。因此，在全球化与逆全球化交替的时代背景之下，传统公共产品供应国提供公共产品的动力相对减弱，因为它们已然开始计较得失。以全球经济治理领域为例，全球经济增长与发展的压力依然很大，对公共产品需求量巨大。发达国家经济缓慢复苏，国内问题丛生，对提供全球公共产品兴趣不大；而新兴经济体国家的贡献日益增加，却享受不到对称的国际话语权。

第三，外部世界政策环境和国际力量对比存在不确定性。主要发达经济体国家政策方向不明确：难以预估美国经济政策可能在全球范围内带来的溢出效应，难以判断欧洲变局的震荡效应。此外，各问题领域内的力量对比形势不明朗。主要国家或经济体之间的力量对比格局，将直接影响到主要议题领域内的力量分布，并对治理结果具有决定性影响。例如，在货币领域内，国际货币篮子的多元化格局未定。一旦欧元衰落，是否意味着人民币国际化缓慢，而美元一家独大、负面溢出效应持续存在的历史延续？还是，欧元回稳，人民币国际化进程顺利，美元持强，欧元和人民币影响力渐升？在贸易领域内，规则碎片化趋势持续，双边、多边规则并行发挥作用。如何在此轮发达经济体“引领”的规则“碎片化”中辨识利益，如何寻求贸易便利化优势的延续，依然是摆在我们面前的重大挑战，需要作为主要利益攸关者的大国能够参与提供诸如包容性规则等全球公共产品。在投资领域内，美欧等发达经济体刻意制造障碍、不发达经济体和欠发达经济体的投资风险都在提醒我们，影响投资便利化的制度性障碍非常严峻，亟需全球共识、规则和充足的公共产品予以应对。在气变领域内，伴随美国的退出，《巴黎气候协定》的成果能否得以维系？

第四，新问题领域存在规则真空。在一些新兴的、非传统安全领域内，例如网络空间等全球公域的治理存在规则真空、公共产品缺乏、治理赤字。在很多传统问题领域内，治理已然有法可依，而这些新兴问题领域则缺乏公认的、成熟的和可以参照的法律、法规或规则。这种无法可依、无章可循的状态一方面显示了公共产品赤字的现状，另一方面也意味着在行动自由度的土壤上很容易萌生制度非中性的问题。围绕这些领域治理话语权的争夺门槛高筑。在规则塑造方面，发达国家具有发展中国家无法超越的先天优势，因此很容易再次主导规则塑造，无须提供大量公共产品，就能享受制度非中性的“先行者优势”。所谓的高门槛主要指先进科技、研发能力和雄厚资金的支撑。在全球范围内，往往只有少数大国、特别是主要的发达经济体才有能力承担，而且他们在规则塑造层面享有更加充分的经验可循。规则真空使得制度非中性的情况更易产生。当然，萌生新的问题领域也意味着更多的灵活度、自由度和参与机遇，同时也意味着参与治理、分摊公共产品的“成本—收益比例”不明确，进而难以说服各国参与公共产品融资。成员国更加倾向于保持观望，或者只想“搭便车”的姿态。

时代背景进一步加剧了公共产品赤字，不确定性的未来形势又增加了萌生制度非中性的土壤。加之主要的国家提供公共产品的动力不足，形势就变得更为严峻。在这种状况之下，需要通过一种合适的机制设计，框定合理的治理格局，确定国际多边合作的基本治理原则。

理想的全球治理机制的基本特征

在国际多边合作的现实情景中，反观避免“治理失灵”的可行性路径，很容易认识到，在无政府状态下难以避免的国际机制的设计缺陷（特别是监管不力）正是问题所在。那么，国际社会究竟需要提供一个什么样的机制设计来减少无政府状态对多边合作的危害，进而为主要供应者分摊公共产品提供激励、将“搭便车行为”限制到可控范围、避免制度非中忤带来的合法性欠缺呢？理想的全球治理机制应该具有哪些基本特征呢？

第一，紧扣时代主题，制定危机预警与防范，应对世界上与日俱增的不确定性因素。在新时代，安全问题的非传统性与日俱增。例如，发生在布鲁塞尔、伦敦和巴黎等地的爆炸案引发区域内外的高度警惕。欧洲面临着国内经济社会发展不均衡、移民带来工作岗位进一步吃紧、移民的融入和区分普通移民与恐怖主义等诸多问题。这些问题的解决，并非短期事件，而需制定长效机制，从经济社会发展入手。此外，治理这些问题需要各国之间进行信息共享，制定和完善危机预警与防范机制。

第二，合作共赢和包容性精神。确保各种类型的成员有意愿普遍参与，利益诉求能够得到充分的表达和保障。各类全球性问题的基本属性决定了，只有各国一致努力，合作治理，才能有效应对。而国家与国家之间，有冲突，也有合作；有差异，也有共识；有分歧利益，也有共同利益。只有摒弃冲突，求同存异，才能实现共赢。

第三，坚持普遍参与、监管充分的基本原则。所谓普遍参与、监管充分讨论的是全球治理合法性和有效性的问题。全球治理讨论的是多边合作的问题，需要坚持一定的原则，并辅以适当的约束性手段（例如制裁），维护多边合作的有效性与合法性，确保规则得以遵守、决议得以落实、权力得以监管和限制、违约行为得以受到惩罚。

第四，充足的公共产品供应需要两个基本条件得以维系。一是大国的积极参与，因为大国具有天然的优势，是公共产品的主要提供者。在资金、技术和应对经验方面，大国具有明显优势。在全球范围内，公共产品的赤字情况严重，需求严重大于供给。如果全球主要大国缺乏提供全球公共产品的动力，各类问题就很难得以充分治理。二是有效的融资平台和渠道，因为即使是超级大国，它提供公共产品的能力也是有限的，必须开创多元的融资渠道，保持公共产品的有效供应。以发展为例，如果无法开辟多元的融资方式和渠道，没有哪个国家有能力提供足够的资金和技术来应对全球的发展与贫困问题。

综上，只有充足和可持续的公共产品供应，才能确保全球性问题得以有效治理，各国的利益得以充分保障，世界秩序稳定，人民福利提高。

中国全球治理观对世界的理念贡献

随着经济实力的上升，中国逐渐成为全球治理的重要参与者、全球公共产品的重要贡献者之一，更是积极为促进世界经济增长、世界和平稳定、世界秩序公平合理贡献中国智慧。习近平总书记在多个场合多次提到中国参与、改革和完善全球治理的重要思想。总结和梳理中国的全球治理观，将有助于我们更为深刻地认识到，中国参与全球治理的具体实践中，处处折射出中国为世界做出的理念贡献：为完善全球治理、克服治理赤字、应对治理失灵，积极提供中国方案，贡献中国智慧。中国全球治理观的主要内容可以概括为以下几个方面。

第一，中国倡导的全球治理理念紧扣时代主题。冷战结束以来，人类步入新的历史阶段，世界日益一体化，各行为体之间的复合相互依赖程度不断加深。全球化的潮流正是也将持续作为这种相互依赖世界秩序的重要塑造者，具体表现为商品、服务、资本、技术在全球范围内迅速扩散与流动。国界不再成为商品、服务、资本、技术迅速扩散的重要阻碍；与此同时，全球化也带来了一系列全球性问题，这些问题超越国家疆界，事关整个人类的福祉，只有各国合作治理，方能予以有效解决。不管对各类思潮的质疑如何，全球化带来的复合相互依存是一个客观现实。并非简单"关门"躲避，就能将诸如恐怖主义、网络犯罪等全球性问题关在门外。

习近平主席于2015年接受《华尔街日报》采访时指出，"世界上很多有识之士都认为，随着世界不断发展变化，人类面临的重大跨国性和全球性挑战日益增多，有必要紧跟时代步伐，对全球治理体制机制进行相应的调整改革。这种改革并不是推倒重来，也不是另起炉灶，而是创新完善。'穷则变，变则通'。无论是一个国家，还是世界，都需要与时俱进，这样才能保持活力"。[1]

第二，合作共赢是中国全球治理观的核心思想。首先，从全球治理的问题属性出发，弘扬合作共赢的理念具有必要性。全球治理应对的是日益紧迫、前所未有、跨出国境的非传统安全问题。这类问题的属性意味着需要各国合作治理，而应对这些问题又符合各国的共同利益。正如习近平主席在华盛顿州当地政府和美国友好团体联合欢迎宴会上的演讲中指出："合作是实现利益唯一正确选择。要合作就要照顾彼此利益和关切，寻求合作最大公约数。"[2] 其次，合作共赢的基本思想深深根植于中国的传统文化当中。因此，正如习近平总书记在中共中央政治局第27次集体学习时指出，"要推动全球治理理念创新发展，积极发掘中华文化中积极的处世之道和治理理念同当今时代的共鸣点，继续丰富打造人类命运共同体等主张，弘扬共商共建共享的全球治理理念"。[3] 最后，合作共赢的精神内核切合时代的基本特征。习近平主席在金砖国家领导人第五次会晤时强调，"不管国际风云如何变幻，我们都要始终坚持和平发展、合作共赢，要和平不要战争，要合作不要对抗，在追求本国利益时兼顾别国合理关切”。[4]

第三，中国倡导的全球治理理念阐述了全球治理改革的努力方向，坚持联合国宪章的宗旨和原则，努力推动国际关系向民主化、法治化及合理化方向发展。2016 年 9 月，习近平主席同南非总统祖马举行会谈时突出了南南合作的重要性，强调促进国际关系民主化要深化发展中国家间合作，中方一向重视同发展中国家保持合作。言及全球治理应该遵循的原则，习近平主席于 2014 年 7 月在巴西国会发表演讲时指出，“维护和弘扬国际公平正义，必须坚持联合国宪章宗旨和原则。我们应该提倡尊重各国主权和领土完整，尊重世界文明多样性和国家发展道路多样化，尊重和维护各国人民自主选择社会制度的权利，反对各种形式的霸权主义和强权政治”。[5]

言及全球治理的民主化、法治化及合理化，习近平主席在和平共处五项原则发表60周年纪念大会上的讲话中提到，应共同推动国际关系民主化，“垄断国际事务的想法是落后于时代的，垄断国际事务的行动也肯定是不能成功的”；应共同推动国际关系法治化，“推动各方在国际关系中遵守国际法和公认的国际关系基本原则，用统一适用的规则来明是非、促和平、谋发展”；应共同推动国际关系合理化，“适应国际力量对比新变化，推进全球治理体系改革，体现各方关切和诉求，更好维护广大发展中国家正当权益”[6]。

第四，中国倡导的全球治理理念强调新型大国关系的重要地位，求同存异，共谋治理与繁荣。大国在参与全球治理，提供公共产品方面具有天然的能力优势。一旦大国具有合作治理的意愿，将是世界各国的福音。相反，一旦大国关系处理不好，国际秩序将可能会陷入冲突的深渊，更不用提能够实现世界的有效治理。

中美关系是世界上最主要的大国关系之一。客观物质层面上，两国有能力参与全球治理，为世界筹得公共产品。同时，两者也在全球治理领域有着广泛而共同的利益。一旦中美两国有意愿谋求合作，将会大大提高全球治理的有效性，缓解治理赤字。习近平主席在华盛顿州当地政府和美国友好团体联合欢迎宴会上的演讲中指出：“中美两国合作好了，可以成为世界稳定的压舱石、世界和平的助推器。中美冲突和对抗，对两国和世界肯定是灾难。中美应该和能够合作的领域十分广阔。

第五，中国的全球治理理念中，不乏对开拓多元的融资渠道的重视。借助新兴的治理平台，积极参与全球治理。只有获得可持续的融资，才能谋求可持续的发展。目前，全球基建资金缺口上万亿美元，对投融资的需求量巨大，远远超出任何国家、多边金融机构、企业或个人能力所能及的范围。加之发达国家提供公共产品的动力削减，缺口问题导致的发展治理赤字形势更为严峻。在这种状况下，我们更加需要一些新的融资平台，同时，我们还需要多元化的融资方式，例如诉诸公私合营（PPP）等模式，通过拓宽渠道和增加融资方式灵活性等，改变投融资长期严重赤字的状况。

在过去的几年内，中国倡导建立了亚洲基础设施投资银行和金砖新发展银行。以后者为例，金砖机制是南南合作、推动全球治理的重要平台，更加能够了解发展中国家对投融资的需求。相信在未来，它们将能够通过提供新的融资渠道、改善投融资的条件限制，并且寻找更加丰富的融资方式等手段，为改善融资缺口导致的治理赤字问题作出贡献。

（原文发表于《当代世界》2018年第4期）

---

[1] 习近平于2015年接受《华尔街日报》采访：《让世界增添了对中国发展的信心》，载《人民日报海外版》，2015年09月24日，第04版。

[2]《习近平在华盛顿州当地政府和美国友好团体联合欢迎宴会上的演讲》，http://www.xinhuanet.com/politics/2015-09/23/c_1116656143.htm，2018-01-20。

[3]《习近平在中共中央政治局第二十七次集体学习时的讲话》，http://www.gov.cn/xinwen/2015-10/13/content_2946293.htm，2018-01-24。

[4]《习近平在金砖国家领导人第五次会晤时的讲话》，http://politics.people.com.cn/n/2013/0328/c1001-20941062.html，2018-01-24。

[5]《习近平在巴西国会发表演讲》，http://www.xinhuanet.com/world/2014-07/17/c_1111665403.htm，2018-01-27。

[6]《习近平在和平共处五项原则发表60周年纪念大会上的讲话》，http://www.xinhuanet.com/politics/2014-06/28/c_1111364206_2.htm，2018-01-24。

全球治理中的中国方案及其贡献

王秋怡　外交学院国际关系研究所

“一带一路”倡议、新型大国关系、人类命运共同体理念等等，这些中国方案以高瞻远瞩、务实合作、辩证渐进的特点在世界舞台上展现了中国的大国气派。中国共产党第十九次全国代表大会更是提出“中国特色社会主义道路、理论、制度、文化不断发展，拓展了发展中国家走向现代化的途径，给世界上那些既希望加快发展又希望保持自身独立性的国家和民族提供了全新选择，为解决人类问题贡献了中国智慧和中国方案”[1]。中国方案对世界和平、发展与稳定发挥着积极推动作用。

中国方案是中国传统文化的“传载体”

历史上，汉代的昭君出塞、张骞出使西域，唐代的鉴真东渡，明代的郑和下西洋，都成为搭建中外交流的桥梁，同时也把中国博大精深的传统文化带向了世界。而今，中国方案更是体现了中国传统文化中的包容、变通、利他和守信等中国传统美德，成为中国传统文化的“传载体”。

在 2014 年亚太经合组织（APEC）工商领导人峰会上，习近平主席指出：“共同建设互信、包容、合作、共赢的亚太伙伴关系，志同道合是伙伴，求同存异也是伙伴。”[2] 这体现了中国方案有着与西方大国竞争、超越、遏制等不同的思维，表明了中国传统文化尊重多样性，提倡和谐共存的理念。在这一开放包容的理念下，中国积极与各国进行对话，尊重国家间彼此差异，跨越国家间制度、文化与发展阶段的不同，与多国建立起伙伴关系。

南海问题的解决方案，彰显了中国传统文化中变通的智慧。中国文化讲究“变通”，变则通，随形势而调整，通则扬，依据形势变化而发展、提升，即在坚持原则的基础上，在变与不变中张弛有度，顺势而为，随着形势的变化采取不同的举措。继搁置争议、共同开发的“南海方案”后，中国又提出了处理南海问题的“双轨”思路：一方面，有关争议由直接当事国通过友好协商谈判寻求和平解决；另一方面，南海的和平与稳定由中国与东盟国家共同维护。[3] 这一方案得到了南海周边国家的普遍认同。此外，中国还强调在落实《南海各方行为宣言》框架下启动“南海行为准则”，与各国共同维护南海的和平与稳定，将南海建设成为“和平之海”“友谊之海”“合作之海”，中国方案再次发挥了独特建设性作用。

中国传统文化自始至终强调“和合共生”，利他惠己、和谐共赢。利他的思想千百年来注入中国传统文化的血液之中。中国人讲究不乘人之危，不在他人处于危难之际落井下石，提倡彼此双方在互惠互利的基础上，实现共赢共享。中国方案中的共赢战略思想是在中国改革开放的一系列实践开始时便特别重视利己与利他的相对平衡，对于可持续发展有深刻意义。共赢强调合作的目的，如果合作仅仅是为了壮大自身，那么合作就是权宜之计，合作只有为了共赢才会长久持续。共赢强调共荣共享：不搞一骑独尘，不搞一枝独秀；强调相互依存，相互塑造，相互合作，相互帮持，相互映衬，相得益彰。在利他思想中，还有一种观点值得关注，那就是成全。所谓成人之美，自己也美；乘人之危，自己也危。从国际安全的角度来阐述，那就是必须正确地评价和考虑对方的安全，自己才会有安全。面对日趋复杂多变的亚洲局势，习近平主席在第四届亚信峰会上提出的亚洲安全观更是恰逢其时。亚洲安全观强调“合”与“共”，体现了区域间各国协同合作的重要性，同时也强调了各国自身的主权性，是利己与利他思想的真实体现，为当前复杂的亚洲安全局势提供了更为有效的破解之法。

诚实守信亦是中国传统文化的瑰宝之一。中国在国际上的一贯表现，证明了中国是一个讲信用、守承诺的大国。对个人而言，“言必信，行必果”强调了做人要恪守信用，说到做到；对国家而言，“民无信不立”表明若国家无诚信，则国家无法生存。将此理论推之于国际社会，一个国家如果在世界舞台之上无诚信可言，乃是国家和人民之大悲大哀。诚信是安身立命之本，更是立国之本。中国始终积极遵循、履行签订的多边或双边协议和框架内容，率先垂范，以实际行动赢得了国际社会的尊重。

中国方案是创新理念的“弄潮儿”

随着中国国力不断增强，在国际体系中的深度融入，中国方案无论在理论还是实践上都在不断创新。其创新理念的提出既有浓厚的历史积淀，也展现了中国在世界潮流中“弄潮儿”般的勇气与担当。

在中国共产党的领导下，“一带一路”的世纪蓝图逐渐从理念变为现实，从愿景变为实际，世界的目光越来越聚焦于中国，而“一带一路”周边各国也搭上了中国发展的顺风车，获得更多的发展红利。相互尊重、合作共赢的新型大国关系，积极进取、务实创新的新型多边外交、新型周边关系、新型南南合作、新型政党关系等一系列中国方案的提出，不仅让世界听到中国的声音，更让世界认同中国的方案。

尽管西方社会与东方有着千差万别，但中国方案摒弃唯我、排他的视角，在国际社会中寻找合作共赢的机遇和道路。从正确义利观到新安全观、全球治理观、新发展观、构建人类命运共同体等一系列中国方案的新理念新主张，表明了中国方案追求的是共同价值观、共同发展观、共同安全观和共同利益观。它以多元价值为主导，强调国家间相处的公平正义，在解决中国发展面临的问题时，也在探索人类发展的新方向。中国方案的不断创新，显示了鲜明的中国特色、中国风格、中国气魄，不仅为中国营造了良好的发展环境，也为世界的和平与发展提供了强有力的支持，走出了一条有中国特色的大国外交之路。

中国方案是新兴全球化的“助推器”

面对国际社会复杂多变、地区局势此起彼伏、新问题不断涌现的现状，判断当前局势，有效调动国内外积极因素，保证快速而强大的行动力对于一国而言显得分外重要，中国方案为破解当前复杂难题，实现全球和平与发展开辟了新路径，指明了全球化发展的新方向。

习近平主席在世界经济论坛2017年年会开幕式上发表了题为《共担时代责任 共促全球发展》的主旨演讲，指出了全球经济所面临的问题和困境，提出了要推动世界经济增长和加强全球化再平衡的中国方案，呼吁各方要联手打造创新驱动的增长模式、开放共赢的合作模式、公正合理的治理模式、平衡普惠的发展模式。[4] 在联合国日内瓦总部，习近平主席系统阐述了共同构建人类命运共同体这一重大国际倡议，针对人类社会面临的种种全球性问题，提出了解决这些问题的中国方案，中国智慧大放异彩。

从“一带一路”倡议，到构建新型大国关系；从正确的义利观到“亲、诚、惠、容”理念和“与邻为善、以邻为伴”的周边外交方针；从公平、开放、全面、创新的共同发展观到共同、综合、合作、可持续的亚洲安全观；从“共商、共建、共享”的全球治理观到合作共赢的国际秩序观，中国在国际舞台上不断发出自己的鲜明主张，成为国际体系变革中的积极因素。中国方案给全球化进程指明了新的方向，提升了世界各国建设发展的信心和决心。在处于大变化、大发展、大调整的时代，中国与世界紧密联系在一起，中国方案不仅为中国自身发展诊脉开方，同时也为经济全球化发展助力前行，贡献正能量。

中国方案是稳定大国关系的“压舱石”

中国的和平崛起不仅使中国跻身大国行列，同时也使中国在国际体系中发挥越来越重要的作用。一方面，一些西方学者认为中国的崛起必然会与现存的超级大国美国发生冲突，即陷入新崛起大国与现有大国必将争霸的“修昔底德陷阱”，以推翻现有的国际秩序，塑造更适合自身利益的国际新秩序；

另一方面，又有学者认为中国在崛起后，中国的动向不是“示强”，而是“示弱”，即陷入所谓“金德尔伯格陷阱”，认为中国不愿承担国际责任，不愿提供国际公共产品，从而使世界陷入危机。鉴于此，中国推出了一系列中国方案，充分表明了中国努力构建新型大国关系的实际行动和敢于负责的大国担当。

中美关系是中国外交关系长期以来的重中之重。然而，中美关系总是会受到诸多因素的影响，比如台海问题、南海问题、朝鲜半岛核问题等。此外，媒体、学界等对中美关系的一些渲染也产生了一定的负面影响。中国方案以“不冲突不对抗、相互尊重、合作共赢”为内容来构建中美新型大国关系，以推进中美关系稳定健康发展。中国方案同时也强调了中美两国的良性互动，两国的和平发展之路，不能只靠中国一方面的妥协与退让，更需要双方的共同建设。

在处理与俄罗斯、欧盟等主要大国和国家集团关系时，中国方案坚持开放包容的理念，以维护全球和平与安宁、促进世界和谐共存为出发点，尊重各国社会制度和发展阶段的差异，不断提升伙伴关系，推动与大国关系的总体稳定，均衡发展。

中国方案作为处理大国关系的“压舱石”，不仅推动了国家间务实合作的稳步向前，也促使大国合作在时代的潮流中迎风破浪，携手并进，共创未来。

中国方案是周边维稳、缓和地区冲突的“安全阀”

中国有 14 个陆上邻国，6 个海上邻国，周边局势的稳定关系到中国的发展大计。在党的十九大报告中，提出了“按照‘亲、诚、惠、容’理念和‘与邻为善、以邻为伴’周边外交方针深化同周边国家关系，秉持正确义利观和‘真、实、亲、诚’理念加强同发展中国家团结合作”的外交思路。尽管中国仍将长期属于发展中国家，但随着综合国力的提高，中国居于世界大国、亚太强国之列，周边外交成为中国外交的长期任务。为了给中国的发展争取和平稳定的外部环境，特别是周边环境，中国进行了一系列的探索和尝试，形成了独具特色的中国方案，为周边形势稳定和地区冲突的缓和启动了“安全阀”。

为了妥善解决朝核问题，维护周边地区和平与稳定，中国方案基于联系性的分析，提出以美朝为主线，以六方会谈机制转向多边安全机制为方向，以慎重的态度，注重阶段性的积累效果，以渐进和软着陆的方式推进问题的解决。六方会谈的构想注意到的是地区整体的考虑，它涉及的是地缘上和历史上相关的一系列国家的问题，中国一直反对以割裂、冷战思维来处理朝核问题，力图推动构建将相关各方都包括在内的整体安全架构，通过普遍联系的整体安全保障来改变一些国家处于联盟的相互保护，而另一些国家则缺乏安全机制的基本保障这样一种不公平的安全局面，强调各国间权利与义务的平衡及约束与自我约束。针对朝核问题的复杂性，中国提出“双暂停”方案，即朝鲜暂停核导活动，美国暂停大规模军演作为解决半岛核问题“双轨并行”的第一步。“双暂停”方案也是共赢思路的一种，它体现了中国维护国际核不扩散体系，维护朝鲜半岛和平稳定的决心以及始终坚持实现半岛无核化目标，坚持通过对话谈判解决问题的态度。总之，在朝核问题上，中国仍将继续发挥特殊作用。

在解决缅甸罗兴亚人危机上，也体现了中国方案的睿智。罗兴亚人的问题由来已久，涉及历史、民族、宗教等诸多复杂因素。中国提出实现现地停火，恢复稳定秩序；各方及国际社会共同鼓励缅孟双方保持和加强沟通，通过平等友好协商尽快找到解决问题的可行途径以及直面问题根源，探讨治本之策的三阶段解决方案。中国的三阶段解决方案得到了缅甸与孟加拉国的积极响应，既解决了当务之急，同时也关注到了当地现状与发展，从长远角度来谋求和平与发展，从而在根本上解决好这一问题。

此外，在处理中日、中印、中蒙等关系方面，中国从双方人民的根本利益出发，从国家关系的格局出发，把握正确处理国家间关系的方向，维护了周边的稳定环境。

中国方案不仅发出了中国浑厚有力的中国声音，同时也体现了睿智大气的中国智慧。中国方案突出的是和解，是渐进；强调的是实事求是，务实；

是辩证性和大局观的有力体现。它不仅是公平正义的和平方案，也是互利共赢的合作方案，更是创新共享的发展方案。中国正积极将中国方案上升为世界方案，为世界发展贡献出更多的中国智慧。

（原文发表于《当代世界》2018 年第 4 期）

---

[1]《习近平在中国共产党第十九次全国代表大会上的报告》，http://cpc.people.com.cn/n1/2017/1028/c64094-29613660.html。

[2]《习近平提出共建亚太伙伴关系：互信、包容、合作、共赢》，http://politics.people.com.cn/n/2014/1109/c1024-25998723.html。

[3]《王毅："双轨思路"是解决南海问题最为现实可行的办法》，http://www.fmprc.gov.cn/web/zyxw/t1357479.shtml。

[4]《习近平主席在世界经济论坛 2017 年年会开幕式上的主旨演讲（全文）》.http://www.xinhuanet.com/2017-01/18/c_1120331545.htm。

BRI INTERNATIONAL COOPERATION

第六章

“一带一路”倡议与国际合作

中国高铁落地印度尼西亚：机遇、模式与挑战

贾都强 中国社会科学院亚太与全球战略研究院副研究员

2015 年 3 月底印尼总统佐科访华期间，中国国家发展改革委员会与印尼国有企业部签署《中印尼雅加达—万隆高铁合作谅解备忘录》，中印尼高铁合作开始起步。同年 10 月 16 日，由中国铁路总公司牵头成立的中国企业联合体与由印尼维卡公司（WIKA）牵头成立的印尼国企联合体（PSBI）签署协议正式组建中印尼雅万高铁合资公司（KCIC），负责雅加达—万隆高速铁路（雅万高铁）的建设、管理和运营。2016 年 1 月 21 日，雅万高铁开工启动。2017 年 4 月 4 日，中印尼双方在雅加达正式签署雅万高铁总承包 (EPC) 合同。[1] 雅万高铁的开工建设，标志着中国高铁正式落地印尼。

雅万高铁是印尼国内，也是东南亚地区兴建的第一条高速铁路。该项目将全面采用中国标准、中国技术、中国装备，中方将参与勘察、设计、建设、运营、管理全过程[2]，是真正实现全产业链输出海外的中国高铁第一单，取得了中国高铁“走出去”的历史性突破。因此，对雅万高铁项目的获得及建设过程进行深入的考察和研究，分析和评估中国高铁在印尼落地开辟的历史性机遇、产生的示范效应、创立的新型合作模式以及面临的风险与挑战，对中国高铁进一步开拓东南亚乃至世界市场具有十分重要的意义。

历史性机遇与示范效应

对中方而言，在双边层面，雅万高铁是中国和印尼深化双边合作的重大项目，对于全面加强两国在“一带一路”框架下的务实合作，对于加强双方的基础设施和产能合作，具有重要的引领示范作用。[3] 在国际战略层面，雅万高铁是中国在东南亚落实“一带一路”倡议的重要早期成果，是推动中国“一带一路”倡议与印尼“全球海洋支点”战略对接的重大举措，是推动中国高铁“走出去”的第一块“试验田”和重大机遇。雅万高铁项目的意义将远远超过项目本身和中印尼双边合作的范畴[4]，其示范效应将辐射整个东南亚地区及更广大的“一带一路”沿线地区，有利于推广中国高铁技术，有利于扩大中国高铁的影响力，从而为中国高铁“走出去”提供强大助力。

从印尼方来看，引入中方投资建设雅万高铁，与佐科政府加强基础设施建设的国策及海洋支点战略密切契合，不仅可以藉此学习中国的高铁技术和运营管理经验，还可以推动中印尼经贸投资合作关系进一步走向深入，夯实两国全面战略合作伙伴关系的实质内涵。

中国选择进军印尼铁路市场并非偶然。印尼地域辽阔，人口众多。作为一个具有地区影响力的发展中大国，印尼一方面拥有良好的自然资源禀赋和经济发展潜力，另一方面又面临着交通基础设施薄弱的发展瓶颈。铁路交通产业尤其不发达，不仅线路和设备陈旧，铁路网也不完备，现有铁路线仅零星分布于爪哇岛和苏门答腊岛的部分城市。因此，印尼对发展铁路交通具有迫切的现实需求。事实上，佐科政府从上台以来，一直把发展基础设施建设作为施政重点之一。印尼铁路交通的现状和需求，与中国寻求高铁“走出去”的努力不谋而合。中印尼雅万高铁项目合作正是在这样的背景下达成的。

雅万高铁全长 142 公里，连接印尼首都雅加达和第四大城市万隆。设计时速 250—300 公里，计划用时三年建成通车。作为雅加达—万隆—井里汶—泗水高速铁路的第一期项目，雅万高铁未来还计划延伸到泗水。借助建设雅万高铁，中国不仅可以深耕印尼高铁市场，而且还可以立足印尼，进军东南亚市场，带动中国与东盟国家进行更多的高铁合作。[5] 对此，印尼也有相同的目标。印尼国有企业联合体（PSBI）主席萨哈拉（Sahala Lumban Gaol）说：“我们希望已成立的印中高铁公司，（未来）能在中东国家特别在东盟国家取得高铁项目建设工程。”

竞争策略与合作模式

落实中国高铁“走出去”既要从长远发展战略着眼，抓好顶层设计，合理选择投资国和项目，做好效益风险评估，更要在细节上下功夫，即紧密结合中国高铁技术的特点和优势，采取恰当的竞争策略，有针对性地提出贴心的详尽建设方案，以充分展现中国高铁的综合优势和竞争力。

雅万高铁项目最初由日本提出，日方似乎志在必得。面对日本的激烈竞争，中方从政府高层到中国铁路总公司，高度重视，全力以赴，从项目可行性研究、线路设计、具体建设方案、融资安排，到营运管理和盈利模式，都做足了细化的功夫，最终成功地击败日本，拿到了雅万高铁项目。其中的经验对中国高铁开辟其他海外市场也颇具启发价值。

中国成功竞标雅万高铁，自然是以中国高铁的综合竞争优势为基础的。与日本、德国等其他高铁技术强国相比，经历了长期的技术积累和大量的建设实践，当今的中国在高铁技术领域已不逊色于世界上任何一位竞争对手，且在综合优势上大有后来居上之势。中国高铁的优势表现在：一是技术先进，且兼容性好。中国高铁技术是在引进、消化和吸收当今发达国家四种具有代表性的高铁技术后融合创新而形成的具有自主知识产权的新技术。二是技术全面，且环境适应力强。中国拥有全产业链优势，通过在本国的大量建设实践，健全了适应多种地形和气候的全系列高铁产品。三是高铁建设和管理经验丰富。截至 2016 年底，中国高铁线路长度已达到 2.2 万公里，高铁运营里程为世界之最，占世界高铁的 60%。四是具有成本优势。中国高铁建设速度快，性价比高，成本低。五是运行时速高，安全性好。

中国成功中标雅万高铁项目的关键在于，针对印尼政府在融资、建设和运营等方面的特殊要求，结合印尼国情，中方拿出了比日方更具竞争力的成套方案，从而赢得了印尼政府的肯定。与日方相比，中方的方案明显具有性价比更高、融资条件更好、开发配套更全面等优势。正如中国驻印尼大使谢锋在接受媒体采访时所指出的，“我们理解和尊重印尼方不提供政府预算和主权担保的要求，决定以合资公司模式建设和运营高铁，这是为印尼量身定做的”。

2014 年 10 月上台执政以来，佐科总统虽然致力于解决长期困扰印尼发展的基础设施落后问题，却苦于财政预算捉襟见肘。按照政府规划，印尼在今后五年要拿出 4000 亿美元投资基础设施建设，但国家财政每年仅可支出 200 多亿美元。鉴于此，印尼政府在雅万高铁的建设方案上，特别提出了不动国家预算和不提供政府担保的要求。中方的竞争策略是抓住重点，积极回应印尼政府的这一特殊要求，在此基础上提出成套的建设方案。这一方案解决了印尼政府倍感压力的项目资金问题和其所关心的高铁营运盈利难题。中方方案以提供无担保贷款方式解决了项目资金问题，以创立与房地产和商业部门结合的铁路沿线经济带开发模式，解决了单一铁路模式盈利程度不高的问题。正是从印尼实际情况出发，“贴心地”照顾到了印尼政府的特殊需求和关切[6]，中方建设方案才最终赢得了印尼政府的认可。比较而言，日本方案则没有做到这一点。

雅万高铁创造性地发明了政府搭台、企业合作的高铁合作新模式，[7]这也是在中国高铁输出海外市场的过程中值得总结和借鉴的亮点之一。所谓政府搭台、企业合作模式，即由双方政府大力推动，由双方企业组成合资公司共同建设、管理运营的新型合作模式，双方共享利益，共担风险，形成一种命运共同体，以实现互惠互利，谋求共同发展。

雅万高铁新型合作模式主要包含如下几个要素：一是政府引领和推动。在雅万高铁项目达成和建设过程中，两国领导人自始至终都十分重视，相关部门的官员也多次进行沟通。正是有了中国和印尼两国政府的关心和大力支持，雅万高铁项目才得以顺利推进实施。二是政府引导下的融资。雅万高铁的工程造价预计 51.35 亿美元，其中的四分之三由中国国家开发银行贷款，并且无需印尼政府提供担保，剩余四分之一由印尼企业承担。三是技术开放与转移。中方承诺工程在用人用料方面尽量实现本地化供给，并向印尼转移相关高铁技术。四是共建共管共营，实现互惠互利双赢。在印尼—中国高铁公司中，印尼国企联合体占60%股权，中方企业联合体占40%股权。项目由中印尼双方合作建设和共同经营，不仅将在总体上保证盈利，而且还将产生巨大的经济拉动效应，带动沿线地区冶炼、制造、基建、电力、电子、服务、物流等配套产业的发展，使这一项目真正成为两国开放合作共赢的一个典范。

风险与挑战

高铁“走出去”是中国面向未来产业发展和全球布局的国家战略，既要大力推动和致力取得突破，同时又要谨慎评估风险，有所为有所不为，积极做好风险防范和应对挑战等方面的工作。

从雅万高铁的建设过程来看，中国高铁在印尼市场主要存在以下潜在风险和挑战，需要认真加以防范和应对。

一是政治风险。政党政治和政权更迭可能给中国海外高铁投资带来潜在的政治风险。印尼实行多党议会制，针对政党竞争可能引起的政权轮替和政策改变情况要未雨绸缪，要有预案，要有所准备。虽然目前来看，在印尼不至于发生诸如墨西哥高铁项目搁浅那样的极端情况，但是权力斗争和腐败问题甚至包括相关重要部门的官员调整，都有可能给项目的顺利实施带来麻烦和障碍，需要谨慎应对。如在雅万高铁竞标中日竞争进入最后阶段时，力推新干线方案的印尼贸易部长格贝尔在印尼内阁改组时遭到撤换，而支持推进中国方案的国有企业部长莉尼·苏玛尔诺得以留任，被认为是中国最终竞标成功的一个重要影响因素。此外，还要提防某些高铁技术大国的竞争和搅局可能带来的地缘政治风险。中国高铁“走出去”尚处于起步阶段，由于缺乏经验而造成这样那样问题的可能性不能排除，要有在特定情况下进行危机处理的心理准备和建立必要的应对机制。

二是资金风险。中国高铁在进入发展中国家市场时，由于项目所在国家一般经济发展水平较低、融资能力有限，因而在双方开展高铁项目合作时，会严重依赖中国提供项目资金。而中国为了推动高铁“走出去”，为了赢得合作项目，在双方签署合作协议时也愿意就项目融资做出一些倾斜性安排，如由中方提供项目优惠贷款。雅万高铁的情况正是如此。中国既是雅万高铁的项目承建方，也是主要投资方。而且，由于中日竞争激烈，最终协议中的工程造价被压得极低，由原来的55亿美元降至51.35亿美元，即每公里2.22亿元人民币左右，这一价格已接近目前国内新建时速350公里的高铁造价。换言之，雅万高铁在基建阶段已无利润可言。作为一项高投入产业，高铁建设本身就有投资大、成本高、回收期长的特点，加之中方带资承建，工程造价又极低，这就会引发资金安全风险较高问题的担忧。针对此种情况，中国有必要切实加强对资金风险的评估，采取诸如加强运营管理、高铁沿线经济带开发等一系列积极、合理、有效的应对之策，确保投资安全。

三是技术风险。印尼是位于一个火山地震带上的国家，地质结构不稳定，而雅万高铁项目恰恰位于火山群地区，存在火山喷发和地震灾害的潜在威胁。因此，特殊地理环境问题对雅万高铁的施工技术、施工难度和铁路运营提出了严峻考验，这也是中国承建方需要认真对待的风险之一。

四是运营风险。目前从印尼雅加达到万隆有火车、汽车和飞机三种交通方式，其中乘坐火车和汽车需要约3小时，飞机仅需半小时。雅万高铁建成后，将提供一种新的高效便捷的出行方式。尽管高铁沿线居民多达3000万人，具有一定的高铁刚性需求和运量保障，但是综合考虑旅行时间和票价成本因素，不能想当然地认为，乘坐高铁出行将成为广大印尼民众未来的必然选择。因此，在高铁运营环节，在保持必要的上座率、运营盈利以及防止出现亏损经营局面等方面，也存在一定的不确定性风险。此外，高铁运营需要强有力的电力保障，而目前印尼全国电力装机容量只有5000多万千瓦，尚有20%的供电缺口，供电不足的问题也需要考虑。

总之，针对未来运营环节的潜在风险，中国有必要采取有效措施预作安排和准备，如可以与印尼政府或新闻媒体加强合作、加大宣传推介力度、改善高铁服务、培养印尼居民乘坐高铁出行的习惯等，以赢得印尼当地居民对中国高铁的认同和支持，让他们在高铁建设过程中支持高铁工程建设，在高铁运营后积极乘坐高铁出行。与此同时，中国还应积极参与印尼的电力基础设施建设，完善高铁建设的配套设施，以推动雅万高铁如期建成、尽快通车和顺利运行。

（原文发表于《当代世界》2017 年第 5 期）

---

[1]《中国高铁出海首单落定 雅万铁路三年工期预留空间》，环球网，http://world.huanqiu.com/article/2017-04/10456007.html。

[2] 周方银：《2015 年中国周边外交评估》，载《国际动态》2015 年第 12 期。

[3]《印尼雅万高铁将全部采用中国装备》，新华网，http://news.xinhuanet.com/fortune/2015-10/16/c_128325966.htm。

[4] 仝中燕：《中国高铁走出去之战略方法》，载《产经》2015 年第 10 期。

[5] 李晨阳、杨祥章：《“一带一路”框架下的中国 - 周边互联互通》，载《战略决策研究》2012 年第 5 期。

[6] “China, domestic consortium to build Indonesia's 1st high-speed rail after Japan plan rejected”，https://www.usnews.com/news/business/articles/2015/10/16/china-domestic-companies-to-build-indonesia-high-speed-rail.

[7]《再论中国高铁走出去——同济大学《城市轨道交通研究》杂志主编孙章教授答凤凰卫视记者问》，载《城市轨道交通研究》2016 年第 4 期。

柬埔寨：“一带一路”国际合作的新样板
——关于柬埔寨经济与未来发展的实地调研报告

王 文 中国人民大学重阳金融研究院执行院长，教授
刘 典 中国人民大学重阳金融研究院

被低估的柬埔寨：“一带一路”蓝图的重要交汇点

位于中南半岛的柬埔寨是古代海上丝绸之路的重要一站，也是打造21世纪海上丝绸之路的重要支点。根据2017年5月中国官方发布的《共建“一带一路”：理念、实践与中国的贡献》所描绘五大方向的发展蓝图，柬埔寨恰好处于其中三大方向交汇的核心地带。

2016年10月，习近平主席对柬埔寨进行国事访问，中柬两国签署了《中华人民共和国和柬埔寨王国关于编制共同推进“一带一路”建设合作规划纲要的谅解备忘录》等31项合作文件。“一带一路”倡议很好地契合了柬埔寨的国家发展规划，并得到了柬埔寨首相洪森及社会各界的广泛支持。中柬两国在“一带一路”框架下进行的深度合作为21世纪海上丝绸之路向印度洋、南太平洋方向延伸提供了重要支撑。

在这样的背景下，2016年中国期刊全文数据库（CNKI）可检索到的以柬埔寨为关键词的文献数量较一年前增加一倍。然而纵观相关文献，研究主题过于分散，缺乏对“一带一路”历史机遇下中柬合作的务实研究和深入思

考。[1]

2017 年 11 月，人大重阳金融研究院赴柬埔寨考察，对当地的经济社会发展状况进行实地调研，并根据调研情况撰写本报告。本报告审视柬埔寨发展机遇与风险并存的宏观背景，挖掘“一带一路”倡议对柬发展转型的重要意义，思考未来中柬合作模式的创新方向，为“一带一路”在柬埔寨的推进提供建设性建议。报告认为，有必要将柬埔寨塑造为“一带一路”国际合作的样板国家，为推动“一带一路”在东南亚乃至更广泛区域内的建设起到良好的示范作用。

柬埔寨经济崛起的机遇与挑战

一、脱贫成就斐然但仍面临发展瓶颈

过去五年来（2012—2016 年），柬埔寨经济和社会各领域建设取得显著成绩，从世界银行定义的“低收入国家”晋升为“中低收入国家”。在现任首相洪森领导下，柬埔寨各主要领域均出现了飞跃式增长：基础设施建设方面，年新增道路里程超过 1 万公里；社会发展方面，2016 年全年新建学校 600 所，注册手机用户超过总人口的 30%；产业振兴方面，五年间新发放矿产执照 286 个，注册成衣鞋厂逾千家，国家税收增加一倍。

尽管取得了累累成就，柬埔寨仍然是亚洲最贫穷的国家之一。在经济持续多年中高速增长的同时，原本推动柬埔寨脱贫进程迅速发展的主要动力呈现出减弱趋势。由于投资规模有限、产业结构单一、劳动力技能相对匮乏等，未来柬埔寨的经济增长速度面临下行压力。当前贫困率的下降主要由过去数年间农业领域产值的迅速提高和成衣业的长足发展所带动，但不容忽视的是柬埔寨约三成人口生活在“近贫”线（每天收入低于 2.3 美元）附近。一旦农产品价格和成衣从业人员工薪下降，大量民众便有可能立即重返贫困。[2]

二、基础设施建设发展迅速但远远不能满足需求

在基础设施投资方面，柬埔寨的发展规划赶上了东盟经济共同体成立的

良好契机。作为一个脱贫进程飞速发展的欠发达国家，柬埔寨已成为东盟十国中最具有投资吸引力的目的地。2012—2016年，柬埔寨平均每年获得14亿美元的外国优惠贷款，其中基础设施建设融资占据了相当大的比重。

与其他中南半岛国家相比，柬埔寨的基建情况不容乐观。柬埔寨交通基础设施建设完全不能满足经济发展的需要，公路、港口、航空等基础设施均在过去几年中呈现恶化趋势。当下，柬埔寨的基建状况已成为当地经济发展的主要制约因素。落后的基础设施不仅阻碍着农业和旅游业的进一步发展，也使得柬埔寨在工业化的道路上举步维艰。

三、不均衡的产业发展路径阻碍经济转型升级

柬埔寨在产业结构、资本运行等方面存在较多问题。首先，柬埔寨当前的发展严重依赖于外资。低储蓄率和捉襟见肘的政府财政使得柬埔寨国内资本投资不足，占据资本投资绝大比例的外资倾向于流入“最火热”的经济部门，导致柬埔寨政府无力推出独立的产业政策。在柬埔寨200多家成衣工厂中，仅有18家为柬埔寨当地人所有。

从产业链的角度看，柬埔寨国民经济各部门构成比例严重不合理，制造业相对孱弱，出口产品中非服装和鞋类产品极其有限。此外，柬埔寨的主要产品附加值低，低附加值导致产品服务可替代性较高，易遭受国际市场供求关系变化和劳动力成本变动的影响。因此，柬埔寨经济运行生态依然相当脆弱。

四、高度开放的金融体系为国家发展带来宏观风险

柬埔寨是世界上“美元化”程度最高的国家之一。[3] 随着柬埔寨经济的快速发展，过度美元化的问题随之凸显。首先，柬埔寨政府损失大量铸币税，无法获得发行货币所产生的收益。其次，使用美元进行贸易结算所带来的好处正在逐渐下降。[4] 当前国际政治经济形势下，美元汇率波动会削弱柬埔寨的竞争优势。最后，高度的美元化使得柬埔寨货币政策的自主性较低，国家银行通过货币政策调控危机的努力很难产生效果，因而柬埔寨金融系统在国

际金融危机的冲击面前具有很大风险。

五、在“全球化”浪潮冲击下，柬埔寨政治经济政策面临重大挑战

从内部政治局势总体来看，柬埔寨民主制度运行较为平稳。过去六年间，无论政局如何变幻，柬埔寨经济增长率都维持在 7% 左右。历经三次大选，柬埔寨政治斗争的方式和手段已趋于理性。未来柬埔寨经济若要保持中高速发展，还需要稳定的政局来保驾护航，为其下一个十年工业发展计划奠定良好的环境基础。

从经济形势来看，全球化既通过资金、技术、人口流动方面的支持提供成衣业、建筑业、旅游业等发展机遇，也在基础设施建设、人才培养、产业结构等发展领域带来更多全新挑战。[5] 柬埔寨如何迎接全球化带来的机遇和挑战，实现国内发展与国际合作的目标，将成为未来数年内有关该国的重要议题。

“一带一路”助力柬埔寨发展转型升级

一、旅游业发展推动两国民心水乳交融

随着“一带一路”倡议的全面展开，柬埔寨旅游业赢得了宝贵的发展契机，数量庞大、消费需求旺盛的中国游客为柬埔寨经济带来了新的增长点。在“一带一路”倡议推动下，中国各大航空公司不断开通赴柬新航线增强旅客运力。柬埔寨政府相应地发布《2016—2020 年吸引中国游客战略》及“China Ready”白皮书，用以指导本国旅游业增强接待中国游客的能力。2017 年，中国正式成为柬埔寨最大国际客源地。

旅游业的蓬勃发展极大地促进了中柬两国民心相通。中国游客的大量涌入使得中文导游供不应求，越来越多的柬埔寨青少年开始学习中文。在吴哥窟所在的暹粒市，中餐厅如雨后春笋般出现，不仅满足了游客的饮食需求，而且对于传播中国的餐饮文化也具有非同寻常的意义。

二、基础设施投资为柬埔寨注入新增长理念

由于曾经多年的战乱，柬埔寨在基础设施建设领域存在较大短板，资金严重不足。

落后的基础设施现状使得柬埔寨对于参与“一带一路”建设有着格外的兴趣。近年来，中柬两国围绕基础设施领域展开了广泛合作，成就斐然：两国合作开发的西哈努克港经济特区已经成功吸引一百多家国际企业入驻并创造一万多个就业岗位，中国企业与柬埔寨政府签订了以 BOT 方式建设暹粒新机场和金边到西港高速公路的合同，中国银行等多家银行为西哈努克电厂、桑塞河下游水电站、柬埔寨石化公司炼油厂等新项目提供融资服务。可以预见，未来数年内两国在农田水利、交通通讯、能源运输等基础设施领域具有强烈的合作意向与广泛的合作空间。

三、产能合作助力柬埔寨经济结构升级

解决柬埔寨经济结构问题的关键是积极承接产业转移，实现本国产业的转型升级。恰好中柬两国在产能合作领域高度互补，相得益彰。近年来，中国会同柬埔寨举办多场产能合作交流活动，中柬一批重点产能合作项目取得明显进展。2017 年，两国在南宁和金边联合举办了中国—柬埔寨产能与投资合作论坛和澜沧江—湄公河国家经济技术展览会，双方在塑造政府间机制、扩展合作领域、对接产业战略、深化经验分享上达成广泛共识。在实践层面，华新水泥厂收购卓雷丁水泥公司和西哈努克港经济特区建设均初见成效，两国在产能合作中获益良多。

四、人民币国际化为柬埔寨提供多元流动性

随着经济的快速发展，铸币税的损失和不独立的货币政策使得柬埔寨央行迫切地想要实现“去美元化”，进而实现金融体系的革新。这无疑为人民币走进柬埔寨提供了良好的契机。

2016 年，人民币正式加入国际货币基金组织 SDR 货币篮子，标志着人民币正式成为全球五大储备货币之一，为各国央行持有人民币作为外汇储备

货币提供了客观条件。随着“一带一路”倡议的全面展开，相当一部分投资将会以人民币形式进行，中国政府也尝试鼓励相关企业在贸易结算时使用人民币。贸易结算不仅能够带动人民币国际化、促进人民币的跨境流动，还能提升贸易规模并密切同其他国家的贸易联系。由于柬埔寨本币在贸易结算中所占比例不高，因而在中柬贸易、投资领域推进人民币国际化进程的条件相对成熟。

五、政治互信带动政策战略的高频互动

中国和柬埔寨的友好关系源远流长，20 世纪 50 年代毛泽东主席、周恩来总理便同西哈努克建立起了珍贵情谊。

习近平主席上任以来，中柬关系呈现出更加良好的发展势头。两国高层互访频繁，双边政策交流日益增多，战略合作全面展开。2017 年 3 月，在会见到访的柬埔寨国王西哈莫尼和太后莫尼列时，习近平主席强调中柬两国要“保持高层接触势头，深化互利务实合作，加强发展战略对接，加强多边事务协调”[6]，为维护地区稳定和中国—东盟合作大局做出贡献。

“一带一路”倡议提出“政策沟通”，一方面，战略层次的互动有助于深化两国在地区热点议题领域的合作，为维护区域和平与发展大局提供助力；另一方面，政策交流与对接可以帮助柬埔寨在国内发展议题上获取“中国经验”，用以指导解决经济、民生等人民群众最为关切的社会问题。

正视与把控中柬“一带一路”合作所面临的风险

当前，中国和柬埔寨在“一带一路”框架下已经取得了丰硕的合作成果。但与此同时，中柬合作也面临着诸多不容忽视的风险，对这些风险的分析、评估与把控对于深化中柬“一带一路”合作具有至关重要的意义。

一、变动中的政治秩序为柬埔寨经济前景带来不确定性

柬埔寨第六届国会选举将于 2018 年举行。近日洪森政府解散国内最大

反对党救国党，此举引发的政治局势的变化可能给柬埔寨经济前景带来不确定性，中柬关系和在柬投资可能受到柬埔寨国内政治形势影响，需要相关部门、机构、企业保持密切关注。

二、持续恶化的财政状况导致柬埔寨发展面临“债务悬崖”

自2016年开始，柬埔寨政府的财政赤字不断攀升。根据柬埔寨内阁于2017年10月通过的《2018年度财政预算法》草案，2018年柬埔寨政府支出将大幅增长15.2%至60.38亿美元，而同期政府收入将只有45.5亿美元，这意味着柬埔寨财政赤字将再创新高。[7]

柬埔寨政府税收仅能满足经常性开支，教育、卫生等民生领域发展严重依赖外国援助或优惠贷款，持续扩大的财政赤字削弱了该国发展的独立性与可持续性。日本是柬埔寨最大的外援国，美国是其成衣业最大的出口国和外汇来源国，马来西亚、新加坡、泰国等东盟国家是柬埔寨重要的外资来源国，一旦这些国家经济不景气或者投资方向改变，柬埔寨的外资、外援及外贸出口将受到严重影响。

三、防控柬埔寨宏观金融领域的“黑天鹅”与“灰犀牛”

经济的高速发展与通信技术快速发展改变了柬埔寨人的消费方式，网购与小额贷款现象非常普遍。至2015年底，柬埔寨全国贷款余额已达120亿美元，比2014年增加了25.8%。[8] 据柬埔寨国家银行报告，全国向银行借贷者占总人口的28%，而有储蓄存款的人口只占7%，比例严重失衡。尽管近期信贷增速下降，但过去几年间银行体系信贷的迅速扩张已然使得金融风险居于高位。

此外，柬埔寨金融体系还面临着一系列外部风险。柬埔寨的银行系统非常依赖外资，全球金融大环境变化会加剧柬埔寨金融体系的融资成本及资金流动风险。而且由于人民普遍收入以瑞尔计，借贷以美元计，二者的兑换差距影响发贷机构的营收状况。更严重的是，高度的美元化限制了中央银行货币政策的影响力，进而削弱了外部风险的抵抗力。

四、推进中柬“一带一路”合作应注重软实力建设

伴随着中国经济的进一步发展，中国资本对外输出的步伐也将进一步加快，其在全球资本中的位置也将进一步上升。[9] 近年来，中国企业走出去面临较大挑战，部分项目出现搁置受阻局面，部分企业需要对自身声誉状况进行反思。企业是共建“一带一路”的中坚力量，中国企业大规模走出去的同时，也应理性思考，避免盲目，把握好经济效益与社会责任的关系，促进投资项目本土化，提高中国在周边国家的美誉度。这将是决定未来成败的关键。

将柬埔寨树立为“一带一路”国际合作新样板

一、推动政治互信，加强政策沟通与战略对接

目前，柬埔寨正在推进旨在通过有效的管理和深入改革、促进柬经济增长、解决民众就业、保障社会平等公正的“四角战略”。[10] 在经济方面，四角战略重点关注提高农业生产，发展私人经济和增加就业，恢复和重建基础设施，培训人才和发展人力资源。可见，“一带一路”倡议与柬埔寨的发展战略高度契合，双方在经贸合作、互联互通、能源资源等方面都有较大的合作空间。

积极推动“四角战略”和“一带一路”的战略对接，积极利用多层次、多渠道的协商和沟通渠道，充分发挥中柬政府间协调委员会作用，加强中央和地方政府、企业乃至非政府组织的协调沟通机制，对“一带一路”建设中的具体问题进行深入沟通。[11]

二、打造“一带一路”产能、经贸、金融合作亮点

中柬西哈努克港经济特区充分发挥了打造“一带一路”园区合作的模范效应。作为中柬两国间合作的重要项目，在园区建设过程中，中国企业并非单打独斗，而是和柬埔寨联合开发，优势互补实现中柬企业共赢，深入贯彻了合作共赢的发展理念。中柬西哈努克港经济特区的共赢发展，将成为“一

带一路"建设中的发展亮点，为更多的园区建设和合作提供发展经验。

大力推动《中国制造2025》与柬埔寨《2015—2025工业发展计划》对接，有助于促进柬埔寨工业发展转型。柬埔寨政府正在实施《2015—2025工业发展计划》，计划在2025年使柬埔寨工业由劳动密集型向技术密集型转变。这与中国的《中国制造2025》强国战略高度契合，借助"一带一路"发展平台，在实现制造强国目标的同时，助推柬埔寨的工业发展和产业结构转型，实现两国经济发展互利共赢。

加强中柬金融合作，推动人民币国际化进程。2016年，中国与柬埔寨双边贸易额达到50亿美元，跨境结算量达25亿元人民币，为人民币在柬国际化进程带来了发展机遇。中柬两国应深化金融领域的合作，促进人民币在柬埔寨的流通使用，以提高效率、降低成本和规避风险，同时鼓励更多中国游客在柬消费，为柬埔寨提供多元流动性。国家应鼓励当地的中资企业以及上下游企业间经贸以人民币进行计价。进一步推动完善人民币与柬币的挂牌交易，完善与柬币的定价机制，以实现人民币作为交易媒介的职能。

三、促进民心相通，加强智库外交等人文交流机制建设

通过挖掘两国旅游投资与合作潜力推动两国民间交流。旅游在带动经济发展的同时能够促进区域文化交流和融合，双方应该不断提高签证便利水平，吸引柬方游客来华，便利中方游客赴柬，使两国民众在相互往来中彼此深入了解、增强认同、深化情谊，促进民心相通。

以大众文化为载体，讲好柬埔寨故事。近年来很多东南亚国家以大众文化的形式对外输出软实力，如果中国可以重新审视柬埔寨文化和柬埔寨故事的价值，通过鼓励相关企业投资以柬埔寨为主体的电影、地理纪录片，引进柬埔寨优秀的文艺作品，以大众文化的形式来深化中国广大民众对柬埔寨的认知，那么一定可以事半功倍，顺水乘舟地达到"国之交在于民相亲"的效果。

智库交流合作平台可以充分发挥智库社会影响力和对外传播的优势。一方面，加强两国智库的深入合作与交流，彼此了解政策需求解读，传递政策信息，消除柬方政策疑惑，从智库层面拉动政策沟通。[13] 另一方面，发挥智

库巨大的社会影响力，通过智库合作成果发布帮助本国企业、社会组织和公众了解中国政府政策，凝聚共识。

四、描绘未来发展蓝图，构建中柬命运共同体

在东盟国家当中，柬埔寨的经济发展水平相对落后，与其他国家发展差距较大。中国与柬埔寨虽然国情差异大，经济社会发展状况不尽相同，但是中柬可以通过"一带一路"的发展纽带，发挥两国政治互信、经济互补、民心互通的优势，打造互利共赢、相互依存的"发展命运共同体"，最终结成守望相助的中柬命运共同体，更好造福中柬两国人民。

构建中柬命运共同体，将为柬埔寨的经济发展注入新动力，缩小东南亚国家之间的发展差距。同时，中柬合作也将更加积极展现中国的合作共赢发展理念，带动更多的国家参与到"一带一路"建设中来。推动中柬命运共同体，也将为打造中国—东盟命运共同体、亚洲命运共同体乃至人类命运共同体发挥典范作用。

（原文发表于《当代世界》2018 年第 1 期）

---

[1] 代表性的论文如：雷小华：《柬埔寨产业发展、规划及经验》，载《东南亚纵横》，2010 年第 8 期，第 34-39 页；郭继光：《中国企业在柬埔寨的投资及其影响》，载《东南亚研究》，2011 年第 4 期，第 37-44 页；方天建、何跃：《冷战以来柬埔寨地缘政治变动研究》，载《世界地理研究》，2014 年第 4 期，第 32-42 页；王志刚：《开放经济下的高增长奇迹：重建后柬埔寨经济评析》，载《东南亚研究》，2015 年第 4 期，第 4-11 页；田原、王志芳、孔维升、祁欣、范鹏辉、吴凝、幸瑜：《柬埔寨外向型经济发展与中柬经贸合作》，载《国际经济合作》，2017 年第 6 期，第 60-66 页。

[2]ADB, "Sustaining Rapid Growth in a Challenging Environment" ,World Bank Other Operational Studies,2009.

[3] Dongchul,C.&Changyong,R, "Impacts of Quantitative Easing on Asia:Capital Flows and Financial Markets" , Asian Development Bank, Working Paper Series No.350,2013.

[4] Jayant,M, "Cambodia's Persistent Dollarization:Causes and Policy Options" , Asian Development Bank,Working Paper Series on Regional Economic Integration,2008.

[5] 朱丹凤：《柬埔寨在全球化背景下的机遇与挑战》，载《思想战线》，2011 年 12 期，第 8-9 页。

[6]《习近平会见柬埔寨国王西哈莫尼和太后莫尼列》，载《人民日报海外版》，

2017 年 3 月 7 日，第 1 版。

[7]《2018 年财政预算案，赤字将近 15 亿美元》，载《柬埔寨星洲日报—财经产业》，2017 年 11 月，第 34 页。

[8] 安邦咨询：《柬埔寨银行业进入快速成长期》，载《时代金融》，2016 年第 19 期，第 44 页。

[9] 杨龙：《中国资本在柬埔寨》，载《文化纵横》，2014 年第 4 期，第 80 页。

[10] 中华人民共和国驻柬埔寨王国大使馆经济商务参赞处：《柬埔寨王国政府的〈四角战略〉》，http://cb.mofcom.gov.cn/aarticle/ddgk/zwminzu/ 200412/20041200318821.html。

[11] 王文：《“一带一路”当注重虚实结合》，载《人民日报》，2015 年 2 月 14 日。

[12] 王文：《对中国特色新型智库几个重大问题的思考》，载《智库理论与实践》，2016 年第 1 期，第 24-29 页。

[13] 王文：《伐谋》，北京：人民出版社，2016 年版，第 28 页。

中俄共建“冰上丝绸之路”支点港口研究

张婷婷 中国人民大学重阳金融研究院
陈晓晨 中国人民大学重阳金融研究院国际研究部主任，研究员

“冰上丝绸之路”自 2017 年 5 月在中俄外长会晤期间提出以来，成了两国合作的重要领域。笔者认为，“冰上丝绸之路”从广义上可泛指与北极地区相关国家的经济合作；从狭义上，指途径北冰洋，连接东亚、西欧、北美的海上运输通道，特别是北极东北航线。本文这里取狭义概念。

中俄共建“冰上丝绸之路”支点港口要规划先行，选择好支点港口尤其重要。海上战略支点港作为在海外的固定补给提供点、休整点以及船舶航空器靠泊修理点，对维护海上运输安全，促进海上务实合作，实现海洋强国战略具有至关重要的作用。[1] 推动“一带一路”贸易畅通的关键在于发挥支点城市的“串联”与“贯通”作用，海上贸易通道上的支点城市往往也是重要的港口。[2] 因此，确保“冰上丝绸之路”贸易畅通的关键也在于支点港口的“串联”与“贯通”。

北极地区气候恶劣，港口建设不仅难度较大，还需要面临商业、地缘政治等各种风险。为何要提前进行支点港口的布局？如何选择并规避建设中的风险？成为亟须解决的问题。

中俄共建“冰上丝绸之路”支点港口的必要性

无论是从中国角度，还是从俄罗斯角度，共建“冰上丝绸之路”支点港

口意义都十分重大。

一、共建“冰上丝绸之路”支点港口对中国的意义

站在中国角度看，共建“冰上丝绸之路”支点港口意义重大。首先，北极航线联结中国北方和欧洲两大贸易区域，特别是为中国东北地区加强与欧洲联系提供了一条安全的短距离航线，有助于促进东北振兴。例如，通过扎鲁比诺海湾，可以将中国吉林和黑龙江这两个没有出海口的省份的货物通过北极航线运送到欧洲地区。

其次，从港口建设方面来说，北极航线连结中欧两大贸易区域，为中国北方港口发展提供机遇，进而带动地方港口群建设，例如环渤海港口群。此外，中俄共建“冰上丝绸之路”可以港口建设为突破口，打破北极开发瓶颈，带动全盘经济合作。例如，中俄共建的亚马尔液化天然气（LNG）项目位于萨别塔港，未来两国合作可以此为基础延伸到港口建设，同时港口建设也能更好地服务于能源合作。

最后，共建“冰上丝绸之路”对缓解中国的天然气供应紧张局面意义重大。根据中国国家统计局2017年10月19日公布的数据显示，2017年1—9月，中国天然气产量为1087亿立方米，同比增长9.1%；绝对消费量为1671亿立方米；绝对消费量和增幅高于产出。而同期中国的天然气进口量达604.7亿立方米，同比增长22.3%，占实际需求的三分之一以上。中国天然气产量远远无法满足需求量，需要从海外大量进口，亚马尔项目可以在一定程度上缓解中国的“气荒”局面。亚马尔2019年全线投产后，每年可以稳定向中国提供60亿立方米的天然气，开采许可至少到2045年。就此而言，北极航线意义重大。

然而，考虑到北极地区恶劣的自然环境，科研合作应该作为双方合作的重点领域。作为域外国家，中国需同俄罗斯进一步合作，提升与北极相关的核心技术，掌握并打造参与北极开发的“软实力”。

二、共建“冰上丝绸之路”支点港口对俄罗斯的意义

无论是从人口还是面积计，俄罗斯都是最大的北极国家。但是，自苏联

解体后，俄罗斯国内经济陷入低迷，俄罗斯对北极的开发和支持力度不够，对北极地区事务的影响力有所降低，而北极航线对俄罗斯远东开发战略意义重大。

一方面，“双头鹰战略”是俄罗斯一直秉承的基本外交方略，通过北极航线连接东西是这一战略的题中之意。普京上台后，十分关注远东地区发展，并于2010年签署了《2025年前远东和贝加尔地区社会经济发展战略》，远东发展再次被提上俄优先日程。2014年克里米亚事件发生后，在西方制裁压力下，俄罗斯加快了远东开发步伐，并于2015年9月召开了第一届“东方经济论坛”，旨在扩大远东开放，吸引外国资金。2016年第二届《东方经济论坛》吸引了来自中、日、韩等56个国家的代表参加，其中日俄签署了20项合作协议，中俄也在能源、金融等领域实现了多方位合作。[3]

另一方面，乌克兰危机后，西方对俄罗斯实施了一系列制裁，俄罗斯陷入了严重的经济困难，至今尚未完全恢复。为了维持北极大国地位，俄罗斯迫切需要开发北极，但迫于资金瓶颈，开发成果有限。在此情况下，俄方亟需外部资金，而北极地区可以作为中俄合作的重点领域。

三、共建“冰上丝绸之路”支点港口对航线和港口的重大意义

一是从航线角度讲，北极航线是未来最具有发展前景的航线之一。首先，北极航线大大缩短了从东亚到西欧的距离。例如，从大连港出发到荷兰鹿特丹港，如果经由绕道马六甲海峡、苏伊士运河的传统航线，需要航行36天，如果经由北极航线，只需要27天，节省了九天。其次，途径俄罗斯的北极航线是一条没有被美国控制的航线，而且航线途径地区较为稳定，恐怖主义等极端势力很少存在，航线安全较有保障。最后，其运输潜力可观。2014年北极航线的运货量为3982千吨，2015年为5432千吨，2016年为7266千吨，增长可观。有估计认为，到2020年，北海航线的货运量将会达到3.1万千吨，2030年将会达到5.11万千吨。

二是从港口角度来看，北极地区的港口建设很难形成港口群的“面”，只能精心选择几个“点”。首先，恶劣的自然环境不仅会影响建设效率，还

会影响港口设施的使用期限，使得港口建设无法“一拥而上”。其次，俄罗斯经济低迷，可以投入的资金有限，也使得港口建设无法大规模铺开。最后，北极航线港口建设对技术、设备、人力等要求较高，需要逐步积累建设经验。因此，“冰上丝绸之路”港口建设应规划先行，精准选择支点。

中俄共建“冰上丝绸之路”支点港口的可行性分析

从港口建设经验、外资进入政策和中国企业参与等方面看，中俄共建“冰上丝绸之路”支点港口都是可行的。

一、原有建设基础良好

俄罗斯对北极地区开发历史悠久。早在1620年，沙皇费德洛维奇就将部分北极地区纳入俄罗斯管辖范围。1728年，彼得大帝任命的俄国考察队长白令顺利通过今天的白令海峡。[4] 1914—1915年，在沙皇尼古拉二世的支持下，俄罗斯著名极地探险家安德烈·维利基茨基实现了北极东北航道的自东向西航行，并发现了北冰洋最大群岛——北地群岛。[5]

到了苏联时期，俄罗斯在北极地区建立了大量军用港口，如普罗维杰尼亚、乌厄连、佩韦克、季克西、下扬斯克等。这些港口如今虽然年久失修，运输能力有限，但基本都有居民点、码头和机场，存在一定的建设基础。[6]摩尔曼斯克是北极沿岸唯一的终年不冻港，港口基础设施比较完善。此外，乌厄连港位于亚欧大陆最东端，是北上走白令海峡的咽喉要道，战略地位十分重要。中俄共建“冰上丝绸之路”支点港口可以将这些港口作为考察对象。

二、萨别塔港建设经验

苏联解体后，俄罗斯北极开发一度缓慢。普京上台后再次推动北极开发，颁布了一系列政策，并取得了一些建设成果，例如萨别塔港。2012年，为了服务亚马尔LNG项目，俄罗斯开始建立萨别塔港。建设初期，萨别塔港人口尚不足百人。现在，萨别塔已经是一个最多时容纳三万多名建设者的现代化港口，并建有现代化国际机场，配备有现代化 LNG 防冰装置。目前港口仍在规划扩建中。俄罗斯在萨别塔港的建设活动为中俄共建“冰上丝绸之路”支点港口提供了建设经验。

三、俄罗斯开发北极的灵活性政策

为了开发北极，俄罗斯采取了灵活政策，放宽了对外国资本参与俄罗斯能源项目的限制。原本俄罗斯法律规定，只允许国有股份超过 50% 且拥有不少于五年海洋勘探经验的公司进行大陆架资源勘探，并且对股权变动进行严格限制。但是，在亚马尔开发中，基于融资需求，俄罗斯“特事特办”，2015 年诺瓦泰克作为大股东将持股从 60% 降低到 50.1%，新增持股方丝路基金，持股 9.9%。这种灵活性政策势必有利于中俄共建“冰上丝绸之路”。

四、“中国制造”提供强大技术支持

北极广阔的市场可以调动起中国企业的动力，为共建“冰上丝绸之路”提供技术支持。在亚马尔项目中，中国红花集团生产的北极钻机能够抵抗零下 45 度的严寒和 12 级以上风力。中国企业还承担了六艘运输船的建造以及 15 艘 LNG 运输船中 14 艘的运营等。[7] 以中石油的海洋工程公司和中海油旗下的海油工程为主力，中石化旗下的炼化工程公司、青岛武船麦克德莫特、蓬莱巨涛海洋工程重工有限公司、博迈科海洋工程股份有限公司和南通太平洋海工等中国企业最终承担了约 120 个模块的建造项目。[8] “中国制造”为两国共建“冰上丝绸之路”提供了支撑。此外，在参与形式方面，中国企业也可以采取灵活的合作方式，例如“公私合营”等形式（PPP）。

支点港口的选择依据与结果

那么，具体应该怎样选取支点港口？本文选取了普罗维杰尼亚、乌厄连、佩韦克、下扬斯克、季克西、迪克森、萨别塔、阿尔汉格尔斯克、梅津、摩尔曼斯克这 10 个比较典型的北极港口，从地理位置、人口状况、开发潜力、

中俄合作基础这几个角度对港口进行评析，从中选取摩尔曼斯克港、萨别塔港、季克西港、乌厄连港为支点港口。

一、五大要素评估分析

一是地理位置。如下图所示，从地理位置上来看，乌厄连、季克西、萨别塔港和摩尔曼斯克占优势。乌厄连位于北纬 66 度 09` 西经 169 度 48` 的楚科奇半岛最东端的俄美交界处，扼守白令海峡，将会扮演“咽喉要道”的角色。季克西位于北纬 71 度 38` 东经 128 度 52`，基本处于三分之一航线处和勒拿河入海口，有海、河、江汇聚效应。萨别塔港位于北纬 71 度 15` 东经 72 度 06` 鄂毕河入海口。鄂毕河是中国经由额尔齐斯河由南向北进入北冰洋的唯一航道，[9] 随着萨别塔港的开发，该航道有可能重新焕发生机。摩尔曼斯克位于北纬 68 度 58` 东经 33 度 05`——北极航线俄罗斯部分的最西端，是通过北极航线俄罗斯部分进入欧洲的西部“咽喉要道”。

二是开发潜力。从开发潜力上来看，摩尔曼斯克、阿尔汉格尔斯克和梅津开发历史悠久，其他基本上都是苏联时期建造。

三是自然条件。从通航期来看，摩尔曼斯克是终年不冻港，是最佳选择。

四是人口因素。从人口因素来看，阿尔汉格尔斯克、摩尔曼斯克、萨别塔港占据优势。

五是中俄合作基础。从中俄合作基础来看，萨别塔港基础较好。此外，萨别塔港是中国新疆、哈萨克斯坦和俄罗斯鄂毕河沿岸货物到达北极的集散港，对中俄未来合作意义重大（见表 1）。

二、评估总结

下文将围绕以上五种因素，设置五个评估等级标准，优：5 分；优—：4 分；良：3 分；中：2 分；差：1 分。

如表 2 所示，评估结果表明：根据分值从小到大依次为萨别塔港 20 分；摩尔曼斯克 18 分；季克西 16 分；乌厄连 15 分；阿尔汉格尔斯克 14 分；迪克森 13 分；梅津港 13 分；佩韦克港 13 分；普罗维杰尼亚 13 分；下扬斯克

表1 北极十大港口开发潜力、通航期分布状况及人口分布图

港口	建立历史	年平均气温零度以上时期	人口（人）
普罗维杰尼亚	1946年；有小型机场和港口，跑道简陋	7–10月	2109
乌厄连	17世纪末18世纪初；沙俄贸易港，苏联军事基地	7–10月	632
佩韦克	1933年；有机场和港口	7–10月	4547
下扬斯克	1940年；港口	7–10月	233
季克西	1933年；有机场港口	7–10月	3380
迪克森	1915年；有机场港口	7–10月	609
萨别塔	2011年；有机场港口	7–10月	33750
梅津	1856年；有机场港口	5–10月	3287
阿尔汉格尔斯克	1811年；有机场港口	4–10月	351488
摩尔曼斯克	1870年；有机场港口	全年	298096

数据来源：根据俄罗斯网站整理[11]

表2 北极十大港口评析总结图

港口	地理位置	开发潜力	通航期	人口[12]	中俄合作基础	总计
普罗维杰尼亚	优－4	良3	良3	良3	差1	14
乌厄连	优5	优5	良3	差1	差1	15
佩韦克	中3	良3	良3	良3	差1	13
下扬斯克	良3	良3	良3	差1	差1	11
季克西	优5	优－4	良3	良3	差1	16
迪克森	中3	良3	良3	良3	差1	13
萨别塔港	优5	良3	良3	优－4	优5	20
梅津港	中2	中2	优－4	良好3	差1	12
阿尔汉格尔斯克	中2	中2	优－4	优5	差1	14
摩尔曼斯克	优5	中2	优5	优5	差1	18

11 分。因此，摩尔曼斯克港、萨别塔港、季克西港、乌厄连港可以作为中俄共建“冰上丝绸之路”支点港口的选择对象。

中俄共建“冰上丝绸之路”的困难与建议

上文通过评估选出了摩尔曼斯克、萨别塔、季克西、乌厄连这四个备选支点港口。下文列出了建设风险，并提出相关建议。

一、中俄共建“冰上丝绸之路”支点港口风险

当前俄罗斯虽然已经在北极航线开发中取得了一些成就，但是由于北极地区复杂的气候、地缘等因素，中俄共建“冰上丝绸之路”支点港口仍存在一系列风险。

一是气候恶劣风险。北极地区气候十分恶劣，冬季漫长，夏季、春季、秋季总共只有六个月。这十大港口中，除了摩尔曼斯克和阿尔汉格尔斯克以外，其他港只有每年 7—10 月份平均气温在零度以上，季克西的最低温度甚至可以达到零下 50 度以下。寒冷的气候给支点港口建设带来了巨大难度。根据萨别塔的建设经验，每名工人每天户外工作时间十分有限，如果户外风力较大时，就不得不停止工作。

二是地缘风险。2007 年 8 月，“北极 2007”科考活动期间俄罗斯在北冰洋底插上国旗宣示主权。自此以后，北极域内国家对北极地区的争夺愈加激烈。目前北极地区大国角逐主要分为三个阵营，第一阵营是俄罗斯和加拿大为首的北极大国，始终坚持自己在北极开发中的主导地位；第二阵营是挪威、丹麦等北极小国，这些国家为了提高在与北极大国竞争中的地位，更倾向于吸引域外大国参与到北极开发中，中国的科学考察站就位于挪威的北极部分；第三阵营是以中、日、韩、印为主的域外国家，这些国家大都以北极国家为依托参与到北极开发中。在未来的北极争夺中，大国之间错综复杂的利益关系也会影响到“冰上丝绸之路”支点港口建设。

三是商业风险。俄罗斯国内法规和政策规定，只允许国有股份超过 50%

且拥有不少于五年海洋勘探经验的公司进行大陆架资源勘探，但目前有资质的国企却面临不同的财务问题，同时缺乏相关技术和经验。因此，支点港口建设也会面临着巨大的商业风险。此外，长期以来，在国际交往中，与其他经济发达国家相比，俄罗斯的契约精神经常遭到质疑，在合作中俄撕毁合同的事情屡见不鲜。

四是政治风险。2014 年 7 月，美国开始针对俄罗斯实行第二轮制裁，限制多个俄罗斯银行和公司进入美国债券市场，其中包括俄罗斯石油公司和诺瓦泰克公司。同月，欧盟和美国又实行了第三轮针对特定公司和行业的制裁。制裁禁止向俄罗斯出口用于北极深海和页岩开采项目的高科技石油装备。这些也会影响到中俄共建“冰上丝绸之路”支点港口建设。

二、中俄共建“冰上丝绸之路”支点港口建议

中俄共建“冰上丝绸之路”虽然面临诸多风险，但是，如果把握有利条件，也能规避一些风险。

第一，中俄协作至关重要。中俄共建“冰上丝绸之路”支点港口的前提是中俄之间高水平互信。中俄共建“冰上丝绸之路”自 2017 年中俄外长会面提出后，半年内即实现了政策沟通，不到一年首个项目亚马尔 LNG 开始投产，这与中俄之间高水平的政治互信密不可分。在接下来的合作中，中俄两国还应进一步提高互信水平，保障政策沟通渠道畅通无阻。

第二，关于“一港一策”的建设方案。北极港口开发时间不一样，潜力也有所不同，情况千差万别，在港口建设过程中应采取“一港一策”方案，因地制宜发挥地理位置优势。乌厄连的地理位置比较特殊，是北极航线的咽喉要道，可以采取类似新加坡港的方式，将其打造为“自由港”。季克西是苏联时期的军事中心，可以将其打造为北极航道的监测、搜救和服务中心，服务过往船只。萨别塔港可以被打造为以 LNG 项目为核心的产业开发区。针对摩尔曼斯克这样比较成熟的港口，可以采取合资的方式进行升级改造，或采取悉尼港的方式，进行“以权换资”。季克西和萨别塔港分别为勒拿河和鄂毕河的河口处，还应该注重强化这两个港口的货物集散功能，发挥其辐

射河流沿岸区域经济发展的作用。

第三，建设破冰、防冰设备和通过移民解决人口问题。这四个支点港口除了摩尔曼斯克为终年不冻港外，其他港口都有半年以上的结冰期，需要借助于破冰船破冰领航。要注意优先给乌厄连、季克西、萨别塔配备相应的破冰船。俄罗斯在破冰船建设方面一直有优势。2016 年 5 月，俄罗斯“北极号”破冰船在圣彼得堡波罗的海下水，这是全球最大的核动力破冰船。此外，俄罗斯为萨别塔港配备了防冰装置，其他港口也应效仿萨别塔的经验。

同时，制定优惠的移民政策以解决人口问题。擅长迁徙是俄罗斯民族的一个特点。苏联时期，北极建设者建立了一些城市聚居点，但苏联解体后逐渐衰落了。现在，移民又重新回到了极地地区，萨别塔港就是案例。乌厄连和季克西人口较少，可以通过大规模移民政策来解决这一问题。

第四，吸引更多参与方规避风险。针对支点港口建设中可能会遇到的气候风险、政治风险、地缘风险、商业风险，在与俄罗斯共建支点港口时可以采取引进第三方参与者，规避风险。首先，可以吸引西方国家参与到其中，一定程度上可规避西方地缘风险，降低政治风险和商业风险，例如，在亚马尔 LNG 项目中，法国道达尔公司拥有 20% 股权。其次，可以吸引域外国家参与到建设中，充分发挥各自的优势，例如亚马尔 LNG 在承建中就吸引了日本的千代田和日晖，韩国在造船方面拥有优势，也可以作为合作对象。最后，挪威、丹麦、冰岛、芬兰等这些小的北极国家在北极开发中都有各自的优势，也可以成为合作对象。例如，芬兰在破冰船建造方面拥有自身优势。

总之，北极航线在经济价值、安全价值等方面都有巨大价值，共建“冰上丝绸之路”支点港口符合两国利益。北极地区原有的建设基础、俄罗斯对北极开发的灵活政策、萨别塔港建设经验以及中国制造的技术支撑等大大提高了两国开发北极、建设北极支点港口的可行性。鉴于北极地区的自然和社会条件，应当精心选择支点港口。本文从地理位置、人口状况、开发潜力、中俄合作基础等角度出发，选取了摩尔曼斯克港、萨别塔港、季克西港、乌厄连港为支点港口。应采取“一港一策”，充分利用优惠移民政策，加强防冰、破冰装置，吸引第三方参与，将上述港口打造为中俄共建“冰上丝绸之路”

的支点。

（原文发表于《当代世界》2018 年第 3 期）

---

[1] 刘大海等：《“21 世纪海上丝绸之路”海上的战略支点港主要建设模式及其风险政策探险》，载《改革与战略》，2017 年第 3 期，第 126 页。

[2] 中国人民大学重阳金融研究院：《“一带一路”国际贸易支点城市研究报告》，2015 年 5 月，第 7-8 页。

[3] 根据“восточный экономический форум”公布的数据总结得出，https://forumvostok.ru/news/?PAGEN_1=12。

[4] 郭培清:《北极航道国际问题研究》, 北京: 海洋出版社, 2009 年 10 月版, 第 28 页。

[5] 同 [4]，第 29 页。

[6] 普罗维杰尼亚港口面积是 12.7 公顷，有 3 个码头，码头长度是 321.4 米，码头每年的吞吐能力是 34.54 万吨，其中包括 2.5 万吨液体和 30 万吨干货以及 0.17 吨集装箱。室内仓库面积是 3630 平方米，露天仓库面积为 11200 平方米，石油储备库可以储备 25000 吨石油以及石油产品。普罗维杰尼亚的飞机场建于二战期间，机场跑道长 2000 米，宽 50 米。可以飞的机型有：运输机安 -2、安 -12、安 -24、安 -26、安 -28、安 -72、安 -74、L-410、雅克 -410（1950 年雅克 -14 成为第一个飞越北极的运输机）。参见 Приложение к распоряжению Росморречфлотаот29.04.2014 г. № СГ-167-р：（沿海边疆和北极东部地区港口网）http://www.pma.ru/providenia/about/rasporyjeniy.php. 和 Общая информация о проведении ：（沿海边疆和北极东部地区港口网）http://www.pma.ru/providenia/。

[7] 中俄亚马尔液化天然气项目投产，央视记者独家探秘亚马尔，http://tv.cctv.com/2017/12/09/VIDEFjij6v0wp0UAQRzPjzlR171209.shtml。

[8]《亲身实探亚马尔：让中国用上北极气的超级工程》，http://www.sohu.com/a/124210252_114986。

[9] 梅春才、郭培清:《额尔齐斯河—鄂毕河: 亚欧整合的一种可能》, 载《世界态势》, 2017 年第 1 期，第 39 页。

[10] 图为作者根据俄罗斯地图自制的北极十大港口分布图，图片来源：https://dili.chazidian.com/beijiditu。

[11] 数据来源：Аэропорты России, http://aeroportix.ru/strana/rossiya；Погода и климат, http://www.pogodaiklimat.ru/climate/22113.htm；Города России, http://города-россия.рф/sity_id.php?id=50；Морской порт, http://www.mapm.ru/Port；Приложение к распоряжению Росморречфлотаот29.04.2014 г. № СГ-167-р, http://www.pma.ru/providenia/about/rasporyjeniy.php。

[12] 优：几十万；优一：万；良：4000；中：2000；差：1000 以下。

投融资合作机制是中阿共建“一带一路”的重要支撑

姜英梅 中国社会科学院西亚非洲研究所副研究员

资金融通是“一带一路”建设的重要支撑，是撬动沿线国家基础设施建设、实现产能合作的资金杠杆。投融资合作机制也是中阿共建“一带一路”的重要保障。2018 年 7 月 10 日，在中国—阿拉伯国家合作论坛第八届部长级会议开幕式上，中国国家主席习近平宣布中国将成立配备 30 亿美元贷款的中阿银行联合体及其他一系列举措，中阿金融合作迈上新台阶。

中阿建立投融资合作机制的必要性

中国与阿拉伯国家建立投融资合作机制不仅契合了当前中阿双方发展的需求，也是新时代中国进一步对外开放的重要组成部分，更有助于推动中阿“一带一路”建设。

一、从中国需求来看

中国与阿拉伯国家是共建“一带一路”的天然伙伴。中国深化金融改革，为“一带一路”保驾护航，就必须走出去，与对方国家或者第三方加强金融合作。一些国际大银行在阿拉伯国家已有上百年历史，有力地促进了阿拉伯国家与西方的贸易和投融资便利。阿拉伯国家长期动荡不安，中国企业“走出去”也面临融资难、投融资风险高和国际竞争日益激烈的问题。因此，中国政策性银行和商业银行在扩大中阿“一带一路”投融资规模的同时，更要注重防范投融资风险，避免钱撒出去了收不回来。与此同时，受国内外监管压力，2017 年中国对外直接投资结束了多年以来的快速增长，首次出现了增长速度为负的情况，对外投资的整体形势发生了一些重要变化。[1] 在全球对外直接投资和中国对外直接投资均出现下降趋势，以及中国经济步入新常态的大背景下，创新投融资方式，服务开放大局就成为必然。

二、从阿拉伯国家需求来看

阿拉伯国家金融发展总体滞后，金融部门对经济增长的作用仍很有限。阿拉伯金融体系与国际金融体系联系不深，竞争力比较弱。融资难和投资不足是经济发展的主要障碍之一，亟须外资注入。阿拉伯国家基础设施建设需求旺盛，却面临资金匮乏和技术落后等困难。此外，海湾国家拥有丰富的石油美元和主权财富基金，正努力争当地区金融中心。

海湾国家为应对低油价和“后石油”时代，埃及等转型国家为促进经济发展，逐渐开始“向东看”。2008 年国际金融危机以及 2010 年底以来的中东大变局均进一步推动了这一趋势。阿联酋、卡塔尔和沙特阿拉伯等国，由于经济和政治等不同原因，已开始探讨和试验以人民币进行贸易结算，积极开展与亚洲基础设施投资银行（亚投行）合作，对接“一带一路”倡议，促进经济发展。

三、从中阿经贸合作需求来看

2011 年中东大变局后，阿拉伯国家正积极推进经济结构改革，加快多元化进程，这与中方共建“一带一路”倡议的内涵高度契合，未来双方合作实现转型升级的潜力巨大。

中国已经与九个阿拉伯国家签署共建“一带一路”协议。中国是阿拉伯国家第二大贸易伙伴（十个阿拉伯国家的最大贸易伙伴），阿拉伯国家是中国第一大原油来源地、第七大贸易伙伴、重要的海外工程承包市场和商品市场，“1+2+3”合作格局初步形成[2]。中阿贸易额从2004年的367亿美元增长到2017年的1914亿美元。[3] 2017年中国从阿拉伯国家进口原油1.57亿吨，占中国当年原油进口总量的37%；[4]中国对阿拉伯国家直接投资流量12.6亿美元，同比增长9.3%；中国在阿拉伯国家新签工程承包合同额328亿美元。[5]

中阿金融合作现状及特点

20世纪80年代，阿拉伯国家金融机构对中国市场表现出兴趣，并开始以贷款和合办投资公司的形式进入中国市场。进入21世纪，中国阿拉伯国家的金融体系均不同程度对外开放，加之双边贸易和投资不断扩大，双方开启金融合作之路。2006年是双方金融合作里程碑，海湾国家主权财富基金高调参股中国银行和中国工商银行。中国金融机构也加快在海合会国家开设分支机构，工商银行多哈分行成为阿拉伯国家首家人民币业务清算行。2012年9月中阿博览会金融合作分会发布《中阿金融发展战略框架倡议》，成为首份中阿民间组织发布的框架性金融文件。随着“一带一路”倡议的推进、亚投行与丝路基金成立，中阿金融合作步伐加快，亮点纷呈。

一是金融组织间的直接联系，包括开设分支机构代表处、签署合作协议、授信贷款、信息共享等。当前中国工商银行已在除阿曼以外的所有海合会国家建立了营业机构，其他国有商业银行也开始在阿拉伯国家布局，国家开发银行在埃及和摩洛哥均设立了代表处，致力于服务双边经贸和中资企业项目。例如，截至2018年3月底，国家开发银行在埃及累计承诺约48亿美元的贷款额度；2017年8月，阿曼苏丹国与中国国家开发银行、工商银行等中资金融机构组成的银团签署了35.5亿美元的五年期无抵押银团贷款。亚投行出资2.65亿美元助力阿曼杜库姆港口建设。与此同时，中国稳步推进金融业扩大开放，放宽了对外资银行限制。阿拉伯国家银行也加快了在中国的布局，主要是来自埃及、阿联酋、沙特、卡塔尔和摩洛哥的银行。目前，阿拉伯国家银行在中国有两家分行和四家代表处。七个阿拉伯国家成为亚投行创始成员国。

二是银企合作，包括银行做担保的项目、贷款、融资等。近年来，国家开发银行和中国进出口银行在优惠贷款、商业性贷款等传统贷款的基础上，创新融资模式，例如2016年1月习近平主席访问阿盟总部时提出中国将联合阿拉伯国家设立150亿美元的中东工业化专项贷款，同时向中东国家提供100亿美元商业性贷款，用于同地区国家开展产能合作及基础设施建设。[6] 2017年9月，国开行与埃及阿拉伯国际银行在开罗签订2.6亿元人民币专项贷款及4000万美元非洲中小企业专项贷款合同。中埃·泰达苏伊士经贸合作区及合作区内的巨石集团均获得国家开发银行的优惠贷款。

三是资本市场合作，包括签署合作协议、参股金融机构、股票交易等。2006年以来，中国银行、中国工商银行、中国农业银行等中资银行H股上市和海外IPO（首次公开募股，Initial Public Offerings，简称IPO），阿拉伯国家主权财富基金认购热情高涨。2010年，中国农业银行海外IPO，卡塔尔投资局和科威特投资局分别认购28亿美元和8亿美元股票，卡塔尔投资局还成为中国农业银行的基石投资者。在债券领域，自2014年9月，中国农业银行迪拜分行在迪拜交易所发行10亿元人民币酋长债，中国工商银行和中国银行也分别在迪拜发行5亿美元债券和20亿“一带一路”人民币债券。2018年2月，中国银行还协助阿联酋沙迦酋长国在中国银行间债券市场成功发行20亿元人民币债券，这是阿拉伯国家首次在中国发行主权熊猫债。

四是成立投资公司和共同基金。例如，2010年科威特投资局在北京设立首家代表处，为总部挖掘投资机遇。2016年阿联酋阿布扎比投资局在香港设立办事处，这是该局首个亚洲办事处，希望通过进驻香港，以把握中国庞大的投资机会。中国分别与阿联酋和卡塔尔设立100亿美元的共同投资基金，主要投资中东传统能源、基础设施建设和高端制造业等。

五是人民币国际化进程在阿拉伯地区加快推进步伐。2014年4月，中国工商银行多哈分行成为多哈人民币业务清算行。2016年12月，中国农业银行迪拜分行成为阿联酋人民币业务清算行，有力地推动了阿拉伯国家的人民币国际化。2014年中国人民银行与卡塔尔央行签署了350亿元人民币双边本币互换协议，授予卡塔尔300亿元人民币的RQFII额度（人民币合格境外机构投资者）。2015 年 12 月，中国人民银行与阿联酋央行续签了 350 亿元人民币的双边本币互换协议，中方还授予阿联酋 500 亿元人民币 RQFII 额度。人民币在阿拉伯国家支付货币中所占的份额稳步增加，提高了投融资便利，进而促进了双方经贸合作。

六是伊斯兰金融合作。阿拉伯国家均是伊斯兰国家，拥有独特的伊斯兰金融体系[7]，希望参与“一带一路”建设。基础设施建设非常适合伊斯兰债券融资模式，发行伊斯兰债券有利于拓宽融资模式，防范投融资风险。香港作为传统的亚洲金融中心，正在努力成为亚洲的伊斯兰金融中心。2014 年、2015 年和 2017 年，香港三次在迪拜纳斯达克发行美元伊斯兰债券，每次规模为 10 亿美元，来自包括阿拉伯国家等国家和地区的国际投资者纷纷认购。

七是除了传统金融领域外的互联网金融领域合作。例如，2018 年 4 月，支付宝与阿联酋马什拉克银行结成合作伙伴关系，共同推进支付宝数字钱包在阿联酋商户网店的支付应用。宁夏正以中阿跨境电商产业园为平台，着力构建中阿区域性的互联网金融中心。2018 年 7 月习近平主席访问阿联酋期间，中阿双方同意发展跨境电商。

对中阿建立投融资合作机制的几点建议

丰富多元的投融资机制是共建“一带一路”的重要前提，要丰富并用好各种投融资方式，动员市场和阿拉伯国家的力量，推动构建市场化、可持续性、互利共赢的投融资体系，为“一带一路”建设提供长期资金支持。[8] 习近平主席强调，要发挥金融合作的服务支撑作用，为共建“一带一路”做好短期配合和长期配套，探索适合中东需求、体现中东特色的金融合作模式。

首先，鼓励双方互设金融分支机构，推动金融同业交流合作。中资金融机构应从跟随企业“走出去”进一步转变为主动走到市场前端，直接对接海外政府和企业客户，挖掘掌握市场信息与机遇，引领企业“走出去”。目前，中资金融机构在西亚（主要是海合会国家）的布局比较集中，但在北非阿拉伯国家中还没有中资商业银行进驻。未来商业银行可以在条件成熟时进驻北非地区，为中资企业在阿拉伯国家发展提供金融服务，并借此平台辐射到欧洲和非洲地区。中资商业银行除了在当地经营离岸业务以外，还应探索金融机构在海合会开拓业务的新机遇，在控制和有效管理风险的前提下，借鉴跨国银行在海合会国家的经验教训，涉足批发银行业务和投资理财业务，加强在反洗钱等领域的合作。随着中国在外资银行业务范围和市场准入等领域进一步扩大开放，中国对阿拉伯国家银行在中国设立分支机构也应持欢迎态度。

其次，拓宽融资和信贷业务方式。目前，融资难仍是中资企业走向阿拉伯国家的重要问题。商业银行利息高，借贷成本高，政策性银行主要面向国有企业或者是有东道国主权担保的项目，私营企业和中小企业融资非常困难。中资企业的融资渠道比较单一，除了自有资金积累，仍主要依赖中资银行，导致中资银行融资压力大，风险提升。中资银行的贷款应适当向那些利润可观并具有可持续性的项目及中小企业倾斜，同时加强与亚洲开发银行、亚投行以及世界银行等国际金融机构的合作，开展银团贷款、股权投资等，降低融资风险。阿拉伯国家能源、矿产及基础设施建设项目符合项目融资的条件，政府也在推动公私合营（PPP）[9]项目融资模式，中国金融机构可参与其中。对贷款抵押品不足，工期长、风险高的项目融资可以通过石油换贷款方式或者主权信用作为担保的方式，有效规避信贷风险。中国企业还应充分利用中国政策性担保机构和政策性银行提供的商业担保服务，还可以通过债券、股票开展投行业务、并购等多种形式的融资，撬动更多国际资金，减少“一带一路”建设对传统银行贷款的过度依赖。

第三，创新投融资基金，提升运行效率。对外投融资基金是推进“一带一路”建设资金融通的重要渠道，是促进国际产能合作、产融协作的有力抓手，是金融支持企业创新开展对外投资的有效方式。[10]中国与海合会国家均拥有丰富的主权财富基金和私人资本，海合会国家银行流动性充足，可以成为投融资基金的重要来源。中方支持中国有关金融证券机构同阿拉伯国家主权财富基金和管理机构合作，建立立足海湾、辐射中东北非、吸收全球投资者的国际交易平台。[11]深化国际产能合作，带动优势产能、优质装备、适用技术输出，提升我国技术研发和生产制造能力，弥补我国能源资源短缺，推动相关产业转型升级。具体到阿拉伯国家，应以能源合作为主轴，以基础设施建设、贸易和投资便利化为两翼，以核能、航天卫星和新能源三大高新领域为突破口。

第四，在阿拉伯国家推进人民币国际化。为应对“后石油时代”，促进经济多元化发展，海合会国家争当地区金融中心的竞争非常激烈，阿联酋迪拜已经成为中东地区的金融中心。摩洛哥正努力将卡萨布兰卡建成北非地区金融中心，成为投资北非地区的平台。中国已在卡塔尔多哈和阿联酋拥有两个人民币清算中心。未来，中国金融机构可调研在其他国家（例如埃及、摩洛哥）设立分支机构和清算行的可行性。成立清算中心更多的是为中国合作伙伴提高金融和投资操作层面上的便利，更有利于加强双方的合作关系，进而占据更大的市场份额。

第五，建立产融合作平台。围绕工业园建设拓展多元化投融资渠道，推进园区服务、企业成长、金融支持三位一体发展。中方设立“以产业振兴带动经济重建专项计划”，提供200亿美元贷款额度，同有重建需求的国家加强合作，按照商业化原则推进就业面广、促稳效益好的项目。[12]中国还应重点关注和支持有实力的公司对直接投资项目、出口设备和承包工程的融资需求，适当加大对中小型企业尤其是民营企业走向阿拉伯国家的金融扶持，带动中国优势产能在所在国的发展。

第六，加强投融资监管与合作。中国与阿拉伯国家建立投融资体系仍面临很多挑战。金融体系对外开放程度不一致，尚未建立有效的沟通和对话渠道，合作机制单一；金融合作限于金融机构之间，局限于国际贸易、跨境投资和信贷等领域；阿拉伯人民对人民币结算的意识和信心有待提高；投融资合作专业化管理水平有待提升，统筹管理和监管体系尚不完善；一些阿拉伯国家长期动荡不安，汇率波动大，不利于双边金融合作。因此双方应尽快建立投融资合作体系的制度性框架安排，可以在中阿合作论坛机制下定期召开中阿金融合作大会，不断扩展双方合作的深度和广度。同时，大力培育国际化的投融资管理人才，切实做好风险防范工作。

（原文发表于《当代世界》2018年第10期）

---

[1] 潘园园，张明：《中国对外直接投资的五个新变化》，载 FT 中文网，http://www.ftchinese.com/story/001077791?archive。

[2] 1+2+3 即以能源合作为主轴，以基础设施建设、贸易和投资便利化为两翼，以核能、航天卫星、新能源三大高新领域为突破口。

[3] 中国商务部西亚非洲司，《2017 年中国对阿拉伯国家贸易数据统计》，http://xyf.mofcom.gov.cn/article/date/201803/20180302718137.shtml。

[4]《共建一带一路，深化中阿能源合作》，http://mil.news.sina.com.cn/2018-07-09/doc-ihezpzwu0590866.shtml。

[5]《中阿合作论坛正在新的历史起点上》，http://opinion.huanqiu.com/opinion_world/2018-07/12431973.html。

[6]《习近平在阿拉伯联盟总部的演讲》，http://www.xinhuanet.com/world/2016-01/22/c_1117855467.htm。

[7] 伊斯兰金融，即完全遵从伊斯兰教法的金融交易活动，主要由伊斯兰教法学家作出的法理解释和判决构成。伊斯兰金融的主要原则是严禁利息、风险共担、利润共享和禁止投机等。

[8] 周小川：《共商共建“一带一路”投融资合作体系》，载《中国金融》，2017 年第 9 期，第 6-8 页。

[9] PPP (Public-Private Partnership)，又称 PPP 模式，即政府和社会资本合作，是公共基础设施中的一种项目运作模式。在该模式下，鼓励私营企业、民营资本与政府进行合作，参与公共基础设施的建设。

[10] 国家发改委，《关于引导对外投融资基金健康发展的意见》，2018 年 4 月。

[11]《习近平在中阿合作论坛第八届部长级会议开幕式上的讲话》，http://cpc.people.com.cn/n1/2018/0710/c64094-30138530.html。

[12] 同上。

中国与阿联酋共建“一带一路”的条件、问题与前景

王金岩 中国社会科学院西亚非洲研究所

2017 年 5 月初，阿联酋外交与国际合作部长阿卜杜拉访华，受到中共中央政治局常委、中国国务院副总理张高丽的接见，并与中国外交部部长王毅共同主持中国与阿联酋政府间合作委员会首次会议。成立中阿政府间合作委员会是 2015 年底习近平主席同穆罕默德王储为推动两国战略伙伴关系向前发展达成的重要共识，也为中阿战略伙伴关系注入了更加丰富的内涵。此次会议是落实两国领导人共识的重要举措，有助于在更高层次深化中阿双边关系。

阿联酋位于亚洲西部，是最早同中国建立战略伙伴关系的海湾阿拉伯国家，也是中国提出的“21 世纪海上丝绸之路”上的一个重要沿线国。中国与阿联酋在“一带一路”倡议下进一步发展关系、深化合作不仅能实现两国的互利双赢，也有助于中国与海湾合作委员会、阿拉伯国家联盟及其所辖国家间的联通。本文将对当前中阿共建“一带一路”的条件和问题加以分析，并据此对其前景做出研判和提出相关建议。

中阿关系现状

阿联酋是当前同中国合作程度最深、领域最广、成果最实的中东地区国家，是中国在阿拉伯世界最大的出口市场和第二大贸易伙伴。两国间长期保

持全面、稳定的关系，多领域的合作交往齐头并进。

在政治领域，两国互有坚定的战略互信。阿联酋曾多次在一个中国原则问题上做出明确表态和政治承诺。中国把阿联酋视为在海湾地区维护稳定的重要合作伙伴，共同致力于推动中东地区热点问题的政治解决，实现地区的稳定发展。双方在涉及彼此核心利益和重大关切的国际事务中相互支持。在经济领域，两国实现了全方位、多领域的合作。双方在能源领域实现了石油勘探、开发、进出口等上下游的全面合作，共同支持贸易投资领域的自由化和便利化，推动中国——海湾合作委员会自由贸易区谈判取得实质进展，将继续致力于为双边发展合作提供可持续的增长动力，不断扩大合作领域，促进互联互通和产业升级。在人文领域，两国进一步密切教育、文化、科学等领域的交流，共同为人员往来提供更多的便利和安全保障。2016 年，双方往来超过 60 万人次。自 2016 年底阿联酋给予持普通护照中国公民免签待遇后，这一数字将进一步增长。在安全领域，双方在国际反恐和反腐败领域的合作已达成共识，并已取得初步进展。

中阿共建“一带一路”具备充分条件

从总体看，阿联酋各界对中国提出的“一带一路”倡议持支持态度，并愿意与中方对接与配合。中阿两国经济互补性强，在过去的三十余年间合作领域与规模都不断扩大，未来还有继续深化合作的共同意愿。因此，中阿共建“一带一路”具备充分条件。

首先，中阿具有合作发展的客观条件。从地理位置看，阿联酋作为中东地区的东大门，与中国的西出口相贯通，双方具有实现道路联通与贸易畅通的先决条件。从政治和安全局势看，两国都长期处于稳定的政治局势和较好的安全局势。阿联酋所处的中东地区虽然是当前全球动荡地区之一，但阿联酋却是其中的一块“世外桃源”。从经济状况看，两国都具有较强的经济能力：阿联酋的石油和天然气资源丰富，二者储量均居世界第七位，且经济多元化程度高，对能源依赖小。中国改革开放近四十年来，经济快速稳定发展，已跃升为世界第二大经济体。从经济需求看，两国经济互补性强：中国从阿联酋进口油气等能源，向阿联酋输出资金、技术与劳务，帮助阿联酋实现建设智能城市的目标。

其次，中阿拥有合作发展的现实基础。中阿两国自20世纪80年代开始经济合作以来，合作关系稳步推进，领域、规模都不断扩大，从单一的经贸往来已发展至建筑、能源、金融、物流、航空等多领域的人员和技术合作。双边贸易额近六年间平均增长16%。当前，在阿中国企业逾4200家，其中40余家为国有企业，其余为私营企业，在阿华人华侨超30万，就职于阿各个领域。中国企业在阿联酋开展业务已三十余年，为当地的发展建设做出不可磨灭的贡献。这为中国与阿联酋在“一带一路”倡议下继续合作积累了丰富的经验，打下良好的基础。

此外，中阿都有合作发展的主观愿望。中国与阿联酋都致力于和平与发展事业，同样秉持对外开放、包容多元的发展理念。中方将阿联酋作为“一带一路”沿线上的重要伙伴国家，希望与之在现有合作基础上进一步拓宽合作领域，丰富合作内容，扩大合作规模。2015年底，中国国家主席习近平与阿联酋王储就此共同制定了双边关系发展路线图。阿联酋政府官员、商界代表、专家学者在不同场合纷纷表示了对“一带一路”倡议的欢迎和支持，认为这一构想与其国内的发展规划深度契合，阿联酋有理由、有能力通过在“一带一路”建设中发挥自身优势与作用，携手沿线国家实现互利共赢。

中阿共建“一带一路”存在的问题

笔者在对阿联酋各界人士进行访谈后感受到，阿联酋各界对中国仍缺乏客观、深入的了解，对“一带一路”倡议认知不够，对中国的中东政策也存在一些误解。上述造成的疑虑以及个别在阿华人华侨不当行为引发当地民众的不满是未来中国与阿联酋在“一带一路”框架下深化合作与发展的障碍，具体体现在如下方面。

一是阿联酋方面对中国仍缺乏了解。笔者与阿联酋战略研究中心的学者交流中，对方提出诸如“中国当前使用何种语言”、“中国民众生活现状如何”等问题。在笔者参加的中国社会科学院西亚非洲研究所与阿联酋政策研究中心共同举办的智库研讨过程中，几位阿方学者发言后，一些曾在中国学习和生活过的阿方人士表示：这些没有到过中国的阿联酋学者并不了解中国，他们的观点有失偏颇。笔者在与阿联酋民众的交流中更是感到他们对中国的很多方面都充满好奇和疑问，甚至是缺乏最基本的了解。

二是阿联酋方面对中国的中东政策存在误解。首先，阿联酋智库普遍认为：中国在中东的作为不足，中国对中东事务的参与仅限于口头上的声援和谴责，往往强调通过对话解决争端，谴责恐怖行径，但缺乏实际作为。其次，阿联酋学者对中国与伊朗和阿拉伯世界同时发展关系表示不满。一些学者甚至表示：中国认为伊朗更加强大，因此将其视作战略盟友，对其支持与合作的力度大；中国认为阿拉伯国家弱小而对其轻视，甚至蔑视，即使对沙特阿拉伯这样的地区大国的重视程度也远不及伊朗。此外，阿联酋智库学者认为美国正在从中东撤离，希望中国将在该地区发挥更大的作用，但对此深表疑虑。

三是阿联酋方面对“一带一路”倡议认知不足。对于该倡议的意图，一些阿联酋学者认为中国推行该倡议主要是为了实现自身的强大和扩张势力范围，并没有理解此倡议作为公共产品的真正意义。对于该倡议的实施，一些阿方学者因对倡议本身缺乏了解而凭空臆想出一些对阿方不利的结果。如他们认为此倡议将使伊朗更多受益，致其更加强大，从而对阿拉伯国家，尤其是海湾合作委员会国家形成威胁。阿联酋大学政治系教授表示，只要伊朗在“一带一路”倡议中受益，此倡议对阿联酋而言就是威胁。有些学者甚至认为中国将通过该倡议攫取当地资源等。对于该倡议的内容，一些阿方学者对其政治和经济层面混而谈之，从而产生理解偏差。如一些学者认为中国试图通过与沿线国家加强经济合作增强政治影响力，是中国称霸世界的重要一步。

四是在阿华人华侨素质良莠不齐。近年来，中国在阿联酋多领域业务的迅速扩大主要得益于中国的人才优势：既有精通业务且外语流利的管理人员，又有聪明勤奋的劳务工人，也有高水平且尽职尽责的教师和各领域交流团组。然而，也有一些在阿华人华侨，因不当行为造成不良影响，如，一些人在当地斋月期间在公共场合进食或饮水；一些人在公共场合大声喧哗等。上述行为直接有损于中国人在当地的声誉。

上述问题仅存在于少数人身上和发生在个别领域，在当前并不会对中阿合作的大局构成影响。但从长远看，这些问题的存在将会阻碍中阿关系的发展，将它们及时解决将助推双边关系发展得更加顺畅。

中阿共建“一带一路”的前景

由上述分析可得出结论：中阿共建“一带一路”具备充分条件，未来前景光明。阿联酋自身情况决定了中阿共建“一带一路”的成功不仅惠及两国，也将对中国推行“一带一路”倡议的整体实施具有助推作用。从阿联酋的地缘位置看，它位于中国进入中东的东入口，也是中国与欧洲、非洲国家间重要的海、陆、空交通枢纽。从区域作用看，中国与阿联酋的长期友好合作成为中国与中东国家合作交往的样板，对中国与其他地区国家的合作，乃至与整个地区关系的稳定与发展起到积极作用。从世界影响看，阿联酋是个多元化的社会，当地 80% 的常住人口为外籍人员，多来自印度、巴基斯坦、印度尼西亚、斯里兰卡、叙利亚等亚洲国家，以及埃及、利比亚等非洲国家。“一带一路”倡议在阿联酋的成功实施可通过这些外籍人员传至他们的母国，甚至世界多地，由此产生积极的扩散效应。对于中阿共建“一带一路”中存在问题，可通过下述途径克服或改进，以使中阿合作提升至更高层次。

首先，开辟多条渠道增进阿联酋各界对中国的了解。由于中国与阿联酋距离遥远，意识形态不同，民众的生活方式也存在较大差异，双方间的相互了解较少。中国政府可邀请阿联酋主流媒体来华参观访问，使他们亲眼目睹并以多种方式记录下今日中国的发展，回国后对中国做出客观、深入的报道和宣传。中国企业也可邀请阿联酋各领域的代表来华交流，增进他们与中国相关领域的了解和交往，有利于双方间的业务对接。中国高校也可增加吸收阿联酋来华短期培训、交流学生的人数，使他们对真实的中国有直观的了解，回国后传递真实的中国形象。

其次，消除阿联酋方面对中国中东政策的误解。阿联酋各界对中国缺乏正确认知和深层了解，导致他们对中国的中东政策以及在中东作为的不理解和不认同。中国应加强与阿联酋以及其他中东国家间的智库交流，互派学者，就中东热点问题进行联合研究，在此过程中消除现存的误解。当前，阿联酋以及其他中东国家了解中国政策的途径主要通过西方媒体，但其对中国的报道缺乏客观和深入，甚至刻意歪曲。中国也应在阿联酋设立多种形式的媒体工作站，将中国的立场、观点直接送达阿联酋及其他中东国家，最大限度地减少上述情况的发生。中国还可充分利用在华学成后归国的阿联酋留学生，作为宣传中国、解释中国政策的有力帮手。

再次，加强对“一带一路”倡议的正确宣介。当前仍有一些阿联酋人士对“一带一路”倡议缺乏了解，甚至误解，而对其持犹疑或否定态度。中国可在以上两方面的交流过程中加入宣介该倡议的内容，以期在增进了解和铲除误解的基础上深化合作。正确的宣介、全面的释疑是当前中国在阿联酋推行“一带一路”倡议的首要工作。

最后，提高中国外派工作人员的素养。当前，有 30 余万华人华侨在阿联酋各领域工作，如有一些不当言论和举止会对中国形象造成损害，反之则起到提升作用。未来，对在外务工人员在派出前就当地国情、法规及相关禁忌加以培训，在外工作期间加强统一监管，加大奖惩力度，以维护中国的国际形象。

此外，值得一提的是，中国与阿联酋共建“一带一路”过程中应时刻警惕地缘安全风险。虽然阿联酋国内处于稳定状态，但其所处的中东地区危机四伏，冲突频发。鉴于中国在阿民众数量多，工程项目规模大，中国应对地缘安全风险进行全面评估，周密防备。在联通中国与阿联酋的中亚地区国家开辟海、陆、空安全通道，以备不时之需。同时，强化领事保护力度，确保中国在阿数十万民众的生命财产安全。

当前及未来几年内，阿联酋的发展战略与中国参与中东事务的重点方向以及中国实施“一带一路”倡议的目标都高度契合。两国已达成如下共识：用共建“一带一路”统领中阿友好合作的发展，使两国的政治互信更加牢靠，贸易交往更加畅通，战略合作更富活力，人文交流更为便利，安全保障更加有力，共同打造面向未来的全面的战略伙伴关系。

（原文发表于《当代世界》2017 年第 6 期）

“一带一路”框架下中土产能合作面临的机遇和挑战

魏　敏　中国社会科学院西亚非洲研究所副研究员

土耳其地处“丝绸之路经济带”和“21世纪海上丝绸之路”的交汇点，是中国推进“一带一路”建设的重要支点国家。其优越的区位优势、较为完善的工业体系和丰富的劳动力资源成为“一带一路”沿线的重要合作国家。自正义与发展党（下称正发党）执政后，土耳其经济快速发展，不仅步入新兴经济体行列，更是成为二十国集团（G20）成员和经合组织（OECD）成员。在正发党长达15年的执政期内，从埃尔多安赢得总统大选，到实现总统直选，再到其后赢得总统连任和议会选举，以及修宪成功，都与正义与发展党执政后的经济成就密不可分。伴随着此次修宪公投成功，土耳其各界均希望土耳其政府能够尽快将国家发展重心转移到经济建设上。土政府已经将注意力转向经济层面，继续推行旨在提高制造业竞争力的经济结构改革并着力吸引外资，刺激经济增长，扩大就业。但目前，土耳其面临经济增长减速、通货膨胀率上升、失业率高企、货币贬值、财政赤字不断扩大等问题。与此同时，与欧盟关系恶化进一步减弱了土耳其经济增长的预期。明确土耳其当前的国际国内环境，对厘清“一带一路”框架下中土国际产能合作面临的机遇和挑战，具有一定的现实价值。

正义与发展党执政后的土耳其经济

正发党执政后，在加入欧盟这一强烈诉求的驱动下，土耳其通过继续推进在国际货币基金组织主导下的结构调整和快速城市化，由一个传统的农业国家发展成为中等工业强国，经济结构日趋优化，成为继金砖国家后的新兴经济体代表。截至2016年底，在土耳其国民经济中，农业占6.1%，工业占28.5%，服务业占65.4%。按购买力平价计算，经济总量达1.698万亿美元，居世界第18位；人均国内生产总值2.11万美元，居世界83位，位列中等收入国家行列。[1]

土耳其2001年经历了严重的金融危机之后，将财政改革作为国家经济改革的重要部分。积极的私有化方案也减少了国家对基础工业、银行业、交通运输、电力和通信业的参与，一系列改革改善了国家经济基本面。土耳其迎来了一个经济强劲增长的时代，年平均经济增长率超过6%。即便是在2008—2009年金融危机时期，土耳其也仅是经历了短暂衰退，便实现经济迅速反弹，成为全球少有的快速摆脱金融危机影响的国家。2010年，土耳其经济增长率达到9.2%的历史最高水平。

自2014年以来，土耳其经济长期潜在的不平衡性逐步显现，主要体现在两个方面：一是国内储蓄低和经常项目赤字大的弊端造成经济严重依赖外部投资，从而使土耳其经济更易受投资者信心不足带来的负面影响。2016年7月土耳其发生未遂军事政变后，外资纷纷撤离，使土耳其经济遭受沉重打击。2016年土耳其国民总储蓄仅占GDP的13%，位居世界第133位，经常账户余额为-326亿美元，位居世界195位。二是土耳其旅游业发达，旅游收入占出口总收入的20%以上。但旅游业严重依赖国内安全环境和外部旅游客源市场，存在相当的脆弱性。

为了扭转因未遂军事政变而导致经济下滑的势头，土政府出台了《中期发展计划2017—2019年》，并重新修订《土耳其公民法》吸引投资移民等一系列政策文件以提振经济。但是，据土耳其统计局数据，2016年土耳其国内生产总值为7155.67亿美元，增长率为2.9%，低于世界银行3.4%的增长预期。

2016年12月失业率达12.7%，创2009年以来的最高值。2017年4月16日，土耳其修宪公投成功，总统制取代了自1923年土耳其共和国成立时实行的议会制，土耳其进入了一个新的政治体制时期。从正义与发展党执政后土耳其发展现实来看，土耳其现处于经济增长周期的困难阶段，其当前的制度环境和经济举措将给“一带一路”背景下中土产能合作带来诸多不确定性。

中土产能合作的主要领域

土耳其是中东国家中与中国开展国际产能合作较早的国家之一，并且在贸易、投资和契约性生产三个方面都已经取得了早期收获，成为中国与中东产能合作的典范。中国与土耳其的国际产能合作主要体现在五个方面。

一是基础设施建设领域。土耳其是继中国之后世界排名第二的对外承包工程大国。根据美国《工程新闻纪录》杂志2016年度评选结果，全球225家最大的国际工程承包企业中，土耳其有46家企业榜上有名。近年来，中土两国工程承包商在基础设施建设领域的产能合作已经取得了不少成果。2014年7月25日，中国企业首次在海外承建的连接土耳其首都安卡拉和伊斯坦布尔的高铁通车，这是中国高铁“走出去”的第一个项目。2015年11月，中国与土耳其签署政府间共同推进“一带一路”建设谅解备忘录。得益于土耳其横跨欧亚两大洲的优越地理位置，中土两国在基础设施建设方面的合作潜力巨大，并且两国在基础设施建设方面的产能合作模式，已实现从工程承包到绿地投资和跨国并购的转变，中国公司对库姆港和纺织银行的收购项目就是典型代表。

二是装备制造业领域。机电产品在中土贸易中占有重要地位，是土耳其自中国进口的最主要产品类别。2016年前三个季度，机电产品占土耳其自中国进口商品的55.2%。近几年，土耳其进口中国机电产品所占比例不断增加，由2010年22%上升至最近约30%。而装备制造业是中土机电产品产能合作的排头兵。2009年中国中车股份有限公司拿下出口伊兹密尔轻轨项目，标志着中国高端轨道交通装备进入中东市场，并随后中标安卡拉地铁项目。目前，中车公司在土耳其当地投资成立了合资公司，开始实施本地化采购、制造和用工的国际化策略，实现了从输出产品到输出技术的转型升级。

三是核能和新能源领域。中土产能合作在核能和煤电站领域已经取得了一定发展。2016 年前三季度，土耳其自中国进口商品中核反应堆、锅炉、机械器具及零件占比为 22.1%，是土耳其自中国进口的第二大产品类别。在新能源领域，中国企业已在土耳其投资设立了中电光伏组件厂，形成一个面向欧洲的生产基地。未来，核能以及风能、太阳能等可再生能源领域也将成为中土产能合作的新亮点。

四是旅游业领域。土耳其非常重视旅游业的发展，旅游创汇是土耳其服务业最大的外汇收入来源，占土耳其整个出口收入的 20% 以上。据世界经济论坛发布的世界旅行和旅游竞争力报告，土耳其旅游竞争力已由 2009 年的全球第 56 位上升至第 44 位。中国作为全球最大的出境旅游市场，2016 年中国出境游客数量达到了 1.3 亿人次，成为世界最大的旅游客源国。2017 年 2 月 23 日，万达酒店及度假村与土耳其 Mar Yap 公司就伊斯坦布尔万达文华酒店管理输出项目的签约，标志着中国酒店管理品牌正式进入土耳其，中土旅游合作迈上了新台阶。

五是金融业领域。资金融通是“一带一路”建设的重要支撑，金融领域合作对于维护金融体系稳定、支持“一带一路”建设具有重要作用。中国与土耳其金融领域的合作，也走在了“一带一路”沿线国家的前列。2015 年，中国土耳其两国央行续签了双边本币互换协议，互换规模由原来的 100 亿元人民币 /30 亿土耳其里拉扩大至 120 亿元人民币 /50 亿土耳其里拉，促进了金融稳定。2015 年，中国出口信用保险公司与土耳其阿克银行签署合作协议，为即将在土耳其进行的投资提供信用担保支持。继中国工商银行成功收购土耳其纺织银行后，中国与土耳其在金融领域的合作不断深化。2016 年，中国银行获准在土投资设立子行，中国银行成为继中国工商银行之后在土耳其的第二家中资银行。这对支持中资企业在土耳其参与“一带一路”项目建设，加快人民币国际化步伐，推动伊斯坦布尔成为中东地区人民币结算中心具有重大意义。

中土国际产能合作的机遇与挑战

2016 年 7 月土耳其未遂军事政变之后，土政府大规模的肃清活动使西方势力严重受挫，未来 5—10 年内西方势力很难在土耳其全面恢复。这种局面给土耳其带来当前经济困境的同时，也给中土两国的国际产能合作带来巨大挑战。

一、国际国内局势动荡，提高了中土产能合作的风险

未遂军事政变发生后，土耳其政府在第一时间向外界发布了土耳其将继续推进结构性调整不动摇的市场信号。同时，在政变平息后的第二天，副总理西姆谢克亲自主持召开了由 560 名全球投资者参加的电话会议，向与会者发布了土耳其政府管控政局的信心和措施，表明土政府将继续推进市场化改革，采取符合市场预期的措施，期望以此来稳定外国投资者。但是，由于土耳其在未遂军事政变后外交政策的调整，引发了土耳其国内恐怖事件频发。国际三大主权信用评级机构纷纷将土耳其主权信用评级从稳定下调至负面。目前，土耳其主权信用低，存在政治风险、经济风险、社会风险等多种风险，这也给中土国际产能合作带来巨大挑战，中国企业必须对土耳其的国家风险保持理性认识。

二、土耳其制度本身的问题

土耳其自 1996 年加入欧洲关税联盟后，在贸易法规和技术体系上均向欧盟靠拢，与中国国内环境有很大差异。同时，土耳其的制度环境与技术标准与中国迥异。因此，双方在实施合作中也存在一系列问题。在安—伊高铁的承建过程中，根据土耳其法律要求，中国员工和土耳其当地员工按照 1:5 的比例配置并全部采用欧洲标准。但是钢轨等主要装备只能用欧洲国家的产品，在整个施工和运营中，中国设施设备的使用率仅占全部设施设备预算的 7%，对于带动中国钢铁产品及设备的出口作用非常有限。土耳其的制度环境和技术标准成为影响中土产能合作的主要障碍之一。

三、中土贸易存在长期的同质化竞争

中国目前是土耳其第二大贸易伙伴国，随着中土贸易的发展，中土贸易不平衡问题在逐年扩大。自 2000—2016 年，中土双边贸易额由 12 亿美元增加到 277.6 亿美元，增长了 22 倍。2015 年土耳其与中国的贸易逆差为 231.1 亿美元，同比增长 3.1%。值得注意的是，作为对中国出口商品提出反倾销诉讼最多的国家之一，2016 年，土耳其又对中国产品发起了两次贸易保护审查。如何降低两国间贸易同质化竞争，并使土耳其认识到在经济全球化的市场条件下，一国对外贸易的平衡应在全球范围内实现是中土两国开展产能合作需要破解的重要问题。

四、中国企业作为产能合作主体的问题

中土产能合作的传统力量是国有企业，而近年来民营企业异军突起，越来越多地参与到中土两国的产能合作中。但是，无论是国有企业还是民营企业，都存在企业国际化能力不足和人才匮乏的问题。中国现有政策和制度对于国有企业海外投资前期限制较多，而对于已批准的对外产能合作的项目监督不够，相关的统计、监测体系均未建立起来，无法通过掌握总体情况进行相应决策和调整。况且，中国企业目前在土耳其投资主要集中在制造业、矿产开发、基础设施建设等，以第二产业为主，而在其他领域，尤其是法律服务、金融、房地产、旅游、仓储物流等服务行业投资比重较小，投资领域仍有局限。而土耳其的主要投资来源国是欧洲发达国家，相比中国企业，他们在土耳其的投资更加多元化且在第三产业的投资远高于中国。

对策建议

土耳其是极具潜力的新兴经济体、中东地区第一大经济体，不仅是古丝绸之路的必经之地，也是当今中东地区的陆、海、空运输枢纽，是“一带一路”上的重要一站。因此，我们需要重视对中土国际产能合作的战略路径选择。

第一，健全机制建设，增进政治互信。近年来，中土两国高层互访频繁，为促进双边经贸合作提供了有效引导和有力支撑。中土还应将两国外长磋商机制和两国副总理级合作委员会机制常态化，为两国开展国际产能合作提供良好的政治环境。

第二，进一步扩大开放，提升两国的产业竞争力。土耳其作为世界中等强国，其工业化程度、全民受教育程度和伊斯兰教属性，使其在中东、中亚、巴尔干地区和伊斯兰教国家都有一定的影响力，是中国在“一带一路”沿线国家中的天然合作伙伴。两国已在双边贸易协定、投资保护协定的基础上，签署了一系列的涵盖海运、税收、旅游、能源、农业、信息技术等各个方面的双边协议，为产能合作奠定了制度基础。未来，中国应将中土产能合作放到重要位置，推动与土耳其自由贸易协定谈判，共同开辟和拓展中东、中亚和非洲市场，并积极推动中国企业到土耳其已设立的21个自由贸易区投资，充分享受土耳其政府提供的税收优惠政策。

第三，“一带一路”倡议与“中间走廊”计划的对接，将成为中土产能合作的重点领域。土耳其提出的“中间走廊”倡议的宗旨之一也是通过基础设施建设、能源、信息通信、金融、航空、工程承包等领域投资与合作，促进亚欧区域经济发展。土耳其是建筑业强国，并且进入俄罗斯和中亚市场较早，加强与土耳其著名跨国公司的合作，有利于共同开辟和拓展国际市场的产能合作。中国应推动亚投行、丝路基金等区域内政策性金融资源向土耳其相关领域的产能合作倾斜，为企业提供政策性和商业性的金融支持，降低企业开展投资合作的风险。

第四，加强对于土耳其的国别研究。中土产能合作中，涉及许多政治、经济、文化，以及宗教问题。由于我们长期以来比较关注美国、英国、日本等发达国家的政治经济文化研究，对于土耳其的国别研究积累还很不够，尤其是对于土耳其国内情况缺乏深入的田野调查研究，现有研究成果对实践的指导作用有限。为了应对土耳其可能存在的各种结构性风险，需要加强对土耳其各方面情况的研究分析，科学地评判风险，更好地为中央决策服务。

（原文发表于《当代世界》2017年第8期）

---

[1] https://www.cia.gov/library/publications/resources/the-world-factbook/geos/tu.html.

土耳其的产业结构和“一带一路”框架下的中土经济合作

姜明新　中国社会科学院西亚非所副研究员

随着2000年后中土经贸关系的迅猛发展，两国贸易不平衡及贸易摩擦问题日益突出，这一问题事实上成了土耳其政经界长期纠结并影响两国经济关系的首要问题。而中国政府提出并全面推进的“一带一路”倡议，为两国通过产业合作解开这一死结并进一步提升双边经济关系提供了新的契机。但是，由于多方面的原因，中国企业在土耳其市场多是独自摸索，缺乏对土耳其产业结构的全面了解。有鉴于此，理清土耳其的主要产业结构及其现状对加强中土产业合作、提高中国资本进入土耳其的针对性和战略性具有重要的现实意义。

土耳其的产业结构

土耳其共和国建国以来，经过90多年的奋斗，逐步从一个落后的农业国蜕变为一个国民经济门类比较齐全、产业结构比较合理的现代化国家，2016年其国内生产总值为8577亿美元，居世界第17位，其农业、工业、服务业在国民经济中的比重分别为6.93%、32.36%和60.72%。[1]

一、传统工业体系比较完整，产业结构有待优化升级

土耳其的经济增长曾长期由工业主导。经过几十年的发展，土耳其已经初步形成了比较完整的工业体系，主要产业是纺织、食品、能源、化工、钢铁、水泥、汽车等。随着产业政策从进口替代向出口导向的转变，汽车、家电、钢铁及机械等产业逐渐占据主导地位，工业结构正处在转型升级过程中。

（一）采掘业国民经济占比低，油气资源短缺制约经济发展

土耳其采掘业目前已基本私有化。2014 年采掘业仅占国内生产总值的 1.6%，雇佣人数只占就业总数的 0.5%，占出口收入的比重仅 2.2%，而进口占总额的比重却高达 15.3%，[2] 其中石油和原材料进口还是土耳其经常项目长期赤字的主要原因，能源短缺是长期制约土耳其经济发展的瓶颈。

（二）制造业逐步从传统的劳动资本密集型向资本技术密集型转型升级

土耳其传统的制造业主要包括建国初期建立起来的纺织、食品等劳动密集型和钢铁、化工、建材等资本密集型企业。纺织业曾长期是土耳其最重要的工业部门和最大的出口创汇部门。随着产业转型升级，纺织业在土耳其出口收入中的比重逐步下降，但土耳其生产的服装 65% 供出口，出口量居世界第七位。土耳其 2016 年粗钢产量 3320 万吨，居世界第八位。值得注意的是，尽管土耳其钢铁出口收入占比 10%，但土耳其仍是钢铁产品的净进口国。[3] 化工领域，土耳其是欧洲第二大和全球第七大塑料生产国，欧洲第五大涂料生产国，化肥能满足本国需求的 75%。[4]

近些年土耳其汽车工业和家电工业异军突起，已经成为国家主要产业和出口创汇的大户。土耳其的汽车工业是典型的出口导向型产业。欧美日韩众多汽车巨头在土耳其投资建厂，且产品绝大部分出口，这让土耳其成为欧洲最大的商用车生产国和世界第 17 大汽车制造国。而耐用消费品是土耳其近年崛起的另一个生产和出口大类，2014 年其大型家电出口占出口总额的 2.1%。[5]

（三）电力建设提速，但仍无法自给

自 1989 年以来，电力部门一直是政府优先发展项。尽管近年电厂建设快速增长，当前总装机容量已增至 80 吉瓦，但仍赶不上日益增长的民用和工业需要，土耳其被迫从邻国进口电力。据估算，2023 年前土耳其电力需求

还将以每年 6% 的速度增长。[6]

二、农业的国民经济占比大幅下降，但生产规模和潜力巨大

农业曾长期是土耳其经济的支柱和出口创汇的主要部门。但在 20 世纪 80 年代以后，农业在国民经济中的占比迅速下降，甚至其粮食生产现在也不再能够自给。尽管如此，土耳其仍是中东地区最大的农产品生产国和出口国，也是世界上烟草、开心果、榛子、葡萄干、水果和蔬菜的主要产区之一。2016 年土耳其向全球 190 个国家和地区出口了 1781 种农产品，总额达 169 亿美元。[7] 近年来外国资本，尤其是土耳其的中东出口市场对土耳其农业的商业开发兴趣日益增强。

综合起来，土耳其农业概况如下：一是粮食种植规模庞大，粗放经营难以自给。土耳其约一半的农地种植粮食，主要是小麦，但经营粗放，收成起伏不定，不能保障自给。二是经济作物生产下滑。传统出口创汇商品棉花和优质烟草的种植面积和产量均大幅下滑，油料作物向日葵、花生、大豆、芝麻、橄榄的产量也呈下滑态势，由于补贴削减，土耳其甜菜产量大幅下降。三是果蔬生产是种植业亮点。随着蔬菜、水果、坚果的产量、出口量迅猛增长，土耳其已成为继中国、美国、印度和巴西之后的全球第五大蔬果生产国，每年出口创汇愈 20 亿美元。四是畜牧业发展缓慢，肉类不能自给。土耳其是全球最大的马海毛生产国之一，近年政府鼓励养羊取毛和品种改良。由于长期经营粗放，土耳其肉类尚不能自给。五是渔业林产国民经济占比极低。土耳其渔业产值不足国内生产总值的 0.3%，还面临过度捕捞、污染和环境恶化问题。林产规模也不足国内生产总值的 1%，但森林覆盖率居世界前列，至今很少开发，每年需大量进口木材。

三、服务业发展迅猛，潜力巨大

埃尔多安治下的黄金十年，土耳其服务业进步神速，不仅获得量的增长，国民经济占比六成多，而且获得了质的跃升，尤其是在金融领域。值得注意的是，土耳其电子商务迅猛成长，市场规模已跃居欧洲第一，尽管目前其在

国民经济占比不高，但鉴于土耳其庞大且年轻的人口结构，其发展潜力巨大。

（一）金融系统稳健，资本市场发达，汇兑自由

经过世纪之交两次金融危机的冲击及随后的改革，土耳其金融系统日益稳健。在 2008 年席卷全球的金融危机中，经过整顿的土耳其银行业经受住了考验，没有出现系统性风险。当今的土耳其是世界上汇兑最自由的国家之一，其股票和公债市场向外国投资人全面开放，对资金与利润汇出没有任何限制。

（二）交通运输建设提速，打造连接欧亚的陆海空交通枢纽

独特的地理位置、快速发展的陆海空交通支撑起土耳其作为连接欧亚和东西方桥梁的梦想。目前，土耳其国内以公路运输为主，公路客货运占总量的 95% 和 90%，铁路客货运只占 2% 和 4%。在埃尔多安治下，土耳其加大基建投入，已修建完成 1.36 万公里公路和总长 708 公里的两条高铁，海峡隧道也建成通车。土耳其目前正在伊斯坦布尔建设全球最大的机场，土耳其航空公司的运量和运能增速在欧洲都名列前茅。

（三）通讯服务全面升级，宽带、移动业务进入普及阶段

土耳其传统邮政系统完善，还开通了网上邮政业务，电话几乎村村通，宽带和移动用户快速增长。截至 2016 年，人口不到 8000 万的土耳其有固定电话 1150 万户，移动电话 7370 万户，互联网用户 4860 万户。

（四）旅游业快速增长，成创汇支柱之一

2000 年以来土耳其旅游业快速成长，金融危机和伊拉克战争都未能阻遏土耳其旅游业的业绩增长。2009—2012 年土耳其年均接待外国游客约 3000 万人，年均创汇约 220 亿美元，跻身全球接待游客数国家第六位[8]。近年来，土耳其政府鼓励私人投资旅游业，并推动从沿海向内陆发展的旅游多元化计划。

“一带一路”框架下的中土经济合作

从对土耳其产业结构的基本梳理中不难看出，土耳其的产业结构还是一

种发展中的传统产业结构。作为中东地区强国，其国民经济部门比较齐全，但产业发展极不平衡；经济总体发展较快，但基础并不强固；经济总量较大，但产业偏向中低端，其传统优势产业除纺织工业外日趋式微，新兴产业优势尚不突出。这种状况为中土两国开展产业协作、共同推进产业升级提供了机会。

随着经济高速增长的“黄金十年”的结束，近几年土耳其重现了高通胀、高失业、高负债和高贸易逆差以及收入两极分化问题。随着改革的红利递减，这些问题不仅在短期内难以解决，而且还易于引发其他政治经济社会矛盾。欧美大国由于自身尚未完全走出金融危机的影响而自顾不暇，当前更因土耳其“7·15”未遂政变问题而损害了双方的政治互信，因此，如何突破目前的经济发展瓶颈实现执政党的“2023年愿景”成为土耳其必须面对的重大问题。

现实的压力迫使土耳其开始更多地“向东看”，借鉴中国经验，寻找新的经济增长点和驱动力，争取外国尤其是中国的投资与合作。2000年中土建立新型合作伙伴关系，此后两国经贸关系飞速发展，2010年进一步建立战略合作伙伴关系，达成货币互换协议。2016年初，土耳其成为亚投行创始成员国并完成注资，两国合作的基础日益巩固。同时，两国高层频繁互访加深了双方的政治互信，为进一步提升两国的经济合作水平提供了重要保障。

一、现阶段中土经济合作的路径和重点

由于中国“一带一路”倡议与土耳其经济发展的基本目标都很明确，并且从土耳其方面来看，近年来其经济发展陷入瓶颈，埃尔多安和执政党亟需重振经济以巩固其执政地位，加上距离土“2023年愿景”目标时间紧迫且任务艰巨，因此近期中土经济合作的基调和路径，将会围绕中国“一带一路”倡议和土方“2023年愿景”的目标进行对接和合作。

当前，为了实现“2023年愿景”，土耳其政府已经专门制定了5000亿美元的投资激励计划，以支持在精炼和石化、港口、汽车、铁路、机车车辆、运输管道、电子、医学、精密光学设备、制药、航空航天、机械制造和合金等领域的大型投资，其中的重点领域是能源和交通，其投资高达2400亿美元，

力图通过投资拉升其下滑的经济增长。

第一，当前中土经济合作的重点和突破口首先是交通和能源领域。交通基础设施是一个"看得见、摸得着、体会得到"并且能带动经济增长的领域，故而为土政府所重视。在2023年前，土耳其尚有1.5万公里等级公路与东西高铁、南北铁路需要修建，而中国企业拥有在土耳其市场已得到证明的技术实力、资金实力以及其他国家难以企及的高效率，这为中国企业在互利共赢的基础上扩大进入土耳其基建市场提供了机会。

而能源短缺是制约土耳其经济发展的重要因素。为实现电力自给，近些年土耳其大大加强了电力建设并采取极具吸引力的投资促进措施和电价补贴，尤其是在可再生能源领域。而中国企业除了参与土耳其水电、火电建设以外，还应加强核电、可再生能源电站的谈判，甚至在实地调研的基础上，可以通过灵活的方式投资建设、运营特许电厂。而在油气领域，鉴于土耳其致力于打造能源过境枢纽的长期战略，一方面可加强中土两国在里海国家石油上游领域的开发合作，另一方面双方可在油气基础设施及炼化等下游领域进行合作。

第二，瞄准土耳其国内市场，加强对土耳其制造业的投资和兼并。这其中最突出的是机动车制造业。尽管土耳其已经成为欧盟的汽车产业基地，出口量迅猛增长，但近几年土耳其的机动车贸易逆差越来越大，已经到了不容忽视的程度，这充分说明土耳其的机动车制造业存在很大的结构性问题。因此，中国车企应把握机会，瞄准土耳其国内消费市场进行有针对性的投资和开发产品。同时，依托中国新能源汽车的成熟技术和产业优势，培育和开发土耳其市场。

家电产业也是土耳其的强项，其产品大部出口欧盟，国内垄断性强，中国企业可以利用家电产业迭代迅速的特点和自身的强大创新能力，通过合资与兼并进入土耳其市场，并绕开欧盟的贸易壁垒。同时，鉴于土耳其制造业的产业升级，中国企业要抓住机会推动我国装备和成套设备的出口。

第三，加强服务业合作，尤其要以新经济盘活带动土耳其多个产业发展。土耳其有8000万人口，人口年龄中位数仅31岁，是一个年轻的大市场。其互联网经济、互联网金融进步很快但还不强，电商服务领域仍存在很大的局限性，大体仍是传统商业的补充。如果选准时机进入土耳其互联网市场，推动土耳其互联网经济向生活服务领域转化，就可能盘活其农业和传统制造业，带动旅游、金融、交通、电信服务的升级，成为推动其经济增长的新动力，同时也有助于解决长期困扰土耳其政府的就业难题。

此外，教育领域的合作也是提升两国经济合作和增进民心相通的有效方式。根据土耳其的实际，中国可以多种方式与土耳其合作办学，有针对性地重点培养旅游、规划、市场拓展和中文等实用人才，共同推动中土经济合作、人文交流走向深入。

二、中土经济合作需要注意的主要问题

首先，当代土耳其是一个剧烈变动中的社会，各种矛盾和社会问题不时爆发，加上土耳其人根深蒂固的大突厥主义和牵扯其中的“疆独”问题的扰动，中土关系和两国经济合作不可避免会受到一定的冲击和影响。但应该看到，这种冲击和影响不是根本性的，合作共赢仍是两国关系的基调，但每个打算开拓土耳其市场的企业家都应该未雨绸缪，以防患于未然。

其次，要时刻关注土耳其国内政局、周边局势和全球经济的变化，因为外向型的土耳其经济对外风险敞口较大，抗冲击能力较弱，极易受内外部各种因素的扰动，稍有风吹草动，就可能引发资本出逃和金融动荡，给在土企业经营造成困难和损失。

同时，在中土经济合作过程中，还必须更多关注知识产权保护和劳资关系问题。土耳其经济尚处于转型升级过程中，但大而不强、全而不均、快而不稳是其主要特征，这一阶段必须时刻注意保护企业和产品的知识产权，做好必要的保密和防范工作。

此外，土耳其雇工成本高昂，但工作效率无法与中国工人相比，而其劳工保护政策比照欧盟，工会作用也不容小觑，这些因素都是中国企业投资土耳其之前需认真考虑的，尤其要注意在劳动密集型产业的投资风险。对中国中小企业和贸易企业来讲，还要注意土耳其的海关规则与相关法律问题，尤

其要注意合作方的信用风险，避免清关风险和由此可能造成的重大经济损失。

（原文发表于《当代世界》2018 年第 3 期）

---

[1] 数据来源：World Bank，“World Development Indicators” ，2018-02-21。

[2] Ibid, p.1136.

[3] 国际钢铁协会，《世界钢铁统计数据 2017》，第 9、27 页。

[4] http://www.invest.gov.tr/zh-CN/sectors/Pages/Chemical.aspx，2018-02-21

[5] “The Middle East and North Africa 2016”, Europa World, p1140

[6] http://www.invest.gov.tr/zh-CN/sectors/Pages/Energy.aspx，2018-02-21

[7] http://www.invest.gov.tr/zh-CN/sectors/Pages/Agriculture.aspx，2018-02-21

[8] UNWTO Tourism Highlights, 2016 Edition, p6.

中国参与土耳其港口开发的机遇与风险

邹志强　上海外国语大学中东研究所

近年来，中国逐步加大了对海外港口的投资开发力度，特别是在“海上丝绸之路”沿线地区的港口投资项目不断涌现，从东南亚到南亚、西亚，再到地中海地区，中国的港口投资引发了世界的广泛关注。当前，中国拥有强大的港口开发能力，投资海外港口的意愿日益强烈。海外港口开发正在成为中国推进“海上丝绸之路”建设、维护和拓展海外利益的战略支点和重要抓手。

作为地跨欧亚的海陆枢纽国家，土耳其拥有四通八达、多方辐射的独特区位优势，在世界海洋运输格局中占有重要地位。土耳其为中东地区第一大经济体，是连接欧亚大陆与周边多个地区的重要枢纽与商品集散地、全球重要的投资市场与消费市场。土耳其是新时期中国推动“一带一路”建设的重要伙伴，也是“海上丝绸之路”沿线港口开发的重要对象。

土耳其港口投资开发的优势

一、土耳其的港口开发与海洋运输

土耳其三面环海，海岸线长达 8300 多公里，且横跨欧亚两洲，使其海上运输颇具竞争优势。土耳其共拥有大小各类港口 50 多个，主要港口有伊斯坦布尔、伊兹密尔、梅尔辛、伊斯肯德伦、安塔利亚等。其中伊斯坦布尔横跨欧亚两洲，地处国际陆上和海上贸易路线的枢纽位置，是土耳其最大城市和最大港口，主要由欧洲部分的阿姆巴利港和亚洲部分的海运尔帕夏港两部分组成。根据土耳其交通部的数据，2016 年土耳其港口的国际集装箱吞吐量达到 880 万标准箱（TEU），与 2006 年的 390 万 TEU 相比已经翻了一番还多。[1] 在英国劳氏新闻发布的 2016 世界集装箱港口 100 强榜单中，土耳其有两个港口上榜，分别是排名第 45 位的阿姆巴利港和第 96 位的梅尔辛港，集装箱吞吐量分别为 322 万 TEU 和 146.6 万 TEU。[2]

土耳其的船运公司与港口经营企业具有较强实力，目前在扩大规模和全球业务范围。根据联合国贸发会议 2016 年世界海运报告，截至 2016 年年中，按照船舶载重吨位来看，土耳其是世界第 15 大船舶所有国，共注册有本国和外国船舶 1540 艘，合计 2795 万载重吨，占世界总量的 1.56%。在世界拥有最大船队的 35 个船籍登记地中，土耳其排名第 26 位。[3] 土耳其最大的 11 家船运公司总共拥有近 60 亿美元的资产，且能够在欧洲与地中海地区提供高端的船运服务。土耳其公司已成为全球 29 个港口的经营者或股东，大多数在欧洲，也逐步扩展至亚洲、非洲等地。[4]

除了贸易和运输的便利化程度、船舶运营成本之外，航运连通性反映了航运可能性、港口基础设施能力和行业结构，而航运网络所起的作用及其结构涉及海运和港口行业之间以及国家和充当管理和监管机构的国际组织之间复杂的相互作用。根据联合国贸发会议发布的全球班轮航运连接度指数（LSCI），土耳其的指数在 2012 年之前经历了快速上升，从 2004 年的 25.60 上升至 2012 年的 53.15，近几年保持平稳但有所下降，2016 年为 49.61。[5]

二、土耳其港口投资开发的基础优势

土耳其为新兴工业化国家，综合经济实力较强，沿海地区经济发达，具有较为成熟的配套设施和较大的经济纵深，而且与周边多个地区和国家经济联系紧密，这为港口投资开发提供了重要基础。

第一，土耳其的经济实力和投资吸引力突出。土耳其经济在中东地区长期位居首位，现代化程度较高，产业部门较为齐全，且经济开放度高，是全球新兴国家的重要代表。2016年土耳其GDP为8560亿美元，人均GDP超过1万美元。[6] 土耳其实行自由化经济政策，经济开放度高，国内营商环境较好。世界银行《2017年全球营商环境报告》认为，土耳其营商环境在全球190个经济体中排第69位[7]。

第二，土耳其的地区连通与辐射力优势突出。土耳其是连接欧亚大陆的战略要地，素有“亚欧桥梁”之称，是保障欧洲战略安全的桥头堡，也是中东、中亚与里海地区能源输往欧洲的关键走廊，拥有无可替代的全球地缘战略地位。土耳其是中东、中亚、里海国家以及俄罗斯、欧盟的重要经济伙伴，对周边国家经贸、能源与安全的重要性与日俱增。特别是土耳其与欧盟签有关税同盟协定，凭借这一特殊经济关系成为外界产品和服务通往欧洲的中转通道。

第三，土耳其的港口开发基础与潜力较好。土耳其拥有良好的交通基础设施和港口条件，国内交通较为便捷。根据世界银行2016年公布的全球物流绩效指数，土耳其的该指数为3.42，排名为第34位（共160个国家和地区）。[8] 土耳其公路、航空和海运发达，与外界联通十分便利。过去的20年中，土耳其的港口开发和私有化政策吸引了全球投资者的进入，也带动了物流业的快速发展[9]。根据土耳其政府制定的“2023年发展愿景”，计划大规模修建国内公路、铁路和港口，希望未来有至少一个港口进入世界前十位。

中国参与土耳其港口开发的机遇与现状

一、中国投资土耳其港口开发的新机遇

土耳其是“一带一路”海陆交汇地带的关键节点国家，是建设“一带一路”的关键伙伴和重要参与方。土耳其将中国的“一带一路”建设视为自身发展的重要机遇，并发起了旨在推动亚欧之间经济合作的“中间走廊”倡议，并希望将二者对接起来，酝酿了多项具体的对接项目。2015年10月，双方正式签署了“一带一路”倡议与“中间走廊”倡议对接的谅解备忘录；2017年5月，土耳其总统埃尔多安在北京参加“一带一路”国际合作高峰论坛，

再次表示将积极参与和对接“一带一路”建设。在港口建设方面，土耳其十分希望凭借自身三面临海、坐拥众多港口、连接欧亚的优势在“海上丝绸之路”建设中占据更为突出的位置，大力吸引中国企业参与开发伊斯坦布尔、梅尔辛、昌达尔勒等港口，并正为此做出多方努力。

同时，中土在基础设施建设领域的合作基础良好。中土经贸关系发展迅速，2000—2015 年，中土贸易额从 12 亿美元猛增到 215.65 亿美元，十五年间增长了近 18 倍。[10]2010 年，中土两国宣布建立战略合作关系，双方在经贸、投资、基础设施等领域的务实合作日益加强。值得一提的是，土耳其规模宏大的欧亚枢纽计划相对成熟而有吸引力，在国内资金能力有限且遭遇资金外流压力的背景下，土方特别期待中国投资。中土同为全球重要的基础设施建设大国，也为双方的港口等基础设施建设合作奠定了重要基础。随着土耳其公司规模的扩大和经验的增加，未来与中国海运及港口企业有望建立强强联合的国际合作伙伴关系。

二、中国投资土耳其港口建设的现状

土耳其是中国的重要贸易伙伴和商品进入欧洲地区的重要中转站，双方之间一直保持着畅通的海上贸易往来。上海、深圳、宁波、天津、广州、厦门、青岛、大连等地都有开往伊斯坦布尔、伊兹密尔、梅尔辛等土耳其主要港口的货轮航线。但相对于地中海地区的埃及、希腊、阿尔及利亚等国，中方企业参与土耳其港口建设起步较晚，项目也不多，最有代表性的是 2015 年招商局国际有限公司联合其他两家中资公司收购土耳其库码港（Kumport）码头股权的案例。

2015 年 9 月，招商局国际有限公司（“招商局国际”）与中远太平洋有限公司（“中远太平洋”）、中投海外直接投资有限责任公司（“中投海外”）组成的一家在卢森堡注册的三方合资公司，收购了库码港码头 65% 的股权，收购价为 9.4 亿美元。在三方联合体中，招商局国际、中远太平洋和中投海外所占股权分别为 40%、40% 和 20%。库码港码头是土耳其第三大集装箱码头，位于伊斯坦布尔欧洲部分的阿姆巴利港区内，占据欧亚大陆连接处的重要战略位置，占土耳其港口集装箱吞吐量的 17%，2009—2014 年复合增长率超过 30%[11]。对库码港的收购使中国企业首次获得土耳其码头经营权，也创造了当时中国企业在土直接投资的最高纪录，是截至目前中国企业投资土耳其港口建设的最大案例。这也被土耳其视为参与“海上丝绸之路”重要的第一步，开启了中国参与土耳其港口建设的新时期，有助于推进欧亚之间的贸易往来和“海上丝绸之路”建设。

从土耳其的角度来看，更加重视其他两个东地中海港口参与“海上丝绸之路”的潜力，并通过各种渠道积极推荐和吸引中国对昌达尔勒港、梅尔辛港开发的关注。土耳其力推的昌达尔勒港位于伊兹密尔北部的爱琴海边，是距离希腊比雷埃夫斯港最近的土耳其港口，其有利位置可以把集装箱货物从伊斯坦布尔方便地运到欧洲。位于南部地中海沿岸的梅尔辛港是土耳其距离中东最近的港口之一，有利于接收穿过苏伊士运河的集装箱船只和提供通往欧洲、伊朗等地的便捷通道。土耳其希望中国能对梅尔辛港进行升级改造，或是沿梅尔辛—伊斯肯德伦一线修建一座新的海港，从而更为直接地纳入“海上丝绸之路”建设。[12]

总体来看，在“海上丝绸之路”沿线港口建设中，中国在土耳其的实际参与项目十分有限，且土耳其港口的地位也难以与邻近的希腊等其他国家相提并论。从“海上丝绸之路”在中东与东地中海地区的走向与实践来看，土耳其在其中所处的地位较为边缘，相对于埃及、以色列、希腊等国，更多的是承担辅助性角色，中国尚未大规模地参与土耳其的港口开发建设。

中国参与土耳其港口开发的风险与建议

同其他投资领域一样，土耳其的港口开发领域面临着较高的融资、政策与经营性风险，与周边国家存在重叠与竞争，此外还有政治、安全与文化差异及周边动荡带来的非经济风险。

一、中国参与土耳其港口开发面临的主要问题及风险

第一，与邻国的区位重叠使土耳其港口的国际竞争优势不突出。在“海上丝绸之路”沿线特别是东地中海地区，土耳其与邻近的希腊、埃及、以色列、塞浦路斯等国在港口开发建设上存在直接竞争关系。对于欧亚之间的海上贸易来说，埃及因拥有苏伊士运河这一必经之地在港口开发领域具有独特的地缘经济优势，大型港口也不少；以色列因其稳定的制度环境和替代苏伊士运河的战略考虑，其港口地位也日益受到重视，比如阿什杜德港；希腊因其欧盟成员国身份和连接东南欧与中欧地区的快捷通道优势受到中国重视，地缘经济优势与港口地位大为提升。特别是希腊最大港口比雷埃夫斯港被称为“欧洲南大门”，已发展为东地中海地区最大的集装箱港口，成为中国产品进入欧洲市场的门户。中国相关企业纷纷参与了上述国家的港口建设。而土耳其港口开发上的吸引力相形逊色，港口功能存在很大程度的重叠与竞争，还未受到中国方面的高度重视。

第二，港口配套基础设施滞后成为阻碍土耳其港口开发的重要因素。一方面，土耳其港口缺乏更大规模、更为便捷的港口服务设施，有关投资、海关管理的政策、手续与办事效率等软环境建设也亟待加强，增加了港口运营成本和经营风险。另一方面，土耳其港口的配套与延伸基础设施跟不上，特别是公路、铁路等配套基础设施滞后使之难以适合海陆多式联运，制约了其海陆交通枢纽优势的发挥。例如，土耳其的伊兹密尔港以及位于其附近、土耳其方面极力推荐的昌达尔勒港就明显存在此类障碍，伊兹密尔作为土耳其第二大港口在集装箱运输上的容量与能力还较为落后。

第三，土耳其国内宏观经济与经营性风险突出。从宏观经济风险来看，近年来土耳其经济增速下滑，通货膨胀与失业问题严重，金融风险加剧，汇率风险突出。土耳其货币里拉不断贬值，成为最易受到冲击的新兴国家货币之一。从经营性风险来看，企业经营成本不断提高，融资难的问题较为突出。土耳其物价水平偏高，水、电、天然气等价格较贵，人力成本上升较快，营业税较高，执行欧洲环保标准。法律、劳工、文化等其他经营性风险也不容忽视，例如，土耳其对劳务输入控制很严，手续繁杂、办理周期较长，难度较大。更为关键的是融资难题，土耳其对外资依赖度高，国内储蓄率很低，投资能力有限，由于向当地银行融资的成本较高，土耳其政府采购项下的基础设施项目绝大多数要求投标商提供融资安排。

第四，国内政治安全风险与外部大国因素。一方面，近年来土耳其国内政治格局经历重大变化，政治对立与社会撕裂加剧，维持国内稳定的压力空前增大。同时，土耳其安全形势一直紧张，恐怖袭击事件时有发生，大城市更成为重灾区。中国在土投资企业也曾遭遇恐怖袭击威胁。另一方面，大型港口等基础设施具有一定的战略意义，难以避免外部大国因素的影响。土耳其与外部大国关系复杂，与美欧之间存在长期制度性联系，但嫌隙与矛盾也日益扩大；与俄罗斯之间既有内在矛盾，也出现日益密切的务实合作。欧盟在土耳其拥有重大经济与战略利益，土欧关系的恶化不可避免地影响到土耳其对外经济关系及其投资环境，特别是对其作为进入欧盟市场跳板的角色造成冲击。

二、中国参与土耳其港口开发的可能路径

第一，从配套基础设施建设入手逐步加大对土耳其港口开发的参与力度，“以陆促海”。土耳其港口的配套与延伸基础设施较为滞后，而中土双方陆上基础设施建设合作意愿和基础更为坚实。土耳其具有海陆交汇的地缘特点，中国应首先在参与土耳其公路、铁路基础设施建设的过程中，有意识地推动中心城市、商品主产地与主要港口伊斯坦布尔、伊兹密尔与梅尔辛的连接，参与港口的物流、联运等配套设施建设，为进一步提升港口潜力和未来加大参与开发奠定基础。这也是中国投资推动“一带一路”建设的优势所在和有力切入点。

第二，协调好与土耳其周边国家港口建设的布局配合，错位发展。土耳其所在的东地中海地区是“海上丝绸之路”沿线的重要环节，是通过苏伊士运河之后连通欧洲与北非的必经之地，区域内国家与港口众多，做好整体线路布局、选好重点港口是关键。对土耳其港口开发的参与，应在联通欧洲市场主航线的核心目标下，配合周边希腊、埃及等国的港口建设，加强土耳其港口联通欧洲市场和沟通周边国家的能力建设。当前应以中国企业已经参与

投资的伊斯坦布尔阿姆巴利港为中心，提升其与欧洲市场的海陆联通能力，以及连通黑海沿岸国家的独特优势，与希腊比雷埃夫斯港形成错位发展和相互配合。

第三，做好经济与社会风险的防范。中东地区为风险高发地带，面临融资困难、政策与经营性风险复杂、互信度低、安全风险高以及保障机制不健全等多重风险。例如，在基础设施建设领域，土耳其希望中国提供融资但较少参与其具体项目；先听取中方工程报价，再向其他国家企业施压也是其惯用的谈判策略。中国企业在对土耳其投资经营中面临着政治、经济、安全以及政策与经营等诸多风险，而运营过程中面临的主要风险是外汇、法务、税务、签证、劳资等经营性问题。投资企业应事先全面了解土耳其投资与商业政策法律，做好市场调研，及时办理工作与居留许可，充分考虑汇率风险，选择适合的本地企业合作伙伴。

第四，不能忽视外部大国因素的影响。土耳其地缘位置重要，为北约与经合组织成员国，与美欧国家存在传统而制度化的政治、经济与安全联系，也是俄罗斯十分关注的重要对象，与外部大国关系复杂而变动频繁，相互博弈也趋向激烈。中国参与具有战略意义的当地港口开发，虽然主要局限于经济合作领域，但依然可能引起外部大国的关注和警惕，甚至带来意料之外的干扰或阻碍。这也要求中企投资土耳其港口应做好充分调研和预判，稳步参与开发建设，重视外部大国因素的潜在影响。

（原文发表于《当代世界》2018 年第 5 期）

---

[1] Turkish Ministry of Transportation, 2016-08-30. http://www.mt.gov.tr/.

[2] Lloyd’s List, One Hundred Container Ports 2016, 2016-08-30. https://lloydslist.maritimeintelligence.informa.com/one-hundred-container-ports-2016.

[3] UNCTAD. Review of Maritime Transport 2016, 2016-11-02. http://unctad.org/en/PublicationsLibrary/rmt2016_en.pdf.

[4] ALTI, Altay. “Turkey Seeking its Place in the Maritime Silk Road”, Asia Times, 2017-02-26, http://www.atimes.com/turkey-seeking-place-maritime-silk-road/.

[5] UNCTAD. Liner shipping connectivity index, 2004-2016, 2016-05-06. http://unctadstat.

unctad.org/wds/TableViewer/tableView.asp?Reportld=92.

[6] World bank. The World bank in Turkey, 2017-04-20. http://www.worldbank.org/en/country/turkey.

[7] World bank, Doing Business 2017, 2016-10-25. http://www.doingbusiness.org/reports/global-reports/doing-business-2017.

[8] World bank, International LPI Report 2016, 2016-12-08, https://lpi.worldbank.org/international/scorecard/radar/254/C/TUR/2016#chartarea.

[9] Soner Esmer, Okan Duru, "Port governance in Turkey: The age of the global terminal operators", Research in Transportation Business & Management, Vol. 22, December 2016, p. 214.

[10]《中国进出口商品主要国别（地区）统计（2000）》，载《国际贸易》，2001年第2期，第62页；《进出口商品主要国别（地区）统计（2015）》，载《国际贸易》，2016年第2期，第70页。

[11]《招商局国际有限公司 . 招商局国际等三方合组联合体收购土耳其 Kumport 码头65% 的股权》，http://www.cmhi.com.hk/Detail.aspx?D=35,3739,101,6。

[12] 同 [4]。

中国参与摩洛哥港口建设的前景与风险

张玉友　上海外国语大学中东研究所

中国参与地中海沿线国家港口建设是“一带一路”建设的重要内容。目前，中国已经参与港口建设的地中海国家有埃及、以色列和希腊。作为马里布格国家，摩洛哥是“一带一路”倡议重要的交汇点与支撑点，正成为中国在西地中海地区重要的合作伙伴。有鉴于此，本文围绕摩洛哥港口建设现状以及中摩两国在港口领域的合作，试析中国参与摩洛哥港口建设的措施和前景。

摩洛哥港口地位与作用

由于特殊的地理位置，摩洛哥的港口主要以海港为主，其分布从摩洛哥西北部一直延伸至西南沿海城市。虽然位于主要国际运输航线上，但2004—2007年，其海运运输连结性指数（LSCI）仅为8.50—9.40。不过近年来，摩洛哥港口的LSCI大幅上升，2008年就达到30，2011年更是达到38。据摩洛哥设备与运输部官方网站统计数据显示，摩洛哥现有各类港口共38个[1]，其中商业港13个、渔港19个、游艇停泊港6个，其中最具现代化的港口是2007年启用的丹吉尔地中海港。2016年，根据最新评估，丹吉尔地中海港实际吞吐量在2018年有望达到900万标准箱，届时，摩洛哥在世界航运业的排名将从49位上升至30位以内，与埃及塞得港和南非德班港共同跻身非洲三大海运国。[2]

作为临海国家，港口在摩洛哥的地位犹如其经济发展的生命线，港口的重要性及其发展思路在2015年的时候也被以法律条文的形式对外公布。摩洛哥法律规定，“要想进一步提升摩洛哥经济，政府必须要为港口部门制定相关法律法规，具体来说，就是通过各类协议和条约，形成一个完整的制度体系，以此来鼓励港口经营者积极参与进来”。[3] 根据这条法律，摩洛哥在国家层面设置了“国家港口管理局”和“港口开发公司”，由摩洛哥设备与交通部领导统筹摩洛哥港口的整体规划，如扩建和拓展新港口等，同时负责制定相关规则；在港口管理层面，主要由摩洛哥港口管理局负责对全国港口运营进行监督和管理；而在商业运营方面，则委托给具体航运公司（包括摩私有企业、外资企业以及摩洛哥相关机构）进行操作。[4] 由此可见，港口在摩洛哥国家经济发展中地位以及所起到的作用是非常关键的。

一、摩洛哥港口2030发展计划

为了扩展港口的数量以及提高港口运营的效率，摩洛哥设备与交通部在2012年发布了一份《2030国家港口战略》（下文用2030战略代替）。《2030战略》的发布也是摩洛哥经济向区域化与全球化发展的表现。对摩洛哥来说，港口是其联通内外的最佳工具。《2030战略》主要有以下三个部分：第一，“三个行动”。其一，大扩建。扩建的港口有穆罕默德迪耶港、卡萨布兰卡港、约夫拉斯法港和阿加迪尔港，其中扩建成本均在2亿美元以上；其二、将若干港口整合至各自城区，计划港口有肯尼特拉河港、丹吉尔城港、卡萨布兰卡港和萨菲城港；其三、建立新港。计划建设的新港包括肯尼特拉新大西洋港、纳多尔新地中海港、约夫拉斯法新液化天然气港和萨菲新港。第二、提升各个港口的交通便利性和效率，具体速度方面要从2012年最高的92mt提升至280mt。第三、建立全国“港口极”。“港口极”的提出是为了按区域进行经济发展，以每一极港口群为中心带动周边经济。在《2030战略》中共提出了六个“港口极”，分别为东方极、西北极、肯尼特拉—卡萨布兰卡极、阿巴达—杜卡拉极、苏斯—邓斯夫特极、南方港口极。[5]

二、摩洛哥港口的战略意义

摩洛哥通过立法和制定中长期计划的形式将港口作为国家发展的重要战略之一。自1999年穆罕默德六世继位以来，摩洛哥先后经历了2003年卡萨布兰卡恐怖袭击、经济危机、2011年阿拉伯剧变，此外西撒哈拉领土归属问题也没有得到解决。因此，反恐、经济发展以及领土问题是当下摩洛哥面临的最紧迫的三个问题，而港口战略可以成为解决上述三个问题的重要抓手之一。纵观穆罕默德六世以来摩洛哥的外交政策可以发现，其外交对象主要有四层，分别为欧盟（法国和西班牙为主）与美国，海湾阿拉伯国家，非洲（尤以马格里布和西非为主）以及远东地区（俄罗斯和中国）。如何将上述三大问题与四层国家联系一起，是摩洛哥当前最重要任务。港口正是具有这样的战略价值，既可以单向指向国内，又能联通两国间的关系。

第一，港口是摩洛哥国民经济发展的重要驱动力。摩洛哥支柱产业主要是矿业、渔业和旅游业，新兴工业产业近几年也迅速发展起来，2014年和2015年汽车行业出口均是国内第一位。[6]矿业、渔业和汽车均以出口为主，港口作为重要的物流始发点、中转站和集装箱储存地，为上述产品的出口提供了重要的保障。摩洛哥拥有多个旅游港，每个旅游港均有邮轮和游艇，可供旅客游玩，大大丰富了摩洛哥的旅游业。

第二，港口是摩洛哥与欧盟和美国建立良好关系的润滑剂。摩洛哥地处西地中海，与欧洲国家隔海相望。多年来，欧洲（以法国和西班牙为主）一直是摩洛哥第一大贸易伙伴，而摩洛哥是欧洲近年来反恐上的重要倚赖对象。近年来，摩洛哥通过建立纳多尔西地中海港（在建）和丹吉尔地中海港，增加与欧盟国家的货运联系，进而夯实双方的相互依赖性。美国虽然与摩洛哥距离较远，但两国早在2004年就达成了自由贸易协定，两国港口之间的联系也是早已开通。

第三，港口是摩洛哥发展非洲战略的重要棋子。作为非洲国家，摩洛哥长期以来都把发展与非洲国家关系作为其长期的战略，一方面通过在非洲实现经济区域化进而惠及本国经济；另外一方面，借助其他非洲国家解决西撒哈拉问题。此外，通过本国港口打通西非和其他地区的联系，从西非国家出发，经过摩洛哥（以丹吉尔地中海港为主）到达欧洲和亚洲，从而增加其在西非国家的影响力。[7]

第四，港口为摩洛哥发展与远东国家，尤其是俄罗斯与中国关系提供新的机遇。作为摩洛哥外交的最后一环，俄罗斯与中国是其近期重要的外交对象。摩洛哥近年来一直致力于外交多元化，寻求更多的外来帮手，以经济合作作为切入口，通过港口来保障合作关系。

中国参与摩洛哥港口建设

中国与摩洛哥建交59年来，两国在政治、经济、文化、军事等多个领域开展了持续、健康的发展。2016年5月，摩洛哥国王穆罕默德六世访问中国，并签署了《关于建立两国战略伙伴关系的联合声明》。这份极具战略意义的联合声明进一步推动了两国关系的发展。[8]2016年中摩贸易额达到17.91亿美元，同比增长5.34%，其中中国在摩洛哥承包工程新签合同额5.34亿美元，完成营业额4.57亿美元。[9]目前在摩洛哥投资发展的中资企业大约有30—40家，一类是以华为、中兴为代表的信息、通信技术企业，另一类是工程建设企业，主要从事高速公路和路桥港口等基础设施的项目承包。[10]

一、中国参与摩港口建设现状

摩洛哥地处古丝绸之路最西端，连接非洲、欧洲和阿拉伯世界，也是新时期中国海上丝绸之路的西端终点。中国通过摩洛哥可以将其市场和影响力同时投射非洲和欧洲，甚至扩展到其他阿拉伯国家。然而，由于距离和历史等多种原因，中国在摩洛哥港口建设的参与方面还处于较低水平。在非洲大陆，中国已正式参与投资的国家和港口项目包括，尼日利亚的拉各斯庭堪岛港、多哥集装箱码头、吉布提集装箱码头和埃及塞得港苏伊士运河码头，其中前三个项目是由招商局港口[11]投资，最后一个由中远太平洋投资。[12]中国在摩洛哥关于港口方面的参与，主要有三种：第一，中企参与港口基础设施项目承包及其周边交通建设，主要以大型国企为主，如中国电建和中国中铁等。[13] 第二，港口技术和设备贸易。摩洛哥很多港口的核心技术和重要设备来自中国，如丹吉尔地中海港的运营方 AP 穆勒曾向上海振华重工公司（ZPMC）购买超巴拿马型集装箱装卸桥。第三，中国港口运营商参与摩洛哥具体港口业务，目前招商局港口已将丹吉尔地中海港作为其海外投资项目之一。

二、中国参与摩港口建设前景预测

虽然目前中国在摩洛哥港口建设和运营方面参与水平较低，但摩洛哥港口投资市场及其战略意义，对中国来说都是非常重要的。摩洛哥为了吸引外资，近几年做了很多工作。2014 年摩洛哥设备与运输部曾在卡萨布兰卡举办国际港口投资大会，旨在吸引全球投资商参与摩港口建设与运营。2015 年 12 月，摩国家港口局出台港口投资计划，计划到 2019 年共投资 7.2 亿美元，其中 52% 由外部提供，主要用来扩建、翻新和新建港口。另外，据摩洛哥设备与运输大臣阿齐兹·拉巴赫在参议院的讲话中透露，摩洛哥港口领域需要超过 60 亿美元的总投资。[14] 因此，巨大的港口需求为中资企业参与摩洛哥港口提供了广阔的市场机遇。除了投资需求，摩洛哥临港园区以及自贸区也具备巨大潜力，欧美已有多家大企业入驻，如法国的雷诺、加拿大庞巴迪、德尔菲法和法国苏伊士集团。中国政府可以鼓励中国企业在摩港口附近的园区建立工厂，在自贸区开办业务等，进而辐射非洲和欧洲业务。近期，中国企业已经开始行动。2017 年 3 月 20 日，摩洛哥和中国海特集团签署协议，在丹吉尔附近为 200 家中国企业建造工业园区，这将是中国在北非地区首个工业基地。

三、中国参与摩港口建设风险预判

机遇往往与风险并存。新时期中国参与摩洛哥港口建设与运营主要面临以下几个方面的风险：第一，可能会招致欧美大国的猜忌。以摩洛哥为中心的马格里布地区，历来都是欧美大国，尤其是法国和西班牙的“势力范围”，对提升和维护其经济发展与国家安全都起到重要的作用。近年来中国在“一带一路”倡议指引下，在全球范围内参与诸多重要港口的建设，引起了西方媒体的关注，认为中国投资民用港口，表面是商业性质，终极目标是军事用途。[15] 摩洛哥地处西地中海范围，如若中国加大投资力度，必将引起法国和西班牙的关注。第二，政治风险犹存。虽说摩洛哥是西亚和整个非洲大陆中政局最稳定国家之一，但是摩周围国家，要么是仍处在动乱的国家，如利比亚，要么是具有极高的不稳定性，如突尼斯和阿尔及利亚，加之该地区是恐怖主义分子重要来源地，给中资企业的投资带来了不确定性。另外，摩洛哥政府腐败现象严重、政府部门办事效率低下，加大了具体项目的运营成本和经验风险。第三，投资港口的资金回收期比较长，导致投资成本相对较高。摩洛哥自从 2012 年提出《2030 国家港口战略》以来，进行了多个港口的扩建和新建，但是由于摩洛哥资源有限，特别是原材料方面，工期经常会延长，导致建设周期冗长，这都是中国投资摩港口建设必须注意的事项。

（原文发表于《当代世界》2017 年第 6 期）

---

[1] 包括西撒哈拉在内的港口。

[2] “Tanger Med to Transform into Biggest Container Port in Africa: Magazine”, Morocco World News, https://www.moroccoworldnews.com/2016/12/203649/tanger-med-to-transform-into-biggest-container-port-in-africa-magazine/；胡英华：《摩洛哥丹吉尔港》，载《环球港城》，2009 年第 10 期，第 60 页 .

[3] “Loi 15-02 au maroc”, http://www.etudier.com/dissertations/Loi-15-02-Au-Maroc/67099.html.

[4] “La stratégieportuairenationale à l’ horizon 2030,” le Ministère de l’ Equipement et des Transports, 2011, p. 6.

[5] “La stratégieportuairenationale à l’ horizon 2030,” le Ministère de l’ Equipement et des Transports, 2011; “2030 National Port Strategy-Morocco”, Ministry of Equipment, Transport and Logistic, http://portfinanceinternational.com/downloads/presentations/2016pficasablanca/1%20Sanae%20El%20Amrani.pdf.

[6] 2015 年摩洛哥经济情况，http://ma.mofcom.gov.cn/article/c/201608/20160801376881.shtml。

[7] Habibulah Mohamed Lamin, “What’s on Morocco’s agenda as it rejoins the African Union?”, Almonitor, February 10, 2017, http://www.al-monitor.com/pulse/originals/2017/02/morocco-agenda-join-african-union.html#ixzz4YWWqOtQk.

[8]“中国同摩洛哥的关系”，中华人民共和国外交部网站，http://www.fmprc.gov.cn/web/gjhdq_676201/gj_676203/fz_677316/1206_678212/sbgx_678216/t359843.shtml。

[9]“2016 年上半年，中摩双边贸易增长 5.34%”，驻摩洛哥使馆经商处，http://ma.mofcom.gov.cn/article/zxhz/tjsj/201608/20160801376199.shtml。

[10] 郑怡、刘烁、冯耀祥：《中企在摩洛哥投资情况调研发现：营商环境友好尚存五大投资障碍》，载《中国对外贸易》,2016 年第 4 期，第 9 页。

[11] 前身是招商局国际股份有限公司，2016 年 6 月 3 日更名为招商局港口股份有限公司。

[12] 陆海鹏：《中资企业“一带一路”港口投资分析及银行策略初探》，载《国际金融》，2016 年第 3 期，第 24 页。

[13] 智宇琛：《我国央企参与非洲交通基础设施建设的现状及特点》，载《亚非纵横》，2014 年第 4 期，第 74-75 页。

[14]“摩洛哥国家港口局计划到 2019 年共投资 59 亿迪拉姆”，驻摩洛哥使馆经商处，http://china.huanqiu.com/News/mofcom/2015-12/8236306.html。

[15] James Kynge, Chris Campbell, Amy Kazmin and FarhanBokhari, “How China rules the waves”, Finacial Times, January 12, 2017, https://ig.ft.com/sites/china-ports/.

中国参与吉布提港口建设的现状与前景

孙德刚 上海外国语大学中东研究所研究员，副所长
白鑫沂 上海外国语大学中东研究所

吉布提既是海上丝绸之路沿线重要节点国家，也是中国港口建设的重点地区，有望成为非洲之角与红海地区的国际航运中心。本着“民生优先”和“发展为重”的国家治理理念，中国和吉布提政府就基础设施建设达成了重要共识。中国正大力参与吉港口、铁路、公路及相关基础设施建设，并已取得丰硕的阶段性成果。

中国参与吉布提港口建设现状

中吉两国自 1979 年 1 月 8 日建交以来，各领域合作进展顺利。近年来，中国与吉布提经贸合作关系愈加紧密，相关产业主要分布在港口、铁路、公路、水利等基础设施建设领域。目前，驻吉布提的中资企业共 19 家[1]，主要分为三类，一类是基础设施建设类企业，主要参与港口、铁路等基础设施建设；一类是信息通讯类企业，如华为、中兴等；还有一类是物流类企业，主要为港口及自贸区等相关延伸产业。多哈雷多功能新港、亚吉铁路、盐码头、吉布提自贸区项目、埃塞—吉布提跨境天然气输送液化项目、埃塞—吉布提跨境供水项目、丝路国际银行等由中国融资的吉基础设施建设项目在吉经济发展中占据越来越重要的位置。

一、多哈雷多功能新港是中国参与吉布提港口建设的代表项目

吉布提港口始建于 1896 年法国殖民统治时期，历经百年变迁，老港陈旧落后的设施装备已无法适应当今世界物流发展的新需求。为抓住经济跨越式发展的大好机遇，港口升级势在必行。2013 年，中国招商局国际股份有限公司参与吉布提港口公司改制，以 1.85 亿美元收购其 23.5% 的股份，成为该港第二大股东。2014 年，吉布提港（PDSA）下属的多哈雷多功能新港正式开建。该港由吉布提港及招商局国际共同投资，总金额达 5.8 亿美元。[2] 中国建筑工程总公司和中国土木工程集团有限公司两家公司共同承包建设新港，这是中资建筑企业迄今为止在东北非地区承接的最大规模的港口项目。2016 年 1 月，中国和吉布提签订合作备忘录，中国根据该备忘录租用吉布提后勤保障基地，租期为十年。[3]

多哈雷多功能新港工期 30 个月，于 2017 年 4 月 16 日建成，5 月 24 日正式开港。该港水深 15.3 米，可停靠 10 万吨级船舶，设计年吞吐散杂货 708 万吨、集装箱 20 万标准箱。[4] 新港的吞吐能力预计将是旧港的 1.5—2 倍，物流能力实现质的飞跃。新港配备了上海振华重工（集团）股份有限公司的大型港口设备，船舶作业效率约提高了三倍，港口竞争力显著增强。多哈雷多功能新港是新“亚吉铁路”的终点和出海口，港口和铁路两个项目的连接进一步提升了吉布提的地缘政治和地缘经济地位。

二、新“亚吉铁路”是中国参与吉港口基础设施建设的重点

新“亚吉铁路”连接埃塞俄比亚首都亚的斯亚贝巴和吉布提首都，直通红海出海口，战略地位显著，是“一带一路”建设的标志性成果之一。该铁路由中国铁建中土集团和中国中铁集团共同承建，是非洲第一条跨国电气化铁路。

1897—1917 年间，法国曾致力于在此修筑“亚吉铁路”。1917 年铁路全线建成后，进一步带动了周边商业发展。[5] 但是，一百多年过去了，原铁路年久失修，早在 20 世纪末，埃塞俄比亚和吉布提两国间的法国米轨铁路已降速

到每小时15公里，部分站段废弃。往来两国首都，除了飞机，只能依靠一条常年堵车的两车道公路[6]，吉布提港与亚的斯亚贝巴之间的货物运输时间大约为一周，高昂的运输、时间和人力成本等阻碍了两地间物流贸易的发展。

新“亚吉铁路”全长704公里，吉布提段长89公里[7]，投资总额为15亿美元，设计时速120公里，全程耗时约十小时，旨在增强埃塞俄比亚出口钾矿的能力。[8] 该条铁路于2013年9月正式开建，2014年5月铺轨，2015年6月全线铺通。目前，“亚吉铁路”沿线共设19座车站，配备了1171辆货车和客车，货车的单次运输能力将超过3500吨，每列客车可运载113—168名乘客。[9] 铁路总造价约40亿美元，项目融资方为中国进出口银行，埃塞段铁路70%的资金和吉布提段铁路85%的资金使用商业贷款。[10] 中土集团拥有吉布提铁路10%的股份和六年的运营管理权，并为其提供两年的技术服务支持。中国企业在海外成功建立了铁路项目上的首个集“设计规划、投资建设、运营管理”为一体的全过程控制体系。

埃塞俄比亚是东非内陆国家，自与厄立特里亚因领土争端交恶后，吉布提港成为埃塞俄比亚唯一的出海口，埃塞俄比亚90%以上货物出口依赖吉布提港口，而吉港将近85%的运输量来源于埃塞俄比亚的航船过境转运[11]。随着吉布提多哈雷多功能港的落成，吉布提老港与新港的总吞吐量还将持续增长，中资企业在埃塞俄比亚有糖业、盐业等产业，产品均需要通过吉布提港销往海外或运回国内。因此新“亚吉铁路”的修建对于吉布提打造地区物流中心具有十分重要的现实意义。

三、中国参与吉港口基础设施建设以后勤保障基地为优先

2016年2月，中国国防部宣布：中国和吉布提经过友好协商，就中国在吉布提建设保障设施事宜达成一致，相关设施的基础工程建设已经启动。[12] 该设施为休整补给保障设施，主要用于中国军队执行亚丁湾、索马里海域护航、维和以及人道主义救援等任务。

中国是世界上派出维和人员最多的国家，也是联合国维和行动第二大出资国，自2008年起至2017年12月，中国共派出了28批舰艇编队参与亚丁

湾索马里海域国际反海盗海军护航任务。中国护航编队以往一般停靠阿曼和也门等国港口补给，若停靠国政局动荡，如也门发生严重内乱，则舰队难以在该国进行正常补给。即使停靠国政局平稳，靠岸补给也需提前与沿岸国家政府进行外交磋商，补给接口或油料型号不匹配等问题也时有发生。因此，中国需要在此区域建立一个更为高效、稳定、安全的保障设施基地。

中国在吉布提建立的“后勤保障基地”，一方面，有利于护航编队进行高效安全的休整补给，提升维和的反应力和行动力；另一方面，有利于保护中国在吉乃至非洲的海外利益，实现中国在非洲大陆的经济发展目标。据估计，中国每日经由亚丁湾及苏伊士运河至欧洲的出口贸易总量可达约十亿美元。[13] 中国在吉布提修建海军补给设施是继湄公河护航、亚丁湾护航之后又一里程碑式事件。[14]

四、中国还参与了吉布提国际自贸区、阿萨尔盐湖盐业出口码头等其他项目

吉布提国际自贸区于 2014 年开始运营，由中国招商局集团和吉方共同成立投资公司和运营公司。自贸区位于吉布提港和机场附近，面积约 48.2 平方公里和预留发展区 30.9 平方公里，占吉布提可利用土地面积的十分之一，包括 614 平方米的仓库和 1340 平方米的综合办公室 [15] 。招商局总结了中国深圳蛇口和福建漳州的综合开发经验，为吉布提制定了“港口—工业区—城市”三步发展战略，期望将其打造成为“东非国际航运中心”。

阿萨尔盐湖盐业码头由中国政府提供优惠贷款，中国港湾工程有限责任公司负责实施建设，主要用于出口阿萨尔盐湖出产的盐化工产品。2013 年 11 月开建，2017 年 6 月正式开港。该项目位于阿萨尔盐湖东南方向 21 公里处，古拜特海湾西侧湾底，距吉布提市区约 120 公里。2015 年，中国交建集团海外事业部和中国港湾工程有限公司联合购买了吉布提盐业公司（SIS）65% 的股份，成立中国交建吉布提盐业投资有限公司，并获得吉布提阿萨尔盐湖盐业开发 50 年特许经营权，将在盐湖周边建设盐化工工业园。目前，工业盐已经正式开采。[16]

中国参与吉布提港口建设的优势

中国在吉布提的命脉产业——港口及相关领域的建设稳步推进，为吉布提带来了巨大的实质性的改变，使这个“最不发达国家”逐渐实现了“弯道超车”。与此同时，中国也从建设中获得了经济收益、政治认同和外交主动等。

一、从国际层面来看，吉布提特殊的地缘区位为中国参与吉布提港口建设赋予了必要性和可行性

吉布提位于“非洲之角”，亚丁湾西岸，与阿拉伯半岛隔曼德海峡相望，红海经此向东通向阿拉伯海及印度洋，向北通过苏伊士运河达地中海。苏伊士运河是国际石油生命线，每年约 2.5 万艘船只通过，占世界海运贸易的 14%。经苏伊士运河驶向阿拉伯海、印度洋的船只必经吉布提，且绝大多数需在吉布提港靠岸补给。此外，在当今世界，吉布提又处于跨国激进势力和反西方势力的中心位置，苏丹、也门、索马里和伊朗等国环绕该国[17]，也门、苏丹和索马里形成了“红海恐怖三角”，因此，吉布提历来都是“兵家必争之地”，各大国争相在此建设军事基地。[18]法国作为前宗主国，在吉布提拥有雷蒙尼尔（Camp Lemonier）军事基地、阿尔塔训练中心（Arta）等，常年驻军 3800—4500 人；美国在此军备齐全，包括雷蒙尼尔（Camp Lemonier）军事基地、吉布提安布利国际机场（Ambouli）、“非洲之角联合任务部队”（Combined Joint Task Force-Horn of Africa）等；日本在安布利国际机场附近拥有海上护卫队基地。[19]吉布提特殊的地缘区位为其创造了以港口物流业为支柱产业的经济环境，中国参与吉布提港口及相关产业的建设投资精准，收益稳定，前景良好。多哈雷多功能港、亚吉铁路等基础设施的相继落成已使中吉双方达到了互惠互利、合作共赢的目的。随着中资企业在吉数量和业务的不断拓展，以及中国派往亚丁湾索马里海域护航编队的现实补给需求等，深入参与其港口及相关产业建设具有重要而深远的意义。

二、从吉布提国内情况来看，相对稳定的政局和自由化的贸易政策为中国在吉投资提供了基础

吉布提相对于地缘区位相似的索马里和厄立特里亚而言，政局稳定，现任总统伊斯梅尔·奥马尔·盖莱三次赢得总统选举胜利。2002 年 9 月起，吉布提全面实行多党制，政府更为温和开放。同时，吉布提实行自由化贸易政策，保持相对宽松的投资环境，允许资本自由流动并向外资全面开放。货币政策上，吉布提法郎与美元保持固定汇率（1 美元兑换 177.721 吉布提法郎），是非洲之角最稳定的汇率，外汇可自由兑换、汇出，物价总水平和通胀率指标相对平稳，对外国股份份额和利润汇回没有限制。[20] 吉在投资方式和投资领域上没有过多限制，除水、电和电信三个行业实行国有企业独家垄断经营外，其余均实行开放政策，对外资的参股比例、开发和经营方式以及优惠条件等均可进行友好协商。[21]

三、从两国关系来看，传统友好关系与现代经济建设过程中塑造的人文环境为中国进一步参与吉港口建设提供了良好的社会氛围

自 1979 年起，中国向吉布提提供援助，为吉援建了人民宫、烈士纪念碑、体育场、门诊楼、外交部办公楼、肾透析室、总统府小型办公楼等项目。2011 年 10 月，中国政府先后两次向吉提供了总计 6000 万元人民币的紧急粮食援助。2015 年 5 月，中国政府向吉提供紧急援助，帮助吉应对也门难民安置问题。中国自 1981 年起向吉派遣医疗队，迄今已派出 18 批共计 151 人次。目前有 14 名医疗队员在吉工作。[22] 中企在建设过程中，积极与吉当地人民开展友好交流活动，为当地雇员提供无偿技术培训等。海军护航编队靠岸休整补给期间，多次慰问当地小学，捐赠书籍、文具、体育用品等。2015 年，中国在也门内乱时的撤侨军舰即在吉布提港停靠中转，500 多名侨民安全地从吉布提转道埃塞俄比亚回国。中吉民心相通，为中国参与吉港口建设提供了良好的社会环境基础。

中国参与吉布提港口建设面临的挑战

随着港口项目不断增加，产业不断升级，投资建设进一步深入，中国参与吉布提港口及相关产业建设也仍面临诸多风险和挑战。

一、吉布提周边国家局势及国际恐怖主义为中国在吉参与港口建设带来安全风险

吉布提政局稳定，但其邻国却局势动荡。索马里曾长期处于无政府状态，现在正在战乱恢复期中，海盗猖獗。极端组织“索马里青年党”带来的风险不仅限于索马里内部，更会影响到整个东非地区的安全和稳定。[23] 而吉布提积极配合西方的反恐行动，也使自身成为恐怖分子的袭击目标。2014 年 5 月 24 日，吉布提市中心一家西方餐馆曾遭遇炸弹袭击事件，造成 2 人死亡、10 余人受伤，“索马里青年党”宣称对此事件负责。同日，索马里位于首都摩加迪沙的议会大楼也遭到了“索马里青年党”的袭击，造成至少 10 人死亡。恐怖袭击目标具有不确定性，中国参与建设的港口及相关项目也因而处于危险之中。此外，2015 年起也门发生内乱。吉布提曾作为也门内乱时外国公民撤离的重要中转站，同时也成为成千上万也门难民的避难所。[24] 这不仅对吉布提的社会安全稳定构成威胁，也使中国在吉投资建设增加了风险。随着在吉中资企业数量的与日俱增，参与建设港口及相关产业项目逐渐深入，中国海外利益的保护成为需考虑的问题。

二、参与吉港口建设面临的经济风险

资源匮乏，气候环境恶劣，产业结构单一，经济总量小等是中国参与吉布提港口建设的主要经济制约因素。吉工农业基础薄弱，95% 以上的农产品和工业品依赖进口，建设资金也主要依靠外来援助。工业生产所必需的交通运输、环保水利、电气动力、邮电通讯等相关基础设施陈旧落后，投资建设的项目成本大大增加。吉布提气候环境恶劣，热季平均气温高达 37℃，最高气温超过 50℃。另外，吉布提是世界上失业率最高的国家之一，失业人口占

总人口的半数以上，青年群体所占比例更高。政府对外来就业管控严格，外籍雇员就业许可审批手续复杂繁琐，费用昂贵。而相关管理部门也常常出现行政效率低下，官僚主义作风明显，办事推诿拖沓等现象。因此，用工成本问题也是中资企业在吉投资需面对的问题之一。吉国家经济总量小，财政收入少，外汇储备有限，政府负债率高，还贷能力堪忧，对于中企而言，投融资风险评估不容乐观。此外，吉布提虽是世界上最不发达的国家和地区之一，却是气候变化《京都议定书》和《巴黎协定》的签字国，对环境要求十分严格，这也对中企在吉投资提出了更高的要求。

三、港口建设的“政治化”风险问题

中国参与吉布提港口建设尤其是后勤保障基地的建设，已引起域外大国如美国、法国、日本等长期在此角力的国家对中国的警惕和忌惮。法国担心中国稀释其在吉传统影响力，美国忌惮中国与其开展全球范围内的影响力竞争[25]，印度担心中国在印度洋构筑包围印度的“珍珠链”，[26]这些因素进一步增加了中国在吉投资建设的难度。而以西方媒体为主导的国际舆论常常抛出 “中国在非洲实行新殖民主义”等充满恶意的言辞，这些都对中国在吉投资造成了潜在的负面影响和现实压力。

前景展望

尽管中国与吉布提在经济总量、政治制度、发展道路和意识形态等方面差异甚大，但是两国同属发展中国家，均面临着改革、发展、稳定的艰巨任务，都将改善民生和治国理政放在国家战略的首要位置。“一带一路”倡议是中国版本的“全球化”发展倡议。2014年吉布提政府发布了“吉布提2035愿景”，以期成为非洲中小国家的发展样板，与“一带一路”倡议遥相呼应。2015年12月，中非合作论坛约翰内斯堡峰期间，中国国家主席习近平宣布设立100亿美元的中国—非洲产能合作基金，用于中国投资非洲地区的基础设施建设。[27]吉布提将成为这一基金的受益者，中国和吉布提作为两个体量差异较大的国

家，已经在经济活动过程中形成了“利益共同体”和“命运共同体”。

在吉布提中长期发展战略中，港口处于重要位置，成为盖莱政府改善民生、拉动就业、促进国内经济与国际经济良性互动、非洲经济与世界经济相互融合、东方贸易与西方贸易连接共进的重要平台。未来，中国将理性评估、稳步推进在吉布提的港口建设项目，继续参与吉布提港口及相关基础设施建设，把吉布提港打造成“东非的迪拜”，在中国与非洲、中国与阿拉伯国家、中国与地中海国家战略合作关系中成为贸易枢纽和战略桥头堡。它将成为海上丝绸之路在东非推广的重要“试验区”和“南南合作”的典范。中国参与吉布提港口建设证明，以发展为导向的民生治理，比西方倡导的民主治理更接地气，也更能够给中东和非洲发展中国家带来和平、稳定与繁荣。

（原文发表于《当代世界》2018 年第 4 期）

---

[1] 中华人民共和国驻吉布提大使馆经商参赞处，http://dj.mofcom.gov.cn/article/catalog/201603/20160301270801.shtml。

[2]《吉布提 DMP 多哈雷多功能码头举行隆重开港仪式》，http://www.cmport.com.hk/news/Detail.aspx?id=10007270。

[3] Jayanna Krupakar, “China’s Naval Base(s) in the Indian Ocean—Signs of a Maritime Grand Strategy?” *Strategic Analysis*, Vol. 41, No. 3, p. 208.

[4]《吉布提多哈雷多功能港开港》，http://dj.mofcom.gov.cn/article/jmxw/201705/20170502582018.shtml。

[5] 顾章义、付吉军、周海泓编著：《索马里吉布提》，北京：社会科学文献出版社，2006 年版，第 244 页。

[6] 陆娅楠：《亚吉铁路为东非带来发展新机遇》，载《人民日报》，2016 年 10 月 6 日，第 3 版。

[7]《吉—埃铁路铺通仪式在吉布提纳贾德车站隆重举行》，http://dj.mofcom.gov.cn/article/jmxw/201506/20150601011674.shtml。

[8] Courage Mlambo, Audrey Kushamba & More Blessing Simawu, “China-Africa Relations: What Lies Beneath?” *The Chinese Economy*, Vol. 49, No. 4, p. 263.

[9]《亚吉铁路即将投入运营》，http://africanunion.mofcom.gov.cn/article/ddfg/201607/20160701369062.shtml。

[10] 严冰：《新时期的坦赞铁路亚吉铁路今天通车》，http://world.people.com.cn/n1/2016/1005/c1002-28757227.html。

[11] Mehdi Benyagoub, “Finding New Paths for Growth in Djibouti,” World Bank, 2013, p. 3.

[12] 中华人民共和国国防部：《国防部：中国在吉布提保障设施基础工程建设已启动》，http://news.mod.gov.cn/headlines/2016-02/25/content_4644745.htm。

[13] Alshafiei Abtadun,” Alsiyn waJibuti Muhadadat Alealaqat waMasar Altjadhbat,” Al Jazeera Centre for Studies,2016,http://studies.aljazeera.net/ar/reports/2016/10/161017094758125.html.

[14] 王磊：《从吉布提看中美在非洲竞合》，载《世界知识》，2016 年第 13 期，第 42 页。

[15] Djibouti Ports & Free Zones Authority: http://dpfza.gov.dj/?q=facilities/dfz.

[16]《阿萨尔盐湖盐业出口码头开港》，http://dj.mofcom.gov.cn/article/jmxw/201706/20170602599788.shtml。

[17] 王磊：《吉布提：弹丸之地何以如此险要》，载《世界知识》，2015 年第 12 期，第 49 页。

[18] 参 见 Lange Schermerhorn, “Djibouti: A special role in the war on terrorism,” in Robert Rotberg, ed., Battling terrorism in the Horn of Africa. Washington D.C.: Brookings Institution Press, 2005。

[19] Ra Mason, “Djibouti and Beyond: Japan’s First Post-War Overseas Base and the Recalibration of Risk in Securing Enhanced Military Capabilities,” *Asian Security*, 6 September 2017, pp. 1-14.

[20] 张威、祁欣：《吉布提投资环境与重点领域：中国企业的决策选择》，载《国际经济合作》，2014 年第 7 期，第 82 页。

[21] 葛华：《外交官话丝路之吉布提》，https://mp.weixin.qq.com/s?__biz=MzI2NjU1MzA0Mw%3D%3D&idx=3&mid=2247484292&sn=7f8cae21cf40efda6e4659ff606dfaa1。

[22] 中华人民共和国外交部：《中国同吉布提的关系》，http://www.fmprc.gov.cn/web/gjhdq_676201/gj_676203/fz_677316/1206_677704/sbgx_677708/。

[23] Saeidat Muhamad Eumar, “Albahth ean Alnufudh : Dilalat Tasaeud Altanafus Al'iiqlimii waAlduwalii fi Shrq 'Afriqia,” *Trending Events*, 2015 Issue 8 , p. 41.

[24] David Styan, “Djibouti: Small State Strategy at a Crossroads”, *Third World Thematics*, 2016, Vol. 1, No. 1, p. 81.

[25] 参 见 Peter Woodward, US Foreign Policy and the Horn of Africa, Aldershot and Burlington: Ashgate, 2006。

[26] Jonathan Holslag, “The Reluctant Pretender: China's Evolving Presence in the Indian Ocean,” *Journal of the Indian Ocean Region*, Vol. 9, No.1, 2013, pp. 40-42.

[27] Rumi Aoyama, “One Belt, One Road: China's New Global Strategy,” *Journal of Contemporary East Asia Studies*, Vol. 5, No. 2, 2016, p. 21.

“一带一路”倡议与肯尼亚港口建设的对接

胡 欣 国防科技大学国际关系学院战略与安全研究所

近年来，东非国家肯尼亚正加速建设本国港口，旨在助推经济发展，增强地区竞争力。随着中非关系特别是“一带一路”倡议的升温，中肯两国的合作也扩展到港口建设领域。中国虽在肯尼亚港口建设中发挥了重要作用，但未来前景也面临挑战。

两个港口、两大自贸区、两条走廊

肯尼亚地处非洲东海岸，占据连接南北的重要位置，其港口既能通过水路接入印度洋，还能通过陆路连接东、中非地区，是地区交通网的核心所在。进入21世纪后，肯尼亚周边国家都加强了港口建设，以增强本国竞争力。为振兴国家经济，肯尼亚在2008年发布了《肯尼亚愿景2030》，提出在未来20年保持GDP年均增长率为10%，到2030年使肯尼亚转型为“新兴工业化、中等收入国家”。“愿景2030”主要聚焦十个关键领域，排在第一位的就是基础设施建设。同时，在124个转型“旗舰项目”中，主要港口以及配套的铁路、公路等基础设施建设也是重要内容。[1]

根据非洲发展银行2013年的非洲竞争力报告，在38个非洲国家中，肯尼亚基础设施排名仅列第14位，[2]“诸如港口设备、内陆航道、电信等都同样存在设施老化而收费提高的情况，基础设施的落后使许多投资者望而却步，从而严重限制了工业发展”。[3] 不过，肯尼亚的优势在于，主要港口不仅可连接南北，还能与一些经济和能源方面潜力较大的东、中非国家相连，为后者提供共同出海口，区域辐射效应突出。目前，肯尼亚正重点建设蒙巴萨港和拉姆港，并配套设立自由贸易区，以及两条引领地区经济一体化的战略性走廊。

一、蒙巴萨自贸区和“北部经济走廊”

蒙巴萨港是东非第一大港口、非洲第二大港，是肯尼亚对外贸易的战略性港口。该港拥有 17 条海运航线，可连接世界 80 多个港口，港口附近还建有造船、纺织、炼油、农产品加工等产业。刚果（金）、南苏丹、乌干达、布隆迪、卢旺达等国由于缺少出海口，货物出口大部分都要依靠蒙巴萨港，坦桑尼亚东北部、索马里等国家地区的物资也常借助蒙巴萨港进出。按照构想，到 2030 年，蒙巴萨港口货物周转量将达到 3000 万吨 / 年。此外，2014 年 2 月，肯尼亚在蒙巴萨建立该国首个自由贸易区，以加强和提升东部、中部和南部非洲地区间的区域内贸易。[4] 2016 年，肯尼亚又和乌干达携手发布了“北部经济走廊总体规划”，以蒙巴萨港为东部起点，通过公路、铁路、水路和管道等基础设施，连接乌干达、布隆迪、南苏丹、刚果（金）等国，为东非经济发展创造条件。

二、拉姆自贸区与“拉姆港—南苏丹—埃塞俄比亚运输走廊”

拉姆港位于印度洋拉姆群岛，与蒙巴萨距离 341 公里。肯尼亚正在这里修建新的国际化港口，并建立自由贸易区，还将以拉姆港为核心，打造“拉姆走廊”，预计总投资将达到 240 亿美元。

肯尼亚政府十分重视“拉姆走廊”项目，它不仅能推动对外贸易，还能降低对蒙巴萨港的过度依赖，并带动落后的北部边界地区发展。项目主要包括七个方面：修建现代化的拉姆港；修建通往埃塞俄比亚的斯亚贝巴、南苏丹朱巴的两条铁路；修建畅通公路交通体系；铺设石油运输管道，将拉姆港同肯尼亚图尔卡纳盆地、乌干达阿尔伯特湖盆地以及南苏丹油田连接起来；

在巴戈尼建造一个石油精炼厂；建设完善三个机场，即罗奇楚吉沃机场、曼达拉姆机场以及伊西奥洛机场；发展三个度假区。[5]

该走廊蕴含的潜力相当可观，可拉动肯尼亚北部发展，激活与南苏丹、埃塞俄比亚及大湖地区的经贸合作。未来该项目还将成为“大赤道地带”的起点，届时从拉姆港出发，经南苏丹的朱巴，中非共和国的班巴里（瓦卡省的首府）、班吉，再到喀麦隆的杜阿拉（位于大西洋边，是喀麦隆最大的城市和最大的港口），一条几乎与赤道并行的经济走廊将贯通非洲大陆东西海岸，并同欧洲、美洲、亚洲等形成互通网络。

中国在肯尼亚港口建设中发挥的作用及面临的挑战

一、中国在肯尼亚港口建设中发挥着积极作用

2013 年 8 月，在肯尼亚总统肯雅塔访华期间，两国宣布建立平等互信、互利共赢的全面合作伙伴关系，之后中国成为肯尼亚第一大直接投资来源国和第二大贸易伙伴。2014 年 5 月，李克强总理访问非盟总部和包括肯尼亚在内的非洲四国，提出了以“461”为核心的中非合作框架。[6]新框架中的中非“六大合作工程”和“三大交通网络”是合作重点，很多内容惠及肯尼亚。比如，中肯签署“蒙巴萨—内罗毕”铁路项目共同融资协议，在肯建设“中非联合研究中心”等。蒙巴萨港第 19 号泊位就是由中国路桥工程有限责任公司承建，也是该港口 20 多年来完成的首个大型扩建项目，更是目前东非海岸港口中最深的泊位。该泊位为港口每年新增 25 万个标准集装箱装卸容量，可同时容纳三艘最大长度 250 米的巴拿马型货轮，巩固蒙巴萨港作为东非第一大港的地位。此外，与蒙巴萨港口对接的“蒙内铁路”于 2017 年 5 月 31 日正式通车。这是肯尼亚独立以来的第一条新建铁路，也是“一带一路”倡议和中非合作论坛合作计划的重要成果，采用了“中国标准、中国技术、中国装备、中国管理”，不仅缩短了港口到首都的运输时间，还将在未来助力打造铁路货运网、交通网。

中国在拉姆港建设上扮演的角色也很重要。2014 年，中国交通建设股份

有限公司赢得价值 4.79 亿美元的拉姆港泊位建设合同，将帮助肯尼亚把拉姆港打造成第一流深水大港。目前涉及首期项目三个泊位及相关配套建设，第一个泊位的建设工作从 2016 年 10 月开始，预计将在 2018 年中期建成。所有三个泊位将在 2020 年前建设完毕并开放使用，年标准集装箱吞吐量为 120 万个。港口全部建设完毕后，这一数字将增加到 2000 万个，成为东非重要港口。

肯尼亚选择中国的原因，如肯尼亚学者所言，“中国和西方国家不同，它没有西方殖民国家那样带有威胁性的历史……中国有三大吸引力：无条件提供融资和软贷款，快速提供服务和实惠商品，鼓舞人心的独特发展历史”。[7]在中肯合作中，中方融资能够为肯尼亚解决经费短缺的难题，且中国坚持以公平共赢的立场来发展中非、中肯关系，中国在肯尼亚的投资建设，并不附带任何政治条件。此外，中国模式对非洲国家有吸引力，可以为肯尼亚提供借鉴，中国第一流的基建能力也为项目提供了质量保障。

二、中国参与肯尼亚港口建设面临的挑战

中国虽然目前在肯尼亚港口建设项目中发挥了重要作用，但也面临挑战。第一，肯尼亚国家行政能力薄弱可能影响港口项目进度和成效。虽然肯尼亚制定了十分宏伟的整体战略规划，但是如同其他很多发展中国家一样，政府的施政水平、治理能力等都还存在不足，成为影响港口建设进度的不利因素。以“拉姆走廊”项目为例，概念最早在 1975 年提出，后因种种原因导致不断延期，直到《肯尼亚愿景 2030》出台时才正式上马。2009 年，该项目预计花费 160 亿美元，最近评估则显示，费用将上升到 220 亿美元和 230 亿美元之间。有分析指出，2013—2018 年间，肯尼亚预计要在该项目上耗费 GDP 的 6%，目前，有的子项目已启动建设，还有些子项目仍没落地，整个项目到底什么时候能真正建成，前景依然面临不确定性。

第二，经济民族主义的膨胀可能给港口建设造成消极影响。非洲国家对国际社会现有经济秩序本就有质疑，中非之间也非百分百和睦圆满，特别是中国崛起后引起的角色转变，使得双方间也存在不同程度的观念错位和利益分歧。加上西方国家不断污蔑中国在非洲进行“新殖民主义”，容易刺激经

济民族主义走向极端，冲击中方的投资。中国参与肯尼亚港口建设项目，虽得到该国总统和政府的大力支持，但也确有人对中肯贸易关系发展，特别是中国制造产品涌入本国抱有质疑甚至敌意，认为会削弱本国制造业和竞争力。此外，有人抱怨中国修建港口所伴生的环境破坏、劳动剥削、就业机会减少等问题。这种带有民族主义和保护主义色彩的情绪渲染，一旦对政治决策产生更大影响，将可能导致肯方态度转向保守甚至极端。

第三，外部大国在肯尼亚的竞争将给中国带来压力。目前，美国、日本等都对肯尼亚比较重视。奥巴马总统在任期间，正值中国加大对非投资合作的阶段，中非贸易总量是美非的两倍，这引发了美国的担忧，国内批评政府对非洲大陆长期忽视，提出要在非洲与中国展开竞争。于是，奥巴马 2015 年访问了肯尼亚和埃塞俄比亚，这也是美国总统历史上首次访问这两个国家，目的就是要扩大在东非地区的影响力。此外，日本是蒙巴萨港最重要的外国投资方，两国达成了扩建蒙巴萨港的协议，由日本国际合作署提供贷款。针对第一阶段工程，日本在 2007 年资助 2.7 亿美元。2015 年 1 月 17 日，肯尼亚和日本又签订了 2.75 亿美元的贷款协定，用于蒙巴萨港口扩建计划的第二阶段工程，主要是修建第 22 号泊位，长 250 米，深 15 米，能增加 40 万标准箱的吞吐量。2017 年，日本政府再次提供 3 亿美元贷款用于第二阶段建设，目前该工程正在进行之中。[8] 肯尼亚财政部长罗迪奇强调，这是一个关键的优先级项目，建成后将促进肯尼亚乃至东非邻国和中非国家的贸易和经济发展，完善蒙巴萨港口地区的道路状况，有益于肯尼亚未来的经济发展。外部大国加大对肯投入的一个重要原因，就是想以此抵消中国在非洲日益扩大的影响。肯尼亚也希望吸引更多投资，既能拓展合作关系，也防止依赖少数国家。

第四，暴力犯罪、恐怖主义威胁港口建设的安全。肯尼亚一直受到极端伊斯兰势力的渗透，威胁最大的就是“索马里青年党”。肯尼亚东北省内有不少索马里人，该地也是索马里声称的“索马里五部”之一，索马里还对其提出了领土要求。肆无忌惮的“索马里青年党”武装常越境袭击难民，绑架外国游客。从 2011 年开始，肯、索两国达成了协议，肯尼亚派兵开展跨国军事行动，对“索马里青年党”进行清剿，虽然后者遭受沉重打击，但也针对肯尼亚发动一连串报复袭击，包括2013年袭击内罗毕商场（造成67人死亡）、2015年袭击肯尼亚加里萨大学（造成148人死亡）等，震惊了世界，美国有线电视新闻网（CNN）曾因此称肯尼亚为“恐怖主义的温床”。[9] 2011年，“索马里青年党”潜入拉姆地区实施绑架，导致该地区一度被很多国家列入禁止前往的地区。2014年，“索马里青年党”又在拉姆港附近发动过两次袭击，导致29人丧生。2015年，“索马里青年党”对拉姆发动大规模进攻，结果被肯尼亚部队击败。这都暴露出港口易于渗透和袭击的薄弱性。除此之外，肯尼亚国内不少暴力或犯罪活动，常将中国公司和工人作为袭击对象。这样的威胁都将恶化投资的安全环境和建设进程。

对策和思考

中国的“走出去”战略和“一带一路”倡议，是风险与机遇共存的尝试。中国在肯尼亚港口建设中面临的挑战甚至威胁，也并非是个案。如何应对，是当前和未来必须面对和思考的重要问题。

一是要坚持人类命运共同体理念，通过凝聚共识来推进“一带一路”倡议。习近平主席提出的人类命运共同体思想，彰显了不同国家间实现共同繁荣的前景，在国际上产生积极反响，也为赢得这些国家的政治认同奠定了基础。中国帮助肯尼亚建设高质量的国际港口和铁路，既能推动肯尼亚本国经济发展，也为“21世纪海上丝绸之路”在东非海岸获得更坚实的对接口创造了条件，符合中国拓展非洲市场、发展海洋经济的总体战略方针，这种共赢局面也成为中肯两国加深合作的重要基础。如今，中国正积极推动“一带一路”倡议与《肯尼亚愿景2030》对接，在港口、铁路、电力、农业、旅游等领域加强合作。在2017年的“一带一路”国际合作高峰论坛上，肯尼亚总统肯雅塔表示，“一带一路”倡议取得了实实在在的成果，为各国在互利共赢基础上探讨合作提供了历史性舞台。肯尼亚学者也强调，中国参与非洲基础设施建设，能促进非洲大陆一体化的发展，有助于非洲“2063年愿景”的实现，促进中非命运共同体的建设。

二是要加强在肯尼亚投资建设的战略统筹。当前，中国掀起了赴“一带一路”沿线国家和地区投资的浪潮，大批项目上马，投入了大量资金。从中肯关系来看，中国已经成为肯尼亚最大的贸易伙伴，也是肯尼亚最大的投资来源国和发展伙伴。2017 年底，肯雅塔总统实现了连任，中肯合作的政治环境应该说比较稳定。但是，肯尼亚面临的内外安全问题依然存在，地方政府治理水平不高，除了首都、新兴港口区外，很多地区依然缺乏稳健的投资发展环境。中国应当避免四处开花，重点是集中力量建设影响大、产能优势显著的项目，比如中肯 2016 年达成的内马铁路建设协议，将如蒙内铁路一样，成为影响国计民生的标志性项目。此外，在推进产能合作中，也应突出对肯尼亚本地企业的扶持，带动就业，突出互利双赢。

三是要坚持项目质量导向，提高国家软实力。在非洲地区，中国往往面临十分不利的舆论环境。除了部分西方媒体和当地政治派系的抹黑外，一些低水平投资项目甚至“烂尾工程”也严重败坏了国家形象。以肯尼亚港口建设来讲，不仅关系肯尼亚本国发展战略，也直接影响地区经济形势和民众生活水平，项目好与坏，必将影响肯尼亚政府和当地民众对中国的信任。因此，中国在非洲开展的基础设施建设、投资合作等，必须首先强化质量意识和风险管控意识。作为当今世界最受人瞩目的发展中大国，中国模式、中国道路受到了很多发展中国家的青睐，在非洲的建设项目，应当促成中国正面形象的塑造，为加强公众认知提供支撑，才有利于形成友好合作的良性氛围。

四是要完善海外安全保障机制，确保国家利益和公民安全。从世界大国实践来看，海外投资和海外利益离不开安全保障。从法律机制到实际能力来讲，中国的海外利益保障体系和能力建设尚处于起步阶段。在非洲地区，位于吉布提的中国首个海外保障基地已投入使用，它无疑将在危机期间为中国公民提供重要的安全保护。但是，中国海外军事力量是服从国家外交方略和国际法规则的，并不具有攻击性，主要应用在人道主义救援等方面。因此，对于中国在这些地区的投资利益等，更多的还是要考虑依靠法律保障和安保力量。尤其是要加紧完善与投资所在国的法律合作机制，利用当地法律力量来实现对本国利益的保护。同时，也可借鉴美国等大国的做法，依托市场化、职业化、国际化的路子，加强民间安保力量的建设，培训专业海外安保团队，为中国在海外的投资建设和公民人身安全提供有力的保护。

（原文发表于《当代世界》2018 年第 4 期）

---

[1] “Kenya Vision 2030”, http://www.vision2030.go.ke/resources/.

[2] Africa Development Bank Group, The Africa Competitiveness Report 2013, p.36-38.

[3] 周倩著：《当代肯尼亚国家发展进程》，北京：世界知识出版社，2012 年版，第 237 页。

[4] 王新俊：《肯尼亚将建首个自贸区》，载《国际商报》，2014 年 2 月 24 日，第 C02 版。

[5] “Lamu Port and Lamu-Southern Sudan-Ethiopia Transport Corridor”, https://en.wikipedia.org/wiki/Lamu_Port_and_Lamu-Southern_Sudan-Ethiopia_Transport_Corridor.

[6] “461”中非合作框架，即坚持平等相待、团结互信、包容发展、创新合作等四项原则，推进产业合作、金融合作、减贫合作、生态环保合作、人文交流合作、和平安全合作等六大工程，完善中非合作论坛这一重要平台，打造中非合作升级版，携手共创中非关系发展更加美好的未来。

[7] 【肯尼亚】伯纳德·瓦里奥拉：《活跃在非洲的全球行为体——中国》，载《国防参考》，2014 年第 24 期，第 78 页。

[8] “Japan inks 275 mln USD loan deal to help Kenya expand port”, Xinhuanet, Jan 17th, 2015, http://news.xinhuanet.com/english/2015-01/17/c_133925467.htm. “Japanese to Fund Container Terminal at Mombasa Port”, http://it.afrotrade.net/detail_news.php?newsid=5226&pageid=2&t=Japanese%20to%20Fund%20Container%20Terminal%20at%20Mombasa%20Port.

[9] Juan Cole, “Obama in Kenya: Why the Horn of Africa Matters to Geopolitics”, July. 25, 2015,https://www.commondreams.org/views/2015/07/25/obama-kenya-why-horn-africa-matters-geopolitics.

新时期中国参与斯里兰卡港口建设探析

文少彪 复旦大学国际关系与公共事务学院

“21世纪海上丝绸之路”与中斯港口合作

一、港口项目是斯里兰卡国家发展战略中的重要指标

斯里兰卡是处于印度洋航线中心位置的岛国，在欧亚大陆之间的海上走廊中拥有卓越的战略重要性，也是连接亚非、辐射南亚次大陆的重要支点。然而，受国内反政府武装“猛虎”组织的影响，斯里兰卡曾长期陷入内战，社会经济发展进程严重滞后。内战结束后，斯里兰卡政府的主要工作重心转移到经济建设上。2005年，拉贾帕克萨当选总统后，非常重视基础设施建设，其中最重要的规划就是建设南部汉班托塔世界级港口。因此，港口对斯里兰卡的发展具有重要的战略意义。

2013年底，斯里兰卡政府以“马欣达愿景”为指导，制定了未来经济发展的纲领性文件——《不可阻挡的斯里兰卡——2020年未来展望和2014—2016年公共投资战略》。该规划是斯里兰卡中短期社会经济发展的行动纲要，明确了其总体目标，即将斯里兰卡打造成为在全球范围内具有重要战略意义的经济中心；充分利用地缘优势，将斯里兰卡建设成为国际航运、航空、旅游和商业、能源和知识经济五大中心，成为连接东西方的重要枢纽。港口建设是该目标能否顺利推进的关键。为此，斯政府计划将科伦坡、汉班托塔、亭可马里和贾夫纳等主要城市建设成为全球商务港。通过扩建科伦坡港，新

建汉班托塔港，进一步增强国际航运能力，大力发展海洋经济。[1] 2015 年西里塞纳上台后，虽然奉行的对外政策与前任政府不同，“但是对于斯里兰卡而言，出租汉班托塔港是不可避免的，因为该国对港口进行战略经营的能力有限”。[2] 斯新政府上台后致力于将斯打造为印度洋航运和物流中心的战略愿景不会轻易改变。事实也证明，西里塞纳政府重新回到务实的外交和经济发展政策，2015 年 3 月，西里塞纳访华会见习近平主席时，重新表明支持港口项目的立场。

目前，印度与日本都在斯里兰卡加快港口布局。2017 年 4 月，莫迪访问斯里兰卡并与维克拉马辛哈总理就开发东北部的亭可马里港（Trincomalee Port) 达成共识。亭港是南亚最深的自然港，拥有相当于科伦坡港十倍的水域和土地储备。但是斯内战后该港口仅用于运输面粉、水泥和散装货等当地商品，急需大量资金重新开发。此外，日本三井物流正联合印度塔塔集团一起开发斯西南部的科伦坡港口。日本认为该港口附近是重要的交通管道，2017 年 4 月，日本对斯提供总额 450 亿日元贷款，对该港进行扩建。

二、斯里兰卡港口是构建“21 世纪海上丝绸之路”的重要节点之一

2013 年，习近平主席提出共建 “21 世纪海上丝绸之路”的重大倡议。2014 年 9 月，习近平主席历史性地访问斯里兰卡并发表题为《做同舟共济的逐梦伙伴》的署名文章，文中特别提到：“我们要对接发展战略，做同舟共济的逐梦伙伴。‘马欣达愿景’展现了斯里兰卡的强国富民梦，同中国人民追求中华民族伟大复兴的‘中国梦’息息相通。斯里兰卡要建设海事、航空、商业、能源、知识五大中心，同中国提出的建设‘21 世纪海上丝绸之路’倡议不谋而合。”[3] 访问期间，双方签订了《中斯行动计划》，其中第十二条指出：“双方同意进一步加强对马加普拉／汉班托塔港项目的投资。双方同意进一步加强海洋领域合作，推进科伦坡港口城的建设。”[4]

2017 年 6 月，中国国家发展和改革委员会、国家海洋局制定并发布《“一带一路”建设海上合作设想》[5]，提出了三条蓝色经济通道：经南海向西进入印度洋，衔接中巴、孟中印缅经济走廊；经南海向南进入太平洋，构建

中国—大洋洲—南太平洋蓝色经济通道；经北冰洋连接欧洲的蓝色经济通道。其中，汉班托塔港就位于第一条蓝色经济通道上，对“海上丝绸之路”远洋运输补给具有非常重要的作用。

三、中斯港口合作现状

斯里兰卡希望抓住“21 世纪海上丝绸之路”的历史机遇，恢复其印度洋的航运中心地位，而中国企业也在积极推进斯港口项目。目前，中国在斯里兰卡投资了南部的汉班托塔港和西南部的科伦坡国际集装箱码头（CICT）。

2007 年 10 月，在中国的援助下，斯政府在汉班托塔开始建设大型港口。汉港发展项目（一期）建设工程已于 2011 年 12 月完成，并自 2012 年 6 月开始营运，合同额为 3.61 亿美元。汉港发展项目（二期）已于 2015 年 4 月完成，工程合同额为 8.08 亿美元。以上项目资金全部由斯财政部向中国进出口银行贷款。一期投入使用后，斯全国的滚装船装卸业务全部集中于汉港，从 2012 年 6 月至 2017 年 1 月，已累计靠泊滚装船超过 1016 艘，进口和中转车辆 65.60 万余辆，促使汉港成为科伦坡之外的第二经济发展中心。[6] 二期工程是奠定汉港成为枢纽港的关键环节，它将成为一个连接东西方的航运和商贸中心，极大提升斯南部港口地位和国际竞争力。斯港务局主席帕拉克拉玛指出，“汉港将来的发展是要辐射整个南亚，甚至超越南亚，影响力远及中东和非洲大陆，它将变成斯里兰卡的重要经济引擎。我们目前有科伦坡这个经济中心，而汉班托塔将会依托港口发展成另一个经济中心，两个中心彼此应和，现在有中国公司的资本和管理加入进来，这是汉班托塔港稳步发展的保障和动力”。2017 年 7 月 29 日，招商局港口控股有限公司与斯政府及斯港务局就汉港特许经营权签订协议。根据协议，新成立的两家斯港务局的全资公司——汉港集团有限公司（HIPG）和汉港服务有限责任公司（HIPS）被授予持有汉港的权益。招商局港口控股有限公司将在这两家新公司中分别占股 85% 和 49.3%，斯港务局分别占股 15% 和 50.7%，中资在两家合资公司中的总占股比例将达到 70%。协议有效期为 99 年，10 年后双方将逐步调整股权比例，最终调整为各占 50%。[7]

在2009年金融危机席卷全球时，招商局港口控股有限公司毅然选择投资了科伦坡国际集装箱码头项目（CICT）。“如今，该码头已经成为中斯合作的标志性项目，在依托招商局全球化港口网络布局等协同效应下，推动CICT吞吐量大幅增长，同时也促进了科港在全球港口的排名攀升，行业地位不断提高。”[8] 2014年5月，CICT正式生产运营的第一年吞吐量就达到了68万标准箱。2015年，CICT吞吐量达156万标准箱，增幅达127.5%，推动科港吞吐量创500万标准箱历史新高。2016年CICT吞吐量达200万标准箱，同比增长28%。科港目前是南亚地区迄今为止唯一可以停靠作业1.8万标准箱的超大型集装箱船舶的港口。此项目在35年合同期为斯政府直接贡献税赋超过18亿美元，对此，中国时任驻斯大使易先良曾表示，“招商局投资建设的科港集装箱码头社会经济效益显著，为当地解决就业岗位4000余个，全部完成后则达到7000个。中方帮助斯建设的一些项目不但创造了大量就业机会，还成为斯里兰卡的印钞机”。[9]

中国参与斯里兰卡港口建设面临的内部问题

随着斯里兰卡国内政治生态发生重大变动，中斯港口合作正日益遭受斯里兰卡内部政治、经济势力再平衡的影响，加之外部大国在印度洋地区的地缘政治与安全博弈不断加深，中国在印度洋地区开展经贸合作与构建海上互联互通需要面对更多的挑战。

一、斯里兰卡内部政治变动导致外交政策的调整

2014年11月，西里塞纳在斯里兰卡大选中“出人意料”获胜，其内部政治的变动导致外交政策的调整。2015年3月，斯新政府叫停了一系列涉外项目，其中包括中资企业投资建设的科伦坡港口城一期项目，斯方此举的依据是工程“缺少相关审批手续”，这一项目是中国在斯里兰卡数个海港和基建项目中最大的项目，投资金额为14亿美元。2015年2月，斯总统西里塞纳对外首访选择印度，体现出他对斯印关系的高度重视以及外交政策的新思

维。当然，斯印关系的回暖不能根本性地扭转中国在该地区的利益存在。斯里兰卡高级外交官指出，“科伦坡的外交政策一直以‘微妙的平衡’为指导，并且必须与印度达成‘更广泛的机动性’。与中国的合作意味着给予斯里兰卡与新德里之间更多的杠杆作用”。[10] 总体而言，西里塞纳倾向采取中间路线的策略，当选总统后，他在独立日庆典的演讲中称，“考虑到以前的情况，我们明确承诺奉行中间道路的对外政策，与所有国家交好”。

二、经济方面的平衡是斯里兰卡的重要考虑因素

斯里兰卡因自身经济的脆弱性，对外部的依赖度非常高。截至 2014 年，中国对斯里兰卡的直接投资达到 4.03 亿美元，大约是排名第二位的印度的八倍。[11] 同时，斯基础设施投资严重依赖中国，部分官员担心斯里兰卡陷入“中国债务陷阱”（China debt trap）。斯外交部副部长哈尔沙·德席尔瓦撰文指出，“斯政府已着手实施一项任务，利用斯在东西方航海走廊之间的位置，将其作为印度洋枢纽以及孟加拉湾贸易关键转运港，最大限度地发展与中国、日本、印度等地区国家的关系，以此促进斯的贸易和外国投资”。[12] 基于印度洋上独特的地理位置，斯里兰卡有条件利用开放式经济竞争策略，引入外部投资主体，加速其经济的多元化发展，同时平衡对中国的经济依赖。

三、斯里兰卡的社会问题对中国的投资构成一定隐患

自 2009 年斯里兰卡内战结束后，其人均 GDP 高速增长，但从 2013 年开始增速大幅回落，此后几年增长率也基本徘徊在 3%—4% 之间。2009 年，斯里兰卡基尼系数为 0.36，2012 年增长到 0.39，意味着随着经济增长，其社会贫富分化的危机也在积累。“斯里兰卡获得独立后，社会上层一直以僧伽罗人为主，该族群垄断了大部分社会资源，加上某些带有歧视性的民族政策仍在执行，导致民族矛盾长期难以解决。宗教上的差异进一步埋下了族群间对抗的隐患。”[13] 2017 年初，当地农民和僧侣群体就反对政府将汉班托塔港的运营权和临港土地交由中方。此外，中企投资的港口等大型基建项目主要集中在南部沿海地区，北部的泰米尔和东部的穆斯林群体很难从中直接受

益，这也为某些政治团体利用民意反对中国投资提供了借口。2018年3月，斯里兰卡著名的佛教遗迹所在地中央省康提地区发生骚乱，佛教族群曾伽罗人与穆斯林之间的宗教与种族矛盾再次激化，造成重大伤亡。这对斯里兰卡的政治、经济、社会秩序构成巨大的隐忧，难免会对投资环境产生不利影响。

来自外部大国的地缘政治挑战

在全球经济重心东移的大趋势下，印度洋地区因其独特的地理位置、庞大的人口规模和快速扩大的市场，越来越受到大国的关注。而围绕海上地缘安全和经济的竞争也愈发激烈。

其一，印度以排他性地缘安全竞争的视角看待中国在印度洋的活动。在地缘竞争的思维下，印度倾向以军事化、安全化手段淡化该地区经济合作的前景。布热津斯基曾指出，“印度自我定位于在军事上控制印度洋，其海上和空中力量计划显然朝着那个方向发展”。[14] 中斯港口经济合作被印度方面解读为战略包围印度次大陆的一部分。2014年9月，中国海军039型“宋”级潜艇因参与索马里海域护航，技术性停靠科伦坡港，就被印度视为威胁。而汉班托塔港则被印度视为中国在印度洋日益增加的影响力。

其二，美国正在加快构建印太伙伴关系网，推进多边安全合作框架的形成。近年来，中国在印度洋地区日益活跃，成为美国重新评估斯里兰卡的重要原因之一。而在斯里兰卡政权更迭之际，美国趁机修补并加强美斯关系；西里塞纳上台后，也调整了过去“仇美”的外交政策，美斯关系出现转机。2015年2月，美国负责南亚和中亚事务的助理国务卿比斯瓦尔访问斯里兰卡并会见西里塞纳，表达了加强美斯关系的意愿。同年5月，克里访问科伦坡，这是43年来第一位对斯进行正式访问的美国国务卿。2016年11月，美国太平洋司令部司令哈里·哈里斯访问斯里兰卡并指出，印度洋事关美国的利益，斯里兰卡有助于建立维护基于规则的全球行动体系的安全网络，这个网络可以确保所有小国和大国都能平等地通过共享海域。

其三，在客观原因和中国因素的刺激下，日本也同样关注斯里兰卡在印度洋的战略重要性。从 2009 年开始，中国超越日本成为斯的主要援助国，使得中国在斯的影响力大增。在这种背景下，日本也把斯里兰卡纳入其战略议程。2014 年 9 月，安倍到访斯里兰卡，成为二十多年以来首次访问斯里兰卡的日本首相。时隔一年，安倍在官邸接待了维克拉马辛哈总理的回访，同意将两国关系提升为“全面伙伴关系”。2017 年 4 月初，维克拉马辛哈再度到访日本，双方发表联合声明并指出，“欢迎由日本发起的‘自由、开放的印太战略’，该地区增长的关键是斯里兰卡作为区域中心发挥更大的作用，通过自由和开放的海域将东盟、印度、中东和非洲的贸易流通连接起来”。[15]

大国在印度洋的博弈将斯里兰卡推到了战略竞争的“风口浪尖”，中国在斯里兰卡的投资会因其与各方搞“平衡”而趋于复杂，并在一定程度上影响到两国的合作发展空间。[16]

结　论

随着“21 世纪海上丝绸之路”进程的不断推进，中斯合作越来越被外界关注。其中印度、美国、日本倾向于从海上地缘安全的视角看待中国在印度洋的港口布局，担心中国的经济影响力最终转化为军事实力，将商业港口转化为海外军事基地，进而对所谓的“航行自由”构成挑战。

相关国家以海上地缘安全竞争为行动导向，实际上掩盖了中国为印度洋地区提供海上“公共产品”的努力与贡献。中国像其他国家一样，也需要维护稳定、自由的印度洋秩序。面对新形势，中国宜将“公共产品”的新内涵嵌入到斯里兰卡港口项目建设和运营过程中，将其建设成为公共产品和投放公共产品的平台，并纳入到印度洋海上经济与非传统安全治理框架，同时展示并提高中国提供区域“公共产品”的能力。中国在斯里兰卡布局港口所带来的外溢效应，将使“印太洋”地区相关国家在贸易与货物中转、后勤补给与休整、人道主义与灾害援助、打击海盗与走私等各个方面享受“搭便车”的好处。

（原文发表于《当代世界》2018 年第 5 期）

[1] Sri Lanka, the Emerging Wonder of Asia: Unstoppable Sri Lanka, 2020 : Mahinda Chintana, Vision for the Future : Public Investment Strategy, 2014-2016, Department of National Planning, Ministry of Finance and National Planning, 2013.

[2]《斯里兰卡再次将目光转向中国》，http://silkroad.news.cn/2017/0801/44097.shtml。

[3] 习近平：《做同舟共济的逐梦伙伴》，http://news xinhuanet.com/world/2014-09/16/c_1112500462.htm。

[4]《中华人民共和国和斯里兰卡民主社会主义共和国关于深化战略合作伙伴关系的行动计划》，http://www.gov.cn/xinwen/2014-09/17/content_2751595.htm。

[5] 国家发展改革委、国家海洋局联合发布《“一带一路”建设海上合作设想》，http://www.soa.gov.cn/xw/hyyw_90/201706/t20170620_56591.html。

[6]《“中国港湾”托起海上丝路明珠》，载《法制日报》，2017 年 5 月 1 日，http://www.legaldaily.com.cn/Finance_and_Economics/content/2017-05/01/content_7161013.htm?node=87515。

[7]《斯里兰卡和中国签订 11.2 亿美元港口租赁协议》，http://www.chinaports.com/portlspnews/55A824D5A3954380E0530101007F5FB1/view。

[8] 招商局港口（香港）：《招商局港口入股汉班托塔港项目顺利签约》，http://www.cmport.com.hk/news/Detail.aspx?id=10007339。

[9]《专访中国驻斯大使易先良：斯政府及民众对中斯关系发展充满期待》，http://news.xinhuanet.com/world/2015-04/21/c_127713816.htm。

[10] Jeff M. Smith,China's Investments in Sri Lanka, Foreign Affairs, May 23, 2016. https://www.foreignaffairs.com/articles/china/2016-05-23/chinas-investments-sri-lanka.

[11] Gauri Bhatia ,global opportunities china-india tussl-for influence as sri-lanka develops, CNBC, 24 Apr 2016 . http://www.cnbc.com/2016/04/24/global-opportunities-china-india-tussle-for-influence-as-sri-lanka-develops.html.

[12] Harsha de Silva, Sri Lanka's Role In The Indian Ocean & The Changing Global Dynamic，Colombo Telegraph, May 3, 2017. https://www.colombotelegraph.com/index.php/sri-lankas-role-in-the-indian-ocean-the-changing-global-dynamic/.

[13] 杨晓萍：《斯里兰卡》，载石源华、祁怀高主编《中国与周边外交概览》，世界知识出版社 2017 年，第 280 页。

[14] 兹比格涅夫·布热津斯基：《战略远见：美国与全球权力危机》（Strategic Vision: American and the Crisis of Glabal Power），北京：新华出版社，第 89 页，2012 年。

[15] Japan-Sri Lanka Summit Meeting Joint Statement:“Deepening and Expansion of the Comprehensive Partnership between Japan and Sri Lanka”, http://www.mofa.go.jp/files/000249616.pdf.

[16] 朱翠萍：《科伦坡港口城项目实地勘察录》，载《世界知识》，2015 年 8 月，第 30 页。

中国参与埃及港口建设：机遇、风险及政策建议

赵 军 上海外国语大学中东研究所

埃及是“一带一路”倡议的地理交汇点，是深入推进“一带一路”建设难以绕开的重要国家。当前，港口建设已成为中国企业在埃投资的一个新领域，如何抓住机遇，巧妙规避风险，在“一带一路”框架下继续扎实有效地投资埃及港口成为值得探讨的议题。

埃及港口建设与海洋运输的基本特点

古埃及人民以尼罗河为生命线，构筑了尼罗河沿岸极为发达的水路交通网络，码头建设成为国民生产生活中的重要内容。[1] 地中海时代到来后，埃及水上航运和港口码头建设迈入海洋时代，亚历山大港的建成与使用既是这一时代最重要的标志，也意味着埃及在运输空间上出现了河道交通与海洋交通并存的格局。近代苏伊士运河的开凿通航以及后来阿斯旺大坝的建成，将红海、地中海和尼罗河等运输体系实现了历史性对接，最终形成了当前埃及水系运输全线贯通的水路交通运输格局，也为埃及港口建设的可持续发展奠定了坚实基础。目前，埃及港口建设与海洋运输有四大突出特点。

第一，埃及港口和海洋运输已成为国际水运体系的重要组成部分。埃及拥有 2500 公里的海岸线，也是世界上拥有港口最多的国家之一和全球重要的物流中心之一。埃及的海港分布在红海、地中海和亚喀巴湾，拥有公开代

码的各类港口有 100 多个，其中可供使用的海港多达 59 个。[2] 主要港口有亚历山大港、塞得港、杜米亚特、苏伊士港等。其中，亚历山大港是埃及和非洲的最大港口，也是埃及最大的外贸货物中转站。苏伊士运河是沟通亚洲、非洲和欧洲的著名国际航道，每年航运量约占世界海运量的 14% 左右，[3] 全球贸易的 8% 需要通过苏伊士运河。[4] 在世界经济论坛公布的《全球竞争力指数（2017—2018）》排名中，埃及港口基础设施的全球竞争力排名第 41 位（共 137 个国家和地区）。[5] 在 2017 年劳氏世界港口集装箱吞吐量（Lloyd's List）前百位排名中，塞得港和亚历山大港分列第 49 名和第 87 名，吞吐量分别达 303.59 万个标准集装箱（TEU）和 163.36 万个标准集装箱（TEU）。[6]

第二，海运经济是埃及国民经济发展的重要支柱。海运是埃及的一个重要产业，对旅游、贸易等国民经济领域有着重大影响。港口是埃及进出口的主要运输渠道，苏伊士运河则被誉为“埃及的生命线”，是埃及财政收入的重要来源之一。2016 年埃及港口实现盈利 62.40 亿埃镑。其中，亚历山大港的收入排名第一，为 6.75 亿埃镑，海洋安全局收入为 2.42 亿埃镑，红海港收入为 1.5 亿埃镑。苏伊士运河收入通常占到埃及 GDP 的 2% 左右（2011 年埃及政局动荡时，占 3.1%），而吸引外部直接投资量占比更是高达 8% 左右。[7] 2016 财政年度苏伊士运河通航收入为 51 亿美元，[8] 2017 年则超过 53 亿美元 [9]。从某种程度上说，埃及的经济安全与否取决于埃及水道交通运输的优劣与否。

第三，埃及港口带动国内经济发展和对外联动。埃及港口建设与发展在相当程度上促进了埃及参与全球化和市场化的进程。埃及港口建设与港口发达，进一步加强了埃及与世界的互联互通，为埃及加强同世界各地的经贸合作带来更多的机遇。同时，埃及发达的港口及其重要的地缘位置，已使埃及成为环地中海国家与亚洲国家海上运输的关键走廊。此外，由于埃及外贸商品的出口很大程度上依赖港口运输，港口的建设与发展带动了铁路和公路等基础设施建设以及物流业的发展，从而拉动埃及国内经济与国际市场的互动。

第四，港口基础设施不断改进，但远洋运输能力有待升级。近年来，埃及港口吞吐能力逐年加强。截至 2017 年底，埃及港口的总吞吐能力达 1.47 亿万吨，710 万个标准箱，仓储总面积 652.73 万平方米，基本解决了长期困扰港口的压港问题。[10] 但是，埃及在籍船只的运输能力明显不足。埃及公司注册的轮船数量虽已从 1995 年的 132 艘增至 2016 年的 151 艘，总吨位为 160 万吨，但因不同原因失去作业功能的有 36 艘。可使用的 115 艘船的总载重量为 142.4 万吨，45 艘具备全球航行能力，其他 70 艘只具备在埃及当地沿海航行的能力。[11]

中国参与埃及港口建设的现状及其意义

埃及是第一个同中国建交的阿拉伯国家和非洲国家。长期以来，中埃保持良好的政治交往和经贸关系，但中国企业正式获得埃及港口工程合同和直接参与海港建设的时间却相对较晚。

中国港湾工程有限责任公司（以下简称“中港”）是在埃及获得港口工程建设合同的首家中国企业，也是在埃中企参与埃及港口建设的成功代表。2008 年 9 月，中港分别获得了埃及塞得港集装箱码头二期工程合同（合同金额 2.2 亿美元）[12] 和杜米亚特港口疏浚项目合同（合同金额 1.6 亿美元）。[13] 2012 年 7 月，中港同埃及红海港务局、阿达比亚港码头投资公司签署特许经营协议，即 BOT（建设—经营—转让）项目（红海阿达比亚港干散货码头项目）。阿达比亚港干散货码头 BOT 项目由中港公司发起、沙特 DENA-BMS 等公司投资，中港公司持有 5% 的干股，并被锁定为项目 EPC 承包商。[14] 2015 年 3 月，中港集团作为主要承包商和运营商参与苏哈纳港和杜米亚特港两个港口的扩建工程（合同金额 60 亿美元），成为中国公司参与埃及海港建设的重大突破。

总的来看，中国在埃及直接投资建设的港口项目较为有限，且参与项目基本属于港口的服务功能性项目以及港口外围配套设施项目，无论从投资规模，还是所获工程的价值链水平来看，都还处于初级参与阶段。尽管如此，中国投资参与埃及港口建设仍具有重要意义。

从埃及角度来看，埃及在中国参与港口建设中获取的直接和潜在的战略效益至少包括三个方面：一是改善投资不足的困境。塞西执政以来，埃及每年吸引的直接投资额不足百亿美元，严重制约了经济和社会发展。在此背景下，中国参与埃及港口建设与投资将改善埃及经济发展的外部环境，促进埃及吸引更多的外部投资，尤其是吸引中国的投资。二是实现规模经济效益。中国与埃及经济发展水平相差巨大，产业结构上存在明显的互补性。港口建设将进一步拓展和扩大中埃两国的市场规模和经济发展空间，使生产要素和产品的自由流动性加强。三是吸纳中国参与港口建设有助于埃及实现其大国平衡战略。埃及长期追求大国平衡战略，旨在通过平衡各大国在该地区的力量，达到多种力量和谐并存，以保证实现自己在中东地区的利益，这是埃及处理本地区国际关系的一种特殊手段。埃及允许中国联合阿联酋共同参与海港建设即为这一战略的体现，由此保持自己在地区格局乃至国际格局中的重要影响力。

从中国角度来看，参与埃及港口建设具有重要意义。一是有助于进一步落实“21 世纪海上丝绸之路”建设。“海上丝路”是以重点港口为节点，共同建设通畅、安全、高效的运输大通道，建立起连通东盟、南亚、西亚、北非、欧洲等各大经济板块的市场链。埃及作为该市场链上的关键国家，中国参与该国港口及其周围基础设施的全方位建设，实质上推进了“海上丝路”建设目标的实现。二是参与埃及港口建设和投资是中国深化双边合作的重要政治经济依托。从经济方面看，中国同埃及经济合作亟须打造多元投资平台和项目依托。中国参与海外港口建设和投资旨在推动中国与“海上丝路”沿线重点港口城市合作开发临港产业集聚区，为国际产能合作打造支撑平台。中国参与埃及港口建设与投资，完善了埃及港口和产业园区基础设施，有效推动了产业链的分工合作，从而加快了中埃双边的国际产能合作。此外，埃及政府将港口建设与发展作为其长期重要经济增长点，中国积极参与该领域的投资与建设，对埃及政府具有重大的现实意义。

中国参与埃及港口建设的机遇与挑战

当前，埃及是最为积极配合“一带一路”建设的国家之一。塞西政府将“一带一路”倡议视为自身发展的重要外部机遇，积极推动同中国进行具体项目的对接工作。2016 年 1 月，双方签署《中埃关于加强两国全面战略伙伴关系的五年实施纲要》，双方同意在“一带一路”倡议框架下在包括港口等基础设施建设方面加强合作。[15] 2017 年 5 月，习近平主席在“一带一路”国际合作高峰论坛上提出了构建海运网络的倡议，得到埃及的积极回应。同年 9 月，塞西访华期间明确表示，支持中国提出的“一带一路”倡议。[16] 2016 年 2 月，埃及政府出台的《可持续发展战略：2030 年愿景规划》将“苏伊士运河轴心发展计划”置于首位，并将“海洋运输发展”和“内河运输发展”作为单列规划项目，[17] 这为埃及港口建设与发展提供了新的动力，也为中国投资埃及港口带来新的机遇。

但是，由于埃及战略地缘位置的特殊性和参与港口建设的敏感性，中国仍需要对其潜在风险保持清醒的认知和判断。

第一，地缘政治风险。埃及因其独特的地缘位置，历来都是域外势力角逐之地。当前，美国、欧盟和其他国家在埃及的战略利益和港口使用与建设方面均存在自身利益，对中埃“一带一路”框架下的合作多有防范。此外，在地区层面，沙特与伊朗全面对峙，加剧了地区局势紧张和伊斯兰世界分裂，导致地区国家关系分化重组，极易引发地缘政治冲突，从而给中国参与埃及港口建设带来难以确定的政治风险。不仅如此，埃及周边国家包括叙利亚、伊拉克、利比亚、也门，以及巴以问题、伊朗核问题、极端组织“伊斯兰国”等形势发展易对埃及国家安全造成冲击，从而对中埃双边贸易、投资、工程承包等合作构成安全挑战。

第二，经济风险。目前埃及采取积极的财政政策和宽松的货币政策，力图刺激经济增长。同时，埃及从海合会国家、国际货币基金组织等获得大量经济援助。短期来看，埃及的经济风险略有下降，但由于过度依赖外部援助，埃及经济增长还存在严重的脆弱性，长期走势仍不容乐观。一是商业环境风险较高。埃及基础设施条件较差，特别是电力短缺的问题严重。另外，埃及政府通常将利润高和风险低的港口建设项目指定给国内企业或军方，而将难度系数大、开发利润有限的项目向外资开放竞标。二是投资风险，包括埃及政策缺乏连贯性、本币埃镑汇率波动带来的利润不稳等问题。另外，港口投资的资金回收期一般较长，投资成本相对较高。而埃及大量优质成熟的码头已经被国际知名码头运营商抢先占有，这也是摆在中国企业面前不容回避的现实问题。

第三，安全风险。中国参与埃及港口建设存在的安全风险，主要包括社会骚乱和恐怖主义威胁。塞西执政以来，埃及社会矛盾有所缓和，但结构性矛盾并未消解，不时爆发各类集体抗议、罢工和骚乱。另外，虽然极端组织“伊斯兰国”受到重创，但其仍处于“外线扩张、内部蛰伏”的态势，短期内难以被彻底消灭，仍对埃及安全和中国在埃企业和人员的安全构成重大威胁。

第四，法律风险。近些年来，埃及因政治动荡导致多项法律或重构或修改，加之司法腐败严重，在埃投资的法律风险仍然较高。塞西执政以来，埃及政府已颁布了包括《公司法》《招投标法》《资本市场法》《土地与不动产法》《保险法》《电力法》《海商法》《商法》《新投资法》等与投资相关的法律，但在实施这些法律过程中，埃及已暴露出外资保护意识淡薄、执法水平有限等问题。此外，埃及政府部门利益根深蒂固，相互间缺乏协调，不利于外资投资审批手续的统一与简化。[18]

中国参与埃及港口建设的政策建议

中国在参与埃及港口建设过程中，仍需在全面细致的评估基础上，做出正确判断并采取合理措施。

一是抓住战略机遇期。埃及对外战略正处于深刻调整期，与美俄关系依然存在不确定性，而中埃双方政治互信度高，且中国是埃及第一大贸易伙伴，直接投资也在不断扩大。中国可围绕《中埃关于加强两国全面战略伙伴关系的五年实施纲要》，将两国战略对接具体到点、落实到地，为投资港口建设保驾护航。

二是做好必要的准备工作。首先，及时发布有关在埃投资的权威信息，帮助中国投资者做出正确判断，在提示对埃投资风险的同时，也打消国内投资者不必要的投资疑虑。其次，港口建设是一个系统工程，不应拘囿于单一的港口本身建设。在项目选择上，建议投资企业尽可能参与同港口基础设施关联领域（高铁、隧道挖掘、轻轨建设、高速公路、船舶制造、港口营运、港口操作设施等）的投资和建设，有效利用丝路基金、亚投行等金融工具，选择重点项目予以直接支持。最后，在政策利用上，中资企业要充分利用埃及新投资法规定的各项优惠措施和便利程序，优先考虑埃及政府积极鼓励的地区和产业投资；另外，当发生投资争议时，应首先积极诉诸埃及新投资法规定的各个新机构，以便在埃及国内及时友好地解决。

三是要提升风险管控能力。中国应建立完备的关于埃及的安全风险评估—预警机制和安全保护机制，为中资企业提供长期性的风险预警。如建立专门从事对埃及安全形势的跟踪研究和评估埃及安全风险的专业机构，定期发布安全预警；建立中国使领馆的协调机制，收集埃及安全信息，在紧急情况下协调行动，并对埃及中资企业机构和人员的安全工作进行一线指导和管理；拓宽与埃及国家在诸多问题上的多元沟通渠道，包括中国大使馆与埃及国家相关机构的沟通、中国领事馆与地方政府的沟通以及中国企业与当地民间团体的沟通；在埃的中资企业应设专门人员负责企业防范突发事件的工作，积极配合使领馆定期对企业评估，以增强其他抗风险能力。

（原文发表于《当代世界》2018 年第 7 期）

---

[1] Robert Patridge, *Transport in Ancient Egypt*, Oxford, The Rubicon Press, 1996, pp.171-172.

[2] Maritime Transport Sector, Specialized Ports, http://www.emdb.gov.eg/en/sections/11/1-11-Specialized-Ports.

[3] Egypt Economic Development Conference, “Why Invest in Egypt”, https://www.uschamber.com/sites/default/files/why_invest_in_egypt_-_eedc.pdf.

[4] Rami Ayyub, “Egypt's Economic Lifeline Runs Through the Suez Canal”, *Global Risk*

Insights, January 17, 2014.

[5] World Economic Forum, The Global Competitiveness Index (2017-2018 edition), http://reports.weforum.org/pdf/gci-2017-2018/WEF_GCI_2017_2018_Profile_EGY.pdf.

[6] Lloyd List, One Hundred Ports 2017, https://sdwerecruit.co.uk/wp-content/uploads/2017/10/Lloyds-List-Top-100-Ports-2017-Report.pdf.

[7] The Egyptian Center for Economic Studies, “Egypt’s Economic Profile and Statistics”, http://www.eces.org.eg/MediaFiles/Uploaded_Files/e7b0ad3f.pdf.

[8] Egypt Central Bank, Annual Report（2015-2016）, http://www.cbe.org.eg/en/EconomicResearch/Publications/Pages/AnnualReport.aspx.

[9] 郑思远：《2017年苏伊士运河收入突破53亿美元》，http://www.hinews.cn/news/system/2018/01/05/031383665.shtml。

[10] Maritime Transport Sector (MTS), “The Egyptian Port’s Capacity”, http://www.mts.gov.eg/en/content/275/1-83-The-Egyptian-Ports-Capacity.

[11] Maritime Transport Sector, “Classification According to the Type of Vessels”, http://www.mts.gov.eg/en/content/337/1-93--According-to-type-of-vessels-.

[12] 徐忠稳：《中港公司看好埃及港口建设前景》，http://news.xinhuanet.com/world/2008-09/11/content_9914894.htm。

[13] 同 [12]。

[14] 中华人民共和国商务部：《埃及总理出席我首个BOT项目签约仪式》，http://www.mofcom.gov.cn/aarticle/i/jyjl/k/201207/20120708236300.html。

[15]《中华人民共和国和阿拉伯埃及共和国关于加强两国全面战略伙伴关系的五年实施纲要》，http://www.xinhuanet.com/world/2016-01/22/c_1117855474.htm。

[16]《习近平会见埃及总统塞西》，http://www.xinhuanet.com/politics/2017-09/05/c_1121607635.htm。

[17] “Sustainable Development Strategy: Egypt’s Vision 2030”, http://sdsegypt2030.com/category/reports-en/?lang=en.

[18] 吴卡：《埃及投资法的最新修订及其解读》，http://www.clec.org.cn/lpapers/2015/3.pdf。